ALTE ABENTEUERLICHE REISEBERICHTE

Captain James Cook
1728–1779

Captain James Cook

Entdeckungsfahrten im Pacific

Die Logbücher der Reisen von 1768 bis 1779

Herausgegeben
von
A. Grenfell Price

Mit 24 zeitgenössischen Stichen und Karten

EDITION ERDMANN

CIP-Kurztitelaufnahme der Deutschen Bibliothek
Cook, James:
Entdeckungsfahrten im Pacific [Pazifik]: d. Logbücher d. Reisen von 1768 bis 1779 / James Cook. Hrsg. von A. Grenfell Price. [Übers. aus d. Engl.: Reinhard Wagner u. Bernhard Willms]. – Stuttgart; Wien: Edition Erdmann in K. Thienemanns Verl., 1983.
(Alte abenteuerliche Reiseberichte)
ISBN 3-522-61040-7
NE: Price, A. Grenfell [Hrsg.]

Übersetzungen aus dem Englischen: Reinhard Wagner und
Bernhard Willms
Umschlag- und Einbandgestaltung: Manfred Salemke
Printed in the German Democratic Republic
5 6 7 8 9

Inhalt

Vorbemerkung

Diese Ausgabe vereint sorgfältig ausgewählte Selbstzeugnisse James Cooks, festgehalten in den Logbüchern, die er auf seinen drei bedeutsamen Reisen im Pacific führte (1768–1779). Als Herausgeber zeichnet der australische Experte Dr. A. Grenfell Price. Er hat Cooks Originaltexte in einen zusammenhängenden Bericht eingefügt; die Lücken füllte er mit eigenen Kommentaren und Zusammenfassungen. So erarbeitete er aus der unerschöpflichen Materialfülle eine überschaubare und zudem faszinierende Dokumentation.

Aus zahllosen Manuskripten wählte Dr. Price wesentliche Teile der Logbücher dieser Pacific-Reisen. Obwohl Cook selbst eine Publikation seiner Aufzeichnungen vorbereitete und mit den Jahren durchaus einen Sinn für dramatische Akzente entwickelte, sah sich der Herausgeber vor enorme Schwierigkeiten gestellt. Er meisterte sie nicht zuletzt dank der wertvollen Unterstützung sachkundiger Mitarbeiter.

Der Verlag

Einführung

Zwei britische Bauernburschen gelangten von der Farm zu Forscherruhm. Am Vorabend des naturwissenschaftlichen Zeitalters durchstreifte William Dampier, das Bürschchen aus Somerset, als wissensdurstiger Pirat die sieben Meere; 1688 beschwatzte er eine Schiffsladung rumsaufender Rabauken, den öden Nordwesten Australiens zu erforschen – ungastliche Gefilde, bewohnt von den »erbärmlichsten Kreaturen auf Gottes Erdboden«. Seine berühmt gewordenen, bildkräftigen Aufzeichnungen brachten ihm dennoch reichen Gewinn: Die Rückfahrt nach Nordwestaustralien (1699) trat der Kapitän einer Horde Halunken in einem Schiff des Königs an – der *Roebuck*, die dann auf der Heimreise Schiffbruch erlitt.

Siebzig Jahre später – das Zeitalter der Naturwissenschaften war endgültig angebrochen, England und Frankreich lagen in erbitterter Fehde um Gold und Glorie –, siebzig Jahre später also machte ein anderer englischer Bauernbursche von sich reden: James Cook aus Yorkshire entwickelte die Fähigkeit, der britischen Admiralität und der »Königlichen Gesellschaft« die modernste wissenschaftliche Ausrüstung, tüchtige Schiffe und kompetente Mannschaften abzuringen. So gelang es ihm, selbst »unergründliche« Geheimnisse des Pacifics zu lüften, an denen Dampier gescheitert war.

EINFÜHRUNG

I

Sowjetischer Entdeckerstolz hat Gregor Iwanowitsch Schelechow – er gründete die erste feste Siedlung der Russen in Alaska – zum »pazifischen Kolumbus« ernannt; doch denken wir daran, daß andere Nationen Seefahrer hervorgebracht haben, die eher dem Format des Amerika-Entdeckers entsprechen. Dies gilt in erster Linie für Magellan, dessen spanische Expedition erstmals den Globus umsegelte, für den Holländer Tasman und James Cook aus England. Die Reisen Cooks stehen in ihrer epochalen Bedeutung – zumal für die englischsprechende Welt – nur den Fahrten des Kolumbus nach; dennoch hat man Cook, abgesehen von der jüngsten Gegenwart, kaum jemals den Tribut gezollt, den seine brillante, wissenschaftlich exakte Forschertätigkeit verdiente. Cook gilt als der Navigator, der die weißen Flecken auf der Karte des Pacifics tilgte; *seine* Karte ist fürwahr »seine umfassende Laudatio«. Er entdeckte die fruchtbaren Ostküsten Australiens und Neuseelands – Land, das heute englischsprechenden Menschen gehört. Er entdeckte Neukaledonien, erforschte die Neuen Hebriden und andere Inseln für Frankreich. Er entdeckte Hawaii und bereiste weite Küstenstriche Alaskas; er wagte sich in die Antarktis, bewies mit letzter Sicherheit die Existenz der Beringstraße und führte den Kaufleuten vor Augen, daß in jenen Tagen nördlich Asiens und Amerikas kein wirtschaftlich nutzbarer Seeweg den Pacific mit dem Atlantik verband.

Doch nicht genug: Cook zerstörte auch den jahrhundertealten Mythos eines riesigen, fruchtbaren »Südlandes«, das gleichsam ein Gegengewicht zu den nördlichen Kontinenten bilden sollte; dabei umsegelte er die gesamte Antarktis, deren Umrisse er exakt erfaßte. Kein Seefahrer vor ihm unternahm so ausgedehnte Reisen, verbrachte so lange Zeiträume ununterbrochen auf See oder kehrte mit ebenso umfangreichen wie detaillierten Kenntnissen weiter Teile der Erde zurück. Fügt man noch hinzu, daß die von ihm geförderte Verwendung von Antiscorbutica das Leben Tausender Seefahrer seiner und künftiger Generationen rettete und daß er in Navigation und Kartographie weitreichende Verbesserungen einführte – so entdeckt man bei ihm geradezu geniale Züge. Mit Recht wurde ja auch darauf hingewiesen, daß Cooks Leben den Zeitraum zwischen Newtons Tod und Darwins Geburt ausfüllte; daß dieser Mann, »der größte Forscher seiner Zeit und der größte britische Seefahrer aller Zeiten«, sein Fach ebenso souverän beherrschte wie Newton und Darwin das ihre.

Dabei – und dies erscheint nicht weniger erstaunlich – bot ihm seine Herkunft praktisch keine Startchancen: Cook wuchs in bitterster Armut in der großen Familie eines Tagelöhners aus Yorkshire auf. Dennoch erwarb er, vorwiegend als Autodidakt, so umfassende Kenntnisse der Mathematik, Astronomie, Navigation, Kartographie und Medizin, daß allein deren wissenschaftlicher Wert die begehrte Beihilfe der »Royal Society« (der »Königlichen Gesellschaft«) gerechtfertigt hätte – und die Goldmedaille, die diese Gesellschaft eigens für ihn schuf.

Daß seine Leistungen und Verdienste nicht noch größere Anerkennung fanden, ist mehreren Umständen zuzuschreiben. Einmal neigte Cook selbst dazu, seine Verdienste zu verringern und Fehlschläge hervorzuheben; so etwa die Tatsache, daß er Tausende von Seemeilen Ozean statt eines riesigen, fruchtbaren »Südlands« entdeckt hatte. Bescheiden sagte er nach einer Fahrt, welche die Voraussetzungen für die Besiedlung Australiens und Neuseelands durch Menschen des englischen Sprachraums schuf: »Unsere Entdeckungen, wiewohl gering, werden die lange Dauer der Reise entschuldigen.« Tatsächlich wurde damals den »Gentlemen der Wissenschaften«, Banks und Solander, weit größere Aufmerksamkeit zuteil; waren sie doch »beladen mit den größten Schätzen der Naturgeschichte, welche je zwei Männer zur gleichen Zeit einem Volke darbrachten«. Neben ihnen verblaßte der einfache Seemann, der die Expedition leitete und ihre größten Erfolge verantwortete.

Zum zweiten unternahm Cook seine drei Reisen als gewöhnlicher britischer Seeoffizier ohne höheren Rang. Seine Beförderung verlief keineswegs rasch; die Anerkennung seiner Taten hielt sich durchaus in Grenzen. Als er Neusüdwales entdeckte, lag sein Tagessold bei bescheidenen fünf Shillingen; und erst nach Cooks Tod erkannte die Krone seiner Familie ein Wappen zu – vielleicht das letzte, das in Anerkennung geleisteter Dienste verliehen wurde.

Zum dritten besudelten spätere Missionare Hawaiis aus eigensüchtigen Motiven seinen Namen, nannten ihn sitten- und gottlos – Verleumdungen, deren Haltlosigkeit führende Gelehrte wie Sir Holland Rose nachgewiesen haben.

Der Hauptgrund war jedoch, daß Cook gewissermaßen in der Stille wirkte und um seine Taten keine großen Worte machte. Die Stirn eines gewöhnlichen britischen Seeoffiziers namens Cook, Ehemannes der Krämerstochter Elizabeth Batts, konnte schwerlich ein so strahlender Glorienschein umgeben wie das Haupt Cristóbal Colóns, Admirals von Kastilien, Vizekönigs und Gouverneurs des Festlands und der Inseln, die seiner Entdeckung harrten; oder wie Jean François Galaup, Comte de La Pérouse, dessen erfolgreiche Heirat unterhalb seines Standes die gleiche Romantik verklärte wie seine ruhmreichen Forschertaten und sein tragischer Tod. Cooks Schiffe trugen zwar bezeichnende Namen –

Endeavour, Resolution, Discovery und *Adventure* (Wagnis, Entscheidung, Entdeckung und Abenteuer) –, doch die Tugenden, die sich mit solchen Namen verbinden, waren so selbstverständliche Bestandteile seiner Natur, daß wir bei der Lektüre seiner schlichten Berichte im unverblümten Stil des Seefahrers kaum bemerken, wie hier eine Fülle erregender Abenteuer als belangloser Entdekkeralltag geschildert wird. Einer von Cooks Biographen, G. Arnold Wood, hat es so ausgedrückt: »In keiner Zeile finden wir Cook als strahlenden Helden. In manchen Zügen erinnert sein Charakter an den seines größten Zeitgenossen, George Washington, der einen Krieg gewann, ohne in einer einzigen Schlacht zu siegen. Seine Größe ist – so meinen wir – nicht die des Augenblicks; sie spiegelt sich vielmehr in seinem ganzen Dasein.«

II

Über Cooks Kindheit weiß man wenig. Er war ein Junge vom Land, das zweite von sieben Kindern, geboren am 27. Oktober 1728 in einer winzigen Zwei-Zimmer-Lehmhütte des entlegenen Dörfchens Marton-cum-Cleveland, Yorkshire. In der Dorfschule Ayton – sie steht heute noch – erwarb er bescheidene Grundkenntnisse; dann sollte er in dem kleinen Fischereihafen Staithes in die Geheimnisse des Krämergewerbes eindringen. Es geht das Gerücht, daß ihn der Krämer eines Diebstahls wegen feuerte – Cook soll einen glänzenden neuen Shilling durch eine schäbige alte Münze ersetzt haben –, doch wahrscheinlich lügt der Klatsch: Der Krämer verhalf ihm zu einer Fortsetzung seiner »Karriere« im Kohlenhandel, bei der Quäkerfamilie Walker in Whitby, mit der er sein Leben lang freundschaftlich verbunden blieb.

Bei den Walkers erwarb Cook das Wissen, das dann

die Hauptgrundlage seiner Erfolge bildete – in den Tagen, da die europäische Befahrung und Erforschung des Pacifics ausschließlich Segelschiffen vorbehalten war. An windgeschützten Nordseeküsten lernte er, mit den trägen, aber robust gebauten Kohlenschiffen umzugehen. Vor den pazifischen Inseln, vor Neuseeland, zwischen den Riffen der gefährlichen Wasser des nordaustralischen Barriereriffs überwand er immer wieder Schwierigkeiten, vor denen manche Navigatoren – wie De Bougainville – kapitulieren mußten und die andere – wie La Pérouse – ihre Schiffe und ihr Leben kosteten.

Cooks Offiziere behaupteten, er hätte das Land gerochen; oft sei er plötzlich an Deck aufgetaucht und habe den Kurs geändert, als kein anderer auch nur die leiseste Ahnung einer Gefahr verspürte. Nur einmal, als die *Endeavour* vor der Küste Queenslands auf ein verborgenes Riff lief, trog ihn sein Instinkt; und selbst dann eilte er in Unterwäsche an Deck, um kaltblütig die Befehle zu erteilen, die das Schiff retteten. Von John Buchan wissen wir, daß kleine Ursachen auch in der Weltgeschichte große Wirkung erzielen können; und der Korallenblock, der den Riß in den Planken der *Endeavour* verstopfte, hat vielleicht nicht nur das Schiff, sondern auch die Kolonisation Australiens durch Menschen des englischen Sprachraums gerettet.

Cook verfügte nicht nur über Geistes- und Charakterstärke; er war auch körperlich sehr kräftig und robust. Nur einmal während seiner Reisen erkrankte er ernsthaft – weil er in Neukaledonien giftigen Fisch gegessen hatte. Rettung brachte ihm der Hund des Wissenschaftlers, den er als Brühe verzehrte. Doch die Kapitulation vor einem Fisch schmeckte ihm so wenig, daß ihn nur der Sarkasmus seiner Freunde daran hinderte, sich nochmals an das gefährliche Gericht zu wagen.

Cooks Offiziere und Mannschaften, durch ständig

wachsende Erfahrungen bereichert, führten ein hartes, doch keineswegs freudloses Dasein – und immer wieder heuerten sie auf seinen Schiffen an. Mitentscheidend dafür war, daß Cook in einem gnadenlosen Zeitalter relativ milde Strafen aussprach und für warme, saubere Kleidung plädierte. Kaum einmal befahl er die damals üblichen brutalen Prügel; keinen Seemann ließ er kielholen, der auf der langen Fahrt in feuchten Tropen seine Kleider wechselte – im Gegenteil: Er ermutigte seine Männer, die verdreckten Fetzen fortzuwerfen. In vollen Zügen genossen sie die Tage auf Tahiti – obwohl sich die Eingeborenen oft als gefährliche Diebe erwiesen, die mit erstaunlicher Raffinesse ans Werk gingen. Einer stahl einmal Cook die Strümpfe unter dem Kopfkissen; der Captain schwor, daß er kein Auge zugetan hatte. Ein andermal entdeckten die Verfolger eines Halunken nach sechs mühsamen Meilen, daß sich der Gesuchte frühzeitig in die Büsche geschlagen hatte und unbeschwert in einem Bächlein badete.

Nicht einmal Cook konnte verhindern, daß seine Männer dem Liebreiz junger Polynesierinnen erlagen; doch er kannte die Gefahr und tat sein Möglichstes, um seine Mannschaft und die Eingeborenen vor Krankheiten zu schützen. Ebenso wichtig war der Schutz der Schiffe; als Nägel zu Tausch- und Wertobjekten wurden, mußte Cook hart durchgreifen – sonst hätten sich die Segler schnell in einen Bretterhaufen verwandelt.

Der Leser der Logbücher verfolgt fasziniert die Entwicklung von Cooks Charakter, seiner Kenntnisse und Anschauungen während der langen Reisen mit Männern vom Kaliber eines Solander oder Banks. Sein wissenschaftliches Interesse wuchs, sein schlichter, unverblümter Stil wurde noch bildkräftiger. Selbst anthropologische Grundkenntnisse bekam er in den Griff: In scharfem Gegensatz zur Mehrzahl der zeitgenössischen

Beobachter entdeckte er auch positive Züge in dem primitiven Dasein der australischen Urbevölkerung.

III

Manche Biographen haben Cooks tragisches Ende in Hawaii – teilweise zumindest – zunehmendem Eigensinn und gelegentlichen Wutausbrüchen des Forschers zugeschrieben. Zehn bewegte Lebensjahre – erfüllt von gefahrvollen Reisen, von mühsamen Vorbereitungen der Expeditionen, von der Durchsicht seiner Logbücher – hatten zweifellos selbst Cooks enorme Kräfte erschöpft. Die Admiralität und Cook – und ganz gewiß auch Mrs. Cook – wußten genau, daß er einen Fehler machte, als er sich unmittelbar nach seiner Heimkehr von seiner zweiten Reise nach England zur Leitung einer dritten Expedition meldete. Dennoch lag die Hauptursache der Tragödie in dem Zusammentreffen ungewöhnlichster Umstände; selbst Cook war dagegen machtlos. Kein Vorwurf trifft ihn für die Nachlässigkeit, mit der die Werft Deptford die *Resolution* wieder »seetüchtig« machte, für die unzureichende Takelage, für den Sturm, der den Fockmast zerstörte und den zögernden Kommandeur zwang, zu einem Stamm Hawaiis zurückzukehren, dessen Abneigung gegen unersättliche Besucher er kannte. Als er landete, um den alten Häuptling als Geisel für ein gestohlenes Beiboot zu ergreifen, wiederholte er damit nur eine bisher erfolgreiche Methode. Gewiß unterschätzte er die Treue der Eingeborenen zu ihrem Häuptling und ihren außergewöhnlichen Mut angesichts seiner Feuerwaffen; doch selbst dann hätte er das Unternehmen glücklich beendet, wäre nicht die Kunde eingetroffen, daß Lieutenant King – der sich stets über diesen

Vorfall ausschwieg – am anderen Ende der Bucht auf eine ungehorsame Kanubesatzung gefeuert und einen prominenten, freundlich gesinnten Häuptling getötet hatte. Dennoch: Die hawaiianischen Messer, die den großen Forscher meuchelten, wurden vielleicht von einem gnädigen Geschick gelenkt. Ehe sich Cook zu seiner letzten Reise meldete, vergeudete er sich im Amt eines Captain des Greenwich Hospitals – eine lukrative Pfründe, die keinen Unternehmungsgeist, kein Verantwortungsbewußtsein, keine Mühe erforderte. An Walker schrieb er: »Vor wenigen Monaten noch war mir die ganze südliche Hemisphäre kaum groß genug; jetzt umfangen mich die Mauern des Greenwich Hospitals – viel zu eng für meinen aktiven Geist.« Doch der Pacific ersparte ihm die geistigen und körperlichen Beschwerden des Alters; er holte Cook, wie er Magellan geholt hatte und La Pérouse holen sollte. Zurück blieben ein König, der die Hiobsbotschaft weinend aufnahm, eine trauernde Nation und eine gramgebeugte Witwe, der die See den Gatten und zwei hoffnungsvolle Söhne nahm.

Fast ein Jahrhundert sollte vergehen, ehe sich die umwälzenden Folgen von Cooks großen Leistungen klar abzeichneten – die britische Erschließung Australiens und Neuseelands; der blühende Handel im nördlichen Pacific; die kanadische Besetzung von Britisch-Kolumbien; die amerikanische Besitznahme von Hawaii und Alaska. Selbst heute noch hat man die wahren Verdienste dieser stillen, unromantischen Persönlichkeit nicht voll erfaßt; selten setzt man Cook ein Denkmal, kaum ist ihm der Dank des Vaterlandes gewiß. Doch eine Tatsache bleibt bestehen: Millionen Menschen englischer Zunge, deren Heimat (darunter Teile des US-Territoriums) der Pacific umspült, verdanken ihre Heimat und ihren Wohlstand den Pioniertaten des James Cook.

A. Grenfell Price

Entdeckungsfahrten im Pacific

Erstes Kapitel

Probleme der Seefahrt im 18. Jahrhundert

»Der unbekannte Raum vom Wendekreis des Steinbocks bis hin zu 50° südlicher Breite muß nahezu zur Gänze aus Land bestehen.«
Alexander Dalrymple, 1762

Kaum ein Historiker wird leugnen, daß die Fahrten des Bartholomeu Diaz, Christoph Columbus, Fernando Magellan und James Cook zu den bedeutendsten europäischen Beiträgen zur Erforschung der Meere zählen; doch kaum ein Historiker wird auch versuchen, die Verdienste von Seefahrern zu vergleichen, die in verschiedenen Zeiten, Regionen und Schiffen aufs Meer fuhren, mit verschiedenen Mannschaften und wissenschaftlichen Hilfsmitteln. Allesamt bereicherten sie das menschliche Wissen von der Gestalt der Erde; alle beeinflußten sie in entscheidendem Maße Entwicklungen, die der Alten Welt vier neue, unbekannte Kontinente erschlossen. Doch kein Forscher vor James Cook leistete einen so umfassenden Beitrag zur Lösung der Meeresrätsel seiner Zeit und seiner Generation – des achtzehnten Jahrhunderts. Selbst wenn wir einräumen, daß der europäische Schiffbau, die Navigation und die Kartographie zwischen Diaz' Umseglung des Kaps der Guten Hoffnung (1487) und Cooks Entdeckung von Ostaustralien (1770) enorme Fortschritte erzielt hatten – selbst dann erscheint es dem Forscher und Wissenschaftler kaum faßlich, daß ein einziger Mann den jahrhundertealten Mythos des riesigen »Südlands« entschleierte, daß er

Ostaustralien, Hawaii und andere pazifische Inseln entdeckte, daß er Neuseeland erfaßte und dessen künftigen Wert voraussagte, daß er Berings Entdeckungen in der Arktis bestätigte, daß er Navigation und Kartographie einen großen Schritt vorwärts brachte und daß er auf den Erkenntnissen von Lind und anderen aufbaute, um durch Antiscorbutica das Leben von Millionen Seeleuten zu retten.

Einige Charakterzüge dieses großen Mannes enthüllen die folgenden Auszüge aus seinen schlicht und sachlich-klar verfaßten Logbüchern. Nur eines bleibt noch zu bemerken: Cook vollbrachte höchste Leistungen – trotz niedrigster Herkunft – durch große Befähigung, großen Mut, große Bestimmtheit, große Arbeitskraft und Härte gegenüber unendlicher Mühsal. Diese Fähigkeiten ermöglichten ihm ohne große Hilfe und angesichts überwältigender Schwierigkeiten, eine bemerkenswerte Begabung für Mathematik und ein Genie für Kartographie zu entwickeln – jenes erstaunliche Geschick bei der Erfassung unbekannter Küsten, das ihn nach Admiral Wharton »befähigte, und das darf man getrost behaupten, die moderne Vermessungstechnik der Marine zu begründen«. Doch obwohl ihn seine großen Leistungen schon zu Lebzeiten berühmt machten, blieb er reserviert, zurückhaltend und bescheiden.

Um Cooks Beitrag zur Lösung der Seefahrtsprobleme des 18. Jahrhunderts würdigen zu können, muß man sich den Stand der Kenntnisse zu jener Zeit in wenigstens fünf großen Fragen vergegenwärtigen. Diese Fragen kreisten um die Existenz eines riesigen südlichen Kontinents, um die Größe und Gestalt Ostaustraliens und Neuseelands, die Geographie des nördlichsten Pacifics und der angrenzenden Arktis, um Navigation und Kartographie und um das Problem der Seekrankheiten. Die folgenden Logbuch-Auszüge belegen jedoch auch andere Beiträge Cooks und seiner Mitarbeiter zu Fachgebieten wie der Anthropologie, Botanik und Zoologie.

Der Mythos eines südlichen Kontinents war schon in der Antike entstanden; die Griechen hatten geglaubt, südliche Landmassen müßten ein Gegengewicht zu den nördlichen bilden. Ptolemäus (um 150) und manche mittelalterlichen Geographen füllten die südliche Hemisphäre deshalb mit einem riesigen Erdteil. Um 1500 wiesen Forscher wie Columbus und Magellan nach, daß die Erde eine Kugel ungeheuren Ausmaßes war – daß in den Wasserwüsten des Pacifics und der südlichen Meere neben Amerika auch weitere Kontinente reichlich Platz hatten. Jedoch: Diaz' Umseglung des Kaps der Guten Hoffnung, Magellans Entdeckung der dann nach ihm benannten Straße und schließlich Drakes Entdeckung der Kap-Horn-Passage (1578) trieben die Seefahrer vom östlichen und westlichen Atlantik zu den neu entdeckten Meeren; und dies – bei der Kenntnis asiatischer Seeverhältnisse – markierte die Trennung der Alten Welt von jedweden südlichen Landmassen. In den folgenden Jahren zeigten spanische, holländische, englische und andere Pacific-Reisen der verschiedensten Zielsetzung, daß in den nördlichen und zentralen Teilen dieses Ozeans kein großer Kontinent liegen konnte. Aber die meisten Expeditionen segelten mit den Passatwinden von Osten nach Westen; zwar entdeckten sie zahlreiche Inseln, ohne sie kartographisch zu erfassen (sie vermochten ihre geographische Länge nicht auszumachen), doch blieben ihnen die Geheimnisse der Südsee verschlossen. So konnten manche Geographen, welche die Berichte Marco Polos und der Expedition Magellans falsch interpretierten, in diesen Breiten immer noch einen riesigen Kontinent lokalisieren. Seit die Holländer jedoch einen regen Gewürzhandel mit Ostindien trieben (ab 1606), lieferten sie konkrete Hinweise auf die Existenz südlicher Landmassen. Ein hervorragender holländischer Seemann, der spätere Admiral Willem Jansz, entdeckte im Frühjahr 1606 Australien; weitere Holländer, die nach Osten oder Süden – nach oder von Ostindien – segelten, vervollständigten die Karte des Kontinents von der Großen Australischen Bucht im Süden bis zu Jansz' Entdeckungen im nordöstlichen Golf von Carpentaria. Doch die fruchtbare Ostküste entdeckten die Holländer nicht – vielleicht deshalb, weil es ihnen nicht gelang, vom Westen in die Straße zwischen Australien und Neuguinea zu gelangen; eine spanische Expedition unter Torres und Prado durchsegelte diese Straße Ende 1606 von Osten, wahrscheinlich ohne den südlich gelegenen Kontinent zu sichten. 1642/43 leistete Anton van Diemen, der bedeutende holländische Gouverneur Ostindiens, einen wichtigen Beitrag zur Lösung des Problems: Er griff einen Vorschlag des vorausschauenden Seemanns Visscher auf und beauftragte Abel Tasman und Visscher, von Mauritius aus eine Handelsroute nach Südamerika zu suchen. Viel weiter südlich als frühere Expeditionen passierten sie den Süden Australiens, »Neuholland«, sie entdeckten Van Diemens Land (Tasmanien) und Staten Land (Neuseeland) – obwohl die Forscher einen lückenhaften Bericht der erstgenannten Insel gaben – und mußten der gefährlichen Maoris wegen auf eine Landung in Neuseeland verzichten. Tasman und Visscher hatten jedoch bewiesen, daß Neuholland ein vergleichsweise kleiner Kontinent oder eine Inselgruppe sein mußte – nicht eine riesige Landmasse, die sich über den Pacific bis Neuseeland oder südlich in Richtung Pol erstreckte.

Die Holländer waren jetzt der unersprießlichen Forschungsreisen müde. Statt Gold und Gewürzen wies Neuholland kaum mehr als unglaublich primitive Männer und unglaublich häßliche Weiber auf. So konzentrierten sich die Niederländer, mehr Kaufleute als Kolonisatoren, von nun an auf den Reichtum der Tropen; Entdeckungen und Kolonisierungen in gemäßigteren Zonen überließen sie den aufstrebenden Seefahrern Englands und Frankreichs.

Unmittelbar vor Cooks Fahrten entsandte Frankreich den fähigen Forscher Bougainville in den Pacific. Er segelte weiter südlich als seine Vorgänger – außer Tasman und vielleicht Torres – und sichtete das große Barriereriff Nordostaustraliens tatsächlich vor Cook; um ein Haar entging er dem Schiffbruch, den Cook dann nicht vermeiden konnte.

Auch die britische Regierung blieb nicht untätig: Die »Dry Land«-Propaganda, der Ehrgeiz und die Furcht vor französischen Entdeckungen führten zu der Entsendung Byrons (1764) und Wallis' (mit Carteret, 1766). Ihr Ziel war ebenfalls das Südland; Byron erhielt noch zusätzliche Instruktionen, nach Drakes New Albion weit im nordöstlichen Pacific zu segeln und dort eine nordöstliche Passage zum Nordatlantik zu suchen. Nach dem teilweisen Fehlschlag dieser Expeditionen erging der Ruf der Krone an James Cook. Bei seinen ersten beiden Expeditionen löste er die Hauptprobleme des vermuteten Südlands; bei seiner dritten beantwortete er die meisten ungelösten Fragen des Nordpacifics.

Zu dem Mysterium der südlichen Landmassen gehörte auch die weniger wichtige Frage nach dem Verlauf der Ostküsten Neuhollands und Neuseelands; dabei erschien das Problem Neuseelands entscheidender, denn seine Westküste konnte sich als Küste eines Kontinents herausstellen. Zu jener Zeit dachte man kaum daran, daß die Passatwinde, die den Osten Neuhollands zu einer gefährlichen Leeküste machten, auch über dem gut bewässerten, fruchtbaren Küstengebiet eines Erdteils wehen konnten. Kaum einen Geographen schien es zu kümmern, ob diese Küstenlinie Festland oder Inseln begrenzte; ob sie nach Westen zurückwich, wo das öde Land der holländischen Entdeckung lag, oder sich kühn in den Pacific wölbte, wie sie Tasmans berühmte Karte von 1644 skizzierte.

Typisch verhielt sich die Britische Admiralität: Erst befahl sie Cook, Neuseeland und das unbekannte Meer in seinem Osten zu erforschen, um so einen Kontinent zu finden; dann ignorierte sie die glänzende Gelegenheit, die südländischen Küsten zu untersuchen, und ließ ihn selbst die Route der Rückfahrt bestimmen, von der er sich den größten Profit versprach. So ist der mutige Entschluß, der zu der Entdeckung Ostaustraliens und der Besiedlung eines neuen Kontinents durch Menschen des englischen Sprachraums führte, allein James Cook und seiner Mannschaft zu danken – wenn er auch in gewissem Grade durch das vorhandene Material beeinflußt wurde.

Das dritte geographische Problem, das Cook löste, kreiste um den Landanteil im nördlichen Pacific und um die Existenz oder Nichtexistenz einer Passage von der nordamerikanischen Küste zur Hudson Bay; Cook fand dabei den Tod. Er hätte sich auf dieses Abenteuer nicht einzulassen brauchen: Erst im Juli 1775 war er in Glanz und Glorie von seiner langen und erfolgreichen zweiten Expedition zurückgekehrt; dennoch meldete er sich freiwillig zur Leitung der Nordpacific-Expedition und stach im Juli 1776 in See. Sein wahres Ziel war die Erfüllung einer Aufgabe, an der Byron gescheitert war. Um diese Zeit erschien die Entdeckung einer Passage zwischen Nordpacific und Nordatlantik immer dringender, denn der Teehandel nahm ständig an Umfang zu. 20000 Pfund hatte man demjenigen Kommandeur eines britischen Handelsschiffs zugesichert, der diese Durchfahrt entdecken sollte; jetzt galt das Angebot auch für die Kommandeure von Marineschiffen, wenn die Passage nördlich der Breite 53° N lag.

Professor Vincent T. Harlow hat darauf hingewiesen, daß die Admiralität einen Vorstoß von zwei Seiten plante. Während Cook die Passage vom Pacific in den Atlantik suchte, sollte Lieutenant Richard Pickersgill – er war von Cook auf der zweiten Expedition geschult worden und kommandierte jetzt die Brigg *Lion* – vom Atlantik in den Pacific vordringen. Leider wurde Pikkersgill auf der Küstenfahrt von Grönland zur Davis-Straße ernsthaft krank, und sein Nachfolger, Lieutenant Walter Young, mißachtete seine Instruktionen völlig und kehrte 1777 zurück; seine Aufgabe hatte er »noch nicht einmal begonnen«.

Im Nordpacific entdeckte Cook die Hawaiischen Inseln (Sandwich Islands), die er, seltsam genug, für seine größte Entdeckung hielt – lange bevor ihr unschätzbarer strategischer Wert erkannt wurde. Dann erforschte er die nordamerikanische Küste von einer Breite von etwa 45° N an, bewies, daß südlich der Arktis keine Passage nach Osten existierte, und bestätigte die Ergebnisse Berings, indem er dessen Straße passierte; dabei gelangte Cook zu der Ansicht, daß sein Vorgänger, ein weiterer Märtyrer der Forschungsgeschichte, die geographische Breite und Länge exakter als vermutet bestimmt hatte. Am 14. Februar 1779 setzten hawaiische Inselbewohner Cooks Leben ein tragisches Ende; was er dennoch erreicht hatte, braucht den Vergleich mit keinem seiner Vorgänger im Nordpacific zu scheuen – seine Ergebnisse beeinflußten Forschung und Handel.

Die vierte Frage, die man sich zu stellen hat, zielt auf den Stand der navigatorischen und kartographischen Kenntnisse im 18. Jahrhundert. Auch hierzu leistete Cook einen wertvollen Beitrag. Lange vor den Tagen Cooks konnten die Seefahrer schon recht genau die geographische Breite bestimmen und ihre Position nördlich oder südlich des Äquators errechnen. Leider waren die Berechnungen der Länge, der östlichen und westlichen Entfernungen, weit schwieriger; das zeigen die Entdekkungen zahlloser Pacificinseln, die nicht erfaßt werden konnten. Zu Cooks Zeit jedoch experimentierten die Uhrmacher mit Chronometern, Instrumenten also, die über lange Perioden exakte Zeitangaben lieferten und keinen Wettereinflüssen unterlagen – sie erwiesen sich als nützlich für die Längenberechnung. Die Astronomen hatten derweil mit Hilfe der Mondentfernungen eine weitere Methode entwickelt. Leider waren dazu stundenlange komplizierte Rechnereien erforderlich; doch Cook bewies auf seiner ersten Reise, daß die Ergebnisse äußerst genau sein konnten.

Auf der Fahrt mit der *Endeavour* führte Cook keinen Chronometer mit sich, doch er und der Astronom Green berechneten häufig lunare Entfernungen; große Dienste leisteten ihnen dabei Tabellen, welche der Königliche Astronom Nevil Maskelyne unlängst veröffentlicht hatte. »Mit Hilfe dieser Tabellen«, schrieb Cook 1773, »lassen sich die Berechnungen in unglaublich kurzer Zeit bewerkstelligen und fallen selbst dem Einfältigsten leicht.« Auf der zweiten Reise stellten Cook und die Astronomen Wales und Bayley ebenfalls häufig lunare Beobachtungen an, doch diesmal verfügten sie auch über drei von Arnold hergestellte Chronometer – unfertig und unbefriedigend – und über ein sehr berühmtes und leistungsstarkes Instrument, das Larcum Kendall nach Harrisons Entwurf gefertigt hatte.

Cooks Beitrag zur Lösung des alten, äußerst schwerwiegenden Problems der Längenberechnung basierte auf der erfolgreichen Arbeit von Uhrmachern und Astronomen; doch seine Errungenschaften auf dem Gebiet der Vermessung und Kartographie beruhten weit mehr auf individueller Leistung. Skelton schreibt: »Cooks Logbücher bezeugen wiederholt seinen vorausschauenden Spürsinn für den Verlauf einer Küstenlinie und für die Erkennung und Deutung ihrer wesentlichen Eigenschaften«; seine Karten »sind im allgemeinen korrekt in den Umrissen und exakt in der geographischen Breite«, während die Längenangaben geringe Fehler aufwiesen.

Der Admiral Sir W. J. L. Wharton, eine ausgesprochene Kapazität, zollte Cooks kartographischen Glanztaten in Neufundland und auf den Forschungsreisen höchsten Tribut; er betonte, daß die Karten der Admiralität noch gegen Ende des 19. Jahrhunderts – mehr als hundert Jahre nach Cooks Tod – häufig auf seinen Karten basierten. Skeltons Urteil gipfelte in einem Vergleich von Cooks Leistung mit der trigonometrischen Vermessung Englands durch General Roy. Die Maßstäbe wissenschaftlicher Exaktheit, welche diese beiden Männer zu Wasser und zu Lande gesetzt hatten, bestimmten die frühe Vermessungsarbeit des Heeres und der Seewarte.

So groß Cooks geographische Leistungen auch waren – die höchste Anerkennung wurde ihm zu Lebzeiten doch wohl für seinen Beitrag zur Bekämpfung der Seekrankheiten zuteil. Vielleicht litten die alten Seefahrer, die Polynesier und die Wikinger etwa, an Krankheiten wie dem Skorbut; doch ehe die Segelschiffahrt und die weltweite Navigation größere Ausmaße angenommen hatten, spielten Mangelkrankheiten keine große Rolle. Das änderte sich grundlegend, als die europäischen Nationen ihre Handelsrouten um Afrika herum, nach Amerika und selbst über den Nordpacific ausbauten; die Zwischenfälle auf diesen langen Reisen nahmen in so bestürzendem Umfang zu, daß sie selbst zu dem Niedergang eines zahlenmäßig schwachen Volkes, der Portugiesen, beitrugen. Noch 1740/44, unmittelbar vor Cooks Reisen, verlor Commodore Anson bei seiner

Reise um die Welt 626 von 961 Männern auf drei Schiffen – hauptsächlich durch den zweimal grassierenden Skorbut. Dabei war die Waffe dagegen seit vielen Jahren bekannt: Sir Richard Hawkins (1593) und Captain James Lancaster (1605) hatten bereits erfolgreich mit Zitrusfrüchten experimentiert. Während seiner Ostindienfahrt bekämpfte Lancaster den Skorbut auf seinem Flaggschiff, dem *Dragon*, mit Zitronensaft; doch er verlor 105 von 222 Männern auf den drei kleineren Schiffen, die keine Zitronen geladen hatten. In dem Buch *The Surgeon's Mate* (»Der Gefährte des Arztes«, 1617) setzte sich James Woodall leidenschaftlich für Zitronensaft als Heilmittel gegen diese Krankheit ein; somit scheint festzustehen, daß denkende Seemänner schon seit langem die Bedeutung von Zitrusgewächsen und frischen Lebensmitteln kannten.

Cook erfuhr bei seinem Kampf gegen diese Krankheit wertvolle Unterstützung durch Pelham, den Sekretär des Verproviantierungsamtes, der mit Antiscorbutica experimentiert hatte und für das Heilmittel verantwortlich zeichnete, dem Cook höchstes Vertrauen schenkte: für den eingedickten Saft der Bierwürze oder des Biers, ein Mittel, das laut Cooks Biograph Arthur Kitson der Admiralität von einem Dr. McBride empfohlen worden war.

Gleichfalls verwandte Cook Sauerkraut, eine Art Fleischbrühe und etwas Orangen- und Zitronensaft. Weiterhin legte er großes Gewicht auf möglichst frische Vorräte, auf saubere Schiffe und Seeleute mit trockener, warmer Kleidung, auf gründliche Lüftung der überfüllten Kajüten und Schlafstellen.

Hier also haben wir in groben Zügen die Situation der Zeit, zu der Cook sein großes Werk begann (1768). Der wissenschaftliche Fortschritt des 18. Jahrhunderts und der Ehrgeiz der Briten, beflügelt vor allem durch die Siege im Siebenjährigen Krieg, schufen eine Lage, welche es ermöglichte, die Erforschung der Ozeane weit über ihre bisherigen Grenzen voranzutreiben. Die Zeichen der Zeit standen günstig; doch das schmälert nicht die großen Verdienste James Cooks. Sein Charakter, seine Fähigkeiten, seine Beachtung jedes Details bewahrten seine Schiffe und seine Mannschaften in langen Jahren der Gefahr und Mühsal; und nur so konnten sie die Grenzen sprengen, die der Forschung bis zu dieser Zeit gesetzt waren.

Zweites Kapitel

Cooks Jugend – der Beginn einer großen Laufbahn

»Hervorragend für seine Tätigkeit geeignet – und ebenso für größere Unternehmungen derselben Art.«
Lord Colville über Cook, 1762

Cook wurde am 27. Oktober 1728 in einer winzigen Zwei-Zimmer-Lehmhütte des entlegenen Dorfes Marton-cum-Cleveland geboren; er war das zweite von sieben Kindern. Seine Mutter, Grace Pace, war eine Frau aus Yorkshire; sein Vater, James Cook, hatte möglicherweise schottische Ahnen. Er wurde stets als Tagelöhner bezeichnet, sowohl bei der Taufe seines Sohnes als auch bei seinem Tod, obwohl er es inzwischen zum Verwalter einer Farm gebracht hatte. Über die Kindheit von James junior wird wenig berichtet; er muß unter Bedingungen aufgewachsen sein, die sehr wohl zu der bemerkenswerten Zähigkeit und Selbstverleugnung beigetragen haben mögen, die er in jeder kritischen Situation auf seinen Forschungsreisen unter Beweis stellte. Zuerst arbeitete er bei William Walker, dessen Frau ihm wohl den ersten Unterricht erteilte, dann in Ayton, Yorkshire, wo er von einem gewissen Mr. Pullen weiter ausgebildet wurde – in der kleinen Schule, die heute noch steht und in welcher Cook »bemerkenswerte Fähigkeiten in der Wissenschaft der Zahlen« entwickelt haben soll.

In Ayton war Cooks Vater als Landarbeiter oder Verwalter bei einem gewissen Mr. Skottowe von der Airy Holme Farm beschäftigt, und Cook half zunächst auf dieser Farm mit. 1745 gab ihn sein Vater zu einem

Mr. Saunderson in die Lehre, einem Krämer des winzigen Fischereihafens Staithes; dort sollte der Junge in die Geheimnisse dieses Gewerbes eindringen. In dem kleinen Laden, wo Cook ständig die See vor Augen und im Ohr gehabt hat, zeigte sich schon bald seine Sehnsucht nach der Seefahrt, und im Juli 1746 verhalf ihm Saunderson zu einer Gehilfenstellung bei den Schiffseignern John und Henry Walker, Quäkern aus Whitby. So begann eine glückliche Verbindung; selbst in den späteren Jahren seines Ruhms führte Cook noch eine ausführliche Korrespondenz mit der Familie.

Whitby war zu jener Zeit ein Zentrum des Küstenhandels und des Schiffbaus; einige Jahre fuhr Cook in Kohlenschiffen wie der *Freelove*; an Land machte er mathematische Studien, welche dann die Basis seiner einzigartigen Karriere bilden sollten. In der harten Schule der Nordsee eignete er sich die Grundlagen der Seeforschung und der Kartographie an – die Kenntnisse der Küstenschiffahrt und der Kohlenschiffe erwiesen sich als ein Hauptpfeiler seines späteren Erfolgs. So gut versah er seine Dienste bei den Walkers, daß sie ihm 1755 – Cook war inzwischen Maat der *Freelove* – das Kommando über eines ihrer Schiffe offerierten – Cook lehnte das Angebot ab. England stand vor dem Siebenjährigen Krieg mit Frankreich und Spanien: Cook mag befürchtet haben, daß er zum Marinedienst gezwungen würde; wahrscheinlicher erscheint jedoch, daß er den dringenden Bedarf der Marine an ausgebildeten Seeleuten respektierte und sich der Pflicht fürs Vaterland bewußt war – auch bot sich so die ausgezeichnete Gelegenheit, seine Karriere voranzutreiben. Doch was auch immer seine Gründe waren: Als einfacher Seemann – anders war das nicht möglich – trat er in königliche Dienste; im Juni 1755 wurde er der *Eagle* zugeteilt, einem Schiff mit 60 Kanonen. Schon nach fünf Wochen rückte er zum »Master's Mate«, zum Maat des Kapitäns, auf; diese Stellung schuf weitere Voraussetzungen für seine spätere Forschertätigkeit, denn sie brachte zahlreiche Pflichten unter dem Kapitän mit sich, der in erster Linie für die Navigation des Schiffes verantwortlich zeichnete. Unter Kapitän Palliser, seinem späteren Förderer und Freund, versah Cook seinen aktiven Dienst, der hohe Anforderungen stellte. Er erlebte die verheerende Wirkung des Skorbut, die Palliser der mangelhaften Kleidung seiner Männer zuschrieb. Im Oktober 1757 wurde Cook Kapitän auf der *Pembroke* und diente unter Admiral Saunders. Dessen Schiff und ihre kleinen Boote ermöglichten es Wolfe und seiner Armee, den St.-Lorenz-Strom hinaufzusegeln und den berühmten Sieg zu feiern, der zur Einnahme Quebecs führte. 1759 ernannte Admiral Saunders Cook zum Kapitän der *Northumberland*; 1761 konnte Cook bereits auf eine außergewöhnlich erfolgreiche Dienstzeit zurückblicken, denn in diesem Jahr erhielt er £ 50 für seine »enorme Anstrengung, sich zum Master der Lotsenkunst im St.-Lorenz-Strom emporzuschwingen«. Als die *Northumberland* England erreichte – im Oktober 1762 –, übernahm Cook, der in Neufundland und Neuschottland hervorragende Dienste geleistet hatte, nun auch familiäre Pflichten: Er heiratete Elizabeth Batts. Mrs. Cook war vierzehn Jahre jünger als ihr Gatte; alles in allem waren ihr kaum mehr als vier Jahre des Zusammenlebens gegönnt, bevor sie 1779 Witwe wurde. Sie war eine vorbildliche Ehefrau und bewies standhaften Mut, als sie der tragische Verlust traf.

1763 erhielt Cook Anweisung, in den Breiten Neufundlands Forschungsfahrten zu unternehmen; Kapitän Palliser, der 1764 Gouverneur wurde, sicherte ihm das Kommando über den Schoner *Grenville*. Bis 1767 war Cook damit beschäftigt, Karten von Neufundland und Labrador auszuarbeiten; Admiral Wharton, eine Kapazität auf diesem Gebiet, fand sie »bewundernswert«; sie wurden noch bis zum Ende des 19. Jahrhunderts gelegentlich herangezogen. Cook schuf dieses Werk trotz eines ernsthaften Zwischenfalls: Die Explosion eines Pulverhorns verstümmelte ihm eine Hand. Im August 1766 beobachtete er eine Sonnenfinsternis, und als seine Beobachtungen der Königlichen Gesellschaft mitgeteilt wurden, beurteilte man ihn als »guten Mathematiker und Meister seines Faches«. Die Zeit war gekommen, da der Bauernbursche, der obskure Maat eines Kohlenschiffes, bei der Königlichen Gesellschaft und seinem Auftraggeber, der Admiralität, zu hohem Ansehen gelangte. Lord Colville schrieb zu Recht über den Kapitän der *Northumberland*: »Er war hervorragend für seine Tätigkeit geeignet – und ebenso für größere Unternehmungen derselben Art.«

Die erste Reise
1768–1771

Drittes Kapitel

Vorbereitungen und Instruktionen

»Ihr sollt gen Süden fahren,
um den Kontinent zu entdecken.«
Geheime Anweisung an Cook, 1768

Im Jahre 1768 genoß Cook sowohl bei der Königlichen Gesellschaft als auch bei der Admiralität bereits einiges Ansehen. Zu dieser Zeit benötigte England dringend einen wissenschaftlich kompetenten Seefahrer, der nicht nur eine Expedition erfolgreicher führen konnte als Männer wie Byron, sondern der auch in der Lage war, eine doppelte Aufgabe zu erfüllen: Er sollte ganz offiziell den Durchgang der Venus am 3. Juni 1769 beobachten, und er sollte vor allem insgeheim einen südlichen Kontinent suchen. Den Durchgang der Venus hatte der Königliche Astronom Edmund Halley vorausgesagt; die wissenschaftliche Welt erhoffte sich davon eine Möglichkeit, die Entfernung zwischen Erde und Sonne zu berechnen. 1767 empfahl ein Komitee der Königlichen Gesellschaft die Einrichtung von Beobachtungsstationen beim Nordkap von Norwegen, in der Hudson Bay und auf einer pazifischen Insel; der junge, wissenschaftlich interessierte König Georg III. – er gewann Australien und verlor Amerika – setzte eine Belohnung in Höhe von £ 4000 aus und stellte ein Schiff bereit.

Zuerst schien es, als sollte die Expedition von Alexander Dalrymple geleitet werden, der sich als Seefahrer und Wissenschaftler verdient gemacht hatte. Dalrymple zählte zu den führenden Köpfen der »Dry Land«-Schule. Er hatte die Kopie eines Schriftstücks entdeckt, das von einem gewissen Dr. Arias von Santiago, Chile, stammte und an Philipp III. von Spanien gerichtet war; dieses Dokument setzte sich im Namen der Franziskaner für eine weitere Forschertätigkeit aus religiösen Motiven ein und offenbarte die Existenz der Torres-Straße zwischen Neuguinea und dem australischen Kontinent. Im Augenblick bereitete Dalrymple ein Buch und ein Pamphlet über die Erforschung des Pacifics vor; darin suchte er das Vorhandensein eines südlichen Kontinents nachzuweisen. Für die Admiralität hatte er jedoch den großen Nachteil, daß er kein Marineoffizier war. Darüber hinaus war er anmaßend, dünkelhaft, engstirnig und übelnehmerisch. Das zeigte sich in seiner Ablehnung des Angebots, als wissenschaftlicher Experte und Beobachter des Durchgangs der Venus an Bord der *Endeavour* mitzufahren; das zeigte sich auch in den skrupellosen und verleumderischen Vorwürfen, die er später gegen Cook erhob. Erfreulicherweise wies die Admiralität eine Empfehlung zurück, derzufolge Dalrymple die Expedition leiten sollte, und ebenso erfreulich war es, daß ihre Wahl schließlich auf Cook fiel.

Cook wurde Anfang April 1768 zum Leiter der Expedition ernannt; doch allem Anschein nach war sein Schiff bereits Ende März ausgesucht worden. Man darf annehmen, daß es kein Zufall war, daß ein in Whitby ausgebildeter Kommandeur und ein in Whitby gebautes Kohlenschiff gewählt wurden. Cooks Biograph Kippis nimmt an, daß Palliser mit der Wahl des Schiffes betraut wurde; und Palliser dürfte Cook um Rat gefragt haben.

Jedenfalls kaufte die Marine für die Admiralität das Whitby-Kohlenschiff *Earl of Pembroke*; es war damals knapp vier Jahre alt und hatte eine Tragfähigkeit von 368 britischen Tonnen. Die Regierung zahlte £ 2 800 für das Schiff und £ 2 294 für seine Überholung und die anderen Arbeiten, die seiner Vorbereitung auf die Expedition dienten. Es erhielt auch einen neuen Namen: *Endeavour* – die Anstrengung.

Die *Endeavour* zählt zu den berühmtesten Schiffen der Geschichte. Über ihren Bau und ihre Ausmaße wissen wir weit besser Bescheid als über Kolumbus' *Santa Maria*, Magellans *Victoria* oder Drakes *Golden Hind*. Ihre Form war »skandinavisch«: Sie war ein außerordentlich robustes Schiff mit breitem Bug und wenig Tiefgang; so erzielte sie natürlich keine hohen Geschwindigkeiten. Cook faßte ihre Vorzüge in der Einführung seines Logbuchs der zweiten Reise zusammen – für diese Expedition wurden ähnliche Schiffe erworben, die *Resolution* und *Adventure*. Die *Endeavour* konnte ungewöhnlich viel Ladung aufnehmen; sie war widerstandsfähiger als die meisten anderen Schiffe; ihre eigene Mannschaft konnte sie auf den Strand ziehen und Reparaturen vornehmen. Die Reise sollte die Klugheit und Urteilsfähigkeit derer zeigen, die sie gewählt hatten.

Im Gegensatz zu vielen früheren Expeditionen war es Cook dank des verbesserten Typs und der Takelage der *Endeavour* möglich, mit insgesamt nur 94 Mann an Bord zu reisen – darunter einer Gruppe von elf Wissenschaftlern; somit ergab sich die hohe und äußerst vorteilhafte Kapazität von vier Tonnen pro Person. Auch hatte Cook früheren offiziellen Expeditionen wie der Dampiers voraus, daß seine Mannschaft im allgemeinen ihrer Aufgabe gewachsen war – obwohl sich Cook ebenso leidenschaftlich wie erfolglos gegen die Mitnahme eines einarmigen Kochs sträubte.

Lieutenant Gore, der Cook auch auf seiner dritten und letzten Expedition begleiten sollte, hatte die Erde unter Byron und Wallis umsegelt; fünf weitere Männer aus Cooks Mannschaft waren mit Wallis gefahren und hatten daher die Entdeckung der König-Georg-III.-Insel, Tahiti, erlebt. Ein Wissenschaftler bemerkt hierzu, daß sich unter diesen erfahrenen Weltumseglern auch eine Ziege befand, die mit Wallis die Erde umfahren hatte und nun auf Captain Cook überging, »damit man auch den Kaffee der Südsee mit Milch nehmen konnte«. Im Durchschnitt war die Mannschaft der *Endeavour* sehr jung, wenige hatten die Dreißig überschritten. Cook wählte sie nicht selbst, doch fünf seiner Männer hatten seine Neufundlandreise auf der *Grenville* mitgemacht, und manche sollten ihn noch auf seiner zweiten und sogar seiner dritten Reise begleiten.

Die Wissenschaft war vertreten durch Charles Green, den Assistenten des Königlichen Astronomen, einen fähigen Mann, den die Königliche Gesellschaft Cook als »Beobachter« zuteilte; durch eine Gruppe unter der Leitung von Joseph Banks, einem wohlhabenden jungen Mann der Königlichen Gesellschaft, der Dr. Solander berief, einen Naturforscher und Schüler von Linné; durch H. Spöring als naturwissenschaftlichen Assistenten; und durch A. Buchan und S. Parkinson als Zeichner. Sowohl die Königliche Gesellschaft als auch Banks sorgten für eine umfangreiche wissenschaftliche Ausrüstung; Solander schätzte, daß Banks für die Expedition rund £ 10 000 ausgab – eine enorme Summe zu jener Zeit, doch vergleichsweise gering, wenn man bedenkt, welchen Beitrag die Reise zur Botanik und anderen Zweigen der Naturwissenschaft leistete.

Die Literatur, welche für die Reise zusammengetragen wurde, umfaßte die meisten erreichbaren Schriften über den Pacific – darunter Auszüge aus Tasmans Logbüchern, Wallis' Bordbuch und, als Geschenk des Autors an Banks, Dalrymples unveröffentlichtes Pamphlet, das Arias' Beweise der Existenz der Torres-Straße zum Inhalt hatte. Cook veranlaßte die Mitnahme von ausreichenden Mengen Antiscorbutica; es wurde bereits darauf hingewiesen, welche Verdienste er sich dadurch erwarb. Auf den Rat von Wallis hin wurde Tahiti, damals als König-Georg-III.-Insel bekannt, für die Beobachtung der Venus gewählt; Wallis war im Mai 1768 nach England zurückgekehrt, nachdem er diese Insel entdeckt hatte.

Anweisungen an Cook

Cooks Instruktionen zerfielen in zwei Teile. Der erste und offizielle, von der Admiralität nach Rücksprache mit der Königlichen Gesellschaft verfaßt, ordnete an, daß die Expedition über das Kap Horn nach der König-Georg-III.-Insel (Tahiti) reisen sollte, um im Juni 1769 den Durchgang der Venus zu beobachten.

Nach der Erfüllung dieser Aufgabe aber sollte Cook weitere, geheime und versiegelte Instruktionen öffnen; und diese befahlen ihm, Nachforschungen darüber anzustellen, ob sich im Pacific südlich Tahitis ein großer Kontinent befand und ob Tasmans Neuseeland ein Teil dieses Kontinents war. Mit anderen Worten: Cook sollte die Stichhaltigkeit der Thesen Dalrymples und der »Dry Land«-Theoretiker nachprüfen; falls sich deren Theorien als zutreffend erwiesen, sollte er die Voraussetzungen für eine britische Vormachtstellung in diesem neuen Kontinent schaffen.

Cooks eigenes Logbuch deutet die Natur dieser Anweisungen an; doch die Instruktionen selbst blieben lange Zeit unbekannt. Erst 1928 wurden sie entdeckt und veröffentlicht. Sie sind so bedeutungsvoll, daß wir sie hier in vollem Umfang wiedergeben. Obwohl das Dokument geheim war, wies der *London Gazetteer* am 18. August 1768 darauf hin, daß die Expedition nach der Beobachtung der Venus »einige neue Entdeckungen in jenen unbekannten Breiten um 40°« anstreben sollte.

Geheim — *Im Auftrag des Hohen Admirals von Großbritannien et cetera*

Zusätzliche Instruktionen für Lt. James Cook, betraut mit dem Kommando seiner Majestät Schiff Endeavour

Alldieweil die Entdeckung bislang unbekannter Länder und der Erwerb von Kenntnissen über ferne Teile des Erdenrunds, so zwar entdeckt, hingegen aber unzureichend erforscht sind, dem Ruhm dieser Nation als einer Seemacht wie auch der Würde der Krone Großbritanniens in höchstem Maße zuträglich sind und den Handel und die Navigation in jenen Breiten auf das Hervorragendste zu befördern vermögen; und alldieweil gewisse Gründe zu der Annahme berechtigen mögen, ein Kontinent oder ein Land großen Ausmaßes sei im Süden jener Zone zu finden, welche Kapitän Wallis im Schiffe Seiner Majestät, dem Dolphin, bereiste (ein Dokument hierzu findet Ihr beigelegt), oder im Süden jeder Strecke, die von früheren Navigatoren in Verfolgung ähnlicher Ziele befahren wurde; dessenthalben belieben es Seiner Majestät, Euch zu ersuchen, alsbald mit dem Euch unterstehenden Schiffe in See zu stechen, nachdem Ihr die Beobachtung des Durchgangs der Venus abgeschlossen habt, und dabei die folgenden Instruktionen zu beobachten.

Ihr sollt gen Süden fahren, um den oben genannten Kontinent zu entdecken, bis Ihr bei der Breite von 40° angelangt seid, so Ihr ihn nicht zu einem früheren Zeitpunkt antrefft. Doch so Ihr weder diesen Kontinent noch irgend Anzeichen seines Vorhandenseins gefunden habt, sollt Ihr die Suche in westlicher Richtung fortsetzen, zwischen der oben erwähnten Breite und der Breite von 35°, bis Ihr ans Ziel gelangt oder auf die östliche Seite des Landes trefft, welches, von Tasman entdeckt, jetzt den Namen Neu-Seeland trägt.

So Ihr den oben genannten Kontinent auf Eurer Fahrt gen Süden oder gen Westen, wie oben beschrieben, entdeckt, so sollt Ihr Euch mit äußerster Sorgfalt daran machen, die Küste in dem größten Euch möglichen Ausmaße zu erforschen; dabei sollt Ihr deren Gegebenheiten genauestens untersuchen, in Sonderheit ihre Lage, der Breite und Länge nach, die Deklination des Kompasses, die Beschaffenheit der Landspitzen, die Höhe, die Richtung und den Verlauf der Strömungen und Gezeiten, die Tiefen der See, die Untiefen, die Felsen et cetera; auch sollt Ihr Vermessungen durchführen und Karten herstellen, und Ihr sollt diejenigen Buchten, Häfen und Küstenteile inspizieren, welche sich als der Navigation nützlich erweisen könnten.

Gleichfalls sollt Ihr die Eigenarten, die geistigen Kräfte und Produkte aufs gründlichste untersuchen; ferner die Tiere, auch die Vögel, so dort leben oder häufigen Aufenthalt nehmen; die Fische, so in den Flüssen oder an der Küste zu finden sind; auch sollt Ihr deren Häufigkeit feststellen. Für den Fall, Ihr findet Minen, Minerale oder kostbare Steine, so sollt Ihr Proben jeder Art entnehmen; auch sollt Ihr nach Eurem Vermögen den Samen der Bäume, Früchte und des Korns sammeln, um diesen alsdann unserem Sekretär zu übermitteln, auf daß wir ihre gebührende Untersuchung und Experimente mit denselben veranlassen können.

Gleichfalls sollt Ihr die Eigenarten, die geistigen Kräfte, die Gemütsverfassung und die Anzahl der Eingeborenen, so solche vorhanden, beobachten. Auf jede gebührliche Art sollt Ihr eine Freundschaft und Verbindung zu denselben anstreben und ihnen dabei kleine Gaben nach ihrem Geschmacke zukommen lassen; auch sollt Ihr sie zum Handel ermuntern und ihnen dabei jegliche Achtung erweisen. Doch möget Ihr Euch hüten, keinen überraschenden Schaden durch sie zu nehmen; vielmehr sollt Ihr ständig auf der Hut vor unliebsamen Vorfällen sein. Gleichfalls sollt Ihr, so die Eingeborenen dem zustimmen, günstige Plätze des Landes im Namen des Königs von Großbritannien in Besitz nehmen; oder, falls Ihr das Land unbewohnt findet, Eure Besitznahme desselben für Seine Majestät dadurch kenntlich machen, daß Ihr in angemessener Weise Markierungen und Tafeln anbringt, welche Euch als Entdecker und Besitzer ausweisen.

Solltet Ihr jedoch den erwähnten Kontinent nicht entdecken, so sollt Ihr, wenn Ihr nach Neu-Seeland gelangt, aufs sorgfältigste die Breite und Länge beobachten, welche die Lage dieses Landes kennzeichnet, und so weite Teile der Küste erforschen, als das Schiff, die Gesundheit seiner Besatzung und die vorhandenen Vorräte zulassen; dabei sollt Ihr vor allem stets darauf bedacht sein, daß Eure Vorräte genügen, einen bekannten Hafen zu erreichen, in welchem Ihr Euch so versorgen könnt, daß Ihr nach England gelangt, entweder um das Kap der Guten Hoffnung oder um Kap Horn, wie Ihr es den Umständen entsprechend für günstig erachtet.

Gleichfalls wollt Ihr genauestens die Lage solcher Inseln beobachten, so Ihr im Verlaufe Eurer Reise entdekken möget und welche bis dato keines Europäers Auge je erblickte; selbige sollt Ihr für Seine Majestät vereinnahmen. Genauer untersuchen, vermessen und skizzieren sollt Ihr solche Inseln, so Euch von einiger Bedeutung erscheinen; dabei sollt Ihr Euch aber keineswegs von Eurem eigentlichen Ziel ablenken lassen, auf welches Euer Sinn stets gerichtet sei, der Entdeckung des häufig genannten südlichen Kontinents.

Doch da bei einer derartigen Unternehmung sich auch unvorhersehbare Unfälle ereignen mögen und somit hierzu keine Instruktionen erteilt werden können, so sollt Ihr Euch in solchen Fällen, nach Beratschlagung mit Euren Offizieren, so verhalten, als es Eurem Auftrag am dienlichsten erscheint.

Ihr sollt dem Sekretär der Königlichen Gesellschaft auf gebührende Weise Berichte der Beobachtungen übersenden, welch selbe Ihr beim Durchgang der Venus angestellt habt; ebenso sollt Ihr unserem Sekretär, zu unserer Information, Berichte über Eure Unternehmungen übermitteln, sowie Abschriften Eurer Vermessungen und Zeichnungen.

Und nach Eurer Ankunft in England sollt Ihr unverzüglich vor uns erscheinen, um uns einen vollständigen Bericht über sämtliche Unternehmungen im Laufe der gesamten Reise zu geben; vor Verlassen des Schiffes sollt Ihr nicht vergessen, Euren Offizieren und Euren Maaten die Logbücher und sonstige Aufzeichnungen, so solche vorhanden, abzufordern und dieselben zu versiegeln, auf daß wir sie einer Inspektion unterziehen können. Auch sollt Ihr Eure gesamte Mannschaft verpflichten, keinem gegenüber Angaben über die Reise zu machen, ehe die Erlaubnis dazu erteilt wird.

Unterzeichnet am 30. Juli 1768. ED. HAWKE
PIERCY BRETT
Auf Befehl der Lordschaften C. SPENCER
PH. STEPHENS

Die Admiralität erließ auch eine sehr bestimmt gehaltene allgemeine Order an alle Marineoffiziere und Schiffe, die Expedition zu unterstützen.

Im Auftrage des Hohen Admirals von Großbritannien et cetera

Da wir Lieut. James Cook beauftragt haben, in einer besonderen Mission mit dem Schiff Seiner Majestät, der

Endeavour, eine Fahrt zu unternehmen, werdet Ihr hiermit gebeten und ersucht, von ihm keinen Einblick in seine von uns erstellten Instruktionen für besagte Unternehmungen zu verlangen; auch sollt Ihr ihn in keinem Falle auf irgendeine Weise hindern, sondern ihm im Gegenteil jede Unterstützung gewähren, welche er benötigen mag, auf daß er in den Stand gesetzt werde, besagte Instruktionen zur Ausführung zu bringen.

Unterzeichnet, etc., am 30. Juli 1768. E. HAWKE
PY. BRETT
C. SPENCER

An die Flaggoffiziere, Kapitäne und Kommandeure der Schiffe Seiner Majestät.

Auf Befehl der Lordschaften PHP. STEPHENS

Viertes Kapitel

Tahiti, 1769

»Ein Arkadien,
dessen Könige wir sein werden.«
Joseph Banks

Cook übernahm die *Endeavour* in der Themse am 27. Mai 1768. Am Freitag, dem 26. August, segelte er aus dem Hafen von Plymouth; im September nahm er in Madeira Vorräte auf, darunter frische Zwiebeln und *Madeira*, der sich gut hielt. Die Expedition erreichte Rio de Janeiro im November; hier hatte Cook Schwierigkeiten mit einem ungebildeten portugiesischen Vizekönig, der nicht glauben konnte, daß Cook ausschließlich wissenschaftliche Ziele verfolgte – vielleicht nicht ganz ohne Grund, da Cook einen Plan des Hafens und seiner Befestigungen anfertigte. Der Vizekönig behandelte die Reisenden als Piraten; er ließ einige Mannschaftsmitglieder zeitweise einkerkern und zeigte sich auch sonst keineswegs gastfreundlich. Cook mußte sich diese Behandlung gefallen lassen, da andernfalls Verzögerungen bei der Beschaffung von Vorräten drohten. Am 11. Januar 1769 segelte die *Endeavour* vor Feuerland; Cook konnte sich etwas mit der Herstellung von Karten befassen, während die Naturwissenschaftler Blumen und andere Pflanzen untersuchten, die in Europa unbekannt waren.

Dienstag, 17. Januar

Frischer Wind im Süden, Südwesten und Westen, dazu Regen und Schnee; dazu bittere Kälte. Dennoch schafften wir wiederum Holz und Wasser an Bord und beendeten der Bucht Vermessung. Mr. Banks und seine Begleiter kehrten diesen Abend nicht wieder, wodurch mich große Unruhe befiel, sintemalen sie nicht für eine Nacht dort draußen gerüstet. Doch gegen Mittag kehrten sie in mäßiger Verfassung zurück; schlimmer noch: Des Mr. Banks Diener waren des Nachts vor Kälte umgekommen.

Um das Kap Horn

Die Expedition hatte das Glück, Kap Horn bei ungewöhnlich günstigem Wetter zu umsegeln.

Montag, 13. Februar

Itzo sind wir etwa 12° gen Westen auf der Straße des Magellan und 3½° gen Norden selbiger Straße vorgerückt; 33 Tage waren vonnöten, um das Kap Horn oder Feuerland zu umsegeln und in die Breite und Länge zu gelangen, wo wir uns jetzt befinden. Seit Verlassen der Straße Le Maire mußten wir kein einziges Mal die Marssegel reffen; so glücklich traf es wohl kein Schiff zuvor in jenen Seen, welche man ihrer heftigen Stürme wegen fürchtet; die Umsegelung des Kaps Horn gilt etlichen als waghalsiges Unterfangen, und andere geben bis zum heutigen Tag der Straße des Magellan den Vorzug. Da ich nie durch jene Straße segelte, vermag ich mein Urteil nur auf eine sorgfältige Vergleichung der Logbücher derjenigen Schiffe zu gründen, die selbige passierten, und der anderen, die das Kap Horn umsegelten. Mein Augenmerk richtet sich dabei insbesondere auf die beiden letzten Reisen des *Dolphin* und auf unsere Fahrt; alldieweil hier die Jahreszeit die gleiche ist, mag man mit Grund annehmen, daß auch dieselben Winde vorherrschen. Der *Dolphin* brauchte auf seiner letzten Reise drei

Monate, durch die Straße zu gelangen, ungerechnet die Zeit, da er in Port Famine lag; und so ich der Winde gedenke, welche wir hatten, so gelange ich zu der festen Überzeugung, daß wir, wären wir durch jene Passage gekommen, nicht in diese Seen gelangt sein würden, abgesehen von der Erschöpfung unserer Männer und dem Schaden an unseren Ankern, Trossen, Segeln und der Takelage, von welchen wir allesamt verschont blieben bei der Passage um das Kap Horn.

Der südliche Kontinent

Cook segelte jetzt in nordwestlicher Richtung seinen ersten Zielen entgegen – Tahiti und dem Durchgang der Venus – doch er fuhr westlich der Routen, welche frühere Navigatoren genommen hatten. Anfang März befand er sich 560 Meilen westlich von Chile und enthüllte dadurch einige Fehlkalkulationen Dalrymples; denn er segelte genau durch den Osten des vermuteten Südlandes.

Mittwoch, 1. März

Aus den erwähnten Beobachtungen ergibt sich eine Länge von 110° 33′ W von Greenwich; dies bedeutet eine genaue Übereinstimmung mit der Länge, welche das Logbuch von Kap Horn ausweist. Solche Längengleichheit nach einer Fahrt von 660 Meilen ist überraschend und steht nicht zu erwarten; aber da es sich so verhält, dient es ebenso wie die wiederholten Versuche, die wir bei dazu günstigem Wetter anstellten, zum Beweis, daß keine Strömung unser Schiff erfaßte, seit wir in diese See kamen. Dies gilt als sicheres Anzeichen, daß wir niemals in die Nähe bedeutender Landmassen gelangten, denn in Landnähe herrschen üblicherweise Strömungen: Es ist wohlbekannt, daß auf der Ostseite des Kontinents in der Nordsee in mehr denn hundert Meilen Entfernung vom Lande Strömungen anzutreffen sind, und selbst inmitten des Atlantischen Ozeans zwischen Afrika und Amerika findet man stets Strömungen; so vermag ich nicht einzusehen, warum in dieser See keine Strömungen herrschen sollten, so man annimmt, ein Kontinent oder sonstiges Land läge nicht weit westlich von uns, wie das etliche postulieren; und so je eines Menschen Auge solches Land erblickte, so können wir nicht weit davon sein, befinden wir uns doch itzo 560 Meilen im Westen der Küste von Chile.

Tahiti, April–Juli 1769

Anfang April sichtete man auf der *Endeavour* einige der Inseln des Paumotu- oder Low-Archipels, doch obwohl sie bewohnt waren, ging Cook nicht vor Anker; er segelte weiter und erreichte Tahiti am 11. April. In seinem Kampf gegen den Skorbut hatte er bereits große Erfolge erzielt, teilweise seiner vorbeugenden Maßnahmen wegen, teilweise aber auch, weil er die Energie und das psychologische Gespür besaß, die zur Durchsetzung seiner Maßnahmen erforderlich waren.

Donnerstag, 13. April

Zu dieser Zeit hatten wir nur weniger Männer Namen auf der Krankenliste, und die Beschwerden waren geringer Natur. Die Besatzung erfreute sich im allgemeinen guter Gesundheit, was vorzüglich dem Sauerkraut, der Brühe und dem Malz zu danken war. Die beiden ersteren wurden den Männern dargereicht, das eine an

Omai von der Insel Ulietea

Fleischtagen, das andere an Feigentagen; aus dem Malz wurde Würze hergestellt, welche nach Anweisung des Arztes jedem Manne gegeben wurde, der auch nur die geringsten Anzeichen von Skorbut erkennen ließ. Selbigen Maßnahmen sowie der Sorgfalt und Wachsamkeit des Arztes, Mr. Munkhouse, ist es zu danken, daß diese Krankheit sich nicht auf dem Schiffe verbreitete. Das Sauerkraut stieß zunächst auf Ablehnung, bis ich eine Methode zur Anwendung brachte, die meines Wissens bei Seeleuten noch nie ihre Wirkung verfehlte: Ich ließ jeden Tag davon auf den Tisch bringen und gestattete allen Offizieren ohne Ausnahme, Gebrauch davon zu machen; den Männern ließ ich die Wahl, entweder nach Belieben davon zu verzehren oder sich gänzlich seiner zu enthalten. Nach einer Woche schon fand ich es vonnöten, jedermann an Bord davon zukommen zu lassen; denn dieses ist die Wesensart der Seeleute im allgemeinen: Es mißfällt ihnen alles, was man ihnen nicht in der üblichen Weise zukommen läßt, mag es auch noch so sehr ihrem Besten dienen, und man höret von ihnen nur mürrische Worte gegen den, der eine solche Zuteilung vorgenommen; doch in dem Augenblick, da sie sehen, daß ihre Vorgesetzten Wert darauf legen, wird es das Köstlichste auf Erden, und der Erfinder einer solchen Einrichtung erfährt hohes Lob.

Cook ging in Wallis' *Royal Bay*, der »Königlichen Bucht« (Matavi), vor Anker. Die Eingeborenen begrüßten ihn herzlich; sie erinnerten sich der imposanten Geschütze des *Dolphin* und der Offiziere Cooks, die schon mit Wallis gefahren waren. Dennoch erwiesen sie sich als raffinierte Diebe, und einige ihrer Sitten und Gebräuche setzten die Europäer in Erstaunen.

Donnerstag, 13. April

Kaum waren wir in selbiger Königlichen Bucht vor Anker gegangen, als sich auch schon eine große Anzahl Eingeborener in Kanus unserm Schiffe nahte; sie führten Kokosnüsse etc. mit sich, welchen sie dem Anschein nach großen Wert beimaßen. Unter jenen, die unsere Begegnung suchten, befand sich ein älterer Mann mit Namen Owhaa; seiner erinnerten sich die Herren, welche diesen nämlichen Ort bereits mit dem *Dolphin* besucht, und taten seiner oft Erwähnung als eines zu etlichen Diensten Bereiten. So nahm ich ihn (mit einigen anderen) an Bord mit dem Gedanken, er könne uns bei Gelegenheit von Nutzen sein. Da unser Aufenthalt an diesem Ort sehr wohl von längerer Dauer sein mochte, erachtete ich es als äußerst wichtig, daß bezüglich des Verkehrs mit den Eingeborenen eine gewisse Ordnung beobachtet würde; daß solcher Ware, die wir zum Zwecke des Handels an Bord führten, stets ein angemessener Wert zukommen sollte und derselbe nicht nach eines jeden Geschmacke beurteilt würde; denn dies würde zweifelsohne zu Verwirrung und zu Streitigkeiten zwischen uns und den Eingeborenen führen und sicherlich den Wert solcher Artikel mindern, mit welchen wir Handel treiben konnten. Dieser Gefahr zu begegnen, wurden gewisse Regeln erlassen, als da sind:

Regeln, welch nämliche jedermann zu beobachten hat, welcher dem Schiffe Seiner Majestät, der *Endeavour*, angehöret, zum Zwecke der besseren Einrichtung eines geregelten und einheitlichen Handels mit Vorräten etc. mit den Einwohnern der Georges-Insel.

1. Auf jede geziemende Weise ist eine Freundschaft mit den Eingeborenen anzustreben; sie sind mit äußerster Freundlichkeit zu behandeln.

2. Es erfolgt die Ernennung einer oder mehrerer geeig-

neter Personen, welchen jede Art des Handels mit Vorräten, Früchten und anderen Produkten der Erde obliegt, der mit den Eingeborenen gepflogen wird; und mit Ausnahme der dazu bestimmten Personen soll kein Offizier oder Seemann oder ein anderer, so er dem Schiffe angehört, Handel mit Vorräten, Früchten und anderen Produkten der Erde treiben oder sich zu solchem Handel erbötig machen, ohne meine Erlaubnis zu haben.

3. Jedermann, so er an Land mit irgendeiner Aufgabe betraut ist, soll sich derselben mit größter Aufmerksamkeit widmen; so er durch Nachlässigkeit einer Waffe oder eines Werkzeugs verlustig geht oder ihm solcherlei Gerät entwendet wird, so wird der volle Wert desselben, wie bei der Marine in derlei Fällen üblich, gegenüber seinem Sold in Anrechnung gebracht, und wird ihm eine solche weitere Bestrafung zuteil, als sie der Natur seines Vergehens entspricht.

4. Die gleiche Bestrafung wird jedermann zuteil, der einen wie auch immer gearteten Handel mit irgend Teilen der Schiffsvorräte betreibt oder sich zu solchem Handel erbötig macht.

5. Keine Art von Eisen oder irgend Ding, welches aus Eisen gefertigt, oder irgend eine Art von Tuch oder andere nützliche oder notwendige Artikel sind gegen anderes denn Vorräte zu tauschen.

J. C.

Alsobald das Schiff ordnungsgemäß gesichert, ging ich an Land, begleitet von Mr. Banks und den anderen Gentlemen und einer Gruppe bewaffneter Männer; wir nahmen mit uns Owhaa, der uns zu der Stelle führte, an welcher der *Dolphin* gelegen hatte, und aus seinen Zeichen zogen wir den Schluß, wir könnten jenes Stück Landes okkupieren, doch erwies es sich als für unsere Zwecke ungeeignet. Nicht einer der Eingeborenen erhob den geringsten Einwand gegen unsere Landung, und ein jeder begegnete uns mit allen Zeichen der Freundschaft und Unterwürfigkeit.

Freitag, 14. April

Diesen Morgen hatten wir eine große Zahl von Kanus um das Schiff, deren meiste aus dem Westen kamen, aber nichts denn einige Kokosnüsse etc. mit sich führten. Zwei, welche dem Anschein nach Häuptlinge waren, und einige andere hatten wir an Bord, denn es kostete uns erhebliche Mühe, sie vom Schiffe fernzuhalten, sintemalen sie in der Kletterkunst den Affen ebenbürtig sind. Doch war es noch schwerer, sie von dem Diebstahl aller Gegenstände abzuhalten, welche in ihre Reichweite kamen; denn auf das Stehlen verstehen sie sich trefflich. Einem jeden der beiden Häuptlinge machte ich ein Beil zum Geschenk, worüber sie sich hocherfreut zeigten. Alsobald wir uns dieser Leute zum Teil erwehrt, nahm ich der Boote zwei und fuhr gen Westen, in Begleitung all der Gentlemen. Mein Ziel war es, herauszufinden, ob kein besser geeigneter Hafen vorhanden; ebenso wollte ich die Einstellung der Eingeborenen kennenlernen, und wir nahmen die beiden genannten Häuptlinge mit. Unser erster Landeplatz war der Hafen des Großen Kanu (so genannt von Kapitän Wallis), und allhie waren wir alsbald von einer großen Menge Eingeborener umgeben, welche uns mit der größten Freundlichkeit begegneten; nur zeigten sie die starke Neigung, unsere Taschen zu entleeren. Wir wurden zu einem Häuptling geführt, welch selben wir zum Zwecke der Unterscheidung Hercules nannten, und nach kurzem Aufenthalt und alsobald wir einige Geschenke verteilt, zogen wir weiter und kamen zu einem Häuptling, den ich *Lycurgus* nennen will; nämlicher bewirtete uns mit gebratenem Fisch, Brot, Früchten, Kokosnüssen etc. Er zeigte sich äußerst gastfreundlich und verwandte große Mühe darauf, uns ständig zu mahnen, wir sollten den Inhalt unserer Taschen in Acht nehmen, da sich eine große Menge um uns versammelt hatte. Doch trotz all unserer Vorsicht wurden Dr. Solander und Dr. Munkhouse bestohlen; den einen brachte man um sein Fernglas, den anderen um seine Schnupftabakdose. Als Lycurgus davon Mitteilung erhielt, verjagte er die Menge augenblicklich; die Methode, derer er sich zu diesem Zwecke bediente, war die, daß er den ersten ihm erreichbaren Gegenstand ergriff und auf sie schleuderte, und glücklich konnten sich jene schätzen, die ohne Schaden entrannen. Lycurgus schien von dem Geschehenen tief betroffen, und zum Ausgleich bot er uns alles an, was sich in seinem Hause befand; wir lehnten jedoch ab und bedeuteten ihm durch Zeichen, nur das Gestohlene wiedererlangen zu wollen. Zu diesem Behufe hatte er bereits Männer ausgesandt, und diese brachten alsbald das Gesuchte. An allen Orten fanden wir die Eingeborenen zahlreich; stets schienen sie friedfertiger Natur zu sein.

Samstag, 15. April

Diesen Morgen kamen einige der Häuptlinge an Bord, welchen wir gestern begegnet waren, und brachten Schweine, Brot und Früchte etc.; für diese gaben wir Beile, Linnen und sonstige Dinge nach ihrem Geschmack. Sintemalen wir gestern keine Stelle gefunden, welche all unseren Zwecken dienlicher war denn unser jetziger Aufenthalt, so beschloß ich unverzüglich, an der nordöstlichen Stelle der Bucht einen befestigten Posten zu errichten, welcher geeignet war zur Beobachtung des Durchgangs der Venus und gleichzeitig von den Geschützen des Schiffes gesichert werden konnte ... Da es bereits zu spät für anderes war, wurde eine Gruppe unter Leitung eines Maats zur Bewachung des Zelts zurückgelassen, während wir mit einer anderen Gruppe einen Marsch in die Wälder unternahmen, und mit uns die meisten der Eingeborenen. Wir hatten eben erst den Fluß überquert, als Mr. Banks drei Enten auf einen Schuß erlegte, was die Eingeborenen so entsetzte, daß die meisten von ihnen niederfielen, als seien sie selbst getroffen. Ich hatte Hoffnung, dies werde gute Wirkung auf sie erzielen, doch meine Hoffnung trog; denn wir hatten uns noch nicht lange von dem Zelt entfernt, als sich die Eingeborenen erneut darum zu sammeln begannen, und ihr Waghalsigster brachte einen der Wächter zu Boden, wand die Muskete aus seiner Hand und führte einen Schlag gegen ihn und machte sich davon, und mit ihm flohen alle anderen; doch unverzüglich befahl der Maat seinen Männern, das Feuer zu eröffnen, und der Räuber der Muskete wurde zu Tode getroffen, ehe er sich weit genug vom Zelt entfernen konnte, die Muskete aber ward dennoch entführt.

Freitag, 28. April

Diesen Morgen besuchte uns eine große Zahl Eingeborener mit ihren Kanus; sie kamen von verschiedenen Teilen der Insel, und gar manche von ihnen hatten wir noch nicht gesehen, so die Frau, welche vom *Dolphin* als die Königin dieser Insel genannt wurde. Sie ging zuerst zu des Mr. Banks Zelt in unserem Fort, wo sie nicht bekannt war, bis der Master an Land kam, der sie kannte, und dieser brachte sie an Bord mit zwei Männern und einigen Frauen, welche allesamt ihrer Familie anzugehören schienen. Ich machte ihnen allen Geschenke, doch Obariea, denn so lautete der Name dieser Frau, gab ich mehrere Dinge; und als ich mit ihr an Land ging, erhielt ich sogleich von ihr als Gegengabe ein Schwein und mehrere Stauden Bananen, welche sie in einer Art Prozession von ihrem Kanu zum Fort bringen ließen, mit ihr und mir als deren Abschluß. Diese Frau zählt etwa 40 Jahre und wirkt wie die meisten der anderen Frauen sehr männlich.

Montag, 1. Mai

Diesen Nachmittag errichteten wir das Observatorium und brachten zum ersten Mal den astronomischen Quadranten an Land, zusammen mit anderen Instrumenten. Das Fort war jetzt fertiggestellt und so befestigt, wie es die Zeit, die Natur und die Art des Bodens sowie die verfügbaren Materialien erlaubten. Ich dünkte mich nun völlig sicher vor jedem Anschlag, welchen die Eingeborenen unternehmen mochten.

Dienstag, 2. Mai

Diesen Morgen gegen 9 Uhr, da Mr. Green und ich den Quadranten hervorholen wollten, war er unauffindbar; und da er bislang nie aus seinem Behälter genommen ward (welcher etwa 18 Inches im Quadrat maß), seit er von Mr. Bird, der ihn gefertigt, gekommen war, und da er ein beträchtliches Gewicht besaß, so verwunderten wir uns allesamt aufs höchste, wie er hatte entfernt werden können, stand doch ein Wächter die ganze Nacht kaum fünf Schritt vom Eingang des Zeltes entfernt, darin er mit anderen Instrumenten lag; doch fehlte keines außer dem einen. Jedoch dauerte es nicht lange, und wir erhielten Bericht, daß einer der Eingeborenen ihn entwendet und nach Osten getragen. Unverzüglich wurde der Beschluß gefaßt, alle großen Kanus zu beschlagnahmen, die sich in der Bucht befanden, und Tootaha und einige der anderen Häuptlinge zu ergreifen und so lange in Haft zu halten, bis der Quadrant zurückerstattet werde; doch schien es uns nicht ratsam, das Letztere sofort auszuführen, alldieweil sich nur Obariea in unserer Macht befand; hätten wir sie indes mit Gewalt zurückgehalten, so hätten wir dadurch alle anderen alarmiert. In der Zwischenzeit machten sich Mr. Banks (welcher bei allen Dingen, die die Eingeborenen betreffen, stets große Wachsamkeit an den Tag legt) und Mr. Green in die Wälder auf, um von Toobouratomita zu erfragen, auf welchem Wege und wohin der Quadrant entfernt worden; gar bald erhielt ich die Nachricht, daß ihm selbige drei nach Osten gefolgt waren, und einige Zeit danach machte ich mich selbst mit einer kleinen Schar in ihre Richtung auf. Doch bevor ich aufbrach, befahl ich für den Fall, daß Tootaha entweder zum Schiffe oder zum Fort käme, daß er nicht zu ergreifen wäre; denn ich erfuhr, daß er an dem Diebstahl des Quadranten nicht beteiligt war und daß die größte Wahrscheinlichkeit bestand, ihn wiederzuerlangen. Ungefähr 4 Meilen von dem Fort traf ich Mr. Banks und Mr. Green, die mit dem Quadranten zurückkehrten.

Sonntag, 14. Mai

Diesen Tag hielten wir Gottesdienst in einem der Zelte des Forts ab; einige der Eingeborenen wohnten ihm bei und befleißigten sich die ganze Zeit größten Anstandes. Dieser Tag schloß mit einem sonderbaren Schauspiel am Tor des Forts, an welchem ein junger Bursche, etwa 6 Fuß hoch, ganz öffentlich bei einem Mädchen lag, welches 10 oder 12 Jahre zählen mochte, und waren einige unserer Leute und eine Anzahl Eingeborener zugegen. Ich erwähne dies, da solches Tun hier mehr allgemeinem Brauch als der Liederlichkeit zu entspringen scheint, denn mehrere Frauen waren zugegen, insbesondere Obariea und andere der höheren Schichten, und diese waren so weit davon entfernt, ihr Mißfallen kundzutun, daß sie das Mädchen sogar anwiesen, wie es seinen Part zu erfüllen hätte, denn das Mädchen, jung, wie es war, erschien nicht sehr willig.

Am 3. Juni beobachteten sie bei äußerst günstigem Wetter den Durchgang der Venus; die Ergebnisse dieser Beobachtungen (und auch derjenigen an anderen Orten) erwiesen sich allerdings als praktisch nutzlos.

Samstag, 3. Juni

Dieser Tag erwies sich als so günstig für unseren Zweck, wie wir nur wünschen mochten; den ganzen Tag zeigte sich keine Wolke, und die Luft war völlig klar, also daß wir jeden erdenklichen Vorteil hatten bei der Beobachtung der ganzen Passage des Planeten Venus über die Scheibe der Sonne: Wir sahen sehr deutlich eine Atmosphäre oder einen düsteren Schatten um den Körper des Planeten, was große Verwirrung bei der Bestimmung der Zeiten der Kontakte verursachte, besonders der beiden inneren. Dr. Solander beobachtete, wie auch Mr. Green und ich, und wir differierten bei der Beobachtung der Zeiten der Kontakte weit stärker, denn man hätte erwarten können. Des Mr. Green Teleskop und das meine waren von derselben vergrößernden Wirkung, dasjenige des Dr. Solander indes vergrößerte stärker denn die unsern. Den ganzen Tag herrschte fast völlige Ruhe, und das Thermometer, welches der Sonne ausgesetzt war, erreichte um die Mitte des Tages einen Grad der Hitze (119), der uns niemals zuvor begegnet war.

Juli 1769

Ich beschloß nun, jedes Ding vom Lande fortzuschaffen und den Ort baldmöglichst zu verlassen; die Vorbereitungen zur Abreise nahmen die ganze folgende Woche in Anspruch, ohne daß in dieser Zeit etwas Bemerkenswertes sich ereignete.

Sonntag, 9. Juli

Sintemalen Clement Webb und Samuel Gibson, beide Matrosen und junge Männer, während der mittleren Wache Gelegenheit fanden, sich vom Fort zu entfernen (was jetzt unschwer zu bewerkstelligen war) und des Morgens unauffindbar blieben, hatte ich Grund zu der Annahme, daß diese beiden Männer hierzubleiben beabsichtigten; denn es war einem jeden bekannt, daß sich am Montagmorgen alles an Bord befinden mußte und das Schiff in einem oder zwei Tagen segeln würde. Jedoch war ich willens, einen Tag zu warten, bevor ich Schritte zu ihrer Auffindung unternahm.

Montag, 10. Juli

Alldieweil sich die zwei Matrosen diesen Morgen nicht einfanden, begann ich nach ihnen zu forschen, und einige der Eingeborenen berichteten mir, sie seien in die Berge gezogen, und daß ein jeder eine Frau hätte und sie nicht zurückkehren wollten; doch wollte mir keiner genauen Bericht geben, wo sie sich befanden. Daraufhin beschloß ich, der Häuptlinge so viele zu ergreifen, wie wir nur irgend konnten, denn dies dünkte uns die beste Methode, die anderen Eingeborenen zu veranlassen, diese beiden Männer herbeizuschaffen. Wir hatten unter unserer Bewachung Obariea, Toobouratomita und zwei weitere Häuptlinge, doch sintemalen ich wußte, daß Tootaha mehr Einfluß auf die Eingeborenen hatte als diese zusammen, entsandte ich Lieutenant Hicks in der Pinasse zu dem Ort, an welchem sich Tootaha aufhielt; dort sollte er versuchen, diesen ins Boot zu locken und an Bord des Schiffes zu bringen, was ihm ohne die geringste Schwierigkeit gelang.

Dienstag, 11. Juli

Der Maat, den ich zur Suche der Deserteure ausgesandt

hatte, gab mir Nachricht, daß ihm die Eingeborenen nicht deren Aufenthaltsort mitteilen wollten, sondern sie zeigten sich im Gegenteil sehr widerspenstig, und als unsere Leute des Abends zurückkehrten, wurden sie plötzlich von einer Anzahl Bewaffneter ergriffen, welch selbe sich zu diesem Behufe im Walde versteckt gehalten hatten; dies geschah, nachdem Tootaha von uns ergriffen worden war, und sie unternahmen dies als eine Maßnahme der Vergeltung, ihren Häuptling freizubekommen. Doch fand diese Methode nicht die Billigung aller; eine große Zahl von ihnen verurteilte solches Tun und war dafür, den Ergriffenen wieder die Freiheit zu geben, alldieweil andere dafür waren, sie festzuhalten, bis Tootaha entlassen würde. Darob ereiferten sie sich so sehr, daß sie ihren Worten Schläge folgen ließen, und unsere Leute waren mehrmals nahe daran, wieder in Freiheit gesetzt zu werden; doch letztlich gewann jene Partei die Oberhand, welche sie weiterhin gefangenhalten wollte. Da sie indes noch immer einige Freunde unter den Eingeborenen hatten, tat man ihnen kein Leides; eine kurze Weile danach brachten sie Webb und Gibson, die beiden Deserteure, ebenfalls als Gefangene zu ihnen, doch kamen sie endlich überein, daß Webb entsandt werden sollte, uns vom Aufenthalt der anderen zu künden.

Als ich diese beiden Männer einem Verhör unterzog und nach den Gründen ihres Fortgehens fragte, erfuhr ich, daß eine Bekanntschaft, die sie mit zwei Mädchen geschlossen hatten, denen sie sich eng verbanden, der einzige Grund ihres versuchten Zurückbleibens war.

Donnerstag, 13. Juli

Eine Zeit lang, bevor wir diese Insel verließen, erboten sich mehrere der Eingeborenen täglich, mit uns zu gehen, und da die Ansicht herrschte, daß sie uns bei künftigen Entdeckungen nützlich sein müßten, entschlossen wir uns, einen mit Namen Tupia mitzunehmen, einen Häuptling und Priester: Dieser Mann war die meiste Zeit bei uns gewesen, die wir auf der Insel zugebracht hatten, wodurch wir Gelegenheit nahmen, einiges über ihn in Erfahrung zu bringen. Wir erachteten ihn als eine sehr intelligente Person, und es war unter den uns bekannten Eingeborenen keiner, der mehr wußte von der Geographie der Inseln dieser Meere, von ihren Produkten und den religiösen Sitten und Bräuchen ihrer Einwohner, und so schien er unseren Zwecken am dienlichsten; aus diesen Gründen und auf den Wunsch von Mr. Banks nahm ich ihn an Bord auf, zusammen mit einem jungen Burschen, seinem Diener.

Cooks Logbücher enthalten eine sehr ausführliche und informative Beschreibung von Tahiti und seinen Erzeugnissen, von seinen Einwohnern und deren Sitten und Gebräuchen, deren Religion, Häuser, Waffen und Kanus. Die folgenden kurzen Auszüge lassen Cooks Beobachtungsgabe und Urteilsfähigkeit erkennen – wenn auch einige der anthropologischen Beobachtungen Banks zugeschrieben werden können, da sie sich ihre Logbücher gegenseitig vorlegten.

Beschreibung der König-Georg-Insel

Diese Insel heißt bei den Eingeborenen *Otaheite* und wurde den 19. Juni 1767 von Kapitän Wallice in dem Schiffe Seiner Majestät, dem Dolphin, zum ersten Male entdeckt, und diesem und seinen Offizieren gebührt das Verdienst, die geographische Länge der Königlichen Bucht auf ein halbes Grad genau errechnet sowie die

Die Insel Otahiti

ganze Gestalt der Insel nicht schlecht beschrieben zu haben …

Diese Insel, mit Ausnahme der unmittelbaren Umgebung der Meeresküste, ist von sehr unebener Oberfläche und erhebt sich zu Bergketten, welche in der Mitte der Insel hoch aufragen; allda findet man Gipfel, welche auf eine Entfernung von dreimal zwanzig Meilen zu erkennen sind. Zwischen dem Fuß der Berge und der Seeküste liegt ein Gürtel niederen Landes, welch selbiger die ganze Insel umschließt, mit Ausnahmen weniger Orte, wo die Berge direkt aus dem Meer emporsteigen; dieses niedere Land ist von unterschiedlicher Breite, doch beträgt diese im höchsten Falle eine Meile und eine halbe. Der Boden ist reich und fruchtbar, sein größter Teil ist wohlversehen mit Obstbäumen und kleinen Anpflanzungen und wohlbewässert von einer Anzahl kleiner Flüsse mit ausgezeichnetem Wasser, die von den umliegenden Hügeln kommen. Auf diesem niederen Lande lebt der größte Teil der Eingeborenen, nicht in Städten oder Dörfern, sondern über die ganze Insel verstreut. Die Gipfel der meisten Berge und Hügel sind kahl, als hätte die Sonne sie verbrannt, doch weite Teile mancher von ihnen sind nicht ungenutzt, und viele Täler sind fruchtbar und bewohnt.

Die Produkte dieser Insel sind Brotfrucht, Kokosnüsse, Bananen, eine Frucht wie ein Apfel, süße Kartoffeln, Yams, eine Frucht mit dem Namen *Eag melloa*, welche als große Köstlichkeit gilt, Zuckerrohr, welches die Einwohner in rohem Zustand essen, eine Wurzel, von den Eingeborenen Pea genannt, ebenso die Wurzel einer Pflanze mit Namen Ether und eine Frucht in einer Hülse ähnlich einer Weißen Bohne, welche geröstet der Kastanie ähnelt und Ahu genannt wird, die Frucht eines Baumes, den sie Wharra benennen, ähnlich einer Ananas, die Frucht eines Baumes mit Namen Nano, die

Wurzel eines Farns und die Wurzeln einer Pflanze namens Theve. Alle diese Artikel bringt die Erde nahezu spontan hervor, oder wenigstens werden sie mit sehr wenig Mühe gewonnen; was die Nahrung anbetrifft, so kann man von diesen Menschen beinahe sagen, sie seien vom Fluche unserer Väter befreit, denn kaum läßt sich behaupten, sie äßen ihr Brot im Schweiße ihres Angesichts. Eine mildtätige Natur versorgt sie nicht nur mit dem Notwendigen, sondern gibt ihnen alles im Überfluß. Die Seeküste bietet ihnen eine Vielfalt köstlichster Fische, doch erlangen sie diese nicht ohne einige Mühe und Ausdauer, und Fisch scheint ihnen als einer der größten Genüsse zu gelten; sie verzehren ihn entweder roh oder zubereitet, beides, wie es scheint, mit dem gleichen Behagen. Und nicht nur Fisch, sondern fast alles, was aus dem Meer kommt, wird von diesen Leuten gegessen und hochgeschätzt. Schalentiere, Hummer, Krabben und selbst Meeresinsekten und vielerlei anderes dient ihnen zur Nahrung. Als zahme Tiere halten sie Schweine, Federvieh und Hunde, die letzteren lernten wir bei ihnen verzehren, und es waren nur wenige unter uns, die nicht bekannten, ein Hund der Südsee käme einem englischen Lamm nahe. Ein Vorteil dieser Hunde ist, daß sie lediglich von Gemüse leben, und wahrscheinlich wären unsere Hunde nicht so wohlschmeckend. Über ihr Federvieh läßt sich wenig Rühmendes berichten, doch ihr Schweinefleisch mundet vorzüglich …

Zu ihrer Person ist zu sagen, daß die Männer im allgemeinen von großem Wuchs sind, wohlgestalt, mit kräftigen Gliedmaßen; einer der Größten, den wir sahen, maß sechs Fuß dreieinhalb Inches. Die höhergestellten Frauen sind in jeder Hinsicht so groß wie Europäerinnen, doch die niederen sind im allgemeinen klein, was möglicherweise von ihren frühen Liebschaften herrührt, denen sie in stärkerem Maße frönen denn die Vornehmen. Sie sind von verschiedener Hautfarbe: Die Niederen, der Luft und Sonne stärker ausgesetzt, sind von einem sehr dunklen Braun, die Höhergestellten wiederum, welche die längste Zeit in ihren Häusern oder unter anderem Schutze verbringen, sind nicht dunkler denn andere Menschen, welche in Westindien geboren sind oder lange Zeit dort verbringen; ja, manche der Frauen sind beinahe so hellhäutig wie Europäerinnen. Ihr Haar ist fast immer schwarz, dick und stark, und die Frauen tragen es um die Ohren kurz geschoren, die Männer hingegen tragen es nach verschiedenen Arten: Die Vornehmen lassen es lang wachsen und binden es gelegentlich oben auf dem Kopf zusammen oder lassen es lose über die Schultern hängen, doch viele Niederen und solche, die ihres Berufes wegen, als Fischer etc., häufig am oder im Wasser sich aufhalten, tragen das Haar kurzgeschoren wie die Frauen. Sie zupfen stets einen Teil ihres Bartes ab. Beide Geschlechter entfernen jedes Haar unter ihren Achselhöhlen und empfinden es als Unordentlichkeit von uns, daß wir solches nicht ebenfalls tun. Sie haben alle schöne weiße Zähne und zum größten Teil kurze flache Nasen und dicke Lippen; dennoch sind ihre Züge angenehm, und ihre Haltung wirkt edel, und ihr Benehmen gegenüber Fremden und untereinander ist ohne Hinterlist, freundlich und höflich. Nur sind sie Diebe und stehlen alles, was sie können, und dies mit einer Geschicklichkeit, die den erfahrensten Taschendieb in Europa beschämen könnte. Sie sind ein sehr reinliches Volk, in ihrer ganzen Art wie auch bei Tische; unmittelbar vor und nach den Mahlzeiten waschen sie stets Hände und Mund, und dreimal des Tages, nämlich morgens, mittags und abends, waschen oder baden sie sich in frischem Wasser. Das einzig Mißliche bei ihnen ist das Öl, mit dem sie ihre Köpfe einreiben, *Monoe*, wie sie es nennen; dieses ist Kokosnußöl, welchem gewisse süße Kräuter oder Blumen beigemengt sind, und das Öl ist im allgemeinen sehr ranzig, was seinem Benützer keinen sonderlich angenehmen Duft verleiht. Eine weitere Gewohnheit, die Europäern mißlich erscheint, ist die, daß sie Läuse verzehren, von welchen sie üblicherweise in nicht geringem Maße befallen sind; doch ist diese Gewohnheit nicht allgemein verbreitet, denn ich erlebte sie fast nur bei Kindern und gewöhnlichen Leuten, und ich glaube fast, sie würden sich wie wir frei von Läusen halten, so sie nur die Mittel dazu hätten …

Es sind einige wenige Männer auf dieser Insel, deren Haut weißer ist als die eines jeden Europäers; sie ist von der Farbe eines Toten, wie die Nase eines weißen Pferdes. Ihre Augen, Augenbrauen, Haare und Bärte sind desgleichen weiß, ihre Haut ist gefleckt, denn manche Stellen sind noch weißer denn andere; sie sind kurzsichtig, ihre Augen rheumatisch. Stets erscheinen sie ungesund und haben weder den Geist noch die Tatkraft der anderen Eingeborenen. Ich sah nicht mehr denn drei oder vier dieser Art auf der ganzen Insel, und diese waren alte Männer; so schloß ich, daß dieser Unterschied in der Hautfarbe etc. dem Zufall entsprang und nicht in gewissen Familien umging, denn sonst hätten es ihrer mehr sein müssen. Bei den Einwohnern dieser Insel findet sich eine Art Aussatz oder Krätze, welche sich über den ganzen Körper erstreckt; ich habe Männer, Frauen und Kinder gesehen, jedoch nicht viele, welche derart von diesem Übel befallen waren, daß sie keinen Schritt gehen konnten. Diese Krankheit, so glaube ich, geht in ganzen Familien um, denn ich sah Mütter und ihre Kinder an ihr leiden.

Beide Geschlechter bemalen ihre Körper, *Tattow*, wie sie es in ihrer Sprache nennen; dies geschieht in der Weise, daß die Farbe Schwarz ihrer Haut eingegeben wird, und zwar so, daß sie sich nicht mehr entfernen läßt. Manche haben schlecht gezeichnete Figuren von Männern, Vögeln oder Hunden, die Frauen haben im allgemeinen das Zeichen »Z« an jedem Glied ihrer Finger und Zehen; die Männer haben es in gleicher Weise, und beide haben sie andere verschiedene Figuren, wie Kreise, Halbmonde etc. auf ihren Armen und Beinen. Kurz, es herrscht eine so große Vielfalt bei der Anbringung dieser Figuren, daß ihre Anzahl wie auch ihre Art völlig dem Geschmack jedes Einzelnen überlassen scheinen; doch alle gleichen sie sich darin, daß ihr Hinterteil völlig schwarz ist, darüber haben die meisten Bögen, deren einer über dem anderen gezeichnet ist. Diese Bögen scheinen ihr ganzer Stolz zu sein, denn beide, Männer wie Frauen, zeigen sie mit großer Freude vor …

Ihre Kleidung ist entweder von Tuch oder von Mattenstoff, welchen wir in verschiedenen Sorten vorfanden. Die Bekleidung von Männern und Frauen zeigt große Ähnlichkeit: Sie wickeln ein Stück Tuches oder Mattenstoffes zwei- oder dreimal um ihre Taille, und dieses hängt hinten wie vorne, einem Unterrocke gleich, über ihre Knie herunter. Ein anderes Stück, oder manchmal zwei oder drei, etwa zwei oder 2½ Yards lang und mit einem Loch in der Mitte, durch welches sie ihre Köpfe stecken, hängt vorne und hinten über ihre Schultern herunter und wird mit einem langen Stücke dünnen Tuches um ihre Taille festgebunden; an den Seiten ist es offen, so daß sie ihre Arme frei bewegen können. Dies ist die allgemeine Bekleidung aller Stände, und es gibt nur wenige ohne eine derartige, mit Ausnahme der Kinder, die ganz nackt gehen; die Jungen, bis sie sechs oder sieben Jahre zählen, die Mädchen bis drei oder vier; in diesem Alter beginnen sie zu bedecken, was die Natur sie zu verbergen lehrt …

Nach ihren Mahlzeiten und in der Hitze des Tages

schlafen sie oft, besonders diejenigen mittleren Alters; die Vornehmeren unter diesen scheinen die längste Zeit mit Essen und Schlafen zu verbringen. Zerstreuungen kennen sie wenige. Bogenschießen und Ringen sind die hauptsächlichsten, das erstere ist fast ausschließlich den Häuptlingen vorbehalten. Sie werten die Weite des Schusses; einen sah ich einen Pfeil 274 Yards weit schießen, und dennoch galt ihm dies nicht als ein Meisterschuß …

Wenn 8 oder 10 junge Mädchen versammelt sind, so tanzen sie stets einen sehr unschicklichen Tanz, welchen sie *Timorodee* nennen; dabei singen sie höchst unschickliche Lieder und haben eine höchst unschickliche Aufführung der Art, wie sie ihnen von frühester Kindheit an gelehrt wird. Doch sind ihre Bewegungen von schönem Gleichklang. Diese Übung geben sie jedoch im allgemeinen auf, sobald sie die Jahre der Reife erreicht haben, denn sobald sie eine Verbindung mit einem Manne eingegangen sind, erwartet man von ihnen, daß sie sich künftig des Tanzes *Timorodee* enthalten. Ein weiteres Amüsement oder Brauchtum muß ich vermelden, wiewohl ich erwarte, daß man meinen Worten keinen Glauben schenkt, denn es gründet sich auf eine unmenschliche Sitte, die den vornehmsten Prinzipien der menschlichen Natur zuwiderläuft; es ist dies, daß mehr denn eine Hälfte der Vornehmeren unter den Einwohnern den Entschluß gefaßt haben, einer Libertinage in der Liebe anzuhangen, ohne die Last deren Konsequenzen zu tragen; diese vermischen und erlustieren sich mit der größten Freiheit, und die Kinder, welchen das Unglück widerfährt, auf solche Weise gezeugt zu werden, werden im Augenblick ihrer Geburt erstickt. Viele dieser Leute schließen intime Bindungen und leben jahrelang als Mann und Frau zusammen, und die Kinder, welche in dieser Zeit geboren werden, erleiden den Tod. Sie sind soweit davon entfernt, dieses Tun zu verbergen, daß sie darin eher eine Art der Freiheit erblicken, auf welche sie sich etliches zugute halten. Sie werden *Arreoys* genannt und halten Treffen ab, bei welchen sich die Männer mit Ringkämpfen etc. amüsieren, und die Frauen führen derweil den genannten unschicklichen Tanz auf, in dessen Verlauf sie ihren Begierden freien Lauf lassen, doch, wie ich glaube, den Anschein der Schicklichkeit wahren. Ich war niemals Zeuge eines solchen Treffens. Dr. Munkhouse erlebte den Teil eines solchen, welcher genügte, um ihn bestätigen zu lassen, was man uns berichtet hatte.

Beide Geschlechter geben im Gespräch den unsittlichsten Gedanken Ausdruck, ohne die geringste innere Regung, und solche Reden verschaffen ihnen höchstes Entzücken. Der Keuschheit wird in der Tat geringer Wert beigemessen, besonders bei der mittleren Klasse; wird ein Weib des Ehebruchs schuldig befunden, so besteht ihre einzige Strafe in Schlägen ihres Gatten; die Männer bieten Fremden mit der größten Bereitwilligkeit junge Frauen und selbst ihre eigenen Töchter an, und eine Ablehnung dünkt ihnen höchst sonderbar. Doch geschieht dieses nur aus Gewinnsucht.

Die Häuser und Wohnstätten dieser Menschen tragen in bewundernswerter Weise der ständigen Wärme des Klimas Rechnung; sie bauen sie nicht in Städten oder Dörfern, sondern ein jedes von den anderen getrennt und stets in den Wäldern. Die Behausungen sind ohne Wände, so daß die Luft, vom Schatten der Bäume gekühlt, freien Zutritt von allen Richtungen hat, aus denen sie wehen mag. Kein Land kann sich angenehmerer natürlicher Pfade rühmen denn dieses; alle Ebenen, welche von den Eingeborenen bewohnt sind, sind von Gehölzen von Brotfruchtbäumen und Kokosnußbäumen ohne Unterholz bestanden und in allen Richtungen von Pfaden durchschnitten, die von Haus zu Haus führen, so daß es nichts Angenehmeres geben kann in einem Klima, welches die Sonne so mächtig regieret. Die Häuser sind im allgemeinen in einem länglichen Viereck gebaut, die Dächer werden von drei Reihen von Säulen oder Pfosten gestützt und ordentlich von Palmblättern bedeckt; ein Haus mittlerer Größe ist ungefähr 24 mal 12 Fuß, sein höchster Punkt 8 oder 9 Fuß, das Dach beginnt bei 3½ oder 4 Fuß. Die Blumen der Erde sind einige Inches hoch mit Heu bedeckt, auf welchem hie und da Matten liegen und als Gelegenheit zum Sitzen dienen; nur wenige Häuser haben mehr denn einen Stuhl, welcher dem Haupt der Familie vorbehalten ist. In ihren Häusern sind weder Räume noch sonstige Trennungen, sondern sie sind alle zusammen und schlafen gemeinsam; doch dabei beachten sie im allgemeinen eine gewisse Ordnung: Die Verheirateten liegen beieinander, und die Unverheirateten liegen nach dem Geschlecht getrennt, in geringer Entfernung voneinander …

Ihre Kanus und Boote sind allesamt sehr schmal gebaut, und etliche der längsten messen 60 oder 70 Fuß, diese bestehen aus mehreren Stücken: Der Boden ist rund und aus großen Stämmen gefertigt; er ist in einer Dicke von ungefähr 3 Inches ausgehöhlt und kann aus drei oder vier Stücken bestehen; die Seiten sind aus Brettern fast derselben Dicke und nahezu senkrecht, nur auf das Dollbord zu ein wenig abgerundet. Die Stücke, aus welchen sie bestehen, passen aufs beste zusammen und sind äußerst haltbar verbunden. Ihre größte Breite haben sie am hinteren Teil, nämlich im allgemeinen ungefähr 18 oder 20 Inches; das Vorderteil ist etwa um ein Drittel schmaler. Die Höhe von dem Boden bis zum Dollbord überschreitet selten 2½ oder 3 Fuß; sie bauen die Fahrzeuge mit hoch gekurvtem Heck, welchselbes im allgemeinen mit Schnitzwerk verziert ist, der vordere

Teil ist wenig oder gar nicht gekurvt. Die kleineren Kanus sind nach demselben Plan gebaut und aus einem, zwei oder mehreren Bäumen, je nach ihrer Größe und dem Zweck, welchem sie dienen. Um das Kentern zu verhindern, haben sie sogenannte Ausleger, das sind Holzbalken, welche an dem Dollbord befestigt sind und je nach der Größe des Bootes auf einer Seite etwa 6, 8 oder 10 Fuß herausragen. An den Enden ist in paralleler Richtung zu dem Kanu ein langes einfaches Holzstück befestigt; manche haben es auch in der Form eines kleinen Bootes, doch ist dies nicht allgemeiner Brauch. Dasselbe liegt im Wasser und balanciert das Boot. Diejenigen, die zum Segeln dienen, haben Ausleger nur auf der anderen Seite in Höhe des Mastes; selbige dienen zur Befestigung der Wanten und sind von Nutzen beim Trimmen des Bootes, wenn der Wind frisch bläst. Die Segelboote haben einen oder zwei Masten; die Segel sind von Mattenstoff, von Gestalt sind sie oben schmal und unten breit, und man benutzt sie im allgemeinen bei Kriegsschiffen etc. Ich habe oben erwähnt, daß die Kanus Ausleger haben; doch Doppelfahrzeuge, das sind zwei zusammen, was häufig anzutreffen ist, benötigen solche nicht, und bei ihnen verfährt man in folgender Weise: Zwei Kanus werden in paralleler Richtung ungefähr drei oder vier Fuß auseinander plaziert und durch schmale Holzstücke verbunden, so überkreuz gehen und an jedem ihrer Dollborde befestigt sind. So unterstützt ein Boot das andere, und beide sind in keiner Weise vom Kentern bedroht, und ich glaube, daß in dieser Weise alle ihre großen Fahrzeuge gebaut werden, von welchen einige eine große Zahl von Männern tragen, indem sie in der ganzen Länge des Schiffes und erheblich breiter eine Plattform aus Bambus oder anderem leichten Holz haben; doch sah ich auf der ganzen Insel nur eines dieser Art. Auf dem Vorderteil all dieser großen

Doppelfahrzeuge befand sich eine längliche Plattform von etwa 10 oder 12 Fuß Länge und 6 oder 8 Fuß Breite, welche ungefähr 4 Fuß über dem Dollbord von kräftigen geschnitzten Pfeilern unterstützt war; diese Plattform dient den Kriegern, in der Schlacht darauf zu stehen und zu kämpfen. Denn meines Wissens werden die großen Kanus zum größten Teil, wenn nicht gar ausschließlich, zu Kriegszwecken gebaut. Ihre Kampfmethode ist es, das gegnerische Fahrzeug zu entern und mit Keulen, Speeren und Steinen zu kämpfen. Ich sah nur eines dieser Art von Kanus im Wasser, die anderen befanden sich allesamt an Land und schienen allmählich zu verderben; auch waren nicht viele davon auf der Insel.

Die Häuptlinge und die Vornehmeren reisen im allgemeinen in kleinen Doppelkanus von einem Ort der Insel zum anderen; auf selbigen befindet sich ein kleines bewegliches Haus, welches sie nicht nur des Tages vor der Sonne schützt, sondern ihnen des Nachts auch als Schlafstätte dient. Diese Art des Reisens ist höchst angenehm bei Inseln, welche wie diese von einem Riff umgeben sind, denn sintemalen diese Kanus nur wenig Wasser ziehen, können sie beständig innerhalb der Riffe bleiben und geraten somit niemals in Gefahr. Sie haben einige wenige andere Kanus, die sie *Pahees* nennen, welche sich von den oben beschriebenen unterscheiden; doch sah ich von diesen nur sechs auf der ganzen Insel, und man sagte mir, sie seien nicht hier gebaut. Die beiden größten waren jeweils 76 Fuß lang, und als sie benutzt worden waren, befestigte man sie aneinander. Sie sind an beiden Enden spitz und schmal gebaut und in der Mitte breit, der Boden ist gleichfalls spitz und neigt sich gleich einem Keile, doch wölbt er sich am Kiel sehr stark nach außen und rundet sich direkt unter dem Dollbord sofort wieder nach innen. Sie sind aus mehreren Stücken dicker Planken gebaut und werden wie die anderen zusammengefügt, nur haben diese Inholz, welches die anderen nicht haben; sie haben ein hoch gekurvtes Heck, auch die Spitze ist etwas gekurvt, und beide sind mit dem Abbild eines Mannes geschmückt, in Holz geschnitten.

So man die Werkzeuge betrachtet, welche diese Leute haben, muß man ihr besonderes Geschick bewundern: Sie besitzen Krummäxte und kleine Beile aus hartem Stein, sowie Meißel oder Hohlmeißel aus Menschenknochen vom Unterarm, doch werden statt ihrer häufig auch Nägel verwandt. Mit diesen gewöhnlichen Werkzeugen, von denen ein europäischer Handwerker glauben mag, sie gingen beim ersten Schlag zu Bruche, habe ich sie mit überraschender Behendigkeit arbeiten sehen. Um ihr Werk zu ebnen oder zu polieren, reiben sie es mit einem glatten Stein, einer kleingehauenen Koralle; dabei verfahren sie gelegentlich so, daß sie diese mit Muscheln abkratzen, mit welchen allein sie die meisten ihrer kleinen Holzarbeiten herstellen.

Ihre großen und kleinen Boote und Kanus werden mit Paddeln gerudert und gesteuert, und obwohl die großen sehr plump erscheinen, wissen sie äußerst behende mit ihnen umzugehen und unternehmen damit meines Wissens lange Reisen; andernfalls würden sie kaum die Kenntnisse der Inseln dieser Seen besitzen, über die sie augenscheinlich verfügen. Als Schmuck tragen sie an den Mastspitzen der meisten ihrer Segler Hängezierat aus Federn …

Die Insel ist in zwei Distrikte oder Königreiche gespalten, welche sich häufig im Krieg gegeneinander befinden, wie dies vor ungefähr zwölf Monaten der Fall war. Jedes dieser Reiche ist wiederum in kleinere Distrikte aufgeteilt, welche *Whennuas* genannt werden. Über jedem der Königreiche ist ein *Eare dehi* oder Oberhaupt, den wir einen König nennen, und in den *Whennuas* herrschen *Eares* oder Häuptlinge. Die Macht des Königs scheint nur sehr gering zu sein; er mag als ein Vater geehrt werden, doch wird er keineswegs als ein Monarch gefürchtet oder respektiert. Gleiches läßt sich von den anderen Häuptlingen sagen, doch besitzen sie einen Vorrang vor den anderen Leuten, welche ihnen eine Art freiwilligen Gehorsam leisten. Im Ganzen gesehen scheinen diese Leute Freiheiten größten Ausmaßes zu genießen, und jeder Mann scheint der einzige Richter seiner eigenen Taten; als einzige Strafe scheint er den Tod zu kennen, und ein solches Urteil wird vielleicht gegen niemand mit Ausnahme eines öffentlichen Feindes ausgesprochen. Es gibt drei Rangstufen bei Männern und Frauen: Die ersten sind die *Eares* oder Häuptlinge, die zweiten die *Manahoonas* oder Mittleren, und als letzte kommen die *Toutous*, welcher Gruppe all die Niederen angehören, die den weitaus größten Anteil ausmachen. Diese letzteren scheinen in einer gewissen Abhängigkeit von den *Eares* zu leben, welche zusammen mit den *Manahoonas* das meiste, wenn nicht das gesamte Land besitzen. Dieses wird in ihren Familien vererbt, und in dem Augenblick, da der Erbe geboren, folgt er dem Vater sowohl im Titel als auch im Besitz, zumindest dem Prinzipe nach; denn es ist offenkundig, daß der letztere während der Kindheit seines Sohnes oder seiner Tochter noch die Macht haben muß.

Alldieweil ich nun nach bestem Vermögen von der Art und den Sitten dieser Leute Bericht erstattet, wird man erwarten, daß ich jetzt auch über ihre Religion berichte. Dies aber ist ein Ding, von dem ich so wenig erfahren, daß ich es kaum zu berühren wage, und ich würde es mit Schweigen übergehen, wäre es nicht meine Pflicht wie meine Neigung, in diesem Logbuch auch die geringste Kenntnis zu vermelden, die ich von einem Volke erlangt, welches für viele Jahrhunderte von fast jedem anderen Teil der Welt abgeschlossen gewesen. Sie glauben, daß es einen höchsten Gott gibt, welchen sie *Tane* nennen; von ihm sei eine Zahl niedriger Götter entsprungen, welch selbige sie als *Eatuas* bezeichnen; diese nämlichen regieren ihrem Glauben nach über sie und mischen sich in ihre Dinge ein, und sie bringen ihnen Opfer wie Schweine, Hunde, Fische, Früchte etc. dar und rufen sie bei manchen bestimmten Gelegenheiten an, wie in Zeiten der Gefahr, beim Aufbruch zu einer langen Reise, bei Krankheiten etc. Doch die Zeremonien, deren sie sich bei diesen Gelegenheiten bedienen, kenne ich nicht. Was wir erst als Begräbnisstätten ansahen, sind Orte der Verehrung und dienen der Abhaltung religiöser Zeremonien. Die Opfergaben werden auf Altäre gelegt, die 8, 10 oder 12 Fuß hoch auf stämmigen Pfählen errichtet sind; der Tisch des Altares, auf welchem die Gaben liegen, ist im allgemeinen aus Palmblättern. Ihre Opferstätten und die Gräber der Toten scheinen sie heilig zu halten. Die geopferte Nahrung, nahe der Gräber niedergelegt, ist meines Wissens nicht für die Verstorbenen, sondern für den *Eatua*, welcher sich sonst als ungnädig erweisen könnte; denn sie glauben an einen künftigen Stand der Belohnungen und Strafen, doch wie sie sich denselben vorstellen, weiß ich nicht. An einigen wenigen Orten haben wir kleine abseits stehende Häuser gesehen, welche dem Zwecke des Empfangs der Opfergaben an den *Eatua*, kleine Streifen Tuches, Nahrungsmittel etc., dienen. Ich bin der Meinung, daß sie dem *Eatua* einen Streifen oder ein kleines Stück jeden Tuches ihrer Herstellung opfern, bevor sie es selbst benützen, und es ist nicht unwahrscheinlich, daß sie mit ihrer Nahrung ebenso verfahren. Doch da es nur wenige dieser Häuser gibt, kann dies nicht allgemeiner Brauch sein; er mag wohl nur von den Priestern und solchen Familien beobachtet werden, welche gläubiger denn die anderen sind. Nun, da ich der Priester Erwähnung getan habe: Es sind nur Männer, die diese Funktion ausüben, und Tupia ist einer von ihrer Zahl. Sie scheinen in keinem hohen Ansehen zu stehen, noch können sie ihren Unterhalt völlig mit ihrem Berufe bestreiten; dies läßt mich annehmen, daß diese Leute nicht bigottisch in Bezug auf ihre Religion sind. Die Priester übernehmen bei manchen Gelegenheiten das Amt des Arztes, und ihre Hilfe besteht in der Abhaltung einer religiösen Zeremonie vor der kranken Person; ebenfalls krönen sie den *Eare dehi* oder König. Bei selbigen Krönungen, so berichtete man uns, wird eine strenge und aufwendige Zeremonie beobachtet, nach deren Ablauf jedermann die Freiheit hat, den neuen König für den Rest des Tages nach Belieben zu behandeln und zu nekken …

Sie berechnen die Zeit nach dem Mond, den sie *Malama* nennen, und geben 30 Tage jedem Mond; bei zweien dieser Tage sagen sie, der Mond sei *matte*, das heißt tot, und dies ist zu der Zeit des Neumondes, wenn er nicht zu sehen ist. Der Tag ist in kürzere Spannen aufgeteilt, welche nicht weniger denn zwei Stunden betragen. Ihre Berechnungen gehen nach Einheiten zu 10 und 20 bis zehnmal 20 oder 200 etc. Zum Zählen benützen sie gewöhnlich ihre Finger und wechseln so lange von einer Hand zur anderen, bis die Zahl erreicht ist, die sie auszudrücken wünschen; doch wenn es eine hohe Zahl ist, nehmen sie an Stelle ihrer Finger Stücke von Blättern …

Obwohl diese Insel im Wendekreis des Steinbocks liegt, ist die Hitze dennoch nicht zu störend; auch wehen die Winde nicht beständig von Osten, sondern sie sind Veränderungen unterworfen. Häufig weht zwei oder drei Tage lang ein frischer Wind aus südwestlicher Richtung, doch sehr selten aus dem Nordwesten. Wenn diese wechselhaften Winde statthaben, sind sie jedesmal von einer Dünung aus dem Südwesten oder von West-Süd-West begleitet; und gleiches geschieht, so es ruhig ist und gleichzeitig viele Wolken die Atmosphäre erfüllen …

Die Begegnung mit westlichen Winden innerhalb der allgemeinen Grenzen des östlichen Passats ist ein wenig ungewöhnlich und hat frühere Navigatoren zu dem Schlusse geführt, daß dies durch die Nähe eines großen Landstückes verursacht sei; doch glaube ich eher, daß die Ursache eine andere ist. Sowohl der *Dolphin* als auch wir haben die Entdeckung gemacht, daß sich der Passatwind in jenen Teilen dieser See nicht weiter denn 20° in den Süden erstreckt, und außerhalb dieser Gegend trafen wir im allgemeinen auf einen westlichen Wind; ist daher nicht die Annahme gestattet, daß diese Winde, so sie heftig wehen, die östlichen Winde beeinträchtigen und zurücktreiben müssen und solchermaßen die verschiedenartigen Winde und die südwestliche Dünung verursachen, die ich bereits erwähnt. Es ist wohlbekannt, daß die Passatwinde in einiger Entfernung innerhalb ihrer Grenzen nur schwach blasen und deshalb mit Leichtigkeit von einem Wind der entgegengesetzten Richtung aufgehalten werden. Ebenso ist bekannt, daß diese Grenzen Veränderungen von einigen Graden unterworfen sind, und dies nicht nur zu verschiedenen Jahreszeiten, sondern auch während ein und derselben Jahreszeit. Ein anderer Grund, aus welchem ich annehme, daß diese südwestlichen Winde nicht durch die Nähe eines großen Landstückes verursacht werden, ist dieser, daß sie stets von einer starken Dünung aus derselben Richtung begleitet werden und wir eine viel stärkere Brandung an den Südwestküsten der Inseln finden, eben innerhalb der Grenzen der Passatwinde gelegen, denn an irgendeiner anderen Stelle …

Ich habe vorhin angedeutet, daß diese Leute ein umfangreiches Wissen von den Inseln dieser Seen haben; Tupia hat uns, wie auch mehrere andere, einen Bericht über mehr denn siebzig von ihnen gegeben. Doch da der Bericht, welchen sie von ihrer Lage gegeben, so ungewiß ist, scheue ich mich, eine Liste von ihnen zu erstellen, ehe ich von Tupia die Lage einer jeden Insel mit größerer Genauigkeit erfahren habe. Vier dieser Inseln, nämlich Huaheine, Ulietea, Otaha und Bolabola, liegen, so hörten wir, nur eine oder zwei Tagesreisen mit dem Segelschiff nach Westen von der Georgs-Insel entfernt; dort könnten wir Schweine, Geflügel und anderes zu unserer Kräftigung erlangen, mit welchen Artikeln wir auf dieser letzten Insel nur knapp versorgt waren. Die Besatzung unseres Schiffes war von der stets harten Arbeit hierorts und dem zu freien Verkehr mit Frauen bei schlechterer Gesundheit denn bei unserer Ankunft; die Hälfte litt nunmehr unter der geschlechtlichen Krankheit. In dieser Lage hielt ich dafür, daß es ihnen schwer werden würde, dem kalten Wetter zu trotzen, welches zu dieser Jahreszeit im Süden herrschen mochte; und deshalb faßte ich den Entschluß, ihnen einige Zeit der Erholung zu gewähren, während wir zu den genannten Inseln fuhren und selbige erforschten.

Cook beschloß nun, nach Südwesten zu segeln und sich so seiner zweiten, geheimen Mission zu widmen – der Suche nach dem postulierten Kontinent –, obwohl er nicht an eine große Landmasse nahe Tahitis glaubte. Wie erwähnt, blieb er jedoch noch eine Zeitlang in tropischen Gewässern, bis sich der Gesundheitszustand seiner Männer gebessert hatte, und nahm einen Priester aus Tahiti namens Tupia mit; dieser hatte seine Einladung vielleicht deswegen angenommen, weil er an einer Verschwörung gegen Tootaha beteiligt war, den

Häuptling des Matavi-Distrikts, wo der *Dolphin* und die *Endeavour* ankerten. Aus diesen Gründen hielt sich Cook länger in den Tropen auf und entdeckte, beschrieb und erfaßte die schönen und fruchtbaren »Inseln unter dem Winde«, eine Gruppe der Gesellschaftsinseln, bevor er sich auf die Suche nach dem südlichen Kontinent machte.

Dienstag, 15. August

Die am weitesten nach Süden zu liegende Insel, welche Tupia aufgesucht oder von welcher er irgend Kenntnis besitzt, liegt nur zwei Tagesreisen mit dem Segelschiff von Ohetiroa entfernt und wird Moutou genannt; doch er sagt, sein Vater habe ihm dereinst berichtet, es seien Inseln noch im Süden derselben zu finden. Wir sind aber nicht der Ansicht, daß er von einem Kontinent oder einem großen Stück Landes weiß oder jemals gehört hat. Ich habe keinen Grund, Tupias Bericht über diese Inseln in Zweifel zu ziehen; denn als wir Ulietea verließen und gen Süden steuerten, sagte er, wenn wir uns etwas mehr östlich hielten (was der Wind uns nicht erlaubte), würden wir Mannua sehen, doch wenn wir unsere Richtung beibehielten, würden wir Ohetiroa sehen. Und so ergab es sich denn auch. Wenn wir auf die Inseln im Süden treffen, von welchen er spricht, so ist es gut; wenn nicht, werde ich keine Zeit mit der Suche nach ihnen verbringen. Denn ich bin jetzt fest entschlossen, mich auf der Suche nach dem Kontinent nach Süden zu wenden.

Anfang September hatte die *Endeavour* die Breite von 40° 12′ S erreicht; doch stürmisches Wetter zwang Cook, den Kurs zu ändern und Tasmans Neuseeland anzusteuern.

Fünftes Kapitel

Neuseeland, 1769–1770

»Noch nie wurde eine Küste von ihrem ersten Erforscher so gründlich erfaßt.«
Admiral Wharton

Auf der Reise vom Kap Horn nach Tahiti war die *Endeavour* nun durch den östlichen Teil des mythischen »Südlands« gesegelt, und sie hatte mit ihrer südlichen Fahrt von Tahiti aus bewiesen, daß die vermutete Nordküste des Kontinents hier nicht existierte. Die Erforschung Neuseelands sollte die Frage klären, ob dieses Land die Westküste des Kontinents bildete oder nicht. Am 7. Oktober kam Land in Sicht; ein Junge, Nicholas Young, entdeckte es, und der südwestliche Punkt der Poverty Bay wurde »Young Nick's Head« getauft, »Haupt des jungen Nick«. Cook lief dann in die Bucht ein, die er erst »Endeavour Bay« und später »Poverty Bay« (Bucht der Armut) nannte – denn »sie bot uns kein einzig Ding, so wir wollten«. Nun gab es Schwierigkeiten mit den kriegerischen Maoris.

Montag, 9. Oktober

Ging mit einer Gruppe von Männern in der Pinasse und der Segeljolle an Land, begleitet von Mr. Banks und Dr. Solander. Landeten auf der Höhe des Schiffs auf der östlichen Seite eines Flusses; doch da wir einige der Eingeborenen auf der anderen Seite des Flusses sahen, mit welchen zu sprechen ich begehrte, und es sich zeigte, daß wir den Fluß nicht durchwaten konnten, befahl ich, daß die Segeljolle mit uns übersetzen sollte, während die Pinasse am Eingang blieb. In der Zwischenzeit hatten sich die Eingeborenen davongemacht; wir begaben uns jedoch bis zu ihren Hütten, welch selbige ungefähr zwei- oder dreihundert Yards vom Wasser entfernt lagen, während vier Jungen zur Bewachung der Segeljolle zurückblieben. Kaum jedoch hatten wir diese verlassen, als vier Männer auf der anderen Seite des Flusses aus den Wäldern kamen, und diese hätten sich der Jolle sicherlich bemächtigt, hätten die Männer in der Pinasse sie nicht entdeckt und zu der Jolle hinübergerufen, sie solle den Fluß hinunterfahren; dies geschah unter scharfer Verfolgung der Eingeborenen. Als der Bootsführer der Pinasse dessen ansichtig ward, feuerte er zwei Musketensalven über die Köpfe der Eingeborenen ab; die erste ließ sie haltmachen und um sich blicken, doch von der zweiten nahmen sie keine Notiz. Darauf wurde eine dritte abgefeuert, wobei einer der Fremden auf der Stelle getötet ward, als er eben im Begriff stand, seinen Speer auf das Boot zu schleudern. Dies bewirkte, daß die anderen drei eine Minute oder zwei regungslos verharrten; sie schienen höchst überrascht und wunderten sich ohne Zweifel, was ihren Kameraden auf diese Weise getötet hatte. Doch sobald sie sich erholt hatten, machten sie sich davon; eine kurze Strecke Weges nahmen sie den Leichnam mit, dann ließen sie ihn zurück.

Am folgenden Tag kam es zu einem noch fataleren Zwischenfall.

Dienstag, 10. Oktober

Ruderte des Nachmittags um die Spitze der Bucht, doch fand ich keinen Platz zum Landen wegen der starken Brandung, welche allerorten gegen das Ufer schlug. Sobald ich zwei Boote oder Kanus erblickte, die von der See hereinkamen, ruderte ich zu einem derselben, um der Leute habhaft zu werden. Wir kamen ihnen nahe,

Mann von Neuseeland

bevor sie Notiz von uns nahmen, und Tupia rief ihnen zu, sie sollten an unsere Seite kommen, und es würde ihnen kein Leides geschehen. Doch statt zu tun, wie ihnen geheißen, suchten sie zu entfliehen, worauf ich eine Muskete über ihren Köpfen abfeuern ließ, vermeinte ich doch, dies werde sie veranlassen, sich zu ergeben oder über Bord zu springen. Doch hierin täuschte ich mich, denn sie ergriffen unverzüglich ihre Waffe, oder was sie sonst mit sich führten, und begannen uns anzugreifen. Dies nötigte uns, auf sie zu feuern, und unseligerweise wurden zwei oder drei von ihnen getötet und einer verwundet, und drei sprangen über Bord; diese letzteren ergriffen wir und brachten sie an Bord, wo sie neu eingekleidet und mit jeder erdenklichen Freundlichkeit behandelt wurden. Und zur Überraschung aller zeigten sie sich sogleich höchst erfreut, als wären sie unter ihren Freunden; sie waren alle drei jung, der Älteste nicht mehr denn 20 Jahre, der Jüngste ungefähr 10 oder 12.

Ich bin mir wohlbewußt, daß die meisten humanen Männer, welche Dinge dieser Art noch nicht erlebt, mein Verhalten und die Schüsse auf die Leute dieses Bootes verurteilen werden; auch glaube ich selbst keineswegs, daß mich der Grund rechtfertigt, den ich zu ihrer Ergreifung hatte. Und hätte ich daran gedacht, daß sie auch nur den geringsten Widerstand leisten würden, wäre ich ihnen nicht nahegekommen. Doch da sie solches taten, konnte ich nicht tatenlos verharren und erdulden, daß ich oder jene, die mit mir waren, aufs Haupt geschlagen würden.

Mittwoch, 11. Oktober

Da ich des nächsten Morgens weiterzusegeln beabsichtigte, brachten wir die drei jungen Männer des Nachmittags an Land. Dies entsprach offensichtlich keineswegs ihrer Neigung; doch weiß ich nicht, ob dies von ihrem Wunsch, bei uns zu bleiben, oder, wie sie vorgaben, von der Furcht vor ihren Feinden verursacht war. Diese letztere schien jedoch unbegründet, denn wir sahen, wie sie von einem Floß über den Fluß geführt wurden und sich gemächlich mit den anderen Eingeborenen entfernten.

Um 6 Uhr morgens lichteten wir den Anker und fuhren aus der Bucht, welche ich *Bucht der Armut* nannte, denn sie bot uns kein einzig Ding, wonach wir suchten.

Von der Poverty Bay aus segelte Cook nach Süden und benannte die Hawke Bay nach dem Ersten Lord der Admiralität; doch da er nur unwirtliche Gestade vorfand, wandte er sich nach Norden und begann die Nordinsel entgegen dem Uhrzeigersinn zu umsegeln. Er passierte die Bay of Plenty (Bucht des Überflusses) und die Mercury Bay, wo er den Durchgang des Merkurs beobachtete und wo er sich von den befestigten Dörfern der Maoris stark beeindruckt zeigte.

Die Beziehungen zu den Maoris waren Schwankungen unterworfen. Manchmal waren Musketen und selbst eine Kanone nötig, um sich bei ihnen durchzusetzen; zu anderen Zeiten erwiesen sie sich als äußerst freundlich.

Dienstag, 21. November

Nach der Landung waren wir noch keine hundert Yards in den Wald gegangen, als wir einen Baum fanden, welcher 6 Fuß über dem Boden einen Umfang von 19 Fuß und 8 Inches aufwies, und da ich einen Quadranten mitführte, errechnete ich seine Länge von der Wurzel bis zum ersten Zweig auf 89 Fuß; er war pfeilgerade und verjüngte sich im Verhältnis zu seiner Länge nur gering, und so kam ich zu dem Schluß, daß dieser Baum ungerechnet die Zweige aus 356 Fuß soliden Holzes bestünde. Wir sahen viele andere derselben Sorte; einige von diesen waren größer denn der von uns Vermessene, und allesamt waren sie sehr stattlich. Andererseits gab es auch viele andere Sorten sehr stattlicher Bäume, welche uns sämtlich völlig unbekannt waren. Wir nahmen ein paar Proben mit und brachen um 3 Uhr auf, da wir uns mit dem Beginn der Ebbe wieder an Bord begeben wollten; doch zuvor gaben wir diesem Fluß den Namen *Themse*, sintemalen er eine gewisse Ähnlichkeit mit jenem Fluß in England aufwies. Bei unserer Rückfahrt auf dem Fluß kamen uns die Einwohner des Dorfes, wo wir auf der Hinfahrt Aufenthalt genommen, in ihren Kanus entgegen und handelten mit uns in der denkbar freundlichsten Weise, bis über die wenigen Kleinigkeiten verfügt war, die sie mit sich geführt.

Nach der Passage des Hauraki-Golfs und der Stelle, an der später Auckland liegen sollte, fuhr die *Endeavour* in die Bucht der Inseln ein; diese Gegend war damals, wie heute noch, dicht von Maoris besiedelt.

Montag, 27. November, nachmittags

Auf der Südwestseite dieser Bucht sahen wir sowohl auf Inseln wie auch auf dem Festland einige Dörfer, von welchen einige große Kanus voll von Menschen zu uns kamen. Doch traten sie in keinen freundschaftlichen Handel mit uns, sondern sie betrogen, wo sie nur konnten. Die Männer in diesen Kanus waren von äußerst stattlicher Erscheinung; sie hatten allesamt ihr Haar, welches schwarz war, hochgekämmt und oben auf ihren Häuptern zusammengebunden und mit weißen Federn besteckt. In einem jeden dieser Kanus waren zwei oder drei Häuptlinge, und das Gehabe dieser war demjenigen aller uns bisher Begegneten überlegen; das Tuch, das sie hatten, war von der besten Sorte und auf der Außenseite von Hundefellen bedeckt, welche in solcher Weise angebracht waren, daß sie recht ansehnlich erschienen. Wenige dieser Leute waren im Gesicht tätowiert oder gekennzeichnet wie jene, die wir weiter im Süden gesehen. Einige aber hatten ihren Rücken in ähnlicher Weise tätowiert wie die Einwohner der Inseln innerhalb der Tropen. Im Verlauf dieses Tages hatten wir nach unserer Schätzung nicht weniger denn vier- oder fünfhundert Eingeborene am und im Schiff, und da wir in dieser Zeit nicht mehr denn 18 oder 24 Meilen an der Küste entlangfuhren, ist dies ein deutliches Zeichen, daß dieser Teil des Landes von vielen Menschen bewohnt sein muß.

Donnerstag, 30. November, nachmittags

Westliche Winde mit einigen sehr schweren Regenschauern. Kaum waren wir vor Anker gegangen, da versammelten sich schon zwischen drei- und vierhundert Eingeborene in ihren Kanus um das Schiff; einige wenige wurden an Bord gelassen, und einem der Häuptlinge gab ich ein Stück feinen Wollstoffes und verteilte einige Nägel etc. unter einigen der anderen. Viele dieser Leute waren bereits zum Schiff gekommen, da wir uns noch auf See befanden; sie schienen Achtung vor unseren Feuerwaffen zu haben, und bei dem kleinen Handel, den wir mit ihnen pflegen, war ihr Betragen recht zufriedenstellend. Doch dauerte es nicht lange, bis einige von ihnen die Boje fortnehmen wollten, und sie ließen auch nicht ab, als einige Musketen abgefeuert wurden, bis einer von ihnen eine Verletzung davontrug; daraufhin entfernten sie sich eine kurze Strecke von dem Schiff …

Ich schickte den Master mit zwei Booten aus, den Hafen zu erkunden; doch zuvor befahl ich, daß Mathew Cox, Henry Stevens und Manuel Paroyra jeweils mit einem Dutzend Hiebe bestraft wurden, sintemalen sie letzte Nacht an Land ihre Pflicht verletzt und auf einer der Pflanzungen Kartoffeln ausgegraben hatten. Den ersten dieser drei ließ ich inhaftieren, denn er bestand darauf, daß sein Tun keinen Tadel verdient hätte. Diesen ganzen Vormittag waren zahllose Eingeborene um das Schiff und einige wenige an Bord; wir handelten mit ihnen um geringe Güter, und sie erwiesen sich dabei als höchst redlich und freundlich.

Anfang Dezember ereignete sich ein Zwischenfall, der die Gefahren der Navigation an einer unbekannten Küste zeigte.

Mittwoch, 6. Dezember, nachmittags

Sanfte Brise Nord-Nordwest, mit welcher wir uns weiter aus der Bucht begaben, doch wenig oder nichts gewannen. Des Abends erhob sich leichter Wind, und um 10 Uhr trat Windstille auf. Um diese Zeit führte die Flut oder eine Strömung das Schiff in die Nähe einer der Inseln, wo wir fast auf die Küste liefen; doch mit Hilfe unseres Bootes und eines leichten Luftzuges aus dem Süden kamen wir klar. Ungefähr eine Stunde später, da wir uns schon jeglicher Gefahr entronnen glaubten, lief das Schiff auf einen Felsen; doch kamen wir sofort wieder klar, ohne sichtbaren Schaden zu nehmen …

Zu Beginn der zweiten Dezemberhälfte passierte Cook bei sehr ungünstigem Wetter das Nordkap, dem er seinen Namen gab, und sah die Insel der drei Könige und das Kap Maria van Diemen, das Tasman entdeckt hatte. Er hatte nun gezeigt, daß die Behauptung des Holländers durchaus zutreffen konnte, es müsse aufgrund der starken Dünung aus dem Nordwesten eine Passage von Neuseeland aus südwestlich über den Pacific existieren. Auf seiner Fahrt weiter nach Süden sichtete Cook den Mount Egmont, der ihn gewaltig beeindruckte.

Die *Endeavour* segelte jetzt in die große westliche Öffnung der Cook-Straße zwischen der Nord- und Südinsel – der Straße, deren Existenz Tasman vermutet, jedoch nicht bewiesen hatte. Nach der Einfahrt verengte sich dic Straße, und Cook traf auf die nördliche Fjordküste der Südinsel. Hier beschloß er, im Queen-Charlotte-Sund – wie diese von ihm so geliebte Meerenge dann genannt wurde – zu bleiben; denn hier fand er, was er brauchte, Holz und frisches Wasser, und gelegentlich traf er auch auf Eingeborene, die ihm freundlich begegneten.

Admiral Wharton hat darauf hingewiesen, daß Cook nun eine sehr gefährliche und stürmische Küstenlinie brillant erfaßt und die geographische Breite und Länge akkurat beobachtet hatte.

Die Haltung der nicht allzu zahlreichen Maoris im Queen-Charlotte-Sund schwankte zwischen Feindseligkeit und freundlichem Entgegenkommen. Die weißen Fremdlinge waren entsetzt darüber, daß sie auf leidenschaftliche Kannibalen getroffen waren.

Mittwoch, 17. Januar

Bald nach der Landung trafen wir zwei oder drei Eingeborene, welche sich vor kurzer Zeit an Menschenfleisch gelabt haben mußten; denn ich erhielt von einem derselben den Knochen des Unterarms eines Mannes oder einer Frau, welcher ganz frisch war, und das Fleisch war erst kürzlich entfernt worden, und sie erklärten, dieses verzehrt zu haben. Sie gaben uns zu verstehen, daß sie erst vor einigen Tagen die Besatzung eines Bootes ihrer Feinde getötet und verzehrt hatten; es mochten aber auch einfach Fremde gewesen sein, denn ich glaube, daß sie alle Fremden als Feinde ansehen …

Keiner von uns hatte den geringsten Zweifel daran, daß diese Leute Kannibalen waren; doch dieser Knochen mit einem Teil der noch frischen Muskeln daran war ein stärkerer Beweis dafür als alles andere, was uns bisher begegnet war. Und um völlige Sicherheit bezüglich ihres Berichts zu erlangen, sagten wir einem von ihnen, es sei nicht der Knochen eines Menschen, sondern der eines Hundes; doch dieser ergriff in großer Erregung seinen Unterarm und wiederholte, daß es ein Menschenknochen sei, und um uns zu zeigen, daß sie das Fleisch verzehrt hatten, biß er mit den Zähnen in das Fleisch seines eigenen Armes und tat, als wolle er es essen …

Einige Eingeborenen kamen zu unserem Schiffe, und es hatte den Anschein, als wollten sie uns nur zusehen. Eine Frau war unter ihnen, deren Arme, Schenkel und Beine an manchen Stellen Schnitte aufwiesen; der Grund dafür war, daß sie um ihren Ehegatten trauerte, welcher, wie man uns berichtete, vor kurzer Zeit von Feinden getötet und verzehrt worden war, und die Eingeborenen deuteten in Richtung der Stelle, an welcher dies geschehen, und sie lag irgendwo im Osten. Mr. Banks erhielt von einem von ihnen einen Knochen des Unterarms, welcher sich in ähnlichem Zustand wie der vorhin erwähnte befand, und um uns zu zeigen, daß sie das Fleisch gegessen, bissen sie auf den Knochen und benagten ihn, und dies in einer Weise, welche deutlich machte, daß ihnen das Fleisch als Leckerbissen galt.

Später in diesem Monat bestieg Cook die benachbarten Hügel und entdeckte eine nach Osten führende Straße.

Freitag, 26. Januar

Unternahm des Vormittags in Begleitung von Mr. Banks und Dr. Solander eine Exkursion in eine der Buchten, welche auf der östlichen Seite des Einlasses liegen. Nach unserer Landung erklommen wir einen sehr hohen Hügel, von welchem wir die Passage überblickten, welche ich zuvor entdeckt, sowie das Land der gegenüberliegenden Küste, welches ungefähr 12 Meilen von uns entfernt schien; doch da es nahe des Horizonts dunstig war, konnten wir nicht weit nach Südosten sehen. Doch hatte ich nunmehr genug von dieser Passage gesehen, um davon überzeugt zu sein, daß die allergrößte Wahrscheinlichkeit bestand, daß sie in die östliche See führte; denn die Entfernung jener See von dieser Stelle kann 60 Meilen nicht überschreiten. Daraufhin faßte ich den Entschluß, diese Passage mit dem Schiff zu suchen.

Am 31. Januar setzte sich Cook offiziell in den Besitz des Queen-Charlotte-Sunds und des angrenzenden Gebietes und zog bei den Maoris weitere Erkundungen ein; diese bestärkten ihn in seinem Glauben, daß Neuseeland aus Inseln bestand und nicht Teil eines Kontinents war.

Mittwoch, 31. Januar

Als nächstes erklärte ich dem alten Mann und einigen anderen mit des Tupia Hilfe, daß wir gekommen waren, eine Markierung auf der Insel anzubringen, welche jedem Schiff, das hierher kommen mochte, zeigen sollte, daß wir als erste an diesem Ort gewesen. Sie gaben nicht nur ihre volle Zustimmung, sondern versprachen auch, diese Markierung niemals zu entfernen.

Dann überreichte ich jedem Anwesenden das eine oder andre Ding; dem alten Manne gab ich silberne Threepenny-Münzen mit dem Datum 1763 und Nägel, und die Pfeilspitze des Königs ließ ich an all jenen Dingen anbringen, die mir angetan schienen, lange in seinem Besitz zu bleiben.

Nachdem ich solchermaßen den Weg für die Aufstellung des Markierungspfostens geebnet, brachten wir diesen zum höchsten Teil der Insel, und nachdem wir ihn fest in die Erde gerammt, hißten wir darauf die Union-Flagge, und ich verlieh diesem Einlaß den Namen *Queen-Charlotte-Sund* und nahm öffentlich Besitz von demselben sowie von dem angrenzenden Gebiet, im Namen und zum Nutzen Seiner Majestät. Dann tranken wir eine Flasche Wein auf das Wohl Seiner Majestät und gaben die leere Flasche dem alten Mann (welcher uns auf den Hügel begleitet hatte), worüber sich dieser hocherfreut zeigte. Während der Pfosten aufgestellt wurde, befragten wir den alten Mann bezüglich der Straße oder Passage in die östliche See, und er sagte uns ohne Umschweife, daß eine Passage vorhanden sei; und da ich mutmaßte, daß das Land im Südwesten dieser Straße (wo wir jetzt sind) eine Insel war und nicht der Teil eines Kontinents, fragten wir den alten Mann auch danach, und er antwortete, es bestünde aus zwei *Wannuaes*, das sind zwei Länder oder Inseln, welche nämlichen in wenigen Tagen, ja sogar nur in vier, zu umfahren seien.

Nach Verlassen des Queen-Charlotte-Sunds segelte die *Endeavour* nach Osten durch die Cook-Straße; die Strömung in dieser Meerenge war so stark, daß das Schiff beinahe Schiffbruch erlitten hätte.

Mittwoch, 7. Februar

Des Nachmittags fuhren wir mit einer leichten Brise aus dem Sund und wandten uns nach Osten, um vor der Ebbe die offene See zu gewinnen. Um 7 Uhr hatten wir zu den beiden kleinen Inseln vor Kap Koameroo oder dem südöstlichen Kopf des Queen-Charlotte-Sunds eine Entfernung von 4 Meilen nach Osten. Zu dieser Zeit hatten wir es fast ruhig, und bei zurückweichender Ebbe wurden wir durch die Geschwindigkeit der Strömung in kürzester Zeit in die Nähe einer der Inseln geführt; dort blieben wir knapp davor verschont, gegen die Felsen geschleudert zu werden, indem wir in 75 Faden Wasser den Anker auswarfen, wozu wir 150 Faden Tau benötigten. Und selbst dies hätte uns nicht gerettet, hätte sich nicht die Strömung beim Auftreffen auf die Inseln in südöstliche Richtung gewandt und uns an dem ersten Punkt vorbeigeführt. Als das Schiff zum Stillstand kam, war es ungefähr zwei Kabellängen von den Felsen entfernt …

Als Cook das offene Meer erreichte, äußerten einige seiner Offiziere die Vermutung, die Küste der Nordinsel zwischen der Cook-Straße und dem Cape Turnagain könnte mit einem im Osten liegenden Kontinent verbunden sein; so segelte Cook nach Norden zum Cape Turnagain, um diese Frage zu klären.

Donnerstag, 8. Februar

Von diesem Kap aus fuhren wir die Küste entlang bis 8 Uhr; dann hatte der Wind ein Ende. Doch eine Stunde später erhob sich eine frische Brise im Südwesten, und wir brachten das Schiff direkt davor. Dieses Tun entsprang einer Ansicht, die eben bei einigen Offizieren entstanden, daß nämlich Aeheinomouwe keine Insel sei; sie gründeten ihre Meinung auf die Annahme, daß sich das Land zwischen dem Cape Turnagain und dem Cape Palliser nach Südosten ausdehnen mochte, denn dort war ein Gebiet von ungefähr 35 oder 45 Meilen, welches wir nicht gesehen. Für meinen Teil hatte ich bei der Entdeckung der Straße so weit in diese See gesehen und war auch durch viele weitere Anzeichen von seiner Inselgestalt überzeugt, daß mir ein solcher Gedanke nie in den Sinn gekommen war. Doch entschlossen, jeden etwaigen Zweifel in einer so wichtigen Sache aufzuklären, nahm ich die Gelegenheit des frischen Windes wahr, um nach Osten zu segeln.

Freitag, 9. Februar

Wir setzten unseren Kurs entlang der Küste nach Nordosten bis 11 Uhr vormittags fort, und als es aufklarte, sahen wir Cape Turnagain in 21 Meilen Entfernung. Dann rief ich die Offiziere an Deck und fragte sie, ob sie jetzt überzeugt seien, daß dies Land eine Insel sei; und sie bejahten.

Cook drehte nun ab und umsegelte die Südinsel Neuseelands im Uhrzeigersinn. Viermal trieben ihn widrige Winde so weit ab, daß das Land außer Sicht kam, aber dennoch schaffte er die Strecke in weniger als sieben Wochen. Diesem Teil der Reise fehlten die häufigen Landungen und die lebendigen Berichte, die er während der vier Monate der Umsegelung der Nordinsel gegeben hatte. Am 8. März konnte er den Kurs ändern und nach Südwesten abdrehen, denn es wurde nun offensichtlich, daß Neuseeland eine Inselgruppe darstellte und nicht Teil eines großen südlichen Kontinents war.

Cook fuhr jetzt nach Norden entlang der zerklüfteten südwestlichen Fjordküste mit den Südalpen; dann folgte er Tasmans waldreicher Küste bis zur Admirality Bay und dem Kap Farewell, wo er Neuseeland in Richtung Ostaustralien verließ.

Cook hatte jetzt seine Mission erfüllt und konnte die Route der Rückreise nach England selbst wählen. Er wollte über Kap Horn zurückfahren, um sich Gewißheit darüber zu verschaffen, ob sich südlich seiner Hinreiseroute ein Kontinent befand; doch der Zustand der *Endeavour* erlaubte keine solche Fahrt in diesen Breiten. Die Route über das Kap der Guten Hoffnung bot ähnliche Nachteile und keine Aussicht auf lohnende Forschungstätigkeit. So beschloß Cook, sein Schiff im Malaiischen Archipel (»Ostindien«) zu überholen; die Fahrt dorthin sollte entlang der unbekannten Ostküste Australiens – »Neuhollands« – und des von Quiros entdeckten Landes führen. Seine Offiziere zeigten sich mit dieser bedeutsamen Entscheidung einverstanden.

Neuseeland und die Maoris

Unter dem Datum des 31. März – dem Tag vor der Abreise von Neuseeland – gab Cook einen interessanten Bericht über die Inseln und ihre kannibalischen Bewohner. Die folgenden Auszüge lassen erkennen, daß er nicht nur Forscher war, sondern auch die Ausdehnung des Empire im Auge hatte und sich über eine künftige britische Ansiedlung Gedanken machte.

Samstag, 31. März

Ehe ich dies Land endgültig verlasse, will ich eine kurze und allgemeine Beschreibung seiner Gestalt und seiner Einwohner nebst deren Sitten und Bräuchen geben. Hierbei ist zu erwähnen, daß viele der zu nennenden Dinge nur auf Mutmaßungen beruhen, denn überall war unser Aufenthalt zu kurz, die dortigen Besonderheiten genauer zu verfolgen; und so konnten wir nur aus dem Gesehenen Schlüsse ziehen.

Ein Teil der Ostküste dieses Landes wurde von *Abel Tasman* anno 1642 entdeckt und *Neu-Seeland* benannt. Er ging jedoch niemals an Land; wahrscheinlich ward er dadurch abgeschreckt, daß die Eingeborenen 3 oder 4 seiner Leute töteten, als er zum ersten und letzten Male vor Anker ging. Dieses Land, welches man bisher als einen Teil des vermuteten südlichen Kontinents ansah, besteht aus zwei großen Inseln, welche durch eine Straße von 12 oder 15 Meilen Breite getrennt sind. Sie liegen zwischen 34 und 48° südlicher Breite und 181 und 194° westlich des Meridians von Greenwich. Es sind nur wenige Teile der Erde, deren Lage genauer bestimmt ist denn die jener Inseln; ihre Bestimmung gründet sich auf Hunderte von Beobachtungen der Sonne und des Mondes, sowie auf eine des Durchgangs des Merkurs, welch selbe Mr. Green vornahm, welcher zur Beobachtung des Durchgangs der Venus ausgesandt ward.

Der äußerste Norden dieser Inseln wird von den Eingeborenen *Aehei no mouwe* genannt, der äußerste Süden *Tovy poenammu*; der erste Name, dessen vergewisserten wir uns, umfaßt die Gesamtheit der nördlichen Insel; doch bezüglich des letzten Namens konnten wir uns nicht völlige Gewißheit darüber verschaffen, ob er die ganze südliche Insel bezeichnete oder nur einen Teil derselben. Diese letztere sollte den Berichten der Eingeborenen des Queen-Charlotte-Sunds zufolge aus zwei Inseln bestehen, deren eine zumindest in wenigen Tagen zu umsegeln wäre; doch dies bewahrheitete sich nach unseren Erfahrungen nicht. Ich neige zu der Annahme, daß sie nicht mehr von diesem Lande wußten denn das, was innerhalb der Grenzen ihrer Sichtweite lag. Die Karte, die ich gezeichnet, zeigt am besten die Gestalt und das Ausmaß dieser Inseln, die Lage ihrer Buchten und Häfen sowie der kleineren Inseln in ihrem Umkreis …

Auf der Karte finden sich auch Hinweise auf die Beschaffenheit des Landes. Mit Bezug auf *Tovy poenammu* läßt sich sagen, das dies zum größten Teil ein sehr gebirgiges und allem Anscheine nach ödes Land ist. Die Leute im Queen-Charlotte-Sund, jene, die von dem Fuß des schneebedeckten Berges zu uns kamen, und das Feuer, welches wir im Südwesten des Cape Saunders erblickten, waren alle Einwohner oder Anzeichen derselben, welche wir auf der ganzen Insel bemerkten. Doch der größte Teil der Seeküste von Aeheinomouwe, mit Ausnahme der Südwestseite, ist von vielen Menschen bewohnt; und obwohl es ein hügeliges, gebirgiges Land ist, so sind doch selbst viele der Hügel und Berge bewaldet. Die Erde seiner Ebenen und Täler erschien reich und fruchtbar; und ein jeder an Bord war der Meinung, daß alle Sorten europäischen Getreides wie europäischer Früchte, Pflanzen etc. hier gedeihen würden. Kurz, wäre dieses Land von strebsamen Menschen bewohnt, so wären sie alsbald nicht nur mit dem Notwendigsten, sondern auch mit manchem Überfluß versorgt. Die Meeresbuchten und Flüsse beherbergen überreichlich viele Arten köstlicher Fische, welche zum größten Teil in England unbekannt sind, daneben Hummer, welche jeder Mann als die besten bezeichnete, die er je verzehrt, weiterhin Austern und viele andere Sorten von Schalentieren, eine jede in ihrer Art vorzüglich. Alle Sorten Federvieh, wie es in der See und im Wasser lebt, sind, jedoch in nicht sehr großer Zahl, vorhanden; es sind Enten, Tölpel, Möwen etc., und wir genossen sie allesamt und fanden sie äußerst wohlschmeckend. Das Federvieh des Landes ist gleichfalls nicht sehr zahlreich, und sämtliche Arten sind meines Wissens in Europa unbekannt, mit Ausnahme nur der Wachteln, welche denen entsprechen, die wir in England haben. Dem Lande mangelt es gewiß an allen Arten von Vierfüßern, wild oder gezähmt, mit Ausnahme von Hunden und Ratten; die ersteren sind zahm und leben bei den Menschen, welche sie aus keinem anderen Grunde halten, als um sie zu verzehren, und die Ratten sind so selten, daß nicht nur ich, sondern auch viele andere Männer des Schiffes niemals eine derselben erblickten. Obwohl wir einige wenige Seehunde und einmal auch einen Seelöwen an dieser Küste sahen, glaub ich nicht nur, daß ihre Zahl sehr klein ist, sondern auch, daß sie selten oder nie an Land kommen; denn täten sie dies, würden die Eingeborenen gewiß eine Methode finden, sie zu töten, und ihre Felle würden sie ohne Zweifel als Kleidung verwenden, wie sie das mit den Fellen der Hunde und dem Gefieder der Vögel tun, welche beiden letztgenannten wir als einzige bei ihnen sahen. Doch müssen sie zuzeiten Wale fangen, denn viele ihrer *Patoos* sind aus den Knochen eines derartigen Fisches gefertigt, und ein Ornament, welches sie an ihrer Brust tragen und welchem sie großen Wert beimessen, ist unserer Vermutung nach aus den Zähnen des Wals gefertigt, doch kennen wir nicht die Methode oder die Instrumente, mit deren Hilfe sie diese Tiere töten.

In den Wäldern findet sich ausgezeichnetes Bauholz im Überfluß, zu allen Zwecken geeignet, mit Ausnahme der Fertigung von Schiffsmasten; doch mögen sich bei genauerer Prüfung auch solche Hölzer finden, welche diesem Zwecke dienlich sind. Überall gedeiht spontan ein Gras in der Art der Hanfs, aus welchem sich bestes Segeltuch herstellen ließe. Es gibt zwei Sorten, die eine feiner als die andere; aus dieser fertigen die Eingeborenen Tuch, Seile, Schnüre, Netze etc. Eisenerz ist ohne Zweifel hier zu finden, besonders in der Gegend der Mercury Bay, allwo wir große Mengen von Eisensand entdeckten; doch stießen wir auf kein Erz irgendwelcher Sorte, noch sahen wir jemals irgendeine Art Metall bei den Eingeborenen …

Sollte je an eine Besiedelung dieses Landes gedacht werden, so wäre die beste Stelle für die Errichtung einer Kolonie entweder an dem Flusse Themse oder an der Bucht der Inseln zu finden; jeder dieser Orte hat den Vorteil eines guten Hafens, und im Falle des ersteren ließe sich eine angenehme Art des Verkehrs herstellen, und Siedlungen könnten sich in die inneren Teile des Landes fortsetzen, denn mit sehr wenigen Mühen und

Kosten ließen sich am Flusse kleine Schiffe bauen, die zur Befahrung desselben geeignet wären …

Soweit ich mich über die Art dieser Leute zu unterrichten wußte, scheinen für Fremde keinerlei Schwierigkeiten vorhanden, in diesem Lande eine Siedlung zu begründen. Sie sind untereinander offenbar so gespalten, daß sie sich kaum zum Widerstand vereinen würden …

Die Eingeborenen dieses Landes sind starke, grobknochige, wohlgestalte, tatkräftige Menschen, eher größer denn sonst üblich, insbesondere die Männer. Sie sind allesamt von sehr dunkelbrauner Hautfarbe, mit schwarzen Haaren, dünnen schwarzen Bärten und weißen Zähnen; und jene, die ihre Gesichter nicht durch Tätowierungen entstellen, haben im allgemeinen sehr edle Züge. Die Männer tragen in der Regel langes Haar, welches sie hochkämmen und oben zusammenbinden; einige der Frauen tragen das Haar lang und lassen es lose auf ihre Schultern herabfallen, besonders alte Frauen, andere wieder tragen es kurzgeschnitten. Von ihren Kämmen sind manche aus Knochen, andere aus Holz gefertigt; manchmal tragen sie dieselben als Zierde aufrecht in ihr Haar gesteckt. Sie scheinen sich meist guter Gesundheit zu erfreuen, und vielen von ihnen ist ein langes Leben vergönnt. Viele der alten Männer und manche Männer mittleren Alters haben ihre Gesichter schwarz gezeichnet oder tätowiert; und wir sahen einige wenige, die ihre Hinterteile, Schenkel und andere Partien ihrer Körper gezeichnet hatten, doch ist dies weniger der Brauch.

Eines Tages in Tolago ward mir ein deutlicher Hinweis darauf zuteil, daß die Frauen zumindest vor Fremden niemals nackt erscheinen. Einige der Unsrigen landeten auf einer kleinen Insel, wo mehrere von ihnen nackt im Wasser waren und Hummer und Schalentiere fingen. Sobald sie unserer ansichtig wurden, verbargen sich einige von ihnen zwischen den Felsen, und die restlichen blieben im Wasser, bis sie sich aus Pflanzen Schürzen gefertigt hatten; und selbst als sie dann zu uns herauskamen, zeigten sie deutliche Zeichen von Scham, und diejenigen, welche ihre Nacktheit nicht zu verbergen wußten, wollten keinesfalls vor uns erscheinen. Die Frauen haben allesamt sehr sanfte Stimmen und könnten allein dadurch von den Männern unterschieden werden. Die Fertigung von Tuch und alle anderen häuslichen Arbeiten sind meines Wissens allein ihnen vorbehalten; und alles mühsamere Geschäft, wie das Bauen von Booten und Häusern, die Bestellung des Bodens, das Fischen etc., wird von den Männern erledigt. Männer wie Frauen tragen Schmuck an den Ohren und um den Hals. Dieser ist aus Steinen, Knochen, Schalen etc. gefertigt und weist verschiedene Formen auf; manche von ihnen sah ich menschliche Zähne und Fingernägel tragen, und man berichtete uns, so glaube ich mich zu erinnern, daß diese ihren verstorbenen Freunden gehörten. Die Männer tragen im allgemeinen zwei oder drei lange weiße Federn aufrecht in ihrem Haar, und am Queen-Charlotte-Sund trugen viele Männer und Frauen runde Kopfbedeckungen aus schwarzen Federn …

Immer, wenn wir von einer Anzahl Eingeborener besucht wurden, welche niemals zuvor von uns gehört oder gesehen hatten, kamen diese im allgemeinen in ihren größten Kanus, von denen einige 60, 80 oder 100 Menschen Platz bieten, und brachten ihre beste Kleidung mit sich, welche sie anlegten, sobald sie in die Nähe des Schiffes kamen. In jedem Kanu war im allgemeinen ein alter Mann, in manchen waren zwei oder drei; und diese hatten stets den Befehl über die anderen, waren besser gekleidet und führten im allgemeinen eine Hellebarde oder eine Streitaxt oder ähnliches Gerät mit sich, welches sie aus der Schar der anderen hervorhob.

Sobald sie ungefähr auf einen Steinwurf an das Schiff herangekommen waren, hielten sie inne und riefen *Haromai hareuta a patoo age*, das heißt: Kommt her, kommt an Land mit uns, und wir werden euch töten mit unseren *Patoos*; und zur gleichen Zeit drohten sie uns mit denselben. Manches Mal führten sie den Kriegstanz auf, dann wieder handelten sie mit uns und redeten mit uns und antworteten auf unsere Fragen mit der größten Ruhe; dann wieder begannen sie den Kriegstanz, schüttelten ihre Paddel, Patoos etc. und krümmten sich in der seltsamsten Weise, und sobald sie von der Leidenschaft erfaßt waren, begannen sie, uns mit Steinen und Wurfspießen anzugreifen, und zwangen uns dadurch, ob wir wollten oder nicht, auf sie zu feuern. Von Musketen ließen sie sich niemals schrecken, bevor sie ihre Wirkung verspürten, doch vor großen Feuerwaffen zeigten sie Respekt, da diese die Steine weiter schleuderten, denn sie fassen konnten. Alsobald sie herausgefunden, daß unsere Waffen den ihren bei weitem überlegen waren und wir diese Überlegenheit nicht gegen sie nutzten, wurden sie nach einer kurzen Zeit der Besinnung unsere besten Freunde, und es geschah niemals, daß sie einen überraschenden Angriff auf diese oder jene der Unsrigen unternahmen, wenn selbige an Land waren, obwohl sie dazu bisweilen gewiß Gelegenheit hatten.

Es fällt schwer, eine Erklärung für die uns allenthalben berichtete Tatsache zu finden, daß sie die im Kampf getöteten Feinde verzehren; dafür fanden wir so viele Anzeichen, daß wir von der Wahrheit dieser Sache völlig überzeugt sind. Tupia, welcher selbigen Brauch verabscheut, hat sich sehr oft im Streit mit ihnen dagegen gewandt, doch sie verteidigten ihn mit ebensolchem Eifer und wollten niemals eingestehen, daß ihr Tun von Übel sei. Man kann vernünftigerweise annehmen, daß Männer, die diesen Brauch selten oder nie pflegen, den im

Kampfe Besiegten eher Gnade gewähren; und wenn dem so ist, so müssen diese Eingeborenen verzweifelt bis zum Äußersten kämpfen. Ein Beweis für diese Annahme ward uns durch die Leute des Queen-Charlotte-Sunds zuteil, welche uns berichteten, sie hätten wenige Tage vor unserer Ankunft eine ganze Bootsbesatzung getötet und verzehrt. Gewiß hätte sich eine einzelne Bootsbesatzung, oder zum wenigsten ein Teil derselben, angesichts einer Überzahl von Feinden ergeben und in die Gefangenschaft geschickt, herrschte bei ihnen nicht ein so verachtenswerter Brauch. Die Häupter dieser Unglückseligen bewahrten sie als Trophäen; vier oder fünf derselben brachten sie herbei und wiesen sie uns vor. Eines davon kaufte Mr. Banks, das heißt, er veranlaßte sie fast durch Zwang, ihm dasselbe zu veräußern, denn sie trennten sich von ihm nur äußerst widerstrebend, und danach wollten sie uns nicht um alles, was wir ihnen bieten konnten, auch nur ein weiteres sehen lassen …

Die Geräte, so sie zum Bau ihrer Kanus, Häuser etc. verwenden, sind Beile oder Äxte; manche sind aus einem harten schwarzen Stein gefertigt, andere aus grünem Speckstein. Sie haben auch Meißel aus demselben Material, doch sind diese häufiger aus menschlichen Knochen gefertigt. Bei kleinen Arbeiten und Schnitzereien benutzen sie, wie ich glaube, zumeist Stücke von Jaspis, und sie brechen kleine Stücke von einem großen Klumpen, den sie zu diesem Zwecke haben. Sobald das kleine Stück nicht mehr zu brauchen ist, werfen sie es von sich und nehmen ein neues. Um den Boden zu bestellen oder umzugraben, haben sie hölzerne Spaten (wenn ich sie so nennen darf), welche wie stämmige Pflöcke gemacht sind; daran ist nahe dem unteren Ende ein Stück Holzes quer befestigt, worauf sie mit dem Fuße treten, auf daß das Gerät in den Boden eindringe. Ihre Äxte aus grünem Speckstein, welche wohl zu gebrauchen sind, werden von ihnen hochgeschätzt, und sie wollten sich um nichts, was wir ihnen bieten konnten, von denselben trennen. Eines Tages bot ich für eines dieser Geräte eine der besten Äxte, die ich auf dem Schiffe hatte, nebst einer Anzahl anderer Dinge, doch nichts konnte den Eigner dazu bringen, sich davon zu trennen. Daraus zog ich den Schluß, daß die guten Äxte selten bei ihnen waren …

Wir waren niemals in der Lage, auch nur mit einiger Sicherheit zu erfahren, in welcher Weise sie ihre Toten bestatteten. Im allgemeinen, sagte man uns, würden diese in die Erde gelassen; falls dies zutrifft, muß es an einem geheimen oder abgelegenen Orte geschehen, denn wir sahen in dem ganzen Lande niemals auch nur das geringste Zeichen eines Ortes der Bestattung. Bei der Trauer um einen Freund oder Anverwandten herrscht die Sitte, daß sie an ihren Körpern Schnitte anbringen, besonders an Armen und Brüsten, und zwar dergestalt, daß die Narben stets sichtbar bleiben; dies soll, so glaube ich, kenntlich machen, wie eng verbunden sie mit dem Verstorbenen waren.

Im Hinblick auf die Religion bin ich der Ansicht, daß diese Menschen sich nicht sehr darum bekümmern. Sie glauben jedoch, daß es einen höchsten Gott gibt, welchen sie *Tane* nennen, und ebenso eine Anzahl geringerer Gottheiten. Doch ob sie den einen oder anderen verehren und Gebete an ihn richten, vermögen wir nicht zu sagen. Vernünftigerweise läßt sich annehmen, daß sie dies tun, und dies entspricht auch meiner Meinung; doch sah ich niemals das geringste Anzeichen dafür bei ihnen.

Sie haben den gleichen Glauben über die Erschaffung der Welt und der Menschheit etc. wie die Leute der Südseeinseln, und in der Tat sind sich viele ihrer Anschauungen und Sitten gleich; doch nichts beweist so sehr, daß dies alles von gleichem Ursprung ist, denn ihre Sprachen, welche sich nur in wenigen Worten unterscheiden ...

Es gibt einige geringe Unterschiede in der Sprache der *Aeheino mouweaner* und derjenigen von *Tovy poenammu*, doch diese Unterschiede schienen mir nur in der Aussprache zu liegen und sind nicht größer denn diejenigen, die wir zwischen dem einen Teil Englands und dem anderen finden ...

Man hat uns immer berichtet, daß alle Bewohner der Südseeinseln dieselbe Sprache sprechen, und dies ist ein zureichender Beweis, daß sie und die Neu-Seeländer einen Ursprung hatten, doch wo dieser liegt, vermag vielleicht nicht einmal die Zeit je an den Tag zu bringen. Er ist sicherlich weder im Süden noch im Osten zu finden, denn ich kann nicht glauben, daß sie je aus Amerika kamen.

Obwohl Cook bei dieser kurzen Inspektion den Fehler machte, die Banks-Halbinsel für eine Insel und die Stewart-Insel für eine Halbinsel zu halten, konnte er nun eine hervorragende Karte vollenden. Er hatte den Inseln »sichere und bestimmte Umrisse« gegeben. Zu Recht läßt sich sagen, Cook »fand Neuseeland als Strich auf der Landkarte und verließ es als Inselgruppe«. Zumindest in dieser Region hatte er den Mythos des südlichen Kontinents zerstört. Und so konnte er schreiben:

Samstag, 31. März

Was einen südlichen Kontinent anbelangt, so glaube ich nicht, daß ein solcher existiert, höchstens in einer hohen Breite. Doch da viele Jahre lang die gegenteilige Ansicht vorherrschte und immer noch vorherrschen mag, erscheint es mir vonnöten, meine Meinung ausführlicher zu begründen, als dies allein die Fahrt unseres Schiffes in diesen Seen tut; denn schon unsere Fahrt macht offensichtlich, daß hier ein großer Raum von der See eingenommen wird, welcher sich bis zu den Tropen erstreckt. In diesem waren weder wir noch irgendeiner vor uns; das können wir mit Sicherheit behaupten. Als wir auf unserer Route nach Norden nach der Umsegelung des Kap Horn 40° Breite erreichten, hatten wir die Länge von 110°, und als wir uns bei unserer Rückkehr nach Süden nach dem Verlassen von Ulietea in der gleichen Breite befanden, hatten wir 145° Länge; somit beträgt der Unterschied in der Länge 35°. In der Breite von 30° ist der Unterschied zwischen den beiden Routen 21°, und dieser Unterschied bleibt derselbe bis zu der Erreichung von 20°; doch ein Blick auf die Karte wird dies am besten zeigen. Nun ist hier Raum genug für das Nordkap des südlichen Kontinents, sich nach Norden selbst bis zu einer recht geringen Breite zu erstrecken. Doch welchen Grund besitzen wir zu einer solchen Annahme? Mir ist keiner bekannt bis auf den, daß es sich entweder hier befinden muß oder nirgendwo sein kann.

Geographen haben in der Tat einen Teil von *Quiros'* Entdeckungen in diese Länge verlegt und gesagt, daß er Zeichen eines Kontinents hatte; einen Teil davon haben sie tatsächlich in ihre Karten aufgenommen, doch weiß ich nicht, mit welchem Rechte. *Quiros* entdeckte auf 25 oder 26° Breite zwei Inseln, welche, wie ich meine, zwischen 130 und 140° Länge im Westen liegen mögen. *Dalrymple* gibt ihnen die Lage von 146° W und sagt, daß Quiros im Süden sehr große hängende Wolken und einen sehr dicken Horizont nebst anderen bekannten Zeichen eines Kontinents sah. Andere Berichte über diese Reise beinhalten kein Wort davon; doch selbst, wenn man dies als wahr ansieht, so sind hängende Wolken und ein dicker Horizont gewiß keine bekannten Zeichen eines Kontinents. Ich selbst habe im Verlauf dieser Reise viele Gegenbeweise erlebt, und ich glaube auch nicht, daß Quiros solche Dinge als bekannte Zeichen von Land ansah; hätte er dies getan, so wäre er sicher gen Süden gefahren und hätte sich Klarheit verschafft, bevor er nach Norden segelte, denn niemand erscheint mir mehr auf Entdeckungen bedacht gewesen als er, und dies war im übrigen auch das höchste Ziel seiner Reise.

Wenn Quiros in der Breite von 26° und in der Länge von 146° im Westen war, dann bin ich sicher, daß sich kein Teil des südlichen Kontinents so weit nach Norden bis zu der oben genannten Breite erstrecken kann. Doch die Reise, von der ich sprechen will, welche ihn am weitesten in der Länge zurückzuwerfen scheint, nämlich zwischen 130 und 150° im Westen, ist diejenige von *Admiral Roggeveen*, einem Holländer, welch selbe im Jahre 1722 unternommen ward. Dieser machte sich, nachdem er *Juan Fernandes* verlassen, auf die Suche nach *Davis' Insel*; doch da er diese nicht fand, segelte er 12° weiter nach Westen und entdeckte auf 28½° Breite die *Oster-Insel*. Dalrymple und einige andere haben ihr die Lage von 27° S und 106° 30′ im Westen gegeben und halten dafür, daß sie die nämliche *Davis' Insel* sei; doch glaube ich, daß dies nach den Umständen der Reise nicht zutreffen kann. Auf der anderen Seite gibt *M. Pingre* in seiner Abhandlung über den Durchgang der Venus einen Extrakt von *Roggeveens* Reise und eine Karte der Südseen, darin er die Oster-Insel auf 28½° Breite und 123° westlicher Länge darstellt; seine Gründe für dieses Tun mögen im ganzen der besagten Abhandlung entnommen werden. Ebenso legt er auch *Roggeveens* Route durch die Seen völlig anders dar, als sie allen anderen mir bekannten Dokumenten zu entnehmen ist; denn nach Verlassen der *Oster-Insel* läßt er ihn nach Südwesten bis zu der Höhe von 34° im Süden und danach WNW steuern. So *Rogge-*

veen wirklich diese Route genommen, dann ist es nicht wahrscheinlich, daß irgendein Festland nördlich 35° südlicher Breite vorhanden ist. Jedoch haben Mr. Dalrymple und einige Geographen *Roggeveens* Route völlig anders als *M. Pingre* dargestellt. Von der *Oster-Insel* lassen sie ihn nach NW fahren, und danach soll seine Route kaum verschieden von der *Le Maires* gewesen sein; doch es erscheint mir unwahrscheinlich, daß ein Mann, welcher auf eigenen Wunsch zur Entdeckung des südlichen Kontinents ausgesandt ward, die gleiche Route nehmen sollte wie andere zuvor, welche das gleiche Ziel verfolgten. Bei solchem Tun hätte er sich sagen müssen, daß er das Gesuchte niemals finden könnte und den gleichen Fehlschlag wie die anderen erleiden müßte. Doch sei dem, wie es sei; es ist dies ein Punkt, welcher durch die veröffentlichten Berichte der Reise nicht aufgeklärt werden kann, denn diese, weit davon entfernt, ihre Länge angemessen wiederzugeben, erwähnen nicht einmal die Breite einiger der entdeckten Inseln, so daß es mir unmöglich ist, *Roggeveens* Route auch nur mit einiger Genauigkeit anzugeben.

Doch kehren wir zu unserer eigenen Reise zurück, bezüglich derer man eingestehen muß, daß sie die meisten, wenn nicht alle, Argumente und Beweise widerlegt, welche von verschiedenen Autoren für die Existenz eines südlichen Kontinents beigebracht worden; ich spreche von den Regionen nördlich 40° südlicher Breite, denn was südlich dieser Breite liegen mag, vermag ich nicht zu sagen. Sicher ist, daß wir keine sichtbaren Zeichen von Land ausmachten, zumindest keine, die meiner Meinung nach als solche gelten könnten; weder auf unserer Fahrt nach Norden noch nach Süden oder Westen, bis einige Tage vor der Sichtung der Ostküste von *Neuseeland*. Es trifft zu, daß wir oftmals große Scharen von Vögeln sahen, doch waren sie im allgemeinen von der Art, welche in einer sehr großen Entfernung vom Lande stets beobachtet wird; ebenso sahen wir häufig Unkraut und Tang, doch wie läßt sich feststellen, wie weit dies aufs Meer treiben kann? Ich weiß aus unbezweifelbarer Quelle, daß jährlich an der Küste Irlands eine Sorte Bohnen angeschwemmt wird, Ochsen-Augen genannt, von welchen bekannt ist, daß sie nur in Westindien wachsen; und diese beiden Orte sind nicht weniger denn 3 300 oder 3 600 Meilen voneinander entfernt. Würden solche Dinge in der Südsee gefunden, begriffe man schwerlich, daß kein Land in Sicht wäre; so begierig sind wir, uns an alles zu klammern, was auch nur im geringsten auf das Gelingen unseres Vorhabens hinzudeuten scheint, und zeigt uns doch die Erfahrung, daß wir so weit entfernt davon wie je sein mögen.

So habe ich denn meine Meinung frei geäußert, ohne Voreingenommenheit und keineswegs in der Absicht, von weiteren Bestrebungen zur Entdeckung eines südlichen Kontinents abzuhalten; im Gegenteil: Wie diese Reise offenbar gemacht, so ist nur noch ein kleiner Raum im Norden von 40° frei, welchen das große Objekt einnehmen mag, und ich würde es zutiefst bedauern, so dies Ding, welches das Objekt vieler Zeiten und Nationen gewesen, nunmehr nicht völlig aufgeklärt würde. Dies könnte sehr leicht auf einer Reise geschehen, welche weder viele Beschwerlichkeiten noch Gefahren, noch die Furcht einer Abirrung mit sich brächte, denn der Navigator würde wissen, wo er zu suchen hätte; und wenn sich dann kein Kontinent finden ließe, so könnte er seine Gedanken auf die Entdeckung der Vielzahl von Inseln richten, welche, wie man uns sagte, innerhalb der tropischen Regionen im Süden der Linie anzutreffen seien. Dieses wird in seiner Macht stehen, denn wenn er nicht Weisung hat, das südliche Land in einer hohen Breite zu suchen, wird er nicht wie wir gezwungen sein, auf 40° Breite weiter gen Westen zu fahren denn bis auf 140 oder 145° westlicher Länge; und so wird es immer in seiner Macht stehen, nach der Georgs-Insel zu segeln, wo er und seine Leute mit Sicherheit Erholung und Kräftigung finden werden, bevor er sich zu der Entdekkung der Inseln aufmacht. Doch falls es angezeigt erscheinen sollte, ein Schiff zu diesem Zwecke auszusenden, während Tupia noch am Leben ist, und sollte dieser an Bord kommen, so hätte dieses Schiff einen großen Vorteil gegenüber jedem Schiffe, welches zuvor in diesen Seen auf Entdeckungsfahrten sich befand; und angenommen, Tupia würde nicht selbst an der weiteren Reise teilnehmen, so würde er doch Sorge tragen, daß sich stets Leute fänden, welche das Schiff von Insel zu Insel leiteten, und es wäre die Sicherheit gegeben, daß man die Seeleute auf jeder angelaufenen Insel freundlich aufnehmen und bewirten würde. Dies würde den Navigator in den Stand setzen, seine Forschungen und Entdeckungen genauer und vollständiger durchzuführen; zumindest stünde ihm genügend Zeit zu diesem Zwecke zur Verfügung, denn er wäre nicht gezwungen, zur Neige gehender Vorräte wegen diese Seen mit größter Eile zu durchsegeln.

Sechstes Kapitel

Die Ostküste Australiens

»Die Küste entlang gen Norden, mit der gefährlichsten Navigation, mit welcher vielleicht je ein Schiff gesteuert wurde.«

Cook

Als Cook nach Australien fuhr, beschäftigten ihn wahrscheinlich zwei große geographische Probleme: Das erste war die Frage, wie weit sich »Neuholland«, wie weit sich das von Tasman, Van Nuyts und anderen umsegelte Land in Richtung Neuseeland erstreckte. Das zweite Problem: Gehörte dieses Land zu einem großen Erdteil? Waren Van-Diemens-Land, Neuguinea und de Quiros' Espiritu Santo Teile dieses Kontinents, oder handelte es sich nur um Inselgruppen? Diese Fragen hatten Europa über ein Jahrhundert lang verwirrt. Cook wollte endlich eine Antwort finden; und so stach er am 1. April 1770 in See, um die Ostküste Australiens zu entdecken.

Die Ostküste Australiens

Cooks Logbuch zeigt, daß er die Absicht hatte, Tasmans Forschungen dort fortzusetzen, wo der holländische Navigator Van-Diemens-Land verlassen hatte. Am 16. April lotete er die ganze Nacht, für den Fall, daß er sich in der Breite von 39° 40′ dem Land näherte; das heißt, daß die *Endeavour* auf das völlig unbekannte Gebiet der Bass-Straße zusteuerte. In diesem Augenblick trieb ein schwerer Sturm aus dem Süden das Schiff nach Norden, und so wurde es Cook unmöglich, die Frage zu klären, ob Van-Diemens-Land mit Neuholland verbunden war.

Vom 20. April bis zum 29. April segelte Cook nach Norden, da ihm Bateman's Bay und Jervis Bay als Ankerplätze zu wenig geschützt erschienen. Am 29. April jedoch ging er in der Botany Bay vor Anker; ein einwöchiger Aufenthalt führte dazu, daß diese Stelle für die erste versuchsweise britische Ansiedlung gewählt wurde. Zum Teil lag dies an der Tatsache, daß Cook, sonst ein sehr scharfer Beobachter, die Gegebenheiten des Hafens und des Bodens der Umgebung seltsamerweise überschätzte.

Am Sonntag, dem 6. Mai, schrieb er, die Bay sei »geräumig und sicher«, während Gouverneur Philipp 1783 bemerkte, daß der Hafen östlichen Winden ausgesetzt war; und verstimmte Kolonisten suchten vergebens nach der »saftigen Wiese« – mit dem Ergebnis, daß die Botany Bay zugunsten Sydneys aufgegeben wurde. In seiner *Discovery of Australia* (Entdeckung Australiens) weist Professor G. A. Wood auf die kuriose Tatsache hin, daß Banks, dessen Rat den Ausschlag für die Verschickung der Sträflinge gab, von der Botany Bay sehr viel weniger beeindruckt war als Cook.

Cooks Berichte über die australischen Ureinwohner waren weniger enthusiastisch, dafür aber weit zuverlässiger als seine Angaben über das Land der Umgebung. 1779 gab Banks vor einem Komitee des Unterhauses eine Stellungnahme zu der Frage ab, welche Lage für eine britische Kolonie im Pacific am günstigsten sei; dabei unterstrich er eine ohnedies übertrieben optimistische Erklärung noch durch die Aussage, die Eingeborenen seien »wenig an der Zahl und feige«. Man vermutet, daß dies einer der Hauptgründe dafür war, daß der Botany Bay der Vorzug vor Neuseeland gegeben wurde.

Cook nannte den Hafen zuerst Stingray Bay (Stachelrochen-Bucht). Als jedoch Banks und Solander einen wahren Schatz an Pflanzen geborgen hatten, der die botanische Wissenschaft revolutionieren sollte, änderte er die Bezeichnung erst in »Botanist« und später in »Botany Bay«.

Samstag, 28. April

Als der Morgen graute, entdeckten wir eine Bucht, die uns zureichend vor allen Winden geschützt schien; in selbige beschloß ich mit dem Schiff zu fahren, und in dieser Absicht entsandte ich den Master in der Pinasse, den Eingang auszuloten …

Sonntag, 29. April

Da wir einfuhren, sahen wir an beiden Spitzen der Bucht mehrere Eingeborene und einige wenige Hütten, Männer und Frauen an der südlichen Küste auf der Höhe des Schiffs. Zu selbigem Orte fuhr ich mit dem Boot, in der Hoffnung, mit ihnen sprechen zu können; in meiner Begleitung waren Mr. Banks, Dr. Solander und Tupia. Da wir uns der Küste näherten, machten sich alle davon, mit Ausnahme nur zweier Männer, die entschlossen schienen, sich unserer Landung zu widersetzen. Sobald ich dies sah, ordnete ich an, das Rudern einzustellen, um mit ihnen zu sprechen; doch dies war von geringem Nutzen, denn sowohl wir als auch Tupia verstanden kein Wort von dem, was sie sagten. Sodann warfen wir ihnen Nägel und etlichen Tand an Land, welche Dinge sie allesamt auflasen; sie schienen einigen Gefallen daran zu finden, und ich dachte, sie würden uns durch Winken einladen, an Land zu kommen. Doch erwies sich dies als eine Täuschung; denn sobald wir einliefen, kamen sie wieder heran, uns Widerstand zu leisten. Daraufhin feuerte ich eine Muskete zwischen die beiden, was keine andere Wirkung erzielte, als daß sie sich bis zu der Stelle zurückzogen, an welcher ein Haufen ihrer Wurfspeere lag; und einer von ihnen hob einen Stein auf und warf ihn nach uns. Dies veranlaßte mich, eine weitere Muskete mit kleinem Geschoß abzufeuern, und obwohl etwas von dem Geschoß den Mann traf, war der Effekt nur, daß er einen Schild oder eine Scheibe ergriff, sich zu verteidigen. Danach landeten wir sogleich, und schon schleuderten sie zwei Wurfspeere auf uns; dies zwang mich, einen dritten Schuß abzufeuern, worauf sie sich alsbald davonmachten. Doch geschah dies nicht in solcher Hast, als daß wir nicht einen hätten ergreifen können; Mr. Banks war jedoch der Meinung, die Speere seien vergiftet, und verursachte eine sorgsame Erwägung eines Vordringens in den Wald. Hier fanden wir einige kleine Hütten, aus Baumrinde gemacht; in einer derselben waren vier oder fünf kleine Kinder, welchen wir einige Ketten etc. gaben. Eine Anzahl von Speeren lag um die Hütten; diese nahmen wir an uns. Der Kanus drei lagen am Strande, welche meiner Meinung nach die schlechtesten waren, welche ich je gesehen.

Mai 1770

Dienstag, 1. Mai

Vergangene Nacht schied der Seemann Torby Sutherland aus dem Leben, und des Vormittags wurde sein Leichnam an Land an der Wasserstelle bestattet; dies bestimmte mich, den südlichen Punkt dieser Bucht nach seinem Namen zu benennen. Diesen Morgen ging eine Schar der Unseren an Land zu einigen Hütten unweit der Wasserstelle, an welcher einige der Eingeborenen

Begegnung mit Eingeborenen

täglich zu finden sind; hier hinterließen wir mehrere Artikel, wie Tuch, Spiegel, Kämme, Tand, Nägel etc. Danach machten wir eine Exkursion in das Land, welches wir aufgeteilt in Wälder, Wiesen und Sümpfe fanden; die Wälder sind frei von Unterholz jeglicher Art, und die Bäume sind so weit voneinander entfernt, daß das ganze Land, oder zumindest ein großer Teil desselben, kultiviert werden könnte, ohne daß man gezwungen wäre, auch nur einen einzigen Baum zu fällen. Den Boden fanden wir überall, mit Ausnahme nur der Sümpfe, als einen leichten weißen Sand, welcher eine Menge guten Grases hervorbringt; dieses wächst in kleinen Büscheln, welche ungefähr von der Größe sind, daß man sie in einer Hand halten kann, und ziemlich nahe beieinander stehen. In dieser Art ist in den Wäldern die Oberfläche des Bodens zwischen den Bäumen bedeckt. Dr. Solander hatte Sicht eines kleinen Tieres von der Art eines Hasen, und wir fanden den Dung eines Tieres, das sich von Gras ernähren muß und nach unserem Urteil nicht geringer denn ein Reh sein kann; auch sahen wir die Spur eines Hundes oder eines ähnlichen Tieres.

Sonntag, 6. Mai

Des Abends kehrte das Boot vom Fischen zurück; es hatte zwei Stachelrochen mit einem Gewicht von nahezu 600 Pfund gefangen. Die Vielzahl neuer Pflanzen etc., die Mr. Banks und Dr. Solander an diesem Orte sammelten, veranlaßte mich, ihm den Namen *Botany Bay* zu geben. Diese Bucht ist gelegen auf 34° 0′ südlicher Breite und 208° 37′ westlicher Länge.

Wir ankerten nahe der Südküste, ungefähr eine Meile innerhalb des Einganges, der Bequemlichkeit wegen, mit einem südlichen Wind zu segeln und frisches Wasser bekommen zu können; doch später fand ich einen hervorragenden Strom frischen Wassers an der Nordküste in der ersten sandigen Bucht innerhalb der Insel, vor welcher ein Schiff nahezu vom Lande eingeschlossen zu liegen vermag und wo Brennholz allüberall zu finden ist. Obwohl Holz hier im Überfluß vorhanden ist, sind dessen Arten wenige; die größten Bäume sind so groß oder größer denn unsere Eichen in England, und sie wachsen in ähnlicher Weise wie sie und bringen ein rötliches Harz hervor. Das Holz selbst ist schwer, hart und schwarz wie Guajakholz; eine andere Sorte wächst hoch und gerade, etwa wie die Kiefer, und deren Holz ist hart und schwer und etwa in der Art des amerikanischen Eichenholzes. Diese beiden sind die einzigen Sorten von Bäumen, die ich gesehen. Es gibt wenige Sorten von Sträuchern und mehrere Palmbäume, sowie Mangroven am oberen Ende des Hafens. Das Land ist bewaldet, tief und flach, soweit wir in das Landesinnere blicken konnten, und ich glaube, daß der Boden im allgemeinen sandig ist. Im Walde trifft man eine Vielzahl über die Maßen schöner Vögel, sowie Krähen von genau derselben Art, wie wir sie in England haben.

Die Eingeborenen scheinen nicht zahlreich zu sein und auch nicht in großen Gemeinschaften zu leben, sondern zerstreut in kleinen Parteien entlang des Ufers. Diejenigen, derer ich ansichtig ward, waren ungefähr so groß wie Europäer, von sehr dunkelbrauner Hautfarbe, doch nicht schwarz; auch hatten sie kein krauses Haar, sondern es war schwarz und glatt, ähnlich dem unseren. Keiner von uns sah jemals bei ihnen eine Art von Kleidung oder Schmuck, auch nicht in oder bei ihren Hütten, woraus ich den Schluß ziehe, daß sie derartiges nie tragen. Manche, die wir sahen, hatten ihre Gesichter und Körper mit einer Art weißer Farbe bemalt. – Obwohl Schalentiere ihre häufigste Nahrung sind, fangen sie auch andere Arten von Fischen, von welchen sie einige am Feuer brieten, als wir anlangten. Etliche derselben fangen sie mit Fischrechen, andere mit Haken und Leinen; wir sahen das Fischefangen mit Rechen, und Haken und Leinen wurden in ihren Hütten gefunden. Stachelrochen verzehren sie nach meiner Meinung nicht, denn ich fand nie auch nur die geringsten Überreste derselben bei ihren Hütten oder Feuerstellen. Jedoch konnten wir nur sehr wenig über ihre Sitten in Erfahrung bringen, da es uns niemals gelang, eine Verbindung zu ihnen herzustellen; wir fanden, daß sie die Dinge, die wir in ihren Hütten ließen, auf daß sie dieselben an sich nehmen sollten, nicht einmal anrührten. Während unseres Aufenthalts in diesem Hafen ließ ich die englische Flagge täglich an Land hissen und eine Inschrift in einen der Bäume nahe der Wasserstelle ritzen, welche aus dem Namen des Schiffes, dem Datum etc. bestand. Alsobald wir alles gesehen, was dieser Ort bot, gingen wir bei Tagesanbruch mit einer leichten Brise im Nordwesten unter Segel und stachen in See.

Schiffbruch

Nachdem Cook am 7. Mai 1770 die Botany Bay verlassen hatte, steuerte er nach Norden und fuhr die ostaustralische Küste entlang. Etwa fünf Wochen lang hatte er keine ernsthaften Schwierigkeiten, abgesehen davon, daß Unbekannte seinen Schreiber Orton überfielen; die Hauptverdächtigen waren die Leutnants Magra und Saunders. Magra oder Matra spielte später noch eine interessante Rolle, als er der britischen Regierung die Kolonisation Ostaustraliens durch amerikanische »Loyalisten« und ihre Sklaven vorschlug.

Doch kommen wir zur Fahrt der *Endeavour* zurück: Cook benannte den Eingang des Hafens von Sydney,

Port Jackson, zu Ehren eines Sekretärs der Admiralität, doch er kam nicht nahe genug, um den großartigen Hafen selbst zu entdecken. Auch entdeckte er nicht, daß an der Mündung des Hunter River, wo heute Newcastle liegt, beste Voraussetzungen für eine Ansiedlung gegeben waren; und obwohl er der Moreton Bay ihren Namen gab, fand er den Brisbane River nicht. Dann landete er in der Bustard Bay, fuhr über den Wendekreis des Steinbocks und kam, ohne die Bedrohung zu erkennen, in das gefährliche Gewässer zwischen dem Großen Barriereriff und der Küste Queenslands. In der Nacht vom 11. Juni, bei sehr langsamer Fahrt nach Norden und dem Senkblei nach in tiefem Wasser, lief die *Endeavour* auf ein Korallenriff; dort lag sie dreiundzwanzig Stunden lang in höchster Gefahr, meilenweit von der Küste entfernt. Cook und seine Männer zeigten dabei größte Gelassenheit.

Montag, 11. Juni

Wind aus Ostsüdost, mit welchem wir die Küste entlang Nord bis West steuerten, in einem Abstand von 9 oder 12 Meilen und bei einer Wassertiefe von 14 bis 10 und 12 Faden; sahen zwei kleine Inseln auf offener See, welche auf 16° südlicher Breite lagen und ungefähr 18 oder 20 Meilen vom Festland entfernt waren. Um 6 Uhr lag das nördlichste Land in Sicht Nord bis West ½ West, und zwei niedere bewaldete Inseln, die manche als Felsen über dem Wasser ansahen, lagen Nord ½ West. Um diese Zeit refften wir die Segel und gingen Ostnordost und Nordost bis Ost von der Küste weg nahe an den Wind. Meine Absicht war es, in dieser Weise die ganze Nacht zu fahren, um sowohl die Gefahren zu vermeiden, welche wir vor uns sahen, als auch zu sehen, ob sich Inseln auf dem offenen Meer befänden, denn wir kamen jetzt in die Nähe der Breite der von Quiros entdeckten, von welchen einige Geographen aus mir unbekannten Gründen meinen, sie könnten mit diesem Land verbunden sein; dabei hatten wir den Vorteil einer feinen Brise und einer klaren, mondhellen Nacht. Bei der Weiterfahrt von 6 Uhr bis fast 9 Uhr vertiefte sich das Wasser von 14 auf 21 Faden; dann verringerte sich die Tiefe plötzlich und erreichte 12, 10 und 8 Faden. Zu dieser Zeit hatte ich jedermann an seinem Platz, um zu wenden und vor Anker zu gehen, doch war mir wenig Erfolg beschieden; und da wir wieder in tiefes Wasser gerieten, dachte ich, es könnte keine Gefahr darin liegen, wenn wir unseren Kurs beibehielten. Vor 10 Uhr hatten wir 20 und 21 Faden, und wir segelten in dieser Tiefe weiter bis wenige Minuten vor 11 Uhr, da wir 17 hatten; und bevor eine weitere Lotung vorgenommen werden konnte, lief das Schiff auf ein Hindernis und lag fest. Unverzüglich holten wir alle unsere Segel ein, ließen die Boote zu Wasser und loteten rund um das Schiff; und wir wurden gewahr, daß wir auf die südöstliche Ecke eines Riffs aus Korallenfelsen aufgelaufen waren. An manchen Stellen um das Schiff hatten wir drei und vier Faden Wasser und an anderen Stellen wenige Fuß, und ungefähr eine Schiffslänge von uns auf der Steuerbordseite (das Schiff lag mit seiner Spitze nach Nordosten) waren 8, 10 und 12 Faden. Sobald das große Boot im Wasser lag, strichen wir Rahen und Stengen und warfen den Strom-Anker auf der Steuerbordseite des Bugs aus, brachten den Warp-Anker und das Tau in das Boot und waren dabei, es auf demselben Wege zu Wasser zu lassen; doch als ich das zweite Mal rund um das Schiff lotete, fand ich das meiste Wasser am Heck und ließ deshalb diesen Anker nach Steuerbord achtern schaffen und stark beschwert auswerfen, was ohne Erfolg blieb, da das Schiff völlig festlag. Daraufhin machten wir uns daran, es so schnell wie möglich leichter zu machen, denn dies schien die einzige Möglichkeit, welche uns verblieben war, es loszubekommen, da wir ungefähr auf dem Höhepunkt der Flut strandeten. Wir warfen Geschütze, Eisen und Steinballast, Fässer, Faßreifen, Faßdauben, verdorbene Vorräte etc. über Bord. Diese ganze Zeit hatten wir wenig oder keinen Tiefgang. Um 11 Uhr des Vormittags, als die Flut, wie wir vermutet, ihren Höhepunkt erreichte, versuchten wir, das Schiff loszubekommen; doch war uns kein Erfolg beschieden, obwohl wir nunmehr 40 oder 50 Tonnen über Bord geworfen hatten. Da dies nicht zureichte, fuhren wir fort, das Schiff auf jede denkbare Weise leichter zu machen. Als die Flut fiel, hatten wir soviel Tiefgang, wie zwei Pumpen bewältigen konnten. Des Mittags lag das Schiff 3 oder 4 Strich nach Steuerbord geneigt.

Dienstag, 12. Juni

Glücklicherweise hatten wir all diese 24 Stunden wenig Wind, gutes Wetter und eine ruhige See, was uns des Nachmittags Gelegenheit gab, die beiden Buganker auszuwerfen, den einen Steuerbord achtern, den anderen direkt achtern ... Nun war es fünf Uhr nachmittags, und wir beobachteten, daß das Wasser stieg, und das Leck vergrößerte sich, welch nämlicher Umstand uns zwang, die dritte Pumpe einzusetzen; auch die vierte Pumpe hätte ihre Tätigkeit beginnen sollen, doch versagte diese. Um 9 Uhr richtete sich das Schiff auf, und das Leck gewann in beträchtlicher Weise die Oberhand über die Pumpen. Dies war ein alarmierender und, wie ich sagen darf, höchst fataler Umstand, durch welchen uns sofortige Zerstörung drohte, sobald das Schiff flott war. Dennoch beschloß ich, alles zu riskieren und es flott zu machen, falls dies gelingen sollte, und demzufolge ließ ich so viele an der Ankerwinde Hand anlegen, wie an den Pumpen entbehrt werden konnten; und ungefähr 20 Minuten nach 10 Uhr war das Schiff flott, und wir brachten es in tiefes Wasser, während wir zu dieser Zeit 3 Fuß 9 Inches Tiefgang hatten. Dies getan, entsandte ich das Boot, den Stromanker zu bergen; die Bergung gelang, doch ging das Tau zwischen den Felsen verloren. Danach ließ ich alle bei den Pumpen Hand anlegen, während sich das Leck vergrößerte. Bald darauf wurde ein Fehler begangen, welcher zum ersten Male bei jedermann auf dem Schiffe Furcht erweckte. Der Mann am Pumpensod maß die Wassertiefe oberhalb der Decke; er wurde von einem anderen abgelöst, welcher nicht wußte, in welcher Weise der erstere gelotet hatte, und die Wassertiefe von der außerhalb liegenden Planke aus maß. Der Unterschied betrug 16 oder 18 Inches, und dies erweckte den Eindruck, das Leck hätte in kurzer Zeit um so viel die Oberhand über die Pumpen gewonnen. Dieser Fehler wurde erst offenbar, als er auf jedermann wie ein Zauber gewirkt hatte: Sie verdoppelten ihre Kräfte, und vor 8 Uhr morgens hatten sie in beträchtlicher Weise die Oberhand über das Leck gewonnen. Wir lichteten nun den größten Buganker, vermochten jedoch den kleinen nicht zu bergen. Wir zogen die vordere Stenge und Rahe auf, bugsierten das Schiff nach Südosten und gingen um 11 Uhr unter Segel und nahmen bei einer leichten Brise in Ostsüdost Kurs auf Land, wobei einige mit der Herstellung eines Beisegels, andere bei den Pumpen beschäftigt waren und weiterhin Vorteile über das Leck gewannen …

Das Riff oder die Bank, worauf wir gelaufen, liegt auf 15° 45′ Breite und ungefähr 18 oder 20 Meilen vor dem Festland …

Des Mittags waren wir ungefähr 9 Meilen von dem Land und auf 15° 37′ südlicher Breite; der nördlichste Teil des sichtbaren Festlandes lag N 3° W, und die Inseln erstreckten sich von 30° bis 40° südlicher Breite. In dieser Situation hatten wir 12 Faden Wasser und mehrere Sandbänke um uns. Das Leck verkleinerte sich nun ...

Cook brachte das Schiff in den Hafen Cook Harbour am Endeavour River, nahe dem heutigen Cooktown, wo eine sorgfältige Untersuchung zeigte, wie knapp man dem Untergang entgangen war.

Die *Endeavour* blieb in Cook's River bis zum 4. August. Die Höhepunkte dieses Aufenthalts waren die aufregende Entdeckung und Erlegung von Känguruhs und die Ankunft von Eingeborenen, die nur Schildkrötenfleisch wollten und Schwierigkeiten machten, als ihnen das verweigert wurde – dachten sie doch zweifellos, daß ihnen sowohl das Land als auch die Schildkröten gehörten.

Samstag, 14. Juli

Sanfte Brise im Südosten und diesiges Wetter. Des Nachmittags komplettierten wir unser Wasser und brachten alles Brot und einen Teil der Vorräte an Bord; des Abends entsandte ich wiederum Männer zum Schildkrötenfang. Des Vormittags waren wir damit beschäftigt, Steinballast an Bord zu schaffen und die Reservesegel zu trocknen. Mr. Gore, welcher sich ins Land begab, schoß eines der bereits erwähnten Tiere; es war ein kleines dieser Sorte und wog ohne Eingeweide nur 28 Pfund. Das Haupt, der Hals und die Schultern dieses Tieres waren sehr klein im Verhältnis zu den anderen Teilen. Der Schwanz war fast so lang wie der Körper; er war dick am Rumpfe und wurde seinem Ende zu dünner; die Vorderbeine maßen 8 Inches und die hinteren 22. Seine Fortbewegung erfolgt durch Hüpfen oder Springen, und jeder Sprung beträgt 7 oder 8 Fuß, wobei es nur die Hinterbeine benützt, und die vorderen haben daran keinen Anteil; diese scheinen nur zum Kratzen in der Erde etc. zu dienen. Die Haut ist von einem kurzhaarigen Pelz von dunkler Mausfarbe oder grauer Farbe bedeckt. Mit Ausnahme nur des Kopfes und der Ohren, welche, wie ich meine, an den Hasen erinnern, weist es keinerlei Ähnlichkeiten mit irgendeinem europäischen Tier auf, das ich je gesehen …

Donnerstag, 19. Juli

Sanfte Brisen im Südosten und gutes Wetter. Wir waren damit befaßt, alles zur Weiterfahrt bereit zu machen. Des Vormittags erhielten wir den Besuch von 10 oder 11 der Eingeborenen; die meisten derselben kamen von der anderen Seite des Flusses, wo wir sechs oder sieben weitere sahen, zumeist Frauen, welche wie die Männer völlig nackt waren. Diejenigen, die an Bord kamen, waren begierig, einige unserer Schildkröten zu erlangen, und nahmen sich die Freiheit, zwei davon zu der Laufplanke zu bringen, um sie mit sich fortzunehmen; als sie daran gehindert wurden, zeigten sie sich verärgert und hatten gute Lust, alles ihnen Erreichbare über Bord zu werfen. Da wir zu dieser Zeit keine Speise zubereitet hatten, bot ich ihnen Brot an, welches sie erzürnt zurückwiesen; so hätten sie sich meiner Meinung nach bei allem, mit Ausnahme von Schildkröten, verhalten. Bald danach begaben sie sich allesamt an Land, während Mr. Banks, ich und fünf oder sechs Männer ebenfalls an Land waren. Sofort nach ihrer Landung ergriff einer von ihnen eine Handvoll trockenen Grases und entzündete es an einem Feuer, welches wir an Land hatten, und bevor wir uns versahen, machte er einen großen Kreis um uns und setzte auf seinem Weg das Gras in Flammen, und in einem Augenblick brannte alles ringsum. Zum Glück hatten wir zu dieser Zeit kaum etwas an Land, mit Ausnahme des Schmiedegeräts und einer Sau mit einem Wurf von Ferkeln, von denen eines in den Flammen umkam. Alsobald sie dies getan hatten, begaben sie sich alle zu einer Stelle, an welcher einige der Unseren wuschen und wo all unsere Netze und ein Gutteil unseres Linnens zum Trocknen lagen; hier setzten sie mit der größten Hartnäckigkeit wiederum das Gras in Flammen, was ich und einige andere Anwesende nicht verhindern konnten, bis ich gezwungen ward, eine mit kleiner Munition geladene Muskete auf einen der Anführer abzufeuern, worauf sie sich davonmachten.

Während des gesamten Aufenthalts traf Cook vorbeugende Maßnahmen gegen den Skorbut. Über die am Endeavour River gesammelten Vorräte schrieb er:

Samstag, 4. August

Die frische Nahrung, die wir hier bekamen, bestand in der Hauptsache aus Schildkröten, doch da wir ihretwegen fünfzehn Meilen hinaus auf die See mußten und oft stürmisches Wetter hatten, waren wir mit diesem Artikel nicht überreichlich versorgt. Doch rechneten wir die gefangenen Fische dazu, so hatten wir in Anbetracht des Landes wenig Grund zur Klage. Alle erlangten Nahrungsmittel, welche einer Teilung unterzogen werden konnten, ließ ich, im allgemeinen dem Gewichte nach, zu gleichen Teilen an alle Männer ausgeben; so hatte der Geringste an Bord den gleichen Anteil wie ich oder irgendeiner sonst. Diese Regel sollte jeder Schiffskommandeur auf einer solchen Reise stets beachten. An mehreren Stellen der Sandstrände und Sandhügel nahe der See fanden wir Portulak und Bohnen, welche an einer rankenden Pflanze wachsen; den ersteren fanden wir in gekochtem Zustande äußerst wohlschmekkend, die letzteren nicht zu verachten, und diese waren sehr bekömmlich für die Kranken. Doch das beste Gemüse, das wir hier fanden, war das Tarra oder Cocco, in

Westindien indischer Kohl genannt, welches an den sumpfigsten Plätzen gedeiht; dasselbe mundet so gut oder besser denn Spinat. Seine Wurzeln waren nicht gut, denn es fehlte ihnen die erforderliche Pflege. Dennoch hätten wir uns ihrer bedienen können, wären sie in ausreichender Menge zu erlangen gewesen; doch da wir einen weiten Weg zurückzulegen hatten, sie zu finden, dauerte es zu lange und mußten zu viele Hand anlegen, wenn wir sowohl die Wurzeln als auch die übrige Pflanze sammeln wollten. Die wenigen Kohlpflanzen, die wir hier fanden, waren im allgemeinen klein und trugen so wenig Kohl, daß sie der Suche nicht wert waren; dies war auch bei den meisten Früchten etc. der Fall, welche wir in den Wäldern fanden. Neben dem Tier, das ich bereits erwähnt habe und welches bei den Eingeborenen *Kangooroo* oder *Kanguru* heißt, gibt es hier Wölfe, das Opossum, ein Tier wie eine Ratte, und Schlangen, giftige wie auch andere. Zahme Tiere gibt es hier keine, mit Ausnahme von Hunden, und von diesen sahen wir nur einen, welcher häufig zu unseren Zelten kam, um Knochen zu holen. Die Känguruhs sind äußerst zahlreich.

Cook fuhr mit einem stark mitgenommenen Schiff; Untiefen bedrohten ihn auf seiner Fahrt nach Norden.

Dienstag, 7. August

Nach einer genauen Beobachtung der Situation von der Mastspitze aus erkannte ich, daß wir auf allen Seiten von Untiefen umgeben waren; eine Passage schien nicht anders möglich denn durch die gewundenen Kanäle zwischen ihnen. Dies war mit der höchsten Gefahr verbunden, wußte ich doch keinen Rat, wohin ich steuern sollte, wenn das Wetter uns erlauben würde, unter Segel zu gehen. Eine Rückfahrt nach Südosten auf dem Weg, den wir gekommen, wie es das Begehr des Masters war, wäre eine endlose Mühe gewesen, denn die Winde bliesen nun fast ohne Unterlaß in unverminderter Stärke aus dieser Gegend; doch wenn wir andererseits keine Passage nach dem Norden finden, werden wir schließlich doch zurück müssen.

Nach acht Tagen voller Gefahren beschloß Cook, Kurs auf die offene See zu nehmen.

Montag, 13. August

Ich bedachte wohl, was ich selbst gesehen und was mir der Master berichtet, welcher der Meinung war, daß sich die Passage nach der Leeseite als gefährlich erweisen würde; und ich gelangte selbst zu der Überzeugung, daß ein Verbleiben beim Festland mit ständiger Gefahr verbunden wäre. Denn damit gingen wir das Risiko ein, schließlich von dem Großen Riff eingeschlossen zu werden und zurückkehren zu müssen, um eine Passage hinaus zu suchen; auch würde ein Unglück dieser oder jeder anderen Art, welches dem Schiffe zustoßen mochte, unsere Passage nach Ostindien zu dieser Jahreszeit mit Sicherheit verhindern und könnte das Ende der Reise sein, denn wir haben nur für wenig mehr denn drei Monate Nahrungsmittel an Bord, und ähnlich steht es mit vielen anderen Artikeln. Diese Gründe hatten die gleiche Wirkung auf alle Offiziere, und so beschloß ich, des Morgens unter Segel zu gehen und den Versuch zu unternehmen, die Küste gänzlich zu verlassen, bis wir uns ihr unter weniger Gefahren nähern konnten. In dieser Absicht gingen wir bei Tagesanbruch unter Segel und nahmen Kurs nach Nordosten hinaus, auf das nordwestliche Ende der Eidechseninsel zu; dabei ließen wir die Adlerinsel auf der Luvseite und einige andere Inseln und Untiefen auf der Leeseite. Die Pinasse fuhr voran und lotete, und wir hatten in diesem Kanal von 9 bis

14 Faden Tiefe. Des Mittags lag das Nordwestende der Eidechseninsel Ostsüdost in einer Meile Entfernung, die beobachtete Breite war 14° 38′ S, und die Wassertiefe betrug 14 Faden. – Nun nahmen wir die Pinasse ins Schlepptau, wohl wissend, daß keine Gefahr bestand, bis wir zu den Riffen außerhalb der Insel gelangten.

Dienstag, 14. August

Winde im Südosten, stetige frische Brise. Um 2 Uhr erreichten wir die Luvseite eines der Kanäle des äußeren Riffs, die ich von der Insel aus gesehen; nun wendeten wir und unternahmen eine kurze Fahrt nach Südwesten, während der Master in der Pinasse den Kanal untersuchte. Bald gab er das Zeichen, daß wir folgen sollten, was wir auch taten; und in kurzer Zeit gelangten wir sicher hinaus. Wir waren kaum entronnen, da wir bei 150 Faden keinen Grund mehr hatten und eine höhere See fanden, die von Südosten her rollte. Dies waren sichere Zeichen, daß sich in jener Richtung weder Land noch Untiefen in unserer Nachbarschaft befanden, und wir wurden leichten Herzens, da wir die Furcht vor Untiefen etc. fahren lassen konnten – nachdem wir seit dem 26. Mai mehr oder weniger mit ihnen zu tun gehabt hatten, in welcher Zeit wir 1 080 Meilen zurücklegten … Zu meinem großen Bedauern war ich gezwungen, diese Küste zu verlassen, ohne sie bis zu ihrer nördlichsten Ausdehnung erforscht zu haben, von welcher wir, wie ich glaube, nicht weit entfernt waren; denn ich bin der Überzeugung, daß sie nicht mit *Neuguinea* verbunden ist. Doch hoffe ich, diesen Umstand aufzuklären, denn ich bin entschlossen, mich wiederum dem Lande zu nähern, sobald dies ohne große Gefahr zu bewerkstelligen ist. Die genannten Gründe werden, wie ich meine, hinreichend erklären, weshalb ich es nun verlassen habe.

Cook bezieht sich hier zuletzt auf eines der wichtigsten

geographischen Probleme, das er an der Ostküste Neuhollands zu lösen hoffte – die Frage, ob Neuholland mit Neuguinea verbunden war. Banks hatte ein Exemplar von Dalrymples Schrift bei sich, welche eine Karte enthielt, die Torres' Route von 1606 zwischen Australien und Neuguinea zeigte; und obwohl Cook bisher alle Spekulationen Dalrymples über einen südlichen Kontinent ins Reich der Phantasie verwiesen hatte, gab er dennoch unvoreingenommen zu, daß sich die Ansichten seines Rivalen in diesem Falle als zutreffend erweisen könnten. Er war aber bereits zu dem Schluß gekommen, daß Neuholland nicht mit Quiros' Espiritu Santo verbunden war.

Obwohl die *Endeavour* nun zunächst den gefährlichen Riffen entronnen war, vergrößerte die Dünung des Meeres das Leck über die Kapazität einer einzigen Pumpe hinaus; und bald kamen die Riffe auf der Leeseite wieder in Sicht, was die *Endeavour* den Gefahren aussetzte, denen Bougainville an derselben Stelle kurz zuvor entgangen war.

Donnerstag, 16. August

Gegen ein Uhr nachmittags oder vorher sahen wir von der Mastspitze hohes Land Westsüdwest, und um 2 Uhr sahen wir weiteres Land nordwestlich des ersteren; es war hügelig und hatte den Anschein von Inseln, doch wir glaubten, daß es die Fortsetzung des Festlandes sei. Eine Stunde danach sahen wir Brecher zwischen uns und dem Land, welche sich weiter nach Süden erstrekken, denn wir sehen konnten, doch im Norden glaubten wir auf unserer Höhe ihr Ende zu sehen. Dies aber erwies sich nur als eine Öffnung, denn bald danach sahen wir das Riff oder die Brecher sich soweit nach Norden erstrecken, wie das Auge reichte. Daraufhin gingen wir dicht an den Wind, welcher jetzt Ostsüdost war. Wir hatten kaum unsere Segel gestellt, als der Wind nach Ost bis Nord kam, genau auf das Riff zu, wodurch es natürlich zweifelhaft erschien, ob wir ihm entgehen konnten; der nördlichste Teil, den wir von ihm bei Sonnenuntergang sehen konnten, war von uns aus Nord bis Ost ungefähr 6 bis 9 Meilen entfernt. Da dies jedoch der beste Weg war, ihm zu entgehen, hielten wir mit allen Segeln, die wir setzen konnten, bis 12 Uhr in der Nacht Kurs nach Norden; alsdann wendeten wir, in der Sorge, zu weit in dieser Richtung zu fahren, und nahmen Kurs nach Süden, nachdem wir seit Sonnenuntergang 18 Meilen nach Norden und Nord bis Ost zurückgelegt hatten. Wir waren noch nicht mehr denn 2 Meilen nach Südsüdost gefahren, als es völlig ruhig wurde, und wir loteten nun und noch mehrere Male in der Nacht, doch fanden keinen Grund bei 140 Faden. Kurze Zeit nach 4 Uhr wurde der Lärm der Brandung deutlich hörbar, und bei Tagesanbruch waren die gewaltigen schäumenden Brecher in kaum einer Meile Entfernung von uns nur allzu gut zu sehen, und wir mußten erkennen, daß das Schiff von den Wellen mit überraschender Geschwindigkeit darauf zugetragen wurde. Zu dieser Zeit wehte kein Lüftlein, und die Wassertiefe war nicht zu ergründen, so daß es uns unmöglich war, vor Anker zu gehen. In dieser verzweifelten Situation konnten wir nur auf die Vorsehung und die geringe Unterstützung durch unsere Boote hoffen; die Pinasse stand in Ausbesserung und konnte nicht unverzüglich zu Wasser gelassen werden, doch die Jolle und das Großboot wurden ausgesetzt und vorausgesandt, das Schiff in Tau zu nehmen. Und es gelang ihnen, achtern von unseren langen Rudern unterstützt, den Bug des Schiffes nach Norden zu wenden, welches die einzige Möglichkeit schien, es von dem Riffe abzuhalten oder wenigstens Zeit zu gewinnen. Bevor dies bewirkt war, war es sechs Uhr, und wir waren nicht mehr denn 80 oder 100 Yards von den Brechern entfernt; dieselbe See, die gegen die Seiten unseres Schiffes schlug, schwang sich bei ihrer allernächsten Erhebung zu einem gewaltigen Brecher empor, so daß zwischen uns und der Zerstörung nur ein fürchterliches Tal von der Breite von nur einer einzigen Welle lag, und dennoch fanden wir bei 120 Faden keinen Grund. Zu dieser Zeit war die Pinasse wiederhergestellt und wurde zu Wasser gelassen und vorausgeschickt, um mitzuschleppen. Doch immer noch hatten wir kaum Hoffnung, unser Schiff und unser Leben zu retten, waren wir doch volle 30 Meilen von dem nächsten Lande entfernt, und die Boote konnten uns nicht alle aufnehmen. Doch war in dieser wahrhaft furchtbaren Lage keiner, der nicht sein Äußerstes gegeben hätte, und dies mit einer solchen Ruhe, als wären wir fern jeder Gefahr gewesen. All die Gefahren, welchen wir entronnen waren, waren gering im Vergleich zu derjenigen, auf dieses Riff geschleudert zu werden, welches das Schiff augenblicklich zermalmt hätte. Ein Riff wie dieses ist in Europa kaum bekannt; es ist ein Wall aus Korallenfelsen, welcher fast senkrecht aus dem unlotbar tiefen Ozean aufsteigt. Bei Hochwasser ist es stets überflutet, im allgemeinen 7 oder 8 Fuß, und bei tiefem Wasserstand ist es an manchen Stellen trocken; wenn die großen Wogen des Ozeans auf einen so plötzlichen Widerstand treffen, wird eine höchst erschreckliche Brandung erzeugt, und die Brecher schlagen himmelhoch, besonders, wenn, wie in unserem Falle, der allgemeine Passatwind direkt darauf bläst. An diesem kritischen Punkte, da all unsere Mühen vergebens schienen, erhob sich eine leichte Brise, so leicht, daß wir sie zu jeder anderen Zeit kaum bemerkt hätten. Mit ihrer und unserer Boote Hilfe konnten wir das Schiff in schräger Richtung von dem Riffe fortbewegen; doch nach weniger denn 10 Minuten herrschte völlige Windstille wie zuvor, und unsere Furcht erneuerte sich, waren wir doch nicht weiter denn 200 Yards von den Brechern entfernt. Bald danach besuchte uns die freundliche Brise ein zweites Mal und dauerte ungefähr so lange wie zuvor. Nun zeigte sich ungefähr eine Viertelmeile vor uns eine kleine Öffnung in dem Riff, zu deren Untersuchung ich einen Maat entsandte; ihre Breite war nicht größer denn die Länge des Schiffes, doch darinnen war ruhiges Wasser. An diesen Ort wollte ich das Schiff befördern, falls dies möglich war, sah ich doch keine andere Möglichkeit der Errettung; denn wir waren noch immer am Rande des Verderbens. Es war zweifelhaft, ob wir diese Öffnung erreichen konnten, doch kamen wir bald an sie heran; da fanden wir zu unserer Überraschung den Strom der Ebbe mit Macht aus ihr herausbrechen, so daß es ausgeschlossen war, hinein zu gelangen. Wir zogen jedoch allen uns möglichen Nutzen aus diesem Strome, und er brachte uns ungefähr in eine Viertelmeile Entfernung von den Brechern, doch war es zu schmal für uns, um lange darin bleiben zu können; aber gegen Mittag hatten wir mit Hilfe der Ebbe und unserer Boote eineinhalb oder zwei Meilen Abstand erlangt. Dennoch konnten wir kaum die Hoffnung hegen, uns zu befreien, selbst wenn sich eine Brise erheben sollte; denn wir waren zu dieser Zeit von dem Riffe eingeschlossen, und das Schiff trieb trotz unserer Bemühungen vor der See in diese Bucht des Riffes. Die Ebbe hatte uns begünstigt, und wir hatten Grund zu der Annahme, daß die nun einsetzende Flut gegen uns sein würde. Die einzige Hoffnung, welche uns verblieb, war eine andere Öffnung, die wir ungefähr eine Meile westlich von uns sahen und zu deren Untersuchung ich Lieutenant Hicks in dem kleinen Boot entsandte. Die beobachtete Breite war 12°37′ S, die Entfernung von dem sichtbaren Festland betrug ungefähr 30 Meilen.

Freitag, 17. August

Während Mr. Hicks die Öffnung untersuchte, kämpften wir heftig gegen die Flut, bisweilen mit geringem Gewinn, bisweilen mit Verlust. Um 2 Uhr kehrte Mr. Hicks mit einem günstigen Bericht über die Öffnung wieder, und es wurde unverzüglich der Beschluß gefaßt, den Versuch zu unternehmen, das Schiff darin in Sicherheit zu bringen. So schmal und gefährlich sie auch war, so schien uns dies doch die einzige Möglichkeit, das Schiff wie auch uns selbst zu retten. Bald darauf erhob sich eine leichte Brise aus Ostnordost, mit Hilfe derer, unserer Boote und der Flut wir bald in die Öffnung gerieten, durch welche wir in kurzer Zeit durch einen schnellen Strom gerissen wurden, welcher Umstand uns davor bewahrte, auf eine der beiden Seiten zu laufen, obwohl der Kanal nicht breiter denn eine Viertelmeile war; wir hatten jedoch zwei Boote vor uns, uns hindurch zu dirigieren. Unsere Wassertiefe in dem Kanal reichte von 30 bis 7 Faden, bei sehr irregulären Lotungen und schlechtem Grund, bis wir gänzlich innerhalb des Riffes waren, wo wir in 19 Faden Tiefe auf Korallen- und Muschelboden ankerten, glücklich, wieder zwischen jenen Untiefen zu sein, deren Verlassen uns erst zwei Tage zuvor als die höchste Segnung erschienen war. Dies ist das Schicksal, welches diese Art des Dienstes begleitet, wobei man stets auf ungewohnte Weise navigieren muß. Wäre nicht die Freude, die aus einer ersten Entdeckung resultiert, und sei es nur die Entdeckung von Sandbänken und Riffen, so wäre dieser Dienst unerträglich, besonders in weit entfernten Gegenden wie dieser, knapp an Nahrung und fast allen anderen notwendigen Dingen. Die Welt läßt kaum eine Entschuldigung gelten, wenn ein Mann eine von ihm entdeckte Küste unerforscht läßt. Wenn er sich mit Gefahren entschuldigt, so macht man ihm *Ängstlichkeit* und mangelnde Ausdauer zum Vorwurf und nennt ihn zugleich den unfähigsten Entdecker der Erde; trotzt er aber kühnen Mutes allen Gefahren und Hindernissen und hat das Unglück, nicht zum Erfolg zu kommen, so zeiht man ihn der *Verwegenheit* und mangelnder Besonnenheit. Der erstere dieser Vorwürfe kann mir billigerweise nicht gemacht werden, und wenn ich das Glück habe, alle Gefahren zu überwinden, welche uns begegnen mögen, so wird der letztere niemals erhoben werden. Ich muß gestehen, daß ich mich mehr mit den Inseln und Untiefen an dieser Küste eingelassen habe, denn es einem vorsichtigen Manne geziemen mag, welcher nur ein einziges Schiff hat; doch hätte ich dies nicht getan, so wären wir nicht in der Lage gewesen, über die eine Hälfte derselben einen besseren Bericht zu geben, als wenn wir sie nie gesehen hätten, das heißt, wir hätten nicht zu sagen vermocht, ob hier Festland oder Inseln vorhanden. Auch wären wir völlig unwissend bezüglich der Landesprodukte geblieben, denn das eine läßt sich von dem anderen nicht trennen.

Ich kam nun zu dem festen Entschluß, längs des Festlandes gen Norden zu fahren, komme, was da kommen mochte; in der Tat erschien es jetzt nicht ratsam, sich außerhalb des Riffes zu begeben, denn dadurch hätten wir so weit von der Küste entfernt werden können, daß wir nicht mehr festzustellen vermocht hätten, ob Neuguinea mit diesem Land verbunden ist oder nicht. Seit meiner Ankunft an dieser Küste war ich entschlossen, diesen zweifelhaften Punkt nach Möglichkeit aufzuklären.

Selbst Cook muß tief erschüttert gewesen sein, um diese schrecklichen Gefahren und Mühen so eindringlich zu schildern.

Wieder innerhalb des Großen Barriereriffs, fuhr Cook aufs neue langsam nach Norden und entdeckte am 21. August den nordöstlichsten Punkt Australiens, Kap

York, und die umliegenden Inseln, welche die östliche Einfahrt der Torres-Straße säumen.

Als er westlich um das Kap segelte, entdeckte und passierte Cook die Endeavour-Straße zwischen der Prince-of-Wales-Insel und dem Festland. In der Erkenntnis, daß er nun in das Gebiet der holländischen Entdeckungen gelangen würde, landete er auf der Possession-Insel und nahm am 22. August 1770 Ostaustralien für die britische Krone in Besitz.

Mittwoch, 22. August

Um 4 Uhr ankerten wir ungefähr eineinhalb oder zwei Meilen innerhalb des Eingangs bei 6½ Faden Tiefe; die Inseln waren auf jeder Seite von uns eine Meile entfernt, das Festland erstreckte sich nach Südwesten. Der entfernteste Punkt, welchen wir von demselben sehen konnten, lag von uns aus S 48° W, und der südwestlichste Punkt der Inseln auf der Nordwestseite der Passage lag S 76° W. Zwischen diesen beiden Punkten konnten wir kein Land sehen, so daß wir starke Hoffnung hatten, endlich eine Passage in den Indischen Ozean gefunden zu haben; doch um genauere Kenntnisse zu erlangen, landete ich mit einer Schar Männer, begleitet von Mr. Banks und Dr. Solander, auf der Insel, welche am südöstlichen Punkt der Passage liegt. Vor und nach dem Ankern sahen wir eine Anzahl Eingeborener auf dieser Insel, welche in der gleichen Weise wie all die anderen von uns Gesehenen bewaffnet waren, mit Ausnahme nur eines Mannes, welcher einen Bogen und ein Bündel Pfeile hatte; und war dies das erste Mal, daß wir solches an dieser Küste sahen. Dem Ansehen dieser Leute nach erwarteten wir, daß sie sich unserer Landung widersetzen würden; doch als wir uns der Küste näherten, machten sie sich allesamt davon und überließen uns die friedliche Besitznahme eines so großen Teils der Insel, wie er unserem Zwecke dienlich erscheinen mochte. Nach unserer Landung begab ich mich auf den höchsten Hügel, welcher nicht von großer Höhe war, aber doch die zweifache oder dreifache Höhe der Schiffsmasten hatte; und ich sah von ihm aus kein Land zwischen Südwest und Westsüdwest, so daß ich nicht daran zweifelte, daß hier eine Passage war. Ich konnte deutlich sehen, daß das Land im Nordwesten dieser Passage aus einer Anzahl von Inseln bestand, welche in Höhe und Umfang verschieden waren; eine lag hinter der anderen, und dies erstreckte sich so weit nach Norden und Westen, wie ich sehen konnte, nämlich nicht weniger denn 35 oder 40 Meilen. So überzeugte ich mich von der großen Wahrscheinlichkeit einer Passage, durch welche ich mit dem Schiff zu fahren beabsichtige. Deshalb werde ich wohl nicht mehr an dieser östlichen Küste *Neuhollands* landen, und auf der westlichen Seite kann ich keine neuen Entdeckungen machen, denn diese Ehre gebührt den holländischen Navigatoren. Doch bin ich gewiß, daß die Ostküste von 38° südlicher Breite bis zu diesem Orte von keinem Europäer vor uns gesehen oder besucht wurde; und obwohl ich im Namen Seiner Majestät mehrere Stellen dieser Küste in Besitz genommen hatte, hißte ich nun die englische Flagge ein weiteres Mal und nahm im Namen Seiner Majestät, des Königs Georg III., die gesamte Ostküste von der oben genannten Breite bis zu diesem Orte unter dem Namen *Neu-Südwales* in Besitz, mit allen Buchten, Häfen, Flüssen und Inseln, welche an der besagten Küste liegen. Danach feuerten wir mit kleinem Geschütz drei Salven ab, welche mit der gleichen Anzahl von dem Schiffe beantwortet wurden.

Am 23. August wurde Cook durch die Dünung vom Südwesten und anderen Faktoren davon überzeugt, daß

Neuholland und Neuguinea voneinander getrennt waren und daß im Westen die offene See lag.

Bevor Cook den Nordosten Australiens verließ, schrieb er einen Bericht über das Land, das er im Original seines Logbuchs »New Wales« (Neuwales) und später in dem »Corner«- oder »Mitchell«-Exemplar, das er von Batavia aus schickte, »New South Wales« (Neusüdwales) nannte. Cook war in der Lage, exotische Tiere und Pflanzen sehr anschaulich darzustellen, und erst viele Jahre später erkannten die Anthropologen so klar wie Cook, daß die australischen Ureinwohner viele positive Züge aufwiesen und ihrer Umgebung gut angepaßt waren.

Donnerstag, 23. August

In diesem Logbuch habe ich zu verschiedenen Zeiten der Erscheinung des Landes, der Natur des Bodens, seiner Produkte etc. Erwähnung getan. Aus dem ersten Bericht wird ersichtlich, daß das Land südlich von 33° oder 34° im allgemeinen tief und eben mit sehr wenig Hügeln oder Bergen ist; weiter nach Norden zu mag es an einigen Stellen hügelig genannt werden, doch ist es kaum irgendwo als gebirgig zu bezeichnen, denn die Hügel und Berge nehmen zusammengenommen im Vergleich mit den zwischen ihnen gelegenen Ebenen und Tälern nur einen kleinen Teil der Oberfläche ein. Das Land ist ohne Unterschied gut bewässert, selbst in den Trockenzeiten, und zwar durch kleine Bäche und Quellen, aber nicht durch große Flüsse. Eine Ausnahme mag zu der Regenzeit gegeben sein, wenn, wie ich glaube, das tiefe Land und die Täler nahe der See zum größten Teil von Wasser überflutet sind; dann mögen aus den kleinen Bächen große Flüsse werden ... Nur an dem *Durstsund* (Thirsty Sound) konnten wir kein frisches Wasser finden, mit Ausnahme nur eines kleinen Tümpels oder deren zwei, welche Gore in den Wäldern sah; und dies war zweifellos darauf zurückzuführen, daß sich hier viele Salzwasserbäche und Mangrovengebüsche befanden.

Das tiefe Land am Meer und so weit im Landesinneren, als wir kamen, hat zum größten Teil krümeligen, lockeren, sandigen Boden; doch ist es ohne Unterschied fruchtbar und von Wäldern, langem Gras, Gebüsch, Pflanzen etc. bedeckt. Die Berge oder Hügel haben unregelmäßigen Wälder- und Wiesenbestand. Manche der Hügel sind zur Gänze von schöngewachsenen Bäumen bedeckt; andere haben nur spärlichen Baumwuchs, und ihre wenigen Bäume sind klein, und ihre Wiesen oder Savannen sind felsig und öde. Dies ist besonders nach Norden zu der Fall, wo das Land nicht im entferntesten eine solche Vegetation wie im Süden hervorbringt; auch sind hier die Bäume nicht halb so groß und mächtig.

In den Wäldern herrscht keine große Vielzahl von Baumarten; es gibt ihrer nur zwei oder drei Sorten, die man als Baumhölzer bezeichnen kann. Am größten ist der Gummibaum, welcher überall im Lande wächst; das Holz dieses Baumes ist für die meisten üblichen Arten des Gebrauchs zu schwer und massig. Denjenigen Baum, welcher unserer Kiefer gleicht, sah ich nirgendwo in Perfektion, außer in der Botany Bay! Dieses Holz, wie ich bereits erwähnt, ist von ähnlicher Natur wie das der amerikanischen Eiche. Kurz, die meisten der großen Bäume dieses Landes sind von harter und massiger Natur und für viele Zwecke nicht zu gebrauchen. Es gibt hier mehrere Sorten in der Art von Palmen, Mangroven und mehrere andere Sorten kleiner Bäume, Büsche und Sträucher, so mir gänzlich unbekannt sind, daneben eine große Vielfalt bisher unbekannter Pflanzen. Eine Beschreibung dieser Dinge liegt außerhalb meines Vermögens, doch bedeutet dies keinen Verlust, denn alles, was der gelehrten Welt von Nutzen sein kann, wird von Mr. Banks und Dr. Solander äußerst akkurat beschrieben werden. Das Land bringt auf natürliche Weise kaum etwas hervor, was dem Menschen zur Nahrung dienen könnte, und die Eingeborenen haben keine Kenntnis von der Kultivierung. In den Wäldern finden sich einige wildwachsende Sorten Früchte (die uns zumeist unbekannt waren), welche in reifem Zustand recht wohlschmeckend sind. Insbesondere ist eine Sorte zu nennen, welche wir Äpfel nannten; diese haben ungefähr die Größe eines Holzapfels und sind in reifem Zustand schwarz, weich und saftig und haben den Geschmack einer Damaszenerpflaume. Sie haben einen großen, harten Stein oder Kern und wachsen auf Bäumen oder Sträuchern.

In den nördlichen Teilen des Landes, wie um den Endeavour River und wahrscheinlich an vielen anderen Orten, bringt sumpfiges oder wäßriges Land Taara oder Cocos hervor; die Wurzeln sind bei angemessener Kultivierung sehr gut, doch ohne dieselbe kaum eßbar, wohingegen die Spitzen ein sehr gutes Gemüse abgeben.

Landtiere sind selten und, soweit wir wissen, auf sehr wenige Spezies beschränkt; alle, so wir sahen, habe ich bereits genannt. Die Art, so am zahlreichsten vertreten ist, ist die der Kangooroos oder Kangurus, wie die Eingeborenen sagen. Wir sahen viele von ihnen um den Endeavour River, töteten jedoch nur drei, welche wir äußerst wohlschmeckend fanden. Hier sind ebenfalls Fledermäuse, Eidechsen, Schlangen, Skorpione, Tausendfüßer etc., doch nicht in großer Zahl. Zahme Tiere haben die Eingeborenen nicht, mit Ausnahme von Hunden, und von diesen sahen wir nur einen, weshalb sie sehr selten sein müssen; wahrscheinlich verzehren die Eingeborenen sie schneller, denn sie sie aufziehen.

Auch diesen einen hätten wir nicht gesehen, wäre er nicht häufig zu uns gekommen, da wir im Endeavour River lagen.

Die Vögel des Landes sind Trappen, Adler, Falken, Krähen, wie wir sie in England haben, Kakadus von zwei Sorten, weiß und braun, sehr schöne Papageienvögel, Tauben, Wachteln und kleinere Vögel mehrerer Sorten. Die Meeres- und Wasservögel sind Reiher, Tölpel, Möwen, Brachvögel, Enten, Pelikane etc., und als Mr. Banks und Mr. Gore am Beginn des Endeavour River das Landesinnere erkundeten, sahen und hörten sie in der Nacht eine große Zahl von Gänsen. Die See ist ohne Ausnahme wohlversehen mit Fischen verschiedener Sorten, wie Haien, Hundshaien, Klippfischen, Meeräschen, Brassen, Makrelen, Alten Weibern, Fünffingern, Stachelrochen, Keulenrochen etc.; und alle diese sind ausgezeichnet in ihrer Art. Die Schalentiere sind Austern von 3 oder 4 Sorten, nämlich Felsenaustern und Mangrovenaustern, welche recht klein sind, Perlenaustern und Schlammaustern, welche letzteren die besten und größten sind; Herzmuscheln und Venusmuscheln mehrerer Sorten, welche oft auf den Riffen gefunden werden und oft von beträchtlicher Größe sind; Langusten, Taschenkrebse, Muscheln und zahlreiche andere Sorten. Hier findet sich auch zwischen und auf den Riffen und Bänken eine große Zahl der hervorragendsten grünen Schildkröten der Erde, und in den Flüssen und Salzwasserbächen finden sich einige Alligatoren.

Die Eingeborenen dieses Landes sind von mittlerer Statur und straffer, schlanker Gestalt; ihre Haut hat die Farbe von Holzruß oder dunkler Schokolade, ihr Haar ist meist schwarz, manchmal glatt und manchmal kraus, und sie tragen es allesamt kurzgeschoren. Ihre Bärte, welch selbige im allgemeinen schwarz sind, scheren sie gleichermaßen kurz oder sengen sie ab. Ihre Züge sind nicht im entferntesten abstoßend, und ihre Stimmen sind sanft und klangvoll. Männer wie Frauen gehen völlig nackt, bar jeglicher Art von Bekleidung; die Frauen bedecken nicht einmal ihre Scham. Obwohl keiner von uns jemals einer ihrer Frauen sehr nahe war, ein Gentleman ausgenommen, so sind wir uns dessen dennoch so sicher, als hätten wir unter ihnen gelebt. Obwohl wir während unseres Aufenthalts am Endeavour River mehrere Unterredungen mit den Männern hatten, brachten sie niemals auch nur eine ihrer Frauen mit zu unserm Schiffe, es mag Eifersucht, es mag Mißachtung die Ursache gewesen sein; sie ließen ihre Frauen vielmehr auf der anderen Seite des Flusses, wo wir sie durch unsere Gläser häufig beobachten konnten. Als Schmuck tragen sie Halsketten aus Muschelschalen und um ihre Arme Armbänder oder Reifen, welche zumeist aus Haar gemacht sind; diese tragen sie eng an dem oberen Teil ihrer Arme, und manche haben Gürtel, die in derselben Weise gefertigt sind. Die Männer haben einen Knochen, 3 oder 4 Inches lang und fingerdick, durch die Nase stekken; ebenso haben sie Löcher in ihren Ohren für Ohrringe, doch sahen wir sie niemals solche tragen. Auch wird der andere Schmuck nicht allgemein getragen, denn wir sahen ebenso viele mit Schmuck wie ohne solchen. Manche von denen, die wir auf der Possession-Insel sahen, trugen Brustplatten, welche nach unserer Meinung aus Perlmuscheln gemacht waren. Viele von ihnen bemalen ihre Körper und Gesichter mit einer Sorte weißer Paste oder Farbe; dies tun sie auf unterschiedliche Weise, ein jeder nach seinem Gefallen. Ihre Waffen für den Angriff sind Wurfspeere; manche sind nur an einem Ende gespitzt, andere haben Widerhaken, manche von Holz, andere von den Stacheln der Rochen, wieder andere von den Zähnen der Haifische etc.; diese letzteren sind mit Gummi festgemacht. Sie werfen den Speer mit nur einer Hand; dabei benützen sie ein Stück Holz, ungefähr 3 Fuß lang und dünn wie die Schneide eines Entermessers, welches an einem Ende durch einen kleinen Haken mit dem Ende des Speeres verbunden ist, und an dem anderen Ende ist ein dünnes Stück Knochen von ungefähr drei oder vier Inches Länge befestigt. Ihr Zweck ist es, so glaube ich, den Speer sicher zu halten und ihn zu einem richtigen Fluge zu bringen. Mit der Hilfe dieser Wurfstecken, wie wir sie nennen, können sie ein Ziel in einer Entfernung von 40 oder 50 Yards treffen, und dies mit fast, wenn nicht genau derselben Sicherheit, wie wir es mit einer Muskete vermögen. Diese Wurfstecken hielten wir zuerst für hölzerne Schwerter, und vielleicht benutzen sie dieselben bei manchen Gelegenheiten als solche, wenn ihre Speere zur Neige gegangen. Doch sei dem, wie es wolle, sie reisen jedenfalls nie ohne diese und ihre Speere, nicht allein aus Furcht vor Feinden, sondern auch, um Tiere zu erlegen, wie ich noch dartun werde. Die Waffen zu ihrer Verteidigung sind Schilde aus Holz, doch diese sahen wir niemals in Anwendung, mit Ausnahme eines Males in der Botany Bay. Ich sehe sie nicht als kriegerisch an; vielmehr glaube ich im Gegenteil, daß sie eine zaghafte und gutartige Rasse sind, in keiner Weise zur Grausamkeit neigend. Auch sind sie nicht sehr zahlreich; sie leben in kleinen Gruppen entlang der Meeresküste und der Ufer von Seen, Flüssen, Bächen etc. Sie scheinen keinen festen Wohnsitz zu haben, sondern ziehen von Ort zu Ort auf der Suche nach Nahrung, wie wilde Tiere; und ich glaube, daß ihr Unterhalt lediglich vom Erfolg des Tages abhängt. Sie haben hölzerne Fischrechen mit 2, 3 oder 4 Zinken, ein jeder sehr sinnreich gefertigt, mit welchen sie Fische fangen; wir sahen sie auch mit ihren Speeren Fische wie Vögel erlegen. Mit diesen töten sie ebenso andere Tiere. Sie haben auch hölzerne

Harpunen zur Tötung von Schildkröten; doch glaube ich, daß sie von diesen nur wenige erlangen, außer in der Zeit, in welcher sich die Schildkröten an Land aufhalten. Kurz, diese Leute leben gänzlich vom Fischfang und von der Jagd, doch in der Hauptsache von ersterem. Niemals sahen wir auch nur eine Handbreit bebauten Bodens in dem gesamten Land; sie kennen jedoch den Nutzen von Taara und essen gelegentlich davon. Wir wüßten nicht, daß sie irgend etwas roh verzehren; vielmehr rösten oder braten sie all ihre Nahrung langsam auf kleinem Feuer.

Ihre Häuser sind elende kleine Hütten, nicht viel größer denn ein Ofen, sie sind aus Stöcken, Rinde, Gras etc. gemacht. Selbst diese werden außerhalb der Regenzeiten nur selten benutzt; wir wissen, daß sie in den Trockenzeiten so oft unter freiem Himmel schlafen wie irgendwo sonst. Wir haben viele ihrer Schlafplätze gesehen, an welchen sich auf der Windseite nur einige Zweige oder Rindenstücke ungefähr einen Fuß über den Boden erheben. Ihre Kanus sind so erbärmlich, wie man sich nur vorstellen kann, insbesondere im Süden; dort waren alle, die wir sahen, aus nur einem Stück Baumrinde von ungefähr 12 oder 14 Fuß Länge gefertigt. Diese Kanus tragen nicht mehr denn zwei Menschen, im allgemeinen ist nur einer in ihnen. Schlecht, wie sie sind, erscheinen sie doch ihrem Zwecke angepaßt, und dies besser, als wenn sie größer wären; denn da sie nur wenig Tiefgang haben, fahren die Eingeborenen mit ihnen auf die Schlammbänke und sammeln Schalentiere etc., ohne aus dem Kanu zu steigen. Die wenigen Kanus, die wir im Norden sahen, waren aus einem ausgehöhlten Baumstamm gefertigt, ungefähr 14 Fuß lang und sehr schmal und hatten Ausleger; diese tragen 4 Menschen. Während unseres gesamten Aufenthalts am Endeavour River sahen wir nur ein Kanu und hatten guten Grund

Hütten der Bewohner in Neu-Holland

zu glauben, daß die wenigen Eingeborenen, die in der Umgegend lebten, nicht mehr besaßen; dieses eine diente ihnen zur Überquerung des Flusses und zum Fischen etc. Sie halten sich täglich bei niedrigem Wasser an den hie und da vorhandenen Untiefen auf, um Schalentiere zu sammeln oder was immer sie an Eßbarem finden mögen; ein jeder von ihnen hat einen Beutel, das Gefundene aufzubewahren; dieser Beutel ist aus Netzwerk.

Sie haben unseres Wissens nicht die geringste Kenntnis von Eisen oder irgendeinem anderen Metall; ihre Geräte müssen aus Steinen, Knochen und Muscheln gefertigt werden. Diejenigen aus dem erstgenannten Materiale sind sehr schlecht, wenn ich dies nach einem ihrer Beile schließen darf, das ich gesehen. So schlecht und erbärmlich ihre Kanus sind, so gelangen sie, soweit wir wissen, in ihnen doch zu bestimmten Zeiten des Jahres zu den entferntesten Inseln der Küste; denn wir landeten niemals auf einer, auf welcher wir nicht Anzeichen dafür fanden, daß zuvor schon Leute darauf waren. Wir waren überrascht, Häuser etc. auf der Eidechsen-Insel zu finden, welche fünfzehn Meilen von dem nächsten Festland liegt; denn zuvor hatten wir geglaubt, daß sie eine solche Entfernung nicht in ihren Kanus zurücklegen könnten.

Die Küste dieses Landes, zumindest derjenige Teil derselben, so im Norden der Breite von 25° gelegen ist, weist eine Vielzahl guter Buchten und Häfen auf, welche vor allen Winden geschützt sind. Doch das Land selbst bringt, soweit wir wissen, kein einziges Ding hervor, welches ein Artikel des Handelns werden und Europäer zu einer Ansiedlung einladen könnte. Jedoch ist diese östliche Seite nicht jenes öde und elende Land, als welches *Dampier* und andere die westliche Seite beschrieben haben. Wir müssen bedenken, daß wir dieses

Land in dem unveränderten Zustand der Natur sehen; der Mensch hat an keinen Teil desselben Hand gelegt, und dennoch finden wir alle Dinge, welche die Natur dem Land verliehen hat, in blühendem Zustand. Es kann niemals daran gezweifelt werden, daß in diesem weiten Land die meisten Sorten Getreide, Früchte, Wurzeln etc. gedeihen würden, wenn man sie nur herbrächte und mit fleißiger Hand pflanzte und hegte; und hier findet sich zu jeder Jahreszeit Futter für mehr Vieh, als jemals in dieses Land gebracht werden kann.

So man die Nachbarschaft dieses Landes zu Neu-Guinea, Neu-Britannien und mehreren anderen Inseln bedenkt, welche Kokosnüsse und viele andere zur Nahrung des Menschen geeignete Früchte hervorbringen, so erscheint es sonderbar, daß diese nicht schon vor langer Zeit hierher verpflanzt wurden; doch da dies nicht der Fall ist, scheint es, daß die Eingeborenen dieses Landes keinen Handel mit ihren Nachbarn von Neu-Guinea treiben. Es ist sehr wahrscheinlich, daß sie anderer Art sind und eine andere Sprache reden …

Aus dem, was ich über die Eingeborenen Neu-Hollands berichtet, mag mancher den Schluß ziehen, sie seien die elendesten Kreaturen auf Erden; doch in Wirklichkeit sind sie weit glücklicher als wir Europäer. Sie befinden sich in völliger Unkenntnis der überflüssigen wie der notwendigen Annehmlichkeiten, welchen das höchste Streben der Europäer gilt, und sie sind glücklich durch ihr Unwissen. Sie leben in einer Ruhe, welche nicht durch die Ungleichheit der Umstände gestört wird; das Land und das Meer versorgen sie von selbst mit allen Dingen, die zum Leben notwendig sind. Sie begehren keine prächtigen Häuser, Dinge des Haushalts etc.; sie leben in einem warmen und angenehmen Klima und sind mit einer sehr gesunden Luft gesegnet. So bedürfen sie kaum der Kleidung, und dessen scheinen sie sich voll bewußt zu sein; denn viele, welchen wir Tuch etc. gaben, ließen dieses achtlos am Strand und in den Wäldern liegen, als ein Ding, wofür sie keinerlei Verwendung hatten. Kurz, sie schienen auf keines der Dinge Wert zu legen, die wir ihnen gaben.

Siebentes Kapitel

Das Ende der Reise

»Nie schätzte ein Entdecker seine Verdienste bescheidener ein.«

J. C. Beaglehole

Von der Endeavour-Straße aus segelte Cook in nordwestlicher Richtung bis an die Südküste Neuguineas, wo er am 26. August beinahe Schiffbruch erlitt. Er nahm frischen Proviant auf Savu Island, nahe Timor, an Bord und erreichte am 10. Oktober Batavia auf Java. Am 30. September sammelte er alle Aufzeichnungen und Logbücher seiner Offiziere ein und schärfte der Mannschaft absolute Verschwiegenheit über die bisherige Route ein. Am 24. Oktober sandte er die »Mitchell«- bzw. »Corner«-Ausfertigung seiner Aufzeichnungen nach London; die »Canberra«-Ausfertigung jedoch zeichnet die Ereignisse bis zum Ende der Reise auf.

Die Holländer gewährten Cook auf Batavia großzügige Unterstützung. Angesichts der Beschädigungen an der *Endeavour*, die sich als schwerwiegender erwiesen, als Cook und die Zimmerleute zunächst angenommen hatten, war dies auch vonnöten.

Freitag, 9. November

Nachmittags hoben wir das Schiff backbord voran aus dem Wasser, um Kiel und Boden zu untersuchen. Wir befanden den Boden in noch schlechterer Verfassung, denn wir erwarten konnten; um 20 Fuß verschoben der Blinde Kiel, an vielen Stellen der Hauptkiel beschädigt, ein Großteil der Verschalung verlorengegangen; eine große Anzahl der Planken war entzwei, vornehmlich in der Hauptkehlung nahe dem Kiel, wo der Planken zwei und eine halbe auf einer Länge von fast sechs Fuß so weit durchgescheuert waren, daß sie nicht mehr als $\frac{1}{8}$ Inch maßen. An ebendieser Stelle auch waren schon die Würmer in das Holz eingedrungen, so daß jedem, der den Boden sah, der Umstand höchst erstaunlich erschien, daß wir das Schiff über Wasser hatten halten können. Und unter den nämlichen Bedingungen waren wir Hunderte von Seemeilen gesegelt, unter Bedingungen gar, wie sie in der Seefahrt gefährlicher in keinem anderen Teil der Welt gefunden werden, glücklich endlich, von der Gefahr nichts gewußt zu haben, in welcher wir uns beständig befunden hatten. Am Abend erst richteten wir das Schiff wieder auf, und doch war uns nicht mehr Zeit geblieben, als vonnöten war, auch nur einige der ärgsten Stellen notdürftig genug nur zusammenzuflicken, damit wenigstens für den Augenblick dem Wasser der Zutritt in größeren Mengen in das Innere des Schiffes verwehrt bliebe. Der nächste Morgen sah uns die Arbeit fortsetzen, und die meisten der Zimmerleute und Kalfaterer der Gegend – deren Zahl ganz erheblich war – wurden angeheuert, den Boden des Schiffes instand zu setzen; zur nämlichen Zeit holten wir uns eine große Zahl Sklaven, das eingedrungene Wasser wieder auszuschöpfen. Unsere Mannen – wiewohl sie auch vollzählig anwesend waren – wurden selten nur zur Arbeit herangezogen, waren wir doch durch Krankheiten zu dieser Zeit so geschwächt, daß wir kaum zwanzig Mannschaften und Offiziere aufbieten konnten, die ihren Dienst zu verrichten im Stande gewesen wären, ihren gewohnten Decksdienst, wohlgemerkt. Wie wohl hätten wir das Schiff – wenn ich auch zuvor geglaubt haben mochte, wir seien dazu in der Lage – aus dem Wasser heben und reparieren können?

Die Instandsetzungsarbeiten hielten Cook bis zum 26. Dezember in Batavia fest. Während dieses Aufenthaltes starben zahlreiche von Cooks Leuten an der Ruhr und an Malaria, während andere an diesen Seuchen schwer erkrankten. Auch Banks und Solander wurden schwer krank; sie kauften sich aber jeder eine Malayen-Frau und nahmen sie mit in ein Landhaus »in der Hoffnung, die zärtliche Hingabe eines Weibes werde sogar in einem solchen Fall obsiegen, wie es denn auch in der Tat geschah«. Cook hatte unter dem 15. Oktober, einem Montag, in seinen Aufzeichnungen vermerkt: »Eines Umstandes vergaß ich Erwähnung zu tun, und zwar der Tatsache, daß bei meiner Ankunft hier nicht eines einzigen Mannes Name auf der Krankenliste zu finden war; Lieutenant Hicks, Mr. Green und Tupia waren die einzigen, die unter Beschwerden litten, welche durch die lange Reise bedingt sein mochten.« Nichtsdestoweniger sah er sich – trotz der großartigen Erfolge seiner Antiscorbut- und anderer Gesundheitsvorsorge-Maßnahmen – unmittelbar vor seiner Abreise zu folgenden Sätzen in seinen Aufzeichnungen gezwungen:

Mittwoch, 26. Dezember

Am Nachmittag gingen ich selbst, Mr. Banks und alle anderen Herren an Bord, und um 6 Uhr am frühen Morgen liefen wir bei leichter Brise nach Südwesten aus. Der Kranken Zahl an Bord erreicht nunmehr 40 oder gar noch mehr, und der Rest der Besatzung ist in wenig leistungsfähigem Zustand, sintemalen jeder einzelne krank gewesen war, ausgenommen nur der Segelmacher, ein alter Mann von sicher 70 oder gar 80 Jahren; und was an ihm am meisten erstaunte, das war der Umstand, daß er unausgesetzt – bald mehr, bald weniger – betrunken war. Indes: Trotz dieser allgemein schwächlichen Konstitution verloren wir nur sieben Mann im ganzen: den

Arzt, drei Seeleute, des Mr. Green Diener sowie Tupia nebst dessen Diener, welch letztere dem ungesunden Klima zum Opfer fielen, noch bevor sie den Gegenstand ihrer Wünsche erreichten. Jedoch, der Wahrheit die Ehre zu geben, muß man sagen, daß Tupias Tod nicht allein auf die ungesunde Luft Batavias zurückgeführt werden kann, hatte dieser doch sein Leben lang nach einer vegetarischen Diät gelebt, die ihn die Strapazen eines Lebens auf See doppelt schwer ertragen ließ. Er war stets ein außergewöhnlich sensibler, hochintelligenter Mann gewesen, jedoch auch stolz und widerspenstig vermochte er sich zu geben, was seine Situation an Bord für ihn selbst wie auch für seine Umgebung höchst unerfreulich gestaltete. Andererseits jedoch hatte er viele Kranke bis zu ihrem Hinscheiden aufopferungsvoll gepflegt und so einen guten Teil seines Lebens an Bord verbracht ... Batavia ist sicher kein Fleck Erde, den zu besuchen Europäer sich drängen sollten; sollten jedoch zwingende Umstände einen solchen Besuch dennoch erfordern, so täte man gut daran, ihn so weit als möglich abzukürzen, denn sonst würde man die Folgen der ungesunden Luft dieser Gegend gar bald zu spüren bekommen. Es ist meine feste Überzeugung, daß ebendiese Luft für den Tod von mehr Europäern verantwortlich ist, denn die Luft an irgendeinem anderen Platz des Globus. Dies steht für mich außer jeder Frage, und es gibt genug Tatsachen als Beweise für diese meine Überzeugung. Wir kamen – um ein Beispiel zu geben – hier mit einer Mannschaft an, so gesund sie irgend nur beim Auslaufen zu langer Fahrt, und nicht erst nach einer derart langen Reise, sein kann; und dann verließen wir Batavia nach einem Aufenthalt von noch nicht drei Monaten als ein Hospitalschiff, gar nicht zu reden von den sieben Toten; nichtsdestoweniger waren alle holländischen Kapitäne, mit denen mich zu unterhalten ich Gelegenheit gehabt hatte, der Meinung, wir seien vom Glück begünstigt gewesen, und sie waren allenthalben sehr verwundert, daß wir nicht die Hälfte unserer Leute während dieser Zeit verloren hatten.

Die *Endeavour* war in der Tat ein Hospitalschiff, und auf ihrem Weg nach England um das Kap der Guten Hoffnung herum verlor sie weitere 23 Männer der Besatzung, davon die meisten vor dem Eintreten des »glücklichen Umstandes« des Südost-Passats. Unter ihnen waren Charles Green, der Astronom, Sydney Parkinson – Banks' Maler der Naturgeschichte – der Mittschiffmann Monkhouse, der die *Endeavour* in Ordnung gehalten hatte, sowie John Satterly, der tüchtigste der Zimmerleute.

Donnerstag, 31. Januar

Im Verlauf dieser letzten 24 Stunden haben wir vier Tote gehabt durch Ausfluß – eine melancholische Umschreibung der unglückseligen Situation, in der wir uns zu jener Zeit befanden, da wir gerade genug Leute hatten, die Segel zu bedienen und die Kranken zu versorgen, von denen viele so schwer erkrankt waren, daß es auch nicht die leiseste Hoffnung auf ihre Genesung gab.

Wie schon weiter oben angedeutet, besserten sich die Umstände nach Eintritt des Passats, und nachdem die *Endeavour* in Cape Town frischen Proviant an Bord genommen hatte, ankerte sie am Samstag, dem 13. Juli 1771, vor den »Downs«, einer großen Reede vor der Küste von Kent.

Die Ergebnisse dieser historischen Reise kann man am besten zusammenfassend würdigen bei der Lektüre eines Briefes, den Cook am 23. Oktober 1770 an Philip Stevens, den derzeitigen Seefahrtsminister, geschrieben hat:

Sir,

ich bitte untertänigst, die Hohen Lords der Admiralität unterrichten zu dürfen, daß ich Rio de Janeiro am 8. Dezember 1768 verließ und am 16. Januar des folgenden Jahres des Herrn die »Success Bay« in der Meerenge von La Maire erreichte, wo ich Wasser und Holz requirierte; am 21. desselben Monats verließen wir die Meerenge wieder und erreichten am 13. April die St. Georgs-Insel. Die Reise dorthin machte ich auf einer sehr viel weiter westlichen Route denn irgendein Schiff vor mir; indes, es gelang uns keinerlei neue Entdeckung, bis wir die Tropen erreichten, wo wir mehrere Eilande fanden. Die Eingeborenen der St. Georgs-Insel empfingen uns so freundlich, wie ich es irgend nur wünschen konnte, und ich trachtete, mich der Unterstützung der gesamten Insel zu versichern, indem ich die Leute zu tadelsfreiem Verhalten ermahnte. Einige Tage vor dem 3. Juni sandte ich Lieutenant Hicks in den östlichen Teil der Insel und Lieutenant Gore zur York-Insel, zusammen mit anderen Offizieren (alsobald Mr. Green sie mit den entsprechenden Instrumenten ausgestattet hatte), um den Durchgang der Venus zu beobachten, auf daß wir eine bessere Chance zur Beobachtung hätten, falls der Tag sich ungünstig zeige. Jedoch waren wir glücklich, für unsere Beobachtungen in jeder Hinsicht die denkbar günstigsten Voraussetzungen zu finden. Erst am 13. Juli war ich soweit, dies Eiland verlassen zu können; danach verbrachte ich beinahe einen Monat bei der Erforschung einiger anderer Eilande weiter im Westen, bis wir uns endlich gen Süden wenden konnten. Am 14. August entdeckten wir dann ein kleines Eiland, welches auf 22 Grad 27 Sekunden südlicher Breite und 150 Grad 47 Sekunden westlicher Länge lag. Nach Verlassen dieses Eilandes wandte ich mich wieder gen Süden, wählte jedoch eine geringfügig nach Osten abweichende Route, bis wir 40 Grad 12 Sekunden südlicher Breite erreichten, ohne auch nur das geringste Anzeichen von festem Land zu finden. Ich segelte von nun an gen Westen, zwischen dem 30. und dem 40. Längengrad bis zum 6. Oktober, an dem ich die Ostküste Neuseelands entdeckte. Neuseeland, so fand ich heraus, besteht aus zwei langgezogenen Inseln, deren Lage ich zwischen dem 34. und dem 48. Längengrad bestimmen konnte und welche ich beide umsegelte. Am 1. April 1770 verließ ich Neuseeland wieder, um westwärts in See zu stechen, bis ich auf 30 Grad südlicher Breite die Ostküste Neu-Hollands erreichte. Ich segelte an der Küste dieses Landes gen Norden, wo wir an allen Plätzen, die dazu geeignet schienen, anlegten, bis wir 15 Grad 45 Sekunden südlicher Breite erreichten, wo wir in der Nacht zum 10. Juni auf ein Felsenriff aufliefen, welcher Umstand uns 23 Stunden festhielt und uns erheblichen Schaden zufügte. Solchermaßen wurde die Fortsetzung der Reise stark in Frage gestellt, waren wir doch gezwungen, im nächsten erreichbaren Hafen Zuflucht zu suchen, wo wir die Schäden ausbessern mußten und bis zum 4. August festlagen. Und doch mußten wir dann noch mit einem trotz allem noch immer schadhaften Schiff in See stechen. Wir segelten nun an der Küste in nördlicher Richtung unter den höchst gefährlichen Seefahrtsbedingungen, die je ein Schiff angetroffen haben mag, bis zum 22. desselben Monats – wir lagen auf 10 Grad 30 Sekunden südlicher Breite –, an welchem Tag wir zwischen dem äußersten Norden von Neu-Holland und Neuguinea eine Passage zur Indischen See fanden. Als wir diese Passage hinter uns gebracht hatten, fanden wir uns vor der Küste Neuguineas wieder. Dies trug sich am 29. desselben Monats zu; aber obwohl ich es für absolut notwendig hielt, das Schiff zu verankern, um seine Lecks auszubessern, bevor an eine Fortsetzung der Heimreise zu denken war, unterbrach ich die Reise nicht, sondern ich verließ diese Küste schon am 30. September und versuchte, so gut es eben gehen wollte, nach Batavia zu gelangen, wo wir am 10. des folgenden Monats vor Anker gingen. Sobald wir die Genehmigung des Gouverneurs und der örtlichen Behörden hierzu bekommen hatten, gingen wir mit dem Schiff auf die Werft, wo uns gerade genug Zeit blieb, das Schiff einigermaßen in Ordnung zu bringen und unsere gesamten Vorräte zu ergänzen.

Beigeschlossen möge Eure Lordschaft eine Kopie meiner Aufzeichnungen finden, die den Verlauf der gesamten Reise wiedergeben, zusammen mit Karten, von denen ich in der kurzen zur Verfügung stehenden Zeit Duplikate anfertigen konnte und von denen ich glaube, daß sie die in Rede stehende Reiseroute hinreichend illustrieren können. In diesen meinen Aufzeichnungen habe ich mit unverhohlener Offenheit und ohne jedwede Beschönigung alle Ereignisse der Reise aufgezeichnet und alles solchermaßen geschildert und dargelegt, wie es mir nach bestem Wissen und Können möglich war. Waren auch die Entdeckungen, die ich auf dieser Reise machen konnte, nicht so sehr groß, so glaube ich von ihnen doch, daß sie es wert sind, Eurer Lordschaft zur Kenntnis gebracht zu werden; und wiewohl ich auch den so viel erwähnten südlichen Kontinent nicht finden konnte (welcher möglicherweise gar nicht existiert) und dessen Entdeckung mir so viel bedeutet hätte, so bin ich doch zuversichtlich, daß an der Tatsache, daß dieser Kontinent nicht gefunden werden konnte, mich selbst keinerlei Schuld trifft. Nach Abwägung aller Umstände glaube ich doch, daß auch diese Reise nicht als weniger erfolgreich gewertet werden wird als irgendeine Reise, die früher bereits aus denselben Gründen wie die meinige in die südöstlichen Meere unternommen wurde. Die Zeichnungen und Landkarten von den Orten, an denen ich gewesen, sind mit all der Sorgfalt und Akkuratesse hergestellt worden, die die Umstände zu jener Zeit erlauben konnten. Ich bin sicher, daß die Längengrade und Breitengrade nur in wenigen Teilen der Welt besser und genauer vermessen worden sind denn die in meinen Karten. Bei diesen meinen Bemühungen wurde ich hervorragend unterstützt durch Mr. Green, der während der ganzen Reise nicht eine einzige Gelegenheit ungenutzt verstreichen ließ, Beobachtungen anzustellen, wie man die Längengrade genauer vermessen konnte; auch die überaus wertvollen naturgeschichtlichen Entdeckungen, die Mr. Banks und Dr. Solander machten, und viele andere Dinge, die für die gebildete Welt von Nutzen sein werden, dürfen bei der Erwähnung des großen Erfolges der Reise nicht fehlen. Um Offizieren und Mannschaften Gerechtigkeit widerfahren zu lassen, muß ich noch berichten, daß ebendiese die Gefahren und Widrigkeiten während der gesamten Reise mit genau jenem Mut und jener Unerschütterlichkeit und Geschicklichkeit bewältigten, die immer und zu jeder Zeit die Ehre des britischen Seemannes ausmachten, und ich habe die große Genugtuung, sagen zu dürfen, daß ich nicht einen einzigen Mann während der ganzen Reise durch Krankheiten verlor. Ich hoffe, daß die Reparaturarbeiten, die nunmehr an dem Schiff notwendig sind, nicht so umfänglich sein werden, als daß sie uns längere Zeit festhalten werden. Eure Lordschaft mögen versichert sein, daß ich weder hier noch an irgendeinem anderen Ort länger als unbedingt notwendig verweilen werde, sondern daß ich mich mit ganzer Kraft um eine möglichst schnelle Heimkehr bemühen werde. Ich habe die Ehre, Eure Lordschaft mit dem größten Respekt zu begrüßen

Ihr jederzeit ergebener Diener
James Cook

Die Ergebnisse der Expedition von 1768–1771

Bescheiden, wie es Cooks Art entsprach, bezeichnete er »die Entdeckungen, welche auf dieser Reise gemacht werden konnten, als nicht sonderlich groß«. In Wirklichkeit aber waren diese Entdeckungen – ähnlich wie einige andere Ergebnisse dieser Expedition – von außerordentlicher Bedeutung. Es stimmt zwar, daß das öffentlich angekündigte hauptsächliche Ziel der Reise, das Auffinden eines südlichen Kontinents, nicht erreicht werden konnte. Die auf Tahiti gemachten Beobachtungen über den Durchgang der Venus wurden wohl unter äußerst günstigen Wetterbedingungen gemacht und hatten auch Erfolg, jedoch beeinträchtigte eine unvorhergesehene optische Verzerrung alle Messungen im Pacific, am Nordkap und in der Hudson Bay, so daß sie für eine Berechnung der Entfernung zwischen der Erde und der Sonne ohne Wert geblieben sind. Diesem wissenschaftlichen Mißerfolg jedoch kann man die Tatsache entgegensetzen, daß auf dem Gebiet der Naturwissenschaften Banks und Solander eine »große Anzahl wertvoller Entdeckungen« machten und »beladen mit dem größten Schatz an naturwissenschaftlichem Wissen heimkehrten, der jemals allein von zwei Personen zum selben Zeitpunkt in ein einzelnes Land gebracht wurde«, wie Cook es ausdrückte. Von nicht geringerer Bedeutung war die Tatsache, daß Cook vermelden konnte, auf Grund seiner Anti-Scorbut-Maßnahmen und seiner allgemeinen Gesundheitsvorsorge keinen einzigen Mann durch Krankheiten während der ganzen Reise verloren zu haben. Trotz der vielen Toten, die er durch die Ruhr und das Fieber, das sich die Mannschaft in Batavia zuzog, hatte, und obwohl diese Todesfälle seine medizinischen Erfolge auf dieser ersten Expedition überschatteten, hatte er doch immerhin der Welt gezeigt, wie Schiffe für lange

Zeit auf See verbleiben konnten ohne Furcht vor den verheerenden Folgen von typischen Seekrankheiten wie dem Scorbut.

Wenn auch die Entdeckungen dieser Reise, wie Cook schreibt, »gering« waren, so leisteten sie doch einen Beitrag zur Weltgeschichte in jenem Zeitpunkt, denn dadurch, daß Cook südwestlich und südlich der Routen früherer Entdeckungsreisen gesegelt war, hatte er bewiesen, daß die Existenz eines größeren Kontinents im Südpacific höchst unwahrscheinlich war. Immerhin zeichnete er hervorragende Karten von Neuseeland, durch die er beweisen konnte, daß dieses Land aus zwei großen, langen Inseln bestand, die fruchtbar waren und ganz offensichtlich ausgezeichnete Bedingungen für eine Kolonisation boten. Am wichtigsten von allem aber war in jedem Fall, daß er beweisen konnte, daß es sich hier um ein Land mit kontinentalen Ausmaßen handelte, auch wenn es durch die lange in Vergessenheit geratene, nach Torres benannte, Meerenge in zwei Teile geteilt ist, ein Land mit einer ausgedehnten östlichen Küstenlinie, die von Point Hicks bis Cape York durchzugehen schien. Außerdem weisen seine Reiseberichte aus, daß diese Passatwind-Küsten keinerlei Ähnlichkeit mit den von den Holländern so gar nicht geschätzten sterilen Wüstenregionen Neu-Hollands aufwiesen. Dadurch, daß er seine geheimen Instruktionen in bezug auf Neuseeland so großartig erfüllte, und auch dadurch, daß er genauso brillant die östlichen Küsten Australiens erforschte, nachdem man ihm bei der Wahl seiner Route für die Heimreise freie Hand gelassen hatte, ebnete Cook den Weg für die englischsprachige Kolonisierung des gesamten Westpacifics.

Die zweite Reise
1772–1775

Achtes Kapitel

Auf der Suche nach dem südlichen Kontinent

»In Verfolg Eurer Entdeckungen ... so nah dem Pol wie irgend möglich, bis ich den ganzen Globus umsegelt hatte.«
Cooks Instruktionen für die zweite Reise im Jahre 1772

Als positives Ergebnis von Cooks erster Expedition verdient festgehalten zu werden, daß er die lange und fruchtbare Ostküste des australischen Kontinents erforschte und daß er aufzeigen konnte, daß Tasmans Neuseeland eine Gruppe vielversprechender Inseln war, die an Größe den Britischen Inseln kaum nachstanden. Als Negativum muß jedoch festgestellt werden, daß Cooks Bemühungen wenig endgültigen Charakter hatten. Er hatte bewiesen, daß in der Gegend des angeblichen Davis-Landes, vor der Küste Chiles, kein großer Kontinent existierte; auch nicht bei etwa 40° s. Br., bis hin zum Meridian von Tahiti. Diese Tatsachen waren von großer Bedeutung, aber sie ließen riesige Gebiete unerforscht, die durchaus bedeutende Landmassen enthalten konnten.

Darüber hinaus hatte die internationale Rivalität auf diesem Sektor nicht nachgelassen. Während Cooks erster Expedition im Jahre 1770 war Großbritannien beinahe in einen Krieg mit Frankreich und Spanien wegen der Falkland-Inseln verwickelt worden, von denen man, wie schon früher erwähnt, zu jener Zeit annahm, sie kontrollierten einen lebenswichtigen Zugang zum Pacific. In den Jahren 1769 und 1770 segelte ein Franzose,

Jean François de Surville mit Namen, von Pondicherry durch die ostindischen Inseln und die Salomons-Inseln nach Neuseeland, wo er Cook nur um weniges verfehlte. Er kreuzte dann nach Callao an der südamerikanischen Küste, wo er ertrank, so daß sein Unternehmen seinen Auftraggebern, einem privaten Syndikat, welches einen pacifischen Kontinent suchte, keinen Gewinn brachte. Im Jahre 1772 segelte ein zweiter Franzose, Monsieur Marion du Fresne, vom Kap der Guten Hoffnung aus nach Süden bis auf 46° 45′ südlicher Breite, entdeckte die kleinen Prinz-Edward-Inseln, von denen er glaubte, sie seien Teil eines Kontinents, und fiel im Mai 1772 den kannibalischen Maoris zum Opfer. 1771 versicherte sich ein dritter Franzose, Monsieur Kerguelen-Trémarec, der Unterstützung seiner Regierung, nach einem Kontinent zu suchen. Dieses Unternehmen führte zu seinem Besuch in dem öden Kerguelen-Land in den Jahren 1772 und 1773.

Englische und französische Entdeckungsreisen machten die Spanier nervös, und Don Manuel de Amat, Vizekönig von Peru, rüstete im Jahre 1770 zwei Schiffe aus, die jedoch, wie könnte es anders sein, in der Davis-Region keinen Kontinent fanden, jedoch ausführlich von der Oster-Insel berichteten, die allerdings weniger vielversprechend für eine Besiedlung erschien als Tahiti, wohin denn auch Spanien in den Jahren 1772–1775 drei Expeditionen entsandte. Einige Bemühungen um Missionierung, die von außerordentlich furchtsamen Franziskanern unternommen wurden, endeten mit einem völligen Fehlschlag, und Spanien unternahm keinerlei weitere Versuche, auf Tahiti Siedlungen ins Leben zu rufen, wovon die Spanier sich, wie Beaglehole dargelegt hat, keinerlei Rückwirkung auf Peru versprachen und wovon sie annahmen, daß es für andere Nationen von keinerlei Wert sei, »sintemalen deren Entfernung zu ihren verschiedenen Basen um ein Vieles zu groß gewesen wäre«.

Vom wissenschaftlichen Standpunkt aus hatte die Reise der *Endeavour* nicht vermocht, Alexander Dalrymples Thesen von einem ausgedehnten südlichen Kontinent zu erschüttern. War er auch jetzt zumindest widerlegt, was eine Lage dieses Kontinents im Westen oder auf der australischen Seite des Pacifics anging, so behauptete Dalrymple nunmehr, sein Kontinent müsse weiter östlich liegen. Als Hawkesworth seine zwar offiziellen, aber doch wenig befriedigenden Berichte von der Reise der *Endeavour* veröffentlichte, nachdem Cook schon zu seiner zweiten Expedition aufgebrochen war, attackierte Dalrymple Cook auf das heftigste, wobei er in der Hauptsache die absolut falsche Behauptung aufstellte, Cook habe die mysteriösen Dieppe-Karten kennen müssen, die von Banks entdeckt worden waren, weil nämlich diese Karten, welche offensichtlich portugiesischen Ursprungs waren, eine »coste des herbaiges« nahe Cooks sogenannter Botany Bay und eine »coste dangereuse« in der Gegend verzeichnet hatten, wo die *Endeavour* auf das Riff aufgelaufen war.

Die Meinung der Wissenschaftler über diese Karten ist sehr geteilt. Professor Sir Ernest Scott glaubte, daß zumindest ein portugiesisches Schiff die Westküste Australiens gestreift haben müsse, um mit einer derartigen Genauigkeit den generellen Verlauf dieser Küstenlinien aufzuzeichnen. Professor G. A. Wood indessen hielt sie für großartige Vermutungen, die denen des Ptolemäus und des Mercator nachgingen. Eine neuere Autorität auf diesem Gebiet, T. D. Mutch, verwies darauf, daß der Autor der Dieppe-Karte von 1555 über sie schrieb, der vermutete Südkontinent sei nur nach der Phantasie eingezeichnet, weil er noch nicht entdeckt worden sei. Was auch immer der Ursprung dieser eigenartigen Dokumente gewesen sein mag, sie stellten keinerlei Entschuldigung für die eifrigen, ungenauen und phantastischen Versuche Dalrymples dar, einen großen Entdecker so ungerecht und grundlos anzugreifen, der seine geographischen Beziehungen von zeitgenössischen wie auch glaubwürdig überlieferten Entdeckungen ableitete.

Die internationale Rivalität und der wissenschaftliche Forscherdrang, die weitere Entdeckungsreisen angezeigt erscheinen ließen, erhielten neue Nahrung durch das große Interesse, das die Reise der *Endeavour* allenthalben hervorgerufen hatte. Wenn auch Cook den Instruktionen der Admiralität gefolgt war und auf Batavia die privaten Aufzeichnungen seiner Mannschaft eingesammelt hatte, so wurden doch sehr viele Informationen bekannt. Ein kurzer anonymer Bericht, möglicherweise von James Magra, geriet vorzeitig an die Öffentlichkeit mit einem Vorwort, das vom 28. September 1771 datierte, d. h. nur etwa zwei Monate nachdem die *Endeavour* zurückgekehrt war, während Cook selbst an John Walker aus Whitby in den Jahren 1770 und 1771 Briefe schrieb, welche die Reise teilweise beschrieben. Unglücklicherweise hielten Lord Sandwich von der Admiralität und andere, einschließlich Cook selbst, Cooks eigenes Journal mit seiner nautischen Terminologie und seinen Details, seinen Abkürzungen und seiner chaotischen Rechtschreibung und Interpunktion für noch nicht zur Veröffentlichung geeignet, wenn wir auch heute wissen, daß Cooks Kenntnis und Sicht der Dinge, zusammen mit seiner seemännischen Ausdrucksweise, sein eigenes Journal zum besten Bericht über seine Entdeckungen machen. Angesichts dieser seinerzeit vorherrschenden Meinung wurden die Papiere von Cook und Banks einem gewissen Dr. Hawkesworth zur Veröffentlichung übergeben. Es scheint, daß Hawkesworth in seinem Reisebericht größeres Gewicht auf den »Gentleman Joseph Banks Esquire« als auf den ungebildeten Seemann gelegt hat, der die Expedition befehligte, und daß er nicht nur die hauptsächlichen Darstellungen mit seinem brillanten Stil verbesserte, sondern auch noch seine eigenen kurzen und manchmal ungenauen Kommentare hinzufügte. Es dauerte noch 120 Jahre, bis zum Jahre 1893, bis Admiral Wharton eine befriedigende Ausgabe von Cooks Berichten veröffentlichte, die auf der »Mitchell« oder »Corner«-Ausfertigung seiner Journale basierte; und die Welt mußte bis 1955 auf die Herausgabe von Cooks eigenhändigen Journalen durch die Hakluyt Society warten.

Cook selbst befürwortete eine zweite Reise, um das Geheimnis um den südlichen Kontinent zu lüften. Es gab keine Frage um die Wahl des Leiters dieser Expedition, da die Lord-Commission der Admiralität sehr wohl die Erfolge der ersten Reise zu würdigen wußte; und von der ganzen Expedition war genügend bekannt geworden, um Cook im höchsten Maße beim Publikum bekannt zu machen. Der König selbst war auch interessiert. Er empfing Cook im August 1771, nahm eine Abschrift seiner Tagebücher entgegen und beförderte ihn zum Commander, eine Anerkennung, die lange überfällig war. Im September 1771 konnte Cook Walker sagen, daß er möglicherweise eine andere Expedition führen werde, diesmal mit zwei Schiffen. Gegen Jahresende erwarb die Admiralität aus Sicherheitsgründen zwei Kohlenschiffe ähnlich der *Endeavour* und änderte deren Namen, nachdem sie zuvor »Drake« und »Raleigh« getauft waren, in »Resolution« und »Adventure«, aus Sorge, die Spanier könnten die Erinnerung an die beiden berühmten Seebären aus der Elisabethanischen Zeit verübeln.

Beaglehole hat ganz brillant die Zunahme an Wissen und persönlichem Format beschrieben, die Cook als Ergebnis seiner Entdeckungen und seines Erfolges erfuhr.

Vor 1768 hatte er nur kleine Mannschaften kommandiert, wobei er vornehmlich bei der Erforschung von Küsten eingesetzt worden war, und als er das Kommando über die *Endeavour* übernahm, war er ein Mann von vergleichsweise geringer Erziehung und noch recht begrenzter Erfahrung.

Nun jedoch hatte ihm ein glückliches Geschick einige Jahre engsten Kontakts mit Banks, Solander und anderen Leuten von Bildung und Wissen beschert, und er verfügte über die Gabe, wissenschaftliche Erkenntnisse und anderes Wissen mit derselben Leichtigkeit in sich aufzunehmen, mit der er die Mathematik verstanden hatte. Wie Beaglehole sagt, führte er seine erste Expedition als »ein guter Seemann, ein erstklassiger Marineinspektor, und er kehrte zurück als ein großer Kommandeur, ein großer Entdecker und als ein Mann mit tiefem Verständnis für das menschliche Denken«.

Auch Banks befürwortete eine zweite Reise, vor der er sich jedoch derart fürchtete, daß er die zu jener Zeit immense Summe von 5000 Pfund für seine Ausrüstung aufwandte. Unglücklicherweise scheinen die folgenden Ereignisse darauf hinzudeuten, daß der große wissenschaftliche Erfolg der ersten Reise ihm aufgrund seiner Jugend zu Kopf gestiegen war. Was aber auch immer der Grund gewesen sein mag, Banks übersah unter dem Einfluß von Lord Sandwich die Tatsache, daß das entscheidende Anliegen der Reise die Entdeckung war, und versuchte, die kleine *Resolution* in eine Art schwimmendes Laboratorium umzubauen. Als aber dann ein Experte nachwies, daß diese Banksschen Phantasievorstellungen gefährlich unseemännisch waren, sogar in den Wassern der von den Gezeiten beeinflußten Themsemündung, brachte Sir Hugh Palliser, Kontrolleur der Marine, die *Resolution* wieder auf ihre ursprüngliche Größe von 462 Tonnen, was kaum mehr war als bei der *Endeavour*.

Banks schäumte, und man weiß heute, daß er nicht nur versuchte, die Unterstützung von Sandwich für ein größeres Schiff zu gewinnen, eine Fregatte etwa, obwohl ein Schiff dieses Typs und dieser Größe niemals mit Erfolg die Gefahren überstanden hätte, denen die *Endeavour* zwischen den Riffen ausgesetzt war, sondern sogar verlangte, die Admiralität solle statt Cook einen anderen Kommandeur berufen. Als sich die Marinebehörden jedoch fest zeigten, löste Banks seinen Vertrag.

Die vielleicht unerfreulichste Folge des Rückzugs der Wissenschaftler war die Tatsache, daß die Admiralität John Reinhold Forster zum Naturwissenschaftler dieser Expedition ernannte, einen naturalisierten Preußen, Querulanten und unfreundlich, der von seinem Sohn als Assistenten begleitet wurde. Der ihm gewährte Sold von 4000 Pfund nahm sich im Vergleich mit dem Salär, der Cook gewährt wurde, geradezu kolossal aus. Banks' Zeichner Zoffany wurde ersetzt von William Hodges, der trotz seiner Neigung, die Polynesier in klassischer Kleidung darzustellen, ein fähiger Künstler war.

Sehr bedeutend war die Tatsache, daß der wissenschaftliche Stab zwei Astronomen einschloß, Wales und Bayly mit Namen, denen dann das vornehmste Ziel der Expedition anvertraut wurde, die Verbesserung der Vermessung von Längengraden. Wenn auch Cook und Green einige in höchstem Maße zufriedenstellende Ergebnisse auf der *Endeavour* durch Beobachtung des Mondes erlangt hatten, litt doch die Genauigkeit bei schlechtem Wetter oder schwankendem Deck. Ganz offensichtlich lag die größte Hoffnung bei den Chronometern, wobei man davon ausging, die Uhrmacher könnten eine Uhr herstellen, welche in der Lage war, die Zeiten des ersten Meridians unter allen Temperatur- und Feuchtigkeitsbedingungen einzuhalten. Cook mußte nun vier Chronometer mitnehmen, drei von Arnold und einen von Larcum Kendall, die auf den Konstruktionsprinzipien von John Harrison beruhten.

Die Mannschaften der *Resolution* und der *Adventure* waren erfahrene Männer, ein Teil von ihnen war schon mit der *Endeavour* gesegelt. Die *Adventure* wurde kommandiert von Leutnant Tobias Furneaux, der den Globus mit Wallis umsegelt hatte. Leutnant Cooper von der *Resolution* war ein guter Offizier, während Clerke, Pikkersgill und Edgecumbe auf Vermittlung von Cook selbst engagiert worden waren. Der Kommandeur versicherte sich aller Anti-Skorbut-Maßnahmen der ersten Reise, deren brillante Resultate durch die Tatsache überschattet wurden, daß die *Endeavour* so viele Männer durch ausgesprochene Landkrankheiten verloren hatte.

Cooks großes Ansehen befähigte ihn in den Augen der Admiralität, die Instruktionen für die zweite Reise selbst zu planen und sie den Behörden vorzulegen. Dieser Aufgabe entledigte er sich brillant. Er schlug vor, die westlichen Winde in den höheren südlichen Breiten zu nutzen, um die Antarktis während zwei Sommern zu umfahren, wobei er von Afrika aus ostwärts segeln wollte, so wie Tasman es getan hatte, und den beliebten Stützpunkt Queen-Charlotte-Sund auf Neuseeland als Winterquartier zu benutzen. Sollte »südliches Land großer Ausdehnung« auf der Länge von ungefähr 140° West gefunden werden können, plante er darüber hinaus, während der Wintermonate nordwärts in den Pacific zu stechen, wobei Tahiti als zweite Basis benutzt werden sollte. Die Mitchell-Bücherei in Sydney ist heute im Besitz des Memorandums und der Landkarte mit der vorgesehenen Route, die Cook an Lord Sandwich, den Ersten Lord der Admiralität, am 6. Februar 1772 sandte. Das Memorandum hat folgenden Wortlaut:

»So alle Entdeckungen, die im südlichen Ozean gemacht wurden, und die Route von Schiffen, welche diese Entdeckungen machten, wohl bedacht werden, erscheint es so, daß keinerlei südliches Land größerer Ausdehnung nördlich 40° Breite existieren kann, mit Ausnahme nur des 140 westlichen Meridians; jeder andere Teil des südlichen Ozeans ist zu verschiedenen Zeiten nördlich des nämlichen Breitengrades erforscht worden. Ergo muß ein Forscher, so er sich anschickt, neue Entdeckungen zu tun, den Globus auf einer höheren Parallele umschiffen, denn zuvor jemals geschehen; und solches wird dann auf das beste geschehen können, so man einen östlichen Kurs steuert, welcher die westlichen Winde in allen höheren Längengraden nutzt. Der Umstand, dem zuvörderst Rechnung zu tragen vonnöten ist, ist die Wahl der rechten Jahreszeit, sintemalen der Winter in gar keiner Weise irgendwelchen Entdeckungen in jenen Breitengraden günstig ist; solchermaßen sei untertänigst vorgeschlagen, daß die Schiffe das Kap der Guten Hoffnung nicht vor dem letzten Septemberdrittel verlassen sollen oder auch erst zu Beginn Oktobers, da der Sommer zur Gänze noch bevorsteht und diese (Schiffe) ohne größere Gefahr gen Süden sich wenden mögen, um nach Neuseeland zu gelangen zwischen dem 45. und dem 60. Breitengrad oder auf einem Breitengrad, so hoch das Wetter oder andere Umstände irgend zulassen mögen. So auf dieser Reise kein Land gefunden werde, mögen die Schiffe angewiesen werden, Neuseeland zu besuchen, um frisches Wasser an Bord zu nehmen.

Von Neuseeland aus soll die nämliche Route bis nach Kap Horn fortgesetzt werden, jedoch bevor dies zu erreichen möglich sein wird, werden die Schiffe vom Winter überrascht werden, und sie müssen Zuflucht in gastfreundlicheren Breiten suchen, zu welchem Behufe Otaheite wohl der geeignetste Punkt sein mag; und in seiner Nachbarschaft mögen des Winters Monate verbracht werden, nach deren Ende die Schiffe sich südwärts wenden und ihre Route nach Kap Horn fortsetzen mögen, allda sie erneut Wasser fassen sollen, um alsdann zum Kap der Guten Hoffnung ihre Reise fortzusetzen.

Die gelbe Linie auf der Karte beschreibt die Route, wie für die Schiffe sie vorzuschlagen ich bitte, so kein Land gefunden werde; sollte indes Land entdeckt werden, so mag dem Küstenverlauf die Route entsprechend geändert werden, jedoch ist die Generalroute dann auf andere Weise zu verfolgen, blieben doch widrigenfalls Teile des südlichen Ozeans weiterhin unerforscht.«

Wir werden sehen, daß Cook diesen Plan resolut und erfolgreich verfolgte. Die einzige Abweichung bestand lediglich darin, daß die Umschiffung der Antarktis die drei Winter 1772/73, 1773/74 und 1774/75 in Anspruch nahm, während die beiden dazwischenliegenden Sommer von 1773 und 1774 Cook in die Lage versetzten, zwei höchst bedeutende Abstecher in den Südpacific zu unternehmen.

28. November 1771 bis 2. Januar 1773

28. November

Ich erhielt Order Seiner Majestät, die Schaluppe *Drake*, zu dieser Zeit im Dock von Deptford, zu befehligen, ein Schiff von 462 Tonnen, welches da bemannt werden sollte mit 110 Männern einschließlich der Offiziere und welches 12 Kanonen tragen sollte. Gleichzeitig wurde Kapitän Tobias Furneaux angewiesen, die *Raleigh* in Woolwich zu kommandieren, ein Schiff von 336 Tonnen, 80 Mann und 10 Kanonen. Die Schaluppen beide waren gebaut in Whitby von Mister Fisburn – dem nämlichen Mann, der die *Endeavour* gebaut hatte –, die erstere vor 14 und die letztere vor 18 Monaten, und welch beide justament für die Navy von Kapitän William Hammond aus Hull gekauft worden waren, um sie unter meinem Kommando auf Entdeckerfahrt in die Südsee zu entsenden. Die Admiralität erließ Order, sie in der bestmöglichen Weise auszurüsten, der Earl of Sandwich – zu jener Zeit Erster Lord – interessierte sich höchstselbst sehr für die Ausrüstung, aufs trefflichste unterstützt von den Herren Palliser und Williams – der eine Revisor, der andere Inspektor der Marine. Auch war die Verpflegungsabteilung höchlichst bemüht, das Beste vom Besten an Proviant zu beschaffen. Kurz gesagt, eine jede Abteilung schien die andere übertreffen zu wollen in der Ausrüstung besagter zwei Schaluppen: jede sonst verbindliche Regel und Anweisung wurde außer Acht gelassen. Jede Möglichkeit, jede Notwendigkeit und jeder Artikel von Nutzen wurde bewilligt, so er kaum beantragt war.

Zwei Tage später übernahm ich also die Verantwortung für die Schaluppe und begann, Seeleute anzuheuern. Der Schaluppen Namen änderte die Admiralität in *Resolution* und *Adventure*, und die Offiziere wurden angewiesen, ihre entsprechenden Patente anzumelden.

Das Auslaufen der Expedition zu neuer Forschungsfahrt trotz der Mißgunst des einflußreichen Banks, der sich von dem Unternehmen zurückgezogen hatte, da seinen Vorstellungen über die Ausrüstung der Schiffe nicht entsprochen werden konnte, war ein klarer persönlicher Triumph für Cook. Im Juni 1772 konnte Cook schreiben:

»Sintemalen nun alles nahezu fertiggestellt war und ich einiges in London zu erledigen hatte, reiste ich in diese Stadt, wo ich am Abend meiner Ankunft erfuhr,

Mr. John Reinhold Forster und sein Sohn Mr. George Forster würden sich mit mir einschiffen, Herren, gar wohl erfahren in Naturgeschichte und Botanik, ersterer wohl mehr denn der jüngere, der von Anfang an begierig war, diese Reise mitzumachen, und welcher, kaum daß er hörte, Mr. Banks habe seine Pläne aufgegeben, seine Zusage gab. Der Earl of Sandwich befürwortete seine Bitte, und Ihre Majestät stimmte zu und setzte ihm und seinem Sohn ein recht ansehnliches Gehalt aus. Kaum waren deren Gepäck und ihre Ausrüstung an Bord gebracht und kaum daß ich meine Geschäfte in der Stadt erledigt hatte, nahm ich am 21., einem Sonntag, morgens Abschied von meiner Familie und reiste in Begleitung des Astronomen Mr. Wales nach Sheerness ab, wo wir desselben Abends anlangten und anderntags aus dem Hafen ausliefen …

Außer jedem bei solcher Reise geforderten Proviante etc. haben wir Fässer an Bord der zwei Schaluppen, die bestimmt sind zur Aufnahme von 4000 Gallonen Madeira-Weines, den wir auf eben dieser Insel zu übernehmen gedenken, so daß wir im ganzen, einschließlich dessen, was die Offiziere und Wissenschaftler für sich selbst an Bord gebracht haben, Proviant von allen Artikeln für zwei Jahre an Bord haben und von einigen auch noch mehr und dies ausschließlich der Antiscorbutica, von denen ich oben sprach. Gleichfalls waren wir ausgerüstet mit der Vorrichtung des M. Irvin für die Destillation, mit deren Hilfe wir zu jeder Zeit eine geringe Menge frischen Wassers aus der See gewinnen können für den Fall, daß uns dieser Artikel ausgehen sollte … Das Vermessungsamt war nicht geneigt gewesen, die Astronomen mit den besten Instrumenten für die Himmelsbeobachtung und die nautischen Beobachtungen auszustatten, war es doch die vornehmste Aufgabe, deretwegen diese Gentlemen ausgesandt wurden, den genauen Gang der Uhr des Mr. Kendall und der drei anderen Chronometer des Mr. Arnold zu überwachen; sie nutzten die Zeit unseres Aufenthaltes in Plymouth, die notwendigen Beobachtungen mit den Uhren auf Drake's Island zu machen – und um 7 Uhr an jenem Freitag, da wir abreisten, wurden die Uhren in meiner Anwesenheit, in Anwesenheit von Captain Furneaux, des Ersten Offiziers der beiden Schaluppen, der beiden Astronomen und des Mr. Arnold in Gang gesetzt und hernach an Bord gebracht: Mr. Kendalls und eine von Mr. Arnolds Uhren kamen auf die *Resolution*, die beiden anderen von Mr. Arnold an Bord der *Adventure*: der Kommandeur, der Erste Offizier und der Astronom an Bord einer jeden der Schaluppen erhielten je einen Schlüssel zu den Kästen, welche die Uhren enthielten, und standen allzeit zur Verfügung, dieselben wieder aufzuziehen und die eine mit der anderen zu vergleichen.«

Neuntes Kapitel

Die Antarktis, 1772–1773

»Nie zuvor ist ein Schiff so weit nach Süden vorgedrungen noch hat je zuvor ein Schiff solche Gefahren durch Packeis und schwimmende Inseln überstanden.«

J. C. Beaglehole über Cook

Cook segelte von Plymouth am 13. Juli 1772 ab; er hielt in Madeira und Porto Praya, um neuen Proviant an Bord zu nehmen, und erreichte Capetown ohne bedeutende Zwischenfälle am 30. Oktober 1772. Einige Eintragungen im Logbuch weisen auf die strikten Vorschriften hin, die er zur Erhaltung der Gesundheit erlassen hatte.

Samstag, 8. August

Thermometer 78° (Fahrenheit), nördliche Breite 27° 7′, westliche Länge gemessen und beobachtet 19° 33′, nach Kendalls Uhr 20° 3¼′. Nebliges Wetter mit sanfter Brise. Wir machten drei Bierfässer voll des trüben Saftes, der aus etwa einem Teil Saft und zehn Teilen Wassers bereitet wurde; wir hatten 19 halbe Barrels eingedickten Saftes von Bier oder Malzwürze an Bord, deren nur vier aus Bier, der Rest aus Malzwürze, die vor der Eindickung mit Hopfen versetzt worden war, bestanden. Mr. Pellham, der Sekretär der Kommission für die Ausstattung mit Lebensmitteln, hatte einige Jahre zuvor darüber nachgedacht (und ich glaube, auch entsprechende Versuche angestellt), daß, wenn der Saft der Malzwürze – mache man nun Bier oder Malzwürze daraus – durch Entzug des Wassers eingedickt wird, er eine größere

Zeit überstehen könnte und daß man daraus durch Hinzufügen einer rechten Menge Wassers zu jeder Zeit Bier herstellen könne. Des letzten Winters waren einige solcher Experimente unternommen worden durch Mr. Pellham, welche insoweit Erfolg versprachen, daß den Schaluppen beiden ein größerer Teil hievon mitgegeben wurde …

Donnerstag, 27. August

Sprach heute mit der *Adventure*, und Captain Furneaux informierte uns, daß einer seiner jungen Herren tot war. Zu dieser Zeit haben wir nicht einen einzigen Kranken an Bord.

Samstag, 30. Oktober

Thermometer 61°, Winde Nord-Nordwest, südliche Breite 33° 53′. Um 2 Uhr nachmittags sah ich das Kap der Guten Hoffnung, der Tafelberg, der über Capetown zu sehen ist, lag in einer Distanz von 12 oder 13 Meilen … Zu dieser Zeit haben wir nicht eines einzigen Mannes Namen auf der Krankenliste. Die Leute haben sich im ganzen einer guten Gesundheit erfreut, seit wir England verlassen haben … Während dieses Aufenthalts war die Mannschaft beider Schaluppen eines jeden Tages mit frischem Brote, frischem Rindfleisch oder frischem Hammelfleisch und soviel Gemüse, wie irgend sie essen konnten, versorgt worden; auch war ihnen erlaubt worden, von 10 bis 12 Uhr an Land zu gehen, sich zu erfrischen.

Die Herren Wales und Bayly, die beiden Astronomen, befanden sich die ganze Zeit an Land, die notwendigen astronomischen Beobachtungen durchzuführen, um den Gang der Uhren zu kontrollieren und um andere Obliegenheiten zu erfüllen. Des Mr. Kendalls Uhr hatte sich bisher über alle Erwartungen zuverlässig erwiesen, aber das kann von denen des Mr. Arnold nicht gesagt werden ... Wie dem auch sei: eine der Uhren des Mr. Arnold an Bord der *Adventure* maß die Zeit in einer Weise, über die zu klagen es keinen Anlaß gab. Mr. Forster traf hier einen schwedischen Herrn, einen gewissen Mr. Sparman, welch selbiger einiges von Botanik und Naturgeschichte verstand und gewillt war, sich mit uns einzuschiffen, und Mr. Forster bat mich inständig – wohl in Gedanken daran, dieser Herr könne ihm von großer Hilfe im Verlauf der Reise sein –, ihn an Bord zu nehmen, welchem Wunsch ich zustimmte.

Nach Übernahme des Proviants auf dem Kap und nachdem man von französischen Expeditionen gehört hatte, die den Süden erforschen sollten, lief Cook Ende November nach Südwesten aus, um das Kap der Beschneidung zu suchen, von dem man glaubte, es sei Teil eines Kontinents, das jedoch in Wirklichkeit nur eine schmale und unfruchtbare Insel war, die der französische Entdecker Bouvet gefunden hatte.

Donnerstag, 24. November

Südliche Breite 35° 25′, Länge östlich von Greenwich 17° 44′. Mäßige Winde und wolkiges Wetter mit langer Dünung aus Süden. Ließ des Nachmittags an jeden eine dicke Wolljacke und ein paar Stiefel ausgeben, was von der Admiralität genehmigt war. Viele Albatrosse über dem Schiff, deren einige wir mit dem Feuerhaken finden und die als Abwechslung in der Nahrung durchaus willkommen waren, sogar zu einer Zeit, da alle Hilfskräfte mit frischem Schafsfleisch versorgt wurden.

Montag, 14. Dezember

Südliche Breite 54° 55′, Länge östlich Greenwich 22° 13′. Um ½7 Uhr wurden wir von einem immensen Eisfeld gestoppt, dessen Ende nicht abzusehen war. Wir vermeinten, hinter ihm hohes Land zu sehen, können es jedoch in keiner Weise bestätigen. Wir weichen nun nach Süd-Südosten aus, nehmen dann Südostkurs an, als das Eis zu driften beginnt, halten uns stets an derselben Ecke, wo wir eine Fülle von Pinguinen und Walen und eine große Anzahl von Eisvögeln, kleine graue Vögel, sahen. Um 8 Uhr drehten wir unter dem Eis bei, und ich sandte nach Captain Furneaux, machte mit ihm einen Treffpunkt aus für den Fall, so wir getrennt würden, besprach einige andere Möglichkeiten, besser Kontakt zu halten, und nach dem Frühstück kehrte er zu seiner Schaluppe zurück, und wir nahmen wiederum Fahrt entlang des Eises auf; aber bevor wir das Boot hochhievten, nahmen wir einige Stücke gefrorenen frischen Wassers an Bord; zu Mittag hatten wir Gelegenheit zu guter Beobachtung sowohl des Breitengrades wie des Längengrades mit Hilfe der Uhr.

Freitag, 18. Dezember

Thermometer 31° (Fahrenheit), südliche Breite 54° 57′, Länge östlich Greenwich 24° 6′. Der Wind hat aufgefrischt und brachte Schnee und Regen mit sich, der unsere Takelage und die Segel einfrieren ließ, der Wind indessen drehte mehr und mehr auf Nordosten, welcher Umstand es uns unmöglich machte, das Eisfeld weiter zu beobachten, trieb uns doch der Wind zur selben Zeit zwischen die Inseln, von denen uns fernzuhalten wir Mühe genug hatten. Von zwei Übeln halte ich dieses für das geringere: gefährlich wie es ist, zwischen den schwimmenden Felsen zu segeln in einem dichten Nebel und in unbekannter See, so ist es doch vorzuziehen, nicht unter diesen Umständen mit dem Eisfeld in Berührung zu geraten. Die Gefahr, von diesem Eis eingeschlossen zu werden, liegt darin, sich in ihm festzufahren, und außerdem vermag eine Beschädigung des Schiffes einen eine gewisse Zeit festzuhalten. Ich habe gehört von einem Schiff, das vor Grönland neun Wochen in einem solchen Eisfeld festlag, und zum gegenwärtigen Zeitpunkt sehen wir nicht mehr von diesem Eis, als sie wahrscheinlich in Grönland auch gesehen haben. Im Gegenteil: das Fahrenheit-Thermometer bleibt konstant unter dem Gefrierpunkt, und man kann schon sagen, man befinde sich mitten im Sommer. Wir sind nun etwa 30 Meilen entlang dem festen Eis gefahren, welches sich von Ost nach West in nahezu gerader Linie erstreckte, ausgenommen nur einzelne Buchten, die durch es geformt waren und von denen wir in jede einzelne hineingefahren waren, ohne jedoch einen offenen Durchgang gen Süden zu finden. Ich halte es für vernünftig zu vermuten, daß dieses Eis weder zu irgend einem Land gehört, noch daß man hinter ihm Land finden könnte, und der Eindruck von festem Land, den wir hatten an dem Tag, da wir auf das Eis stießen, scheint zumindest diese Möglichkeit anzudeuten; jedoch konnten wir nichts entdecken, das nach Land aussah, weder in der vergangenen Nacht noch an diesem Morgen, wiewohl das Wetter auch klarer als in den meisten der letzten Tage war. Ich beabsichtige nun, 30 oder 40 Meilen in östlicher Richtung zu fahren, bevor ich mich weiter gen Süden wende, weil nichts hier getan werden kann.

Samstag, 20. Dezember

Thermometer 34° Fahrenheit, südliche Breite 54° 0′, Länge östlich von Greenwich 28° 14′. Hatten am Nachmittag dichten Nebel bis 6 Uhr, als es aufzuklaren begann und dann bis 6 Uhr des nächsten Morgens gleich blieb. Nun jedoch frischte der Wind aus Nord-Nordost auf und brachte nebliges Wetter mit Matsch und Schnee. Das Thermometer fiel von 31 auf 34°. Kleine Eilande aus schierem Eis, gewöhnlich von unterschiedlicher Ausdehnung sowohl in der Höhe als auch im Umfang. Stellte alle Schneider an, die Seemannsjacken zu verlängern und Kappen zu machen, jene vor dem schweren Wetter zu schützen, nachdem ich eine größere Menge roten Flanells für diesen Zweck bereitgestellt hatte. Begann ebenfalls, Malzwürze aus dem Malz zu bereiten, und verabreichte sie an solche Leute, die Symptome des Skorbuts zeigten; einer nur von ihnen hat echten schweren Skorbut. Andererseits hatte man auf der *Adventure* zwei Leute schon vom Skorbut geheilt, welche diese Krankheit schon vom Kap her mitgebracht hatten. Einen anderen großen braunen Vogel oder Albatros, wie wir ihn nahe dem Feldeis sahen, sah ich in der Nähe des Schiffs in der letzten Nacht: die normale Art des Albatros scheint das Eismeer nicht zu lieben, haben wir doch jetzt nur einen gesehen, seit wir zwischen die Eilande gerieten.

Freitag, 25. Dezember

Thermometer gefallen von 31° auf $35\frac{1}{2}$°. Südliche Breite 57° 50′, östliche Länge 29° 32′. Leichte Brise – freundlich bis bedeckt. Thermometer fällt von 31 auf 35°. Um 2 Uhr nachmittags kamen wir in die Nähe einer Eisinsel, die etwa 100 Fuß und 4 Cable an Umfang maß. Zu ihr entsandte ich den Maler in einer Jolle, um nachzusehen, ob dort irgend frisches Wasser zu finden sei; bald jedoch schon kehrte er zurück mit der Meldung, daß da nicht ein einziger Tropfen Wassers existiere, ja nicht einmal der Anschein von Tau. Von 8 bis 12 Uhr vormittags segelten wir durch verschiedene Eisfelder, die sich nach Südosten und Nordwesten erstreckten, so weit man sehen konnte und etwa $\frac{1}{4}$ Meile in der Breite maßen, zu welch gleicher Zeit wir mehrere Eilande derselben Art sichteten. Gegen Mittag stellte ich fest, daß die Leute geneigt schienen, das Weihnachtsfest auf ihre eigene Weise zu feiern; und so brachte ich das Schiff auf einen möglichst geschützten Kurs, verspürte ich doch keine Lust, von einem plötzlich aufkommenden Wind mit einer betrunkenen Mannschaft überrascht zu werden. Indes: diese Vorsicht erwies sich als nicht notwendig, blies doch der Wind unausgesetzt leicht, und das Wetter gestaltete sich den ganzen Tag hindurch so freundlich wie lange nicht mehr; selbst Wind und Wetter schienen Weihnachten zu feiern, die Luft indes war ausgesprochen scharf.

Samstag, 26. Dezember

Thermometer steigt von 35° auf 31°. Südliche Breite 58° 31′, östliche Länge von Greenwich 27° 37′. Frische Winde, klare Sicht bei bedecktem Himmel bis gegen Mittag, als es aufklarte und wir sehr gute Sicht hatten; diesen Tages segelten wir durch verschiedene Felder von losem Eis, die ausnahmslos von Nordwest nach Südost drifteten. Das Eis war solchermaßen in sich geschlossen, daß es kaum eine Passage hindurch gab; die einzelnen Stücke erreichten Stärken von 4 bis 6 oder gar 8 Inches, und oft schoben sich drei oder vier dieser Stücke übereinander; sie schienen aus Süßwasser zu bestehen, was einzelne Leute an Bord zu der Annahme verleitete, sie könnten aus irgendeinem Fluß stammen. Das Eis in einigen anderen losen Feldern erschien wie Korallenfelsen, wie Wabenhonig gar, und seine bizarren Formen zeigten eine solche Vielfalt von Figuren, daß es nicht ein einziges Tier auf Erden gibt, das man nicht in der einen oder anderen Form in diesen Stücken erkennten konnte. Wir vermuteten, diese Felder losen Eises könnten aus dem großen Feld ausgebrochen sein, das wir zuvor gesehen und welches hinter mich zu lassen ich beschlossen hatte, um, wenn möglich, mich zu überzeugen, ob es zu irgendeinem Land gehörte oder nicht. Heute sahen wir auch einen jener weißen Albatrosse mit schwarz gepunkteten Schwingen, einige der weißen und blauen Sturmvögel etc. und eine andere Art von Sturmvögeln, die von einem bei diesen Tieren noch nie gesehenen Weiß waren und deren man auch nur wenige zur gleichen Zeit sah.

Anfang Januar erreichte Cook die Länge des »Kaps der Beschneidung« und als er die Bouvet-Insel nicht finden konnte, dachte er, daß diese Insel unter »Bergen von Eis« verschwunden war.

3. Januar 1773 bis 11. Mai

Sonntag, 3. Januar

Wir befanden uns nun etwa 1½ oder 2° westlich des Meridians vom Kap der Beschneidung und beim Sonnenuntergang auf 4° 45′ südlicher Breite davon; das Wetter war so klar, daß Land selbst von geringer Höhe auf 15 Meilen zu sehen gewesen wäre, so daß zwischen uns und 48° Breite also kein Land sein konnte. Kurz gesagt: ich bin der Meinung, daß das, was Mr. Bouvet für Land hielt und das Kap der Beschneidung genannt hatte, nichts anderes denn Berge von Eis, umgeben von einem Treibeisfeld, war. Wir selbst waren ohne jeden Zweifel getäuscht worden durch die Eisberge, als wir zum ersten Mal in ein Treibeisfeld gerieten, und viele waren der Meinung, daß das Eis, an dem entlang wir segelten, zu einem Land im Süden gehören müsse: dies war in der Tat eine sehr naheliegende Vermutung, die Wahrscheinlichkeit indes ist nun hierfür wesentlich geringer, wenn nicht völlig dahin, denn der Abstand zwischen seiner nördlichen Begrenzung und unserer Fahrrinne gen Westen im Süden davon maß nirgendwo mehr denn 100 Meilen und an einigen Stellen noch nicht einmal 60 Meilen; und solchermaßen ist völlig klar, daß ein Land, so es sich dort befindet, keine sehr große nord-südliche Ausdehnung haben kann, indes, ich bin so fest davon überzeugt, daß hier überhaupt kein Land existiert, daß ich mich nicht auf die Suche nach ihm mache, habe ich mich doch nunmehr entschlossen, meinen Weg nach Osten auf 60° Breite so gut wie irgend möglich fortzusetzen, und nur das eine bedaure ich, daß ich in der Suche nach solch imaginärem Land so viel Zeit vertan habe, welche mir, je weiter die Jahreszeit fortschreitet, wichtig sein wird. Es ist eine weit verbreitete Ansicht, daß sich Eis nur in der Nähe von Land bildet; wenn dem jedoch so ist, muß in der Nachbarschaft jenes Eises Land existieren, welches sich entweder im Süden oder aber im Westen befindet. Ich halte es für wahrscheinlicher, daß es im Westen liegt, und daß das Eis von dort her durch die westlichen Winde und die westliche Strömung abgetrieben wird. Jedoch habe ich keine Neigung, weiter gen Westen zu segeln, um nach diesem Land zu suchen, verspüre ich doch den größeren Wunsch, gen Osten voranzukommen in der Suche nach dem Land, welches angeblich von den Franzosen kürzlich auf 48½° südlicher Breite und etwa 57° oder 58° östlicher Länge entdeckt worden sein soll.

Montag, 4. Januar

Steife Brise mit dichtem Nebel, Hagel und Schnee, die ganze Takelage mit Eis bedeckt und die Luft extrem kalt, die Mannschaft jedoch überstand dieses Wetter recht gut, war doch ein jeder gekleidet mit einer dicken Wolljacke, einem Paar Gamaschen desselben Materials und einer großen Mütze aus Segeltuch und Flanell; dies alles sowie ein zusätzliches Glas Brandy jeden Morgen versetzten sie in die Lage, die Kälte ohne Murren zu ertragen.

Sonntag, 10. Januar

61° 58′ südlicher Breite, östliche Länge Greenwich 36° 7′ errechnet und korrigiert nach der Uhr 35° 48′. Leichte Brise, zunächst gute Sicht und bewölkt, im Verlauf Sichtverschlechterung und Schneeschauer. Am Nachmittag die Boote eingeholt, nachdem sie das ganze lose Eis aufgesammelt hatten, mit dem das Deck nun überfüllt war; als dann dieses frische Wasser aus der See an Deck war, war es für mich keine Frage mehr, ob ich weiter gen Süden fahren sollte, vielmehr änderte ich den Kurs auf Südost bis Süd, und als wir erst einmal das Eis gebrochen, hatte ich keinen Zweifel mehr, stets frisches Wasser zu bekommen, wann immer es für uns nötig sein sollte.

Donnerstag, 14. Januar

Südliche Breite 63° 57′, Länge östlich Greenwich errechnet 39° 38½′, nach der Uhr 38° 35½. Sehr freundliche Brise mit recht klarem und gutem Wetter. Hatten fünf Tage recht guten Wetters in ununterbrochener Reihenfolge hinter uns, was uns für mehr denn eine Sache von Nutzen gewesen; hatten wir doch nun an Bord genügend frisches Wasser oder Eis, welches dasselbe ist, so hatten die Leute nun eine Gelegenheit, ihre Wäsche etc. zu waschen und zu trocknen, ein Umstand, den sie sich nicht eben wenig gewünscht hatten … Wir sind sicher, den Standort eines Schiffes auf See bis auf einen Grad und einen halben genau zu bestimmen, ja sogar auf weniger denn einen halben Grad, so groß ist der Nutzen, den die Navigation durch die Astronomen in dieser Zeit erfuhr. Bewirkt wurde dieses durch die Veröffentlichung der wertvollen Tabelle, herausgegeben unter der Schirmherrschaft des Vermessungsamtes, welche die astronomische Tabelle über die tägliche Stellung der Himmelskörper sowie Tabellen für die Korrektur der offensichtlichen Entfernung des Mondes und eines Sterns durch Effekte, durch Lichtbrechung und Parallaxe enthielt; durch diese Tabellen lassen sich Berechnungen, kaum daß sie aufgestellt sind, auch für den einfachsten Mann ohne Schwierigkeiten durchführen, und man kann sie nicht genug der Aufmerksamkeit aller Seeoffiziere empfehlen, die nun keinen Grund mehr haben, sich mit diesem nützlichen und notwendigen Teil ihrer Pflicht nicht vertraut zu machen. Großes Lob gebührt gleichfalls den Herstellern der mathematischen Instrumente für ihre Fortschritte und die Genauigkeit, mit der sie ihre Instrumente herstellen, denn ohne gute Instrumente würden die Tabellen ein gut Teil ihrer Nützlichkeit verlieren.

Am 17. Januar überquerten sie den Polarkreis. Wie Cook sagte, waren sie »das erste und einzige Schiff, das je diese Linie überschritt«. Die Mannschaften beider Schaluppen waren bei guter Gesundheit trotz der schweren Arbeit und der Kälte, während das Eis ein ständiger Lieferant für frisches Wasser war, welches für den Gebrauch von Cooks Antiscorbutica so wichtig war.

Dienstag, 2. Februar

Südliche Breite 48° 36′, östliche Länge 49° 35′, nach der Uhr 49° 33′. Nebliges wolkiges Wetter und eine frische Brise aus Nordwest, mit welcher wir bis gegen 4 Uhr morgens segelten, als wir 48° 30′ südlicher Breite erreichten und uns nunmehr fast auf dem Meridian der Insel Mauritius befanden, wo wir hofften, das Land zu finden, von dem es zuvor hieß, es sei von den Franzosen gefunden worden; da wir jedoch nichts davon entdecken konnten, änderten wir den Kurs nach Ost und gaben der *Adventure* Signal, in 4 Meilen Entfernung neben uns herzufahren. So setzten wir die Fahrt fort bis ½7, als die *Adventure* Signal gab, sie wünsche mit mir zu sprechen; diesem Wunsch entsprechend zogen wir die Segel ein, drehten bei und warteten auf ihr Herankommen, da Captain Furneaux uns informierte, sie hätten soeben ein ausgedehntes Feld von Meerestang oder anderem Kraut und mehrere Vögel (wohl Tauben) darüber entdeckt. Dies war sicherlich ein großes Zeichen von Land.

Sonntag, 7. Februar

Gaben um 4 Uhr Signal an die *Adventure*, sich in einer Entfernung von 4 Meilen steuerbords zu halten. Da wir ruhiges, klares Wetter hatten, holte ich alle Bettlägerigen etc. an Deck an die Luft, eine Sache, welche absolut notwendig war.

Cook segelte nun ostwärts, und im Februar langte er im südlichen Indischen Ozean an. Dort fuhr er mitten zwischen den Kerguelen- und den Crozet-Inseln durch, welche die Franzosen entdeckt hatten. Am 9. Februar verlor die *Resolution* in nebligem Wetter die Sichtverbindung mit der *Adventure*. Der Kontakt wurde nicht wieder hergestellt, und die beiden Schiffe erreichten Neuseeland auf verschiedenen Routen.

Dienstag, 9. Februar

Da das dichte neblige Wetter anhält und ich in Sorge bin, die *Adventure* könne noch immer auf der anderen Route sein, setzten wir um 2 Uhr mittags, nachdem wir schon 2 Meilen gen Westen gelaufen waren, das Signal und drehten bei, als wir keinerlei Antwort vernahmen; dieserhalb setzten wir unausgesetzt jede halbe Stunde einen Kanonenschuß ab … Wir fuhren immer noch fort,

Eisberge, Januar 1773

alle halbe Stunde einen Schuß abzugeben, und der Nebel riß von Zeit zu Zeit etwas auf, so daß es uns möglich war, zwei oder drei Meilen oder gar mehr um uns herum zu sehen, und dennoch war es uns nicht möglich, weder etwas zu hören noch etwas zu sehen. Sintemalen uns nun klar ward, daß die Trennung vollzogen war, blieb mir nichts weiter zu tun, als zurückzukehren zu dem Platz, da wir sie das letzte Mal sahen, hatte doch Captain Furneaux die Anweisung, dasselbe zu tun und an jenem Platze drei Tage zu kreuzen.

Mittwoch, 10. Februar

Haben nun zwei Tage von den drei verabredeten gewartet, einander zu suchen, und deshalb dachte ich, es werde von nur geringem Nutzen sein, weiter zu warten, und noch weniger schien es mir angezeigt, wußte ich doch genau, daß die *Adventure* mit uns leewärts gefahren sein mußte. Daher nahm ich Fahrt nach Südosten unter einer frischen Brise auf, begleitet von einer hochgehenden See, vielen dunkelgrauen Albatrossen, Sturmvögeln und schweren Brechern rund um das Schiff, aber nur zwei oder drei Tauchervögel konnten wir sehen und nicht einen einzigen Pinguin.

Samstag, 13. Februar

Das Zusammentreffen mit so vielen dieser Vögel gab uns noch immer einige Hoffnung, auf Land zu treffen, und die Meinung unter den Offizieren und der Mannschaft zu diesem Punkt war sehr unterschiedlich. Einige meinten, wir würden es im Osten finden, andere glaubten mehr an den Norden, aber es war bemerkenswert, daß nicht ein einziger die Meinung vertrat, es könne irgend etwas im Süden gefunden werden, was mich in meiner Meinung bestärkte, nicht weiter in dieser Richtung vorzudringen. Wie dem jedoch auch sei, ich war angewiesen, so weit nach Süden vorzudringen, als ich irgend konnte, ohne zu weit von der östlichen Richtung abzukommen, auch wenn ich zugeben muß, daß ich wenig Hoffnung habe, auf Land zu treffen, da die hohe Dünung und die schwere See, welche wir zeitweilig aus Westen hatten, nun teilweise aus Süd-Südost kam, so daß es nicht wahrscheinlich schien, irgendwelches Land könne zwischen diesen beiden Punkten nahe sein, und es ist weniger wahrscheinlich, daß Land von irgendeiner bedeutenden Ausdehnung im Norden liegen könne, waren wir doch nicht wesentlich mehr denn 160 Meilen südlich der Reiseroute Tasmans, und diese Region – so vermute ich – wird von Captain Furneaux untersucht, welchen ich im Norden von mir vermutete.

Donnerstag, 24. Februar

61° 21′ südlicher Breite, östliche Länge gemessen 95° 15′. Am Mittag befanden wir uns etwa 6 oder 7 Meilen östlich der Stelle, da wir die *Adventure* zuletzt sahen – die Sicht betrug jetzt etwa 3 oder 4 Meilen –; der Wind hatte so stark aufgefrischt, daß er uns zwang, die Toppsegel einzuziehen, und die See begann in der nämlichen Gegend unruhig zu werden; immer noch sahen wir Pinguine und Tauchervögel, welche uns vermuten ließen, Land sei nicht sehr weit weg.

Unter diesen Umständen und umgeben von allen Seiten mit riesigen Bergen von Eis, gleichermaßen gefährlich, als seien es Felsen, war es nur natürlich für uns, des Tages Licht herbeizusehnen, welches, als es endlich kam, so weit entfernt war, die Gefahr zu verringern, daß es im Gegenteil unsere Besorgnis vergrößerte, ließ es uns doch riesige Berge von Eis schauen, welche in der Nacht ungesehen an uns vorbei geschwommen sein mochten. Diese Widrigkeiten, zusammen mit dunklen Nächten und einer vorgeschrittenen Jahreszeit, entmutigte mich, das Vorhaben in Angriff zu nehmen, den Polarkreis ein weiteres Mal zu überschreiten. Solcher Maßen stoppten wir um 4 Uhr vormittags und drehten auf Nordkurs unter unseren zwei Groß- und den doppelt gerefften Toppsegeln; stürmisches Wetter, welches unvermindert anhielt, zusammen mit schwerer See aus Osten richtete große Zerstörung unter den Eisinseln an. Dies war so wenig geeignet, irgendeinen Vorteil für uns darzustellen, daß es lediglich dazu beitrug, die Anzahl von Eisstücken zu vermehren, denen wir auszuweichen hatten, waren doch die Stücke, die von den großen Inseln abbrachen, gefährlicher für uns denn die Eilande selber; letztere sind normalerweise auf genügend große Entfernung zu sehen, so daß Zeit genug bleibt, ihnen auszuweichen, während die anderen in der Nacht oder bei diesigem Wetter nicht zu sehen sind, bis sie unter dem Kiel sind: So groß diese Gefahren auch waren, sie wurden nun so normal für uns, daß die Besorgnis, welche sie auslösten, nie von langer Dauer war und in gewisser Weise kompensiert wurde durch den sehr eigenartigen und romantischen Anblick, den viele dieser Inseln bieten, und der enorm erhöht wird durch das Schäumen und Branden der Wellen gegen jene und in die diversen Höhlungen und Ausbuchtungen, welche die meisten von ihnen enthielten; kurz gesagt: das Ganze bot einen Anblick dar, welcher nur beschrieben werden kann durch den Stift eines fähigen Zeichners und welcher die Sinne zugleich mit Bewunderung und Furcht erfüllt, wovon ersteres hervorgerufen wird durch die Schönheit des Bildes und letzteres durch die Gefahr, die in ihm wohnt, würde doch ein Schiff, welches auf eines dieser Riesenstücke aufliefe, in einem winzigen Augenblick in tausend Stücke zerschmettert werden.

Sonntag, 28. Februar

Thermometer 36½°. Südliche Breite 59° 58′, östliche Länge gemessen 104° 44′. Am Nachmittag nahm die Brise ab, und der Wind drehte auf Süd-Südwest. Trübes Wetter mit Hagel dauerte bis 8 Uhr am Vormittag, als es aufklarte; bei Tageslicht setzten wir die Toppsegel und alle anderen Segel, welche noch zu gebrauchen waren, wobei wir gute frische Brise und nur wenige Eisinseln hatten, denen wir auszuweichen hatten und die möglicherweise durch den Wind verstreut worden waren. Eine lange Dünung begleitete den Wind, der von Ost auf Süd bis Südwest drehte, so daß zwischen diesen beiden äußeren Punkten Land nicht erhofft werden konnte. Wir haben ein trächtiges Mutterschwein an Bord, welches gestern morgen neun Ferkel warf, von denen jedes einzelne durch die Kälte noch vor 4 Uhr nachmittags umkam trotz aller Fürsorge, die wir für sie aufbrachten. Sie starben aus demselben Grund, weshalb die Leute an Bord Füße und Hände voller Frostbeulen hatten, von Umständen ergo, die ein Urteil über das Sommerwetter erlauben, welches wir hier vorfanden.

Cook segelte nun weiter ostwärts auf höheren Breiten bis nach Südaustralien, und wenn er auch wünschte, die Frage zu klären, ob das von van Diemen entdeckte Land (Tasmania) eine Insel war, entschied er sich, zunächst seiner Mannschaft im Süden Neuseelands, wo er die Duskie Bay entdeckte, eine kurze Erholung zu gönnen, teilweise um einer schnellen Erholung willen und teilweise, weil er feststellen wollte, ob es einen geeigneten Hafen in dieser Region gebe. Dies war glücklicherweise der Fall, und er fand Überfluß an wilden Vögeln, Robben und Fisch, die zusammen mit reichlich gespendetem Bier die generelle Gesundheit erheblich verbesserten.

Familie in der Duskie Bay

Freitag, 26. März

Bei dem Versuch, die Duskie Bay oder irgendeinen anderen Hafen, den ich im Süden Neuseelands finden könnte, zu erreichen, segelten wir mit vollen Segeln auf das Land zu … und erreichten die Duskie Bay am Mittag, in deren Einfahrt wir 44 Faden Fahrwasser und einen sandigen Boden vorfanden. Im Norden der Bai fanden wir eine lange Dünung, die von Südwest hereinrollte, die Tauchtiefe betrug 40 Faden, aber wenig später hatten wir auch mit 60 Faden noch keinen Grund; indes: wir waren bereits so weit vorgedrungen, daß wir nicht mehr zurückkehren wollten, und deshalb setzten wir die Fahrt fort, ohne daß uns ein Zweifel befiel, etwa keinen Ankergrund zu finden, in dieser Bai nämlich waren wir völlig fremd, bei meiner letzten Reise hatte ich sie lediglich entdeckt, nicht aber befahren.

Samstag, 27. März

Sintemalen wir nun schon zwei Meilen die Bai aufwärts gefahren waren, ohne Ankergrund zu finden, und die Eilande passiert hatten, welche in ihr lagen, drehte ich bei, setzte zwei Boote aus und schickte deren eines mit einem Offizier, das Land an Backbord zu untersuchen, und als sie das Signal setzten, Ankergrund gefunden zu haben, folgten wir mit dem Schiff und kamen in 50 Faden Tiefe vor Anker so nahe der Küste, daß wir diese mit einem Festlegetau erreichen konnten, nachdem wir nun schon 117 Tage auf See waren, in welcher Zeit wir 3 660 Meilen gesegelt waren, ohne auch nur ein einziges Mal Land gesehen zu haben. Ich kann nicht umhin zu denken, es müsse Land geben, und zwar auf dem Meridian von Mauritius und etwa auf der Breite von 49° oder 50°, wo ich indes unglücklicherweise nichts fand. Zumindest schienen die vielen Pinguine und Tauchervögel, welche wir dort sahen, sehr stark auf Land hinzudeuten, aber ich werde meine Bemerkungen zu diesem Objekt erst machen, wenn ich die *Adventure* wieder getroffen haben werde, welche sich nicht sehr weit vom Königin-Charlotte-Sund befinden kann, so sie nicht schon dort ist, wobei ich davon ausgehe, daß sie durch nichts aufgehalten wurde. Man mag fragen, warum ich nicht sofort zu diesem Platz segelte, dieses Rendezvous herbeizuführen. Die Entdeckung eines guten Hafens im Süden dieses Landes und seine Naturschätze zu erforschen, waren Objekte von größerem Interesse, und es ist völlig gleichgültig, ob wir nun die *Adventure* einen Monat oder zwei früher oder später treffen. Es war schon erwähnt worden, daß den skorbutkranken Leuten süße Malzwürze verabreicht wurde; ausschließlich Karottenmarmelade ward indes nur einem einzigen Mann gegeben, und wir fanden heraus, daß beide Behandlungen den gewünschten Effekt erzielten, so daß wir nicht einen Mann an Bord haben, von dem man sagen kann, er sei an dieser Krankheit erkrankt, wiewohl zwei oder drei andere auf der Krankenliste standen, die an geringeren Beschwerden litten.

Das erste, was ich unternahm, nachdem das Schiff vertäut war, war, daß ich ein Boot mit Leuten zum Fischen ausschickte; zur selben Zeit gingen einige der Wissenschaftler in einem Boot zu einem Felsen, der in geringer Entfernung des Schiffs sich befand und auf welchem man eine große Anzahl Robben sah, von welchen sie eine töteten, welch selbe uns mit frischem Fleisch versorgte.

Sonntag, 28. März

Am Nachmittag manövrierte ich die Schaluppe in einen schmalen Flußlauf und vertäute ihren Bug und ihr Heck an den Bäumen so nahe der Küste, daß man dieselbe durch ein Gerüst erreichen konnte, welches Unterfangen dadurch möglich wurde, daß ein riesiger Baum in nahezu horizontaler Richtung über das Wasser wuchs und so lang war, daß seine Krone unser Dollbord, wo die Kanonen montiert waren, berührte. Brennholz lag hier so nahe bei, daß unsere Rahen in Zweigen der Bäume eingeschlossen waren, etwa 100 Meter vor unserem Bug gab es einen schönen Strom mit frischem Wasser und rundherum ein Übermaß an frischem Fisch, und Küsten und Wälder waren voll von wilden Vögeln, so daß wir erwarten durften, mit Leichtigkeit eine Situation genießen zu dürfen, die man am besten ein luxuriöses Leben nennen würde. Den wenigen Schafen und Ziegen, die wir hier gelassen hatten, schien es nicht so gut gegangen zu sein, wuchs doch hier weder Gras noch Grünfutter, das sie hätten fressen können, sondern lediglich hartes und dürres Gewächs; nichtsdestoweniger waren wir überrascht zu entdecken, daß sie es nicht fraßen, obwohl sie weder Gras noch Heu an diesen vielen vergangenen Wochen gefressen hatten, noch schienen sie sehr angetan zu sein von etwas weicheren Pflanzen und Büschen, welche man hier auch fand; bei einer Untersuchung stellten wir fest, daß ihre Zähne lose waren und daß viele von ihnen sehr starke Anzeichen echten Skorbuts zeigten; von vier Mutterschafen und zwei Widdern, die ich vom Kap gebracht hatte mit der Absicht, sie in diesem Land oder in irgendeinem anderen, das sich finden würde, auszusetzen, sah ich mich nur in der Lage, jeweils eines von ihnen durchzubringen, und auch diese beiden Tiere schienen in so schlechtem Zustand, daß es höchst zweifelhaft erscheint, ob sie sich erholen können.

Donnerstag, 1. April

Leichter Wind und hinreichend klar. Begann, Holz für Brennzwecke zu schlagen, füllte unsere leeren Fässer mit frischem Wasser und reparierte jene, bei denen es nötig erschien, baute unsere Schmiede auf, um unser Eisenwerk in Stand zu setzen, und setzte die Segelmacher daran, die Segel zu reparieren, von denen alle eine Reparatur dringend notwendig hatten. Begann ebenfalls, Bier zu braucn aus den Blättern und Zweigen eines Baums, welches der Malzwürze ähnelte und der Melasse; nun ich den eingedickten Saft des Malzes erwähnt habe, mag es angezeigt scheinen, den Leser zu informieren, daß ich hiermit verschiedene Versuche unternahm, seit wir das Kap der Guten Hoffnung verließen, und ich finde, es hat sich in einem kalten Klima über alle Erwartung gut bewährt.

Sonntag, 11. April

Regen hielt den ganzen Nachmittag und die Nacht durch an, aber der Morgen war klar und bot gute Sicht, welches uns eine Gelegenheit gab, unsere Wäsche zu trocknen, ein Umstand, welcher sehr erwünscht war, hatten wir doch für diesen Zweck keinerlei genügend gutes Wetter, seit wir in diese Bai eingelaufen waren. Mr. Forster und seine Begleitung hatten große Erfolge beim Botanisieren. Um 10 Uhr besuchte uns eine Familie von Eingeborenen; da ich sah, daß sie sich dem Schiff mit größter Vorsicht näherten, ruderte ich ihnen mit meinem Boot entgegen und legte mich längsseits an ihr Kanu; trotzdem konnte ich sie nicht überreden, längsseits des Schiffs zu gehen, und war schließlich genötigt, sie ihren eigenen Weg gehen zu lassen; schließlich jedoch legten sie in einem kleinen Flußlauf nahe bei uns an, und danach kamen sie näher und setzten sich an die Küste gegenüber dem Schiff, nahe genug, zu uns zu sprechen. Ich ließ die Dudelsäcke pfeifen und die Trommel schlagen, welches sie außerordentlich bewunderten, nichts jedoch konnte sie bewegen, an Bord des Schiffes zu kommen, jedoch ließen sie sich sehr freundlich in ein

Gespräch ein mit jenen der Offiziere und Seemänner, welche zu ihnen hinausgingen; und sie widmeten einigen der Männer wesentlich mehr Aufmerksamkeit als anderen, und wir hatten Grund zu der Vermutung, sie hielten eben jene Männer für Frauen; zu einem Mann ganz besonders war eines der fremden Mädchen außerordentlich freundlich, bis sie sein Geschlecht entdeckte, und von da an ließ sie ihn nicht näher an sich herankommen; ob dies deshalb geschah, weil sie ihn zuvor in der Tat für eine Frau gehalten hatte, oder ob der Mann sich einige Freiheiten herausgenommen hatte, welche sie nicht dulden wollte, weiß ich nicht.

Cook war sehr angetan von der Duskie Bay, einem sicheren Hafen in einer Gegend, wo er Erholung fand und deren Einwohner eine kleine Gruppe von nicht unfreundlichen Maoris waren. Nach 14 Tagen, die der Erholung und der Reparatur gewidmet waren, segelte er nordwärts zum Königin-Charlotte-Sund, wo er, wie erwartet, die *Adventure* vor Anker fand.

Dienstag, 11. Mai

Sintemalen ich auf Neuseeland keinen Hafen fand, in dem es die notwendigen Erfrischungen in solcher Fülle gibt wie in der Duskie Bay, und wenn auch die Duskie Bay sehr weit von der Handelswelt entfernt liegt, scheint mir ein kurzer Bericht des umliegenden Landes und eine Beschreibung der Bai nicht unakzeptabel für den neugierigen Leser, sie mag auch von Nutzen sein für einige zukünftige Seefahrer, können wir doch auf keinen Fall schon jetzt feststellen, welchen Nutzen kommende Jahre aus den Eroberungen ziehen werden, die in der Gegenwart gemacht sind. Der nördliche Zugang der Bai liegt im Norden von Cape West auf 45 ° südlicher Breite. Diese Gegend ist bemerkenswert durch die geringe

Ähnlichkeit, die sie mit dem angrenzenden Land hat, welches eine düstere Halbinsel darstellt, welch selbe sich von Norden nach Süden in geringer Höhe erstreckt und mit Wald bedeckt ist. In diese Bai einzusegeln, ist auf keinen Fall schwierig und, wie ich weiß, auch überhaupt nicht gefährlich. Das einzige Übel ist die große Wassertiefe, die ein Ankern außer in den Buchten oder natürlichen Häfen und nahe den Küsten nicht erlaubt, und sogar in vielen der letztgenannten Orte kann man nicht ankern; dennoch sind die Ankerplätze zahlreich genug und alle gleich sicher und bequem … Die Einwohner dieser Bai gehören derselben Rasse an wie jene in den anderen Teilen dieses Landes, sie sprechen dieselbe Sprache und haben alle dieselben Gebräuche. In der Tat machen diese hier lieber – sei es aus Gewohnheit oder aus einer im ganzen vornehmeren Haltung heraus – zunächst Geschenke, bevor sie selber irgendwelche annehmen; hierin ähneln sie mehr den Otaheitianern denn dem Rest ihrer Landsleute. Was drei oder vier Familien veranlassen konnte, sich so weit von der Gesellschaft des Restes ihrer Rassegenossen zu entfernen, ist nicht leicht zu schätzen; unser Zusammentreffen mit Ureinwohnern an dieser Stelle macht es wahrscheinlich, daß die meisten der Bais und Naturhäfen in den südlichen Teilen dieser Inseln bewohnt sind; die vielen Spuren von Menschen in verschiedenen Teilen dieser Bai lassen darauf schließen, daß sie ein Wanderleben führen und nie lange an einem Platz verweilen; und wenn man von den wenigen Umständen und Anzeichen, die zu finden sind, schließen darf, so lebt nicht die eine Familie mit der anderen in absoluter Freundschaft, denn, wäre dem so, warum bilden sie da nicht untereinander eine gewisse Art der Gesellschaft, ein Umstand endlich, der nicht nur für den Menschen natürlich ist, sondern den man auch bei der unvernünftigen Kreatur beobachtet.

Fühlen auch die Bewohner der Duskie Bay jemals die unangenehmen Folgen der Kälte, so nie jene des Hungers, ist doch jede Ecke der Bai überfüllt mit Fisch; der Kohlenfisch (wie wir ihn nennen) existiert hier in großer Menge, er ist größer und von besserem Geschmack, denn ich irgendeinen zuvor kostete; noch gibt es dort irgendeinen Mangel an Schellfischen, der Robben gibt es hier ebenfalls Mengen – sie bewohnen vornehmlich die Felsen und kleine Inseln, die nahe dem Meer liegen –, und das Fleisch vieler von ihnen fanden wir von ausgezeichnetem Geschmack, nicht im geringsten dem feinsten Beefsteak nachstehend, und ihr Speck steht dem der Schweine in nichts nach. An wilden Vögeln findet man vornehmlich Enten, Kormorane, Austernfänger oder See-Elstern, Wasser- und Waldhühner, die in gewisser Weise unseren englischen Drassen ähneln; sie bewohnen die Ränder der Wälder und ernähren sich am Seeufer; sie ähneln ein weniges einem herkömmlichen Huhn und schmecken ausgezeichnet als Pastete oder Frikassee; in anderen Teilen Neuseelands sind sie derart selten, daß ich zuvor nie welche gesehen habe. Der Flachs ist hier genau so häufig wie in jedem anderen Teil Neuseelands, und die Eingeborenen nutzen ihn in der nämlichen Weise; grundsätzlich sind die Produkte des Landes in vielem ähnlich, nur eben mit dem Unterschied, daß es dort nicht eine derartige Vielfalt gibt. Erwähnung verdient auch die Tatsache, daß wir einen Vierfüßer sahen; es wäre zu wünschen, wir könnten eine bessere Beschreibung von ihm geben, ist es doch mehr als wahrscheinlich, daß es sich hier um eine gänzlich neue Species handelt: in jedem Fall sind wir nun sicher, daß dieses Land nicht so frei von dieser Art Tiere ist, wie wir einst dachten. Das unangenehmste Tier hier ist der kleine schwarze Sandfloh, welcher in derartiger Anzahl vorkommt und so unangenehm ist, daß er jedes andere Tier seiner Art, das ich kennenlernte, weit übertrifft; wo immer er sticht, verursacht dieses eine Schwellung und einen solch unerträglichen Juckreiz, daß es unmöglich ist, sich des Kratzens zu enthalten, welches schließlich mit kleinen Geschwüren gleich Pocken endet. Der nahezu unablässig niedergehende Regen mag eine andere Unbequemlichkeit dieser Bai bedeuten, jedoch mag es sein, daß dies nur zu gewissen Jahreszeiten der Fall ist, allerdings prädestiniert die Lage des Landes – geringe Höhe und Nähe zu den Bergen – dazu, sehr viel Regen zu kennen. Waren auch unsere Leute unausgesetzt diesem Regen ausgesetzt, so zeigten sie doch keinerlei Anzeichen von Krankheit durch ihn; im Gegenteil: Kranke und Genesende erholten sich von Tag zu Tag zusehends, und die ganze Mannschaft wurde kräftig und widerstandsfähig.

Über das Brauen des Biers habe ich bereits berichtet. Wir stellten es zunächst aus einem Absud von Fichtennadeln, vermischt mit dem eingedickten Saft der Malzwürze und Melasse, her; fanden dann jedoch, daß der Absud der Fichte allein dem Bier eine zu sehr stopfende Eigenschaft vermittele, und vermischten es deshalb mit einer gleichen Menge Tees, welcher diese Eigenschaft teilweise ausschaltete, und machten so das Bier für jedermann an Bord bekömmlich.

Zehntes Kapitel

Die Erforschung des Pacific, 1773

»Am Abend kehrten wir alle an Bord zurück, jedermann zuhöchst beglückt über das freundliche Verhalten der Eingeborenen, welche einer mit dem anderen zu wetteifern schienen, zu tun, wovon sie glaubten, es werde uns erfreuen.«

Cook auf den
»Freundlichen Inseln«, 1773

Wie erwartet, fand Cook die *Adventure* am vereinbarten Treffpunkt, dem Königin-Charlotte-Sund, wo sie ca. 6 Wochen gewartet hatte, während Cook mit nur einem Schiff die Gefahren der Antarktis auf sich genommen hatte. Sowohl als Forscher wie als Kommandeur machte Furneaux neben Cook eine etwas traurige Figur. Nachdem die Schiffe sich getrennt hatten, hatte er Tasmanien besucht, und nun gab er Cook Informationen, welche diesen, etwas unlogisch, vermuten ließen, Tasmanien sei Teil des australischen Kontinents. Noch unangenehmer aber war die Tatsache, daß Furneaux' Laschheit bei der Anwendung der unpopulären Cookschen Vorsorgemaßnahmen gegen den Skorbut die Mannschaft der *Adventure* in einen schlechten gesundheitlichen Zustand versetzt hatte, was zu einer ernsten Belastung für die ganze Expedition wurde. Cook tat sein Bestes, die Situation zu meistern, indem er an Land ging, Antiskorbutpflanzen suchte und deren Gebrauch auf beiden Schiffen anordnete.

Dienstag, 19. Mai

Irgendwo in diesem Logbuch habe ich meinen Wunsch erwähnt, den ich nach einem Besuch des Landes hatte, welches van Diemen entdeckte, weil ich mich selber informieren wollte, ob es nun ein Teil Neuhollands war oder nicht; jedoch hatte Captain Furneaux diese Frage zu einem großen Teil aufgeklärt, und so hatte ich alle Gedanken aufgegeben, dorthin zu gehen; alldieweil ich jedoch nicht den ganzen Winter im Hafen nutzlos verstreichen lassen wollte, schlug ich Captain Furneaux vor, jene Zeit bei der Erforschung der unbekannten Teile des Meeres im Osten und Norden zu verbringen, wobei ich ihm gleichzeitig die Route bekanntgab, welche ich zu nehmen gedachte, und die Zeit, von der ich glaubte, wir müßten sie in dieser Angelegenheit verwenden. Diesem Vorschlag stimmte er unverzüglich zu; und also bat ich ihn, seine Schaluppe seefertig zu machen, sobald das irgend möglich war, war sie doch zu jener Zeit völlig abgetakelt. Im Wissen darum, daß Sellerie und Löffelkraut und andere Gemüse in dieser Gegend gefunden werden können, welche – gekocht mit Weizen oder Erbsen – eine recht nahrhafte und gesunde Diät sind, welche besonders wohltuend sowohl für die Heilung als auch den Schutz vor dem Skorbut war, ging ich selbst beim ersten Tageslicht am Morgen hinaus auf die Suche nach ihnen und kehrte zum Frühstück zurück mit einer größeren Menge davon; alsobald ich mich vergewissert hatte, daß genügend vorhanden war, gab ich Order, daß es mit Weizen oder Hafermehl für beider Schaluppen Mannschaften zum Frühstück gekocht werde und mit Erbsen zu Mittag gereicht werde, und ich achtete streng darauf, daß diese Anweisung genauestens befolgt wurde, zumindest auf meiner Schaluppe … Alldieweil ich nun die Durchschrift von Captain Furneaux' Journalen eingesehen habe, ist es nötig, einige generelle Bemerkungen zu machen über Dinge, die geschehen sind und früher nicht erwähnt wurden. Mein Grund, warum ich die hohen Breitengrade Ende Januar verließ und mich gen Norden wandte, war, das Land zu suchen, von dem man sagte, es sei kürzlich durch die Franzosen entdeckt worden; wie denke ich nun über dieses Land? Ich kann nicht glauben, wie es manche tun, daß das Ganze eine Fiktion sei; nein, hätte ich auch solche Informationen nicht gehabt, die verschiedenen Anzeichen von Land, welche wir in der Gegend gefunden hatten, würden mich ohnehin zu der Vermutung geführt haben, es müsse dort Land existieren – die kleinen Tauchervögel, welche wir dort sahen und die wir nirgendwo sonst trafen außer an der Küste von Neuseeland, müssen daher als ein Anzeichen der Existenz von Land angesehen werden, ungeachtet der Tatsache, daß wir Pinguine und Robben fanden, welche jedoch auch überall sonst vorkommen; in jedem Fall aber ist es sicher, daß dort nur ein kleines Eiland existieren kann, es sei denn, dieses Land liegt westlich des 57. Längengrades. Dort gibt es in der Tat Raum genug für ein recht großes Land, wie aus der Karte deutlich zu ersehen ist. Sollten die Franzosen in der Tat eine solche Entdeckung gemacht haben, so werden sie sie ohne Zweifel bekannt machen, und spätestens dann wird man über diesen Punkt Klarheit gewinnen. Es war nicht meine Aufgabe, viel Zeit zu verwenden bei der Suche nach einem Eiland, von dem ich nicht sicher war, daß es existierte; die Entdeckung eines südlichen Kontinents ist das Ziel, das ich im Auge habe. Außerdem war es zu jener Zeit gleichermaßen wahrscheinlich, daß ich es im Südosten oder im Süden finden würde oder irgendwo sonst; ich werde nun dieses Ziel zunächst zurückstellen und Captain Furneaux nach Van-Diemens-Land folgen, auf welcher Route er nichts Bemerkenswertes gefunden zu haben schien … Da sie gen

Neuseeland segelten, sahen sie auf 39° 20′ Breite von der Mastspitze aus Land im Nord-Nordwesten in einer geschätzten Entfernung von 12 Meilen, und das entspricht 17 oder 18 Meilen von Point Hicks, dem südlichsten Teil meiner Entdeckung, und derselben Entfernung oder ein klein wenig mehr vom nördlichen Punkt des Furneauxschen Eilandes; es ist daher in höchstem Maße wahrscheinlich, daß das Ganze ein zusammenhängendes Land ist und daß Van-Diemens-Land ein Teil Neuhollands ist, und die Ähnlichkeit der Landesprodukte, der Einwohner etc., all das scheint diese Wahrscheinlichkeit zu vergrößern. Der Verlauf der Küste vom äußersten Süden der Marien-Inseln bis zum äußersten Norden ist nahezu genau nördlich und liegt unter dem Meridian von 148° 06′ Ost. Captain Furneaux hatte keinerlei Kontakt zu den Eingeborenen, noch hat er welche gesehen, wie ich glaube; derselbe Brauch, das Land zu verbrennen, setzt sich hier genau wie in Neusüdwales durch: im ganzen gesehen die Darstellung, die ich vom südlichen Teil dieses letztgenannten Landes in meiner früheren Reise gab, vermittelt eine gute Vorstellung von Van-Diemens-Land. Doch ich will nun zurückkehren zu unseren Verrichtungen im Königin-Charlotte-Sund.

Im Königin-Charlotte-Sund verliefen die Beziehungen zu den Maoris im großen und ganzen freundlich, und es wurden Anstrengungen unternommen, Nutztiere und Nutzpflanzungen dort einzuführen.

Donnerstag, 20. Mai

Heute morgen setzte ich nahe dem Ankerplatz der *Adventure* ein Mutterschaf und einen Widder aus (die einzigen, die mir von denen übriggeblieben waren, welche ich vom Kap der Guten Hoffnung mitgebracht hatte), und meine Absicht war, sie in diesem Land zurückzulassen. Bei dieser Gelegenheit besuchte ich die verschiedenen Gärten, welche Captain Furneaux und seine Offiziere mit Samen, Wurzeln etc. angelegt hatten, von denen alle in gutem Zustand waren und die – so sie von den Eingeborenen entsprechend gepflegt würden – diesen großen Nutzen bringen konnten.

Samstag, 22. Mai

Einige Burschen angestellt, Holz und Wasser zu beschaffen, Leutnant Pickersgill mit dem Beiboot auf der Suche nach Sellerie und Löffelkraut, Mr. Forster und seine Leute beim Botanisieren, und ich selbst – begleitet von Captain Furneaux – mit dem Beiboot auf Jagd.

Sonntag, 23. Mai

Vergangene Nacht verendeten das Mutterschaf und der Widder, die ich mit so viel Sorgfalt und Beschwernis auf diese Insel gebracht; wir vermuteten, sie hätten sich durch giftige Pflanzen vergiftet, und solchermaßen waren alle meine hochgesteckten Hoffnungen, in diesem Land eine Schafzucht zu begründen, von einem Moment zum anderen dahin. Gegen Mittag erhielten wir zum ersten Mal Besuch von einigen Eingeborenen, und sie blieben und aßen mit uns, und es war nicht eben wenig, was sie verschlangen; am Abend wurden sie, überhäuft mit Geschenken, entlassen.

Dienstag, 1. Juni

Diesen Morgen ging ich – begleitet von Captain Forster – hinüber auf die Ostseite des Sunds; dann setzte ich zwei Ziegen – ein männliches und ein weibliches Tier – aus, kurz bevor wir die Duskie Bay erreichten, von denen das letztere alt war, aber zwei gute Jungtiere hatte, welch beide durch die Kälte getötet wurden, wie ich bereits zuvor erwähnte, das männliche Tier war etwas mehr denn 12 Monate alt; hatte in der Kannibalenbucht einen Eber und eine trächtige Sau ausgesetzt, so daß wir Grund zu der Hoffnung hatten, im Verlaufe der Zeit würden in dieser Gegend Ziegen und Schweine heimisch werden; es gibt keine große Gefahr, daß die Eingeborenen sie ausrotten könnten, hatten sie doch außerdem nicht die geringste Kenntnis von ihnen: so werden sie wohl wild aufwachsen, ohne daß befürchtet werden muß, sie könnten Schaden durch die Annäherung an die Eingeborenen nehmen.

Donnerstag, 3. Juni

Gestern morgen brachte ein Mann seinen Sohn, einen Jungen von etwa 10 Jahren, und zeigte ihn mir, und aus dem Palaver, das sich entspann, entnahm ich, er gedächte, ihn mir zu verkaufen; doch schließlich fand ich heraus, er wünschte, ich möge ihm ein Hemd schenken, welches ich denn auch tat, und der Junge war so stolz auf sein neues Kleid, daß er über das ganze Schiff marschierte und sich selbst einem jeden zeigte, der ihm in den Weg kam; diese Ungezwungenheit beleidigte Willi, den Ziegenbock, der gesenkten Kopfes auf den Jungen losging und ihn auf das Deck warf; Willi hätte seinen Stoß sicherlich wiederholt, wären nicht einige der Leute dem Jungen zu Hilfe geeilt; dieses Mißgeschick schien ihn sehr zu beunruhigen, war doch das Hemd beschmutzt, und er war ängstlich, in der Kabine vor seinem Vater zu erscheinen, bis er von Mr. Forster hineingeführt wurde, wo er eine anklagende Geschichte über den großen Hund – denn so nannten sie all die Vierfüßer, die wir an Bord hatten – hielt, und er konnte nicht beruhigt werden, bis sein Hemd gewaschen und getrocknet war ... Gar bald entstand ein lebhafter Handel zwischen unseren Leuten und jenen; es war nicht möglich, die ersteren daran zu hindern, ihre Kleider vom Leib weg für die nichtigsten Kleinigkeiten herzugeben, für Dinge, welche weder nützlich noch irgend exotisch waren; so groß war die Leidenschaft für Kuriositäten, und dieses hinwiederum veranlaßte mich, die Fremden früher zu verabschieden, denn ich eigentlich tun wollte. Als sie gingen, verfolgten wir sie mit unseren Gläsern, und wir entdeckten vier oder fünf weitere Kanus und eine große Anzahl von Leuten an der Küste, welcher Umstand mich veranlaßte, begleitet von Mr. Forster und einem der Offiziere, in meinem Boot hinüberzurudern: freundlich wurden wir empfangen vom Häuptling und der ganzen Sippschaft, welche aus etwa 90 oder 100 Leuten – Männern, Frauen und Kindern – bestand, welche sechs Kanus mit sich führten und alle ihre Utensilien, welcher Umstand es wahrscheinlich erscheinen ließ, daß sie gekommen waren, sich in diesem Sund niederzulassen; dies jedoch ist lediglich eine Vermutung, ist es doch völlig normal für sie, ihre gesamte Habe mit sich zu führen, auch wenn sie nur ein kleines Stück wandern, wobei ihnen jeder Ort gleich angenehm ist, garantiert er nur die notwendigen Lebensbedingungen, so daß man schwerlich sagen kann, sie seien für immer von zu Hause fortgegangen, machten wir doch leicht die Feststellung einer Wanderbewegung solch kleiner Familien, wie wir sie in der Duskie Bay fanden. Solchermaßen verstreut in kleinen Grüppchen zu leben, kein Oberhaupt außer dem Häuptling der Familie oder der Sippschaft zu kennen, dessen Autorität recht klein sein mag, verursacht ihnen viele Unzuträglichkeiten, die eine geregelte Gesellschaft, geeint unter einem Oberhaupt oder irgendeiner anderen Form von Regierung, nicht kennt; dies erzeugt Gesetze und Verhaltensweisen für ihre allgemeine Sicherheit: sie sind vom Erscheinen eines Fremden nicht sonderlich beeindruckt, und wenn sie angegriffen werden durch einen gemeinsamen Feind, haben sie feste

Zufluchten, sich zurückzuziehen und wo sie mit Erfolg sich selbst, ihre Habe und ihr Land verteidigen können; dies scheint die Art der meisten Eingeborenen von *Eahei nomauwe* sowie auch derer von *Tavai pocnamnoo* zu sein; das Nomadenleben in kleinen Gruppen läßt sie in einem fortgesetzten Alarmzustand leben, und wir fanden sie gewöhnlich auf ihren Zügen und bei der Arbeit nie anders denn mit den Waffen in der Hand – sogar die Frauen sind nicht vom Tragen der Waffen ausgeschlossen, wie ich bei meinem ersten Gespräch mit einer solchen Familie in der Duskie Bay sehen konnte, als eine jede der beiden Frauen mit einem Speer von mindestens 18 Fuß Länge bewaffnet war.

Wie schon oben erwähnt, hatte sich Furneaux darauf eingerichtet, den Winter im Königin-Charlotte-Sund zu verbringen, als die *Resolution* ankam, ein Vorhaben, das auf keinen Fall nach dem Geschmack des energischen Kommandeurs war, welcher entschied, einen Kontinent östlich Neuseelands auf 41 bis 46° südlicher Breite zu suchen. Dazu konnte er die Westwinde nutzen und südlich des Kurses fahren, den er 1769 verfolgt hatte.

Alsobald beide Schaluppen bereit waren, in See zu stechen, gab ich Captain Furneaux die Route an, die ich zu nehmen gedachte und welche geradewegs gen Osten zwischen 41 und 46° Breite verlief, bis ich auf 140° oder 135° östlicher Länge anlangte, um dann, so kein Land entdeckt worden war, nach Otaheite zu segeln, um von dort auf dem kürzesten Weg nach dort zurückzukehren und, nach Fassen von Holz und Wasser, gen Süden zu fahren und all jene unbekannten Teile des Meeres zwischen dem Meridian von Neuseeland und Kap Horn zu erforschen, und dieserhalb, im Falle wir getrennt würden, bevor wir Otaheite erreichten, bestimmte ich dieses

Eiland als Treffpunkt, wo er bis zum 20. August warten solle. Sollte er bis zu diesem Zeitpunkt dort nicht mit mir zusammengetroffen sein, so sollte er auf dem günstigsten Wege zurück zum Königin-Charlotte-Sund fahren und dort bis zum 20. November warten, nach welchem Datum er in See stechen sollte zu dem Behufe, die Instruktionen Ihrer Lordschaften auszuführen. Man mag es für einen außerordentlichen Schritt von meiner Seite betrachten, bis auf 46° südlicher Breite vorzustoßen, um Entdeckungen zu machen, ausgerechnet im tiefen Winter, denn es muß jedem erscheinen, daß diese Jahreszeit in keinem Falle für Entdeckungen günstig ist. Jedoch erschien es mir notwendig, daß irgend etwas in dieser Richtung geschehen mußte, um die Arbeit zu beenden, die ich begann, konnte ich doch die Erforschung des südlichen Teils des Südpacifics im folgenden Sommer unmöglich schaffen, außer ich entdeckte irgendwelches Land auf meiner Route gen Osten; dann allerdings wäre ich bereit, mit seiner Erforschung im Sommer zu beginnen, wobei ich alle anderen Überlegungen beiseite schieben könnte, hatte ich doch wenig zu befürchten mit zwei guten Schiffen und gut vorbereiteten und gesunden Mannschaften.

Während unseres kurzen Aufenthaltes in diesem Sund habe ich beobachtet, daß dieser unser zweiter Besuch die Sexualmoral der Eingeborenen in keiner Weise verbesserte; die Frauen dieses Landes hatte ich von jeher für keuscher denn die Indianerfrauen im allgemeinen gehalten, was immer einige von ihnen mit der Mannschaft der *Endeavour* getrieben haben mögen, es war normalerweise verborgen geschehen und ohne daß es die Männer zu interessieren schien; nun jedoch mußte ich sehen, daß die Männer der Hauptmotor jener moralischen Verderbnis geworden waren, und für einen Spieker oder irgendein anderes Ding von Wert für sie zwangen sie ihre Weiber und Töchter zur Prostitution, ganz gleich, ob diese wollten oder nicht, und dies alles keineswegs in jener dezenten Privatatmosphäre, die hier angezeigt gewesen wäre; das also sind nun die Konsequenzen eines Handels mit Europäern, und was uns zivilisierten Christen noch mehr zur Schande gereicht: wir verderben ihre Moral zu bereitwillig, und wir wecken unter ihnen Begehrlichkeiten und möglicherweise auch Streit und Mißgunst, welche sie zuvor nie gekannt haben und welche einzig und allein geeignet ist, die glückliche Beschaulichkeit zu zerstören, deren sie und ihre Vorfahren sich stets erfreuten. Sollte irgend jemand die Wahrheit dieser Behauptungen leugnen, so möge er mir doch erklären, was wohl der Nutzen der Eingeborenen in ganz Amerika durch den Handel sein mag, den sie mit den Europäern hatten.

Dienstag, 8. Juni

Als wir heute die Uhren aufdrehten, stellten wir fest, daß eine der Uhren des Mr. Arnold sich nicht bewegen ließ, und nach mehreren erfolglosen Versuchen waren wir genötigt, sie ablaufen zu lassen; dies ist die zweite Uhr jenes Gentlemans, welche ausfiel, eine andere an Bord der *Adventure* fiel am Kap der Guten Hoffnung aus und ist seither nicht mehr gegangen.

Mitte Juni war Cook ostwärts bis auf 130° Länge und darüber hinaus gesegelt, und das trotz des Winters auf Breiten, die zumeist über 40° lagen. Am 17. Juni wandte er sich nordwärts in Richtung auf die Pitcairn-Insel, welche im Jahre 1767 von Captain Carteret entdeckt worden war und welche auf etwa halbem Weg zwischen Neuseeland und Südamerika liegt. Trotz des Winterwetters hatte er nun bewiesen, daß ein Kontinent nördlich 40° südlicher Breite in dieser Gegend nicht liegen konnte.

Die Notwendigkeit, Erholung in wärmeren Gewässern zu suchen, wurde größer durch den Ausbruch schweren Skorbuts auf der *Adventure*, in deren Verlauf der Koch starb und 20 andere Männer krank wurden, während zu diesem Zeitpunkt die *Resolution* nicht einen einzigen Fall von Skorbut hatte; nur einige wenige Männer zeigten geringe Symptome. Cook kreuzte hinüber zur *Adventure* und gab Furneaux schriftliche Anweisungen für den Gebrauch von Antiscorbutica; den Umständen gehorchend, ließ er Pitcairn und einige andere Inseln etwa 15 Meilen weit im Westen liegen und segelte ohne weiteren Halt weiter, bis am 15. August seine alte Liebe Tahiti in Sicht kam. Die Begrüßung allerdings, die ihm hier widerfuhr, war alles andere als liebenswürdig; eine tödliche Windstille überfiel die beiden Schaluppen, welche sie fast auf die Riffe vor der Insel getrieben hätte.

Montag, 2. August

Thermometer 68° (F), südliche Breite 23° 14′, westliche Länge gemessen 134° 6′. Zunächst frische Brise und wolkig, im Verlauf leichtere Winde und klares Wetter. Nun wir uns auf der Breite der Pitcairn-Insel befanden, welche durch Captain Carteret 1767 entdeckt worden war, hielten wir Ausschau nach ihr, konnten jedoch nichts sehen außer zwei tropischen Vögeln; unzweifelhaft haben wir dieses Eiland östlich liegen gelassen. Nachdem wir nun den nördlichen Teil von Captain Carterets Reiseroute gekreuzt respektive erreicht hatten, kann keinerlei Entdeckung von irgendwelcher Bedeutung gemacht werden; einige wenige Eilande sind alles, welches zu erwarten steht, während ich inmitten der tropischen Meere verbleibe. Nun ich in dieser und meiner früheren Reise diesen Ozean von 40° Süden aufwärts durchkreuzt habe, wird schwerlich zu verneinen sein, worüber ich ein Urteil fällen muß – welches das große Anliegen meiner Forschungen ist –, nämlich der südliche Kontinent. Alle Umstände scheinen darauf hinzudeuten, daß es keinen gibt, jedoch ist dieser Punkt zu bedeutend, als daß man ihn der Spekulation anheimgeben könnte; Tatsachen müssen es beweisen, und diese sind nur zu erhalten durch einen Besuch der bisher unerforschten Teile dieses Meeres, welches die Arbeit des noch ausstehenden Teils dieser Reise sein wird. Ich werde nun einige generelle Bemerkungen machen über das, was sich zugetragen hat, seit wir Neuseeland verließen. Nach Verlassen der Küste sahen wir täglich große Felder von Pflanzenresten, welche in der See trieben, bis auf 18° Länge. Bei meiner Durchfahrt nach Neuseeland im Jahre 1769 sahen wir Ähnliches und in noch größerer Menge zwischen den Breitengraden 37 und 39, und zwar in der Gegend von 12° oder 14° Länge, bevor wir das Land entdeckten. Diese Pflanzenreste stammen unzweifelhaft von Neuseeland, denn je weiter wir uns seiner Küste näherten, desto größer wurde die Menge, welche wir sahen, in größeren Entfernungen sahen wir lediglich kleine Fetzen dieser Felder, dazu in aller Regel bedeckt mit Insekten und halb verrottet; es war indes notwendig zu erwähnen, daß anders geartete Vermutungen aufkommen konnten, irgendein anderes größeres Land läge in seiner Nachbarschaft. Ich sage bewußt, ein größeres Land, weil von einer ausgesprochen kleinen Seeküste keine derartigen Mengen abgestoßen werden können, welche einen derartig großen Teil des Meeres bedecken. Nach Verlassen des Landes hatten wir einige Tage unausgesetzt eine lange Dünung aus Südosten, bis wir auf 46° Breite und 177° westlicher Länge anlangten, wo wir lange Seen aus Norden und Nordosten fanden, welch selbe sich 5° weiter nach Osten fortsetzten, obwohl der Wind normalerweise aus der entgegengesetzten Richtung kam; dies war ein untrügliches Anzeichen dafür, daß da kein Land zwischen uns und meiner Westroute von 1769 liegen konnte. Kurz gesagt: niemals gab es frischen Wind, aber was er vor sich hertrieb, war eine lange hohe Dünung, welche nie zusammen mit dem Wind nachließ, welch nämlicher sie in Bewegung gesetzt haben mußte, und dieser Umstand zeigte eindeutig, daß wir nie in der Nachbarschaft irgendeines größeren Landes waren, und diese Meinung vertrete ich bis zur gegenwärtigen Stunde des heutigen Tages am Mittag, da wir eine lange westliche Dünung, höher denn gewöhnlich, haben, welcher Umstand mich davon überzeugt, daß es zwischen hier und meiner früheren Reise gen Süden, von welchem Kurs wir uns nunmehr 230 Meilen entfernt haben, keinerlei Land geben kann.

Mittwoch, 11. August

Südliche Breite 17° 18′, westliche Länge gemessen 142° 3′, nach der Uhr 142° 29′. Sanfte Winde und klares Wetter. Um 6 Uhr morgens wurde im Süden Land gesehen; welches, wie wir bald feststellten, ein Eiland in einer Ausdehnung von vielleicht 2 Meilen zwischen Nordwesten und Südosten, niedrig und bedeckt mit Wäldern, war, über welche die Kokosnüsse ihre erhabenen Häupter streckten. Ich nehme an, daß es sich um eines jener Eilande handelt, welche Monsieur Bougainville (17° 24′ Breite und 14° 39′ westlicher Länge) entdeckte. Das Auftreten des Skorbuts auf der *Adventure* machte es notwendig, auf dem schnellsten Wege nach Otaheite zu gelangen, wo ich sicher war, Heilmittel für die Kranken zu finden; ergo verweilte ich nicht länger, dieses Eiland zu untersuchen, welches ohnehin zu klein schien, als daß es unsere Wünsche erfüllen könnte.

Samstag, 14. August

Entdeckte um 5 Uhr am Nachmittag Land, welches sich über 3 oder 4 Meilen von West-Südwest bis Südwest erstreckte. Ich vermutete, es handele sich um die Train-Insel, welche ich auf meiner letzten Reise entdeckte. Aus Furcht, auf eines jener kleinen Eilande in der Nacht zu stoßen und hier auf Grund zu laufen, welches sehr leicht möglich schien, ließ ich den Kutter zu Wasser, stattete ihn entsprechend aus und sandte ihn voran mit einem Signallicht, die Schaluppen sicher zu führen für den Fall, daß sie in Gefahr gerieten; solchermaßen setzten wir die ganze Nacht hindurch unsere Fahrt fort, ohne auf irgend etwas zu stoßen; und um 6 Uhr am Morgen rief ich sie zurück und nahm sie wieder an Bord, schien es doch nicht so, als würden sie für eben diesen Zweck weiter benötigt, sintemalen wir inzwischen eine lange Dünung aus Süden hatten, ein sicheres Anzeichen dafür, daß wir uns genügend von den Eilanden entfernt hatten.

Sonntag, 15. August

Sah um 6 Uhr nachmittags die Insel Otaheite in etwa 8 Meilen Entfernung sich vor uns von West bis West-Nordwest erstrecken. Wir behielten nun den Kurs bis Mitternacht bei, aber es dauerte dann bis 4 Uhr viel zu lange, bis wir auf das Land zu segelten. Ich hatte Weisungen gegeben, in welcher Position das Land anzulaufen sei, aber durch irgendeinen Fehler war diese Anweisung nicht völlig befolgt worden, denn als ich bei Tagesanbruch an Deck kam, entdeckte ich, daß wir einen falschen Kurs steuerten und nicht mehr denn eine halbe Meile von dem Riff entfernt waren, welches das Südende dieses Eilandes umgibt. Ich gab unverzüglich Anweisung, sofort nach Norden abzudrehen, und wäre uns die leichte Brise günstig geblieben, welche wir nun schon so lange unentwegt hatten, wären wir auch ohne

Zweifel freigekommen: jedoch ließ der Wind nun plötzlich nach und ging schließlich sogar in eine totale Flaute über. Wir ließen nunmehr die Boote zu Wasser, jedoch sogar mit deren Hilfe waren die Schaluppen nicht davon abzuhalten, sich weiter dem Riff zu nähern; jedoch schien dieser Umstand uns günstig, um das Riff herum in die Bai getrieben zu werden. Zu eben dieser Zeit waren viele der Eingeborenen auf den Schaluppen und um sie herum in ihren Kanus, und viele von ihnen brachten Früchte und Fisch, welche sie für Nägel, Glasperlen etc. zu tauschen suchten.

Dienstag, 17. August

Um 2 Uhr morgens langten wir vor einer Öffnung im Riff an, durch welche ich mit den Schaluppen hindurchzugelangen gedachte, wurde doch unsere Situation von Stund zu Stund gefährlicher; als ich jedoch die Eingeborenen dieserhalb befragte, erzählten sie mir, daß das Wasser nicht sonderlich tief sei, und ich fand dies nach einer entsprechenden Untersuchung auch bestätigt; dieser Umstand verursachte jedoch eine starke Gezeitenströmung, welche nahe daran war, verhängnisvoll für beide Schaluppen, besonders für die *Resolution*, zu werden, denn kaum gerieten die Schaluppen in diese Strömung, da wurden sie auch schon mit großer Geschwindigkeit gegen das Riff getrieben; ich ließ sofort einen Anker werfen, aber bis wir so weit waren, war das Schiff bereits in weniger als drei Faden tiefem Wasser und schlug mit jedem Brecher mit großer Gewalt auf das Riff, welches nahe unter unserem Bug lag, und bedrohte uns von einem Augenblick zum anderen mit einem Schiffbruch; die *Adventure* ankerte nahe unserem Heck, berührte uns jedoch zum Glück nicht mehr. Sofort brachten wir einen Warpanker hinüber und eine Trosse: der Küstenanker wurde nun mit einer 8-Inch-Trosse mit ihm verbunden; nunmehr hievten wir diese hoch, kappten den Buganker und retteten so das Schiff; nebenbei bemerkt: dies geschah, als die Strömung sich etwas legte; und dann gab ich Anweisung an alle Boote zu versuchen, die *Resolution* freizuschleppen: alsbald, nachdem ich sah, daß dies nunmehr möglich war, holten wir die beiden kleinen Anker ein. In diesem Augenblick kam auch ein ganz sanftes Lüftchen vom Land weg auf, welches – mit Unterstützung der Boote – uns bis 7 Uhr bis auf 2 Meilen vom Land entfernte; nunmehr sandte ich alle Boote der *Adventure* zu Hilfe, bevor sie jedoch diese erreichten, war sie schon vor dem leichten Landwind unter Segel gegangen, ließ ihre drei Anker, ihre Anlegetrosse und zwei weitere Trossen, welche niemals erneuert wurden, zurück: solchermaßen entgingen die Schaluppen einmal mehr einer großen Gefahr des Schiffsbruchs auf eben diesem Eiland, dessen Erscheinen wir noch vor wenigen Tagen so intensiv herbeigewünscht hatten. Die Nacht verbrachten wir mit Freiwache, und am Morgen wandten wir uns zur Oati-pita Bay, allwo wir gegen Mittag in 12 Faden tiefem Wasser etwa 2 Kabel weit vom Ufer entfernt vor Anker gingen, wobei wir unsere Flußanker benutzten, während beide Schaluppen von einer großen Anzahl der Eingeborenen in ihren Kanus umringt waren: sie brachten Kokosnüsse, Bananen, Äpfel und andere Früchte mit sich, welche sie gegen Nägel und Glasperlen eintauschten. Einigen von ihnen, welche sich selber *Arree* (Häuptlinge) nannten, machte ich Geschenke mit Hemden, Äxten und verschiedenen anderen Gegenständen, während diese als Gegenleistung versprachen, Schweine und Hühner zu bringen, ein Versprechen, welches sie niemals erfüllten, ja nicht einmal zu erfüllen gedachten.

Dienstag, 24. August

Am Morgen stach ich in See mit einer leichten Brise von Land her, welche – sobald wir auf offener See waren – aus Westen kam und böiger wurde, wobei sie schwere Regenschauer vor sich her trieb. Ich schickte Leutnant Pickersgill mit dem Kutter in die Bai, auf daß er Schweine besorge, da uns für diesen Tag mehrere versprochen worden waren. Viele Kanus folgten uns hinaus auf See mit Kokosnüssen und anderen Früchten und verließen uns nicht eher, als bis sie ihre Ladungen verkauft hatten. Die Früchte, welche wir hier erworben hatten, trugen sehr viel zur Gesundung der kranken Männer von der *Adventure* bei, von denen viele derart schwach waren, als wir ankamen, daß sie nicht ohne Hilfe an Deck gehen konnten, bald waren sie nun so weit wiederhergestellt, daß sie wenigstens ohne fremde Hilfe umhergehen konnten; sie wurden jeden Morgen von den Sanitätern an Land gebracht und dort bis zum Abend belassen. Als wir angekommen waren, hatte die *Resolution* nur einen Mann an Bord, welcher an Skorbut litt, und ein Seemann, welcher lange krank gewesen war, starb am zweiten Tag nach unserer Ankunft ohne das geringste Anzeichen von Skorbut.

Cook verbrachte nur 17 Tage in den Ankergründen Tahitis, wo er zuletzt Fort Venus besuchte. Die Tahitianer, vornehmlich einige seiner »alten Freunde«, waren freundlich und gastlich. Die Insulaner hatten jedoch unter mörderischem Streit gelitten, während der Besuch spanischer Schiffe exotische Krankheiten eingeführt oder verstärkt hatte.

Dienstag, 1. September

Hatten sich nunmehr die Kranken recht gut erholt, waren unsere Wassertanks repariert und wohlgefüllt und die notwendigen Reparaturen an den Schaluppen vollendet, so beschloß ich, ohne jedweden weiteren Zeitverlust in See zu stechen, und dieserhalb befahl ich alles von Land zu holen und die Schaluppen seeklar zu machen ... Wir werden nun abreisen und die Schaluppen in Richtung auf das Eiland von Huahaine segeln und Otaheite einen kleinen Besuch abstatten. Kurz nach unserer Ankunft wurden wir unterrichtet, ein Schiff etwa der Größe der *Resolution* sei nach O'Whaiarua nahe dem Sund am Ende der Insel eingelaufen: die Berichte der Eingeborenen über dieses Schiff waren sehr zahlreich, und aus ihnen erfuhr ich, das Schiff befinde sich seit bereits drei Wochen hier und daß es absegelte, als wir anlangten ... Möglicherweise war dies eines jener zwei französischen Schiffe, welche von Mauritius aus gesegelt waren und im März 1772 auf ihrem Weg in dieses Meer das Kap der Guten Hoffnung streiften.

Diese herrliche Insel, welche in den Jahren 1767 und 1768 mit Schweinen und Hühnern geradezu überschwemmt war, verfügt nun über so wenige dieser Tiere, daß ihre Besitzer bereit sind, nahezu jedes Ding mit ihnen zu teilen; die wenigen noch verbliebenen Tiere scheinen zu einem großen Teil zur alleinigen Verfügung des Königs zu stehen, denn solange wir in der Oati-piha Bay im Königreich des *Tearrabou* lagen und wann immer wir ein Schwein sahen, zögerten sie niemals zu erklären, es gehöre *Obeatooa*; das nämliche trug sich zu während unseres Aufenthalts in Matavai im Königreich des *Otureoonu*, wo alle Tiere eben jenem gehörten. Während der 17 Tage, die wir auf diesem Eiland verbrachten, erhielten wir nicht mehr als 25 Schweine und ein Huhn, wobei wir die Schweine zur Hälfte von den beiden Königen erhielten, und ich glaube, der größte Teil der anderen Hälfte wurde uns nur mit ihrer Erlaubnis verkauft. Andererseits waren wir jedoch im Überfluß mit den

Früchten, welche dieses Eiland produziert, versorgt, ausgenommen lediglich Brotgetreide, wovon wir nur wenig bekamen, war es jetzt doch nicht die geeignete Jahreszeit dafür. Jeden Tag hatte ich an Land eine größere Handelsversammlung, bei der wir genügend für den augenblicklichen Gebrauch bekamen und auch etwas, um es mit auf See zu nehmen. Die Seltenheit von Schweinen und Hühnern mag zwei Ursachen haben, zunächst einmal die Tatsache, daß ein Teil von ihnen von Schiffen weggebracht wurde, die hier in den letzten Jahren vorbeigekommen sein mögen, und zum zweiten durch die häufigen Stammeskriege, welche nicht nur eine große Anzahl Tiere vernichteten, sondern auch keine Zeit für die Zucht neuer ließen. Zwei verheerende Kriege hatten zwischen den beiden Königreichen seit dem Jahre 1767 stattgefunden; im Augenblick leben sie wohl in Frieden miteinander, jedoch scheinen beide nicht sehr viel Freundschaft für einander zu empfinden. Es gelang mir nie, den Grund des letzten Krieges zu erfahren oder wer bei diesem Krieg besser abgeschnitten habe, jedoch hatte es auf beiden Seiten viele Tote gegeben ... Die Syphilis, welche auf diesem Eiland im Jahre 1769 so häufig war, ist nun sehr viel seltener; sie sagen, sie könnten sie heilen, und es erscheint ganz so, als stimme dies, machten doch die meisten unserer Leute recht eifrigen freien Gebrauch von ihren Frauen, und das durchaus auf die gemeine Art: dennoch infizierten sich nur sehr wenige Männer von beiden Schaluppen mit dieser Krankheit, und auch dann nur in so geringer Weise, daß sie leicht zu bekämpfen war. Sie berichteten uns von einer Krankheit, die ihnen Opepes Schiff gebracht habe (wie sie sagen); sie erzählten uns weiter, daß die Krankheit Kopf, Hals und Magen befalle und sie schließlich töte: sie fürchteten diese Krankheit sehr und fragten uns unausgesetzt, ob wir sie auch hätten; sie nannten sie mit dem Namen dessen, der sie ihnen brachte: *Apo na Peppe*. Mir scheint jedoch, daß es sich hier um eine Art Epidemie handelte, welche zufällig zur selben Zeit unter ihnen ausbrach, als das Schiff hier war, ohne daß dessen Besatzung im mindesten damit in Verbindung gebracht werden könnte. Einige unserer Leute behaupten, sie hätten einige Eingeborene gesehen, welche in hohem Grade von Pocken befallen waren.

Cook verließ Tahiti am 2. September 1773. Er segelte nun westwärts zu den anderen Gesellschaftsinseln, wo die Einwohner ihn kannten und wärmstens willkommen hießen – trotz der gewöhnlichen kleineren Diebstähle und obwohl zwei Eingeborene einen der Naturforscher, einen Mr. Sparman, tätlich angriffen, möglicherweise deshalb, weil er – ohne es zu wollen – irgendein Tabu verletzt hatte.

Donnerstag, 2. September

Nach Verlassen der Bai von Matavai, wie zuvor erwähnt, richtete ich meinen Kurs auf das Eiland von Huahaine, und um 6 Uhr am folgenden Abend langten wir etwa 2 oder 3 Meilen vor ihrem nördlichsten Punkt an, wo wir die Nacht vor Anker liegend verbrachten und Freiwache hielten und am Freitagmorgen bei Anbruch des Tages die Insel umsegelten, um in den Hafen Owarre zu gelangen, allwo wir um 9 Uhr in 24 Faden tiefem Wasser ankerten; da nun der Wind aus dem Hafen heraus blies, entschloß ich mich, in den südlichen Kanal auszuweichen: die *Resolution* absolvierte dieses Manöver einwandfrei, die *Adventure* aber lief auf ein Riff an der Nordseite des Kanals.

Freitag, 3. September

Ich habe die *Resolution* zurück ins Fahrwasser gebracht,

um gegen einen ähnlichen Unfall sicher zu sein, und eilte der *Adventure* zu Hilfe: durch dieses rechtzeitige Eingreifen konnten wir sie abziehen, ohne daß sie irgendeine Beschädigung erfuhr. Sobald die Schaluppen nunmehr in Sicherheit waren, ging ich an Land und wurde von den Eingeborenen mit der größten Herzlichkeit begrüßt.

Sonntag, 5. September

Am frühen Morgen besuchte mich Oree mit einigen seiner Freunde; er brachte mir ein Schwein als Geschenk und einige Früchte, wofür ich mich angemessen erkenntlich zeigte; dieser gute alte Häuptling versäumte es nie, mir jeden Tag für meinen eigenen Tisch das Beste von bereits fertig zubereiteten Früchten und Gemüsen in großer Anzahl zu schicken. Lt. Pickersgill wurde erneut zum Süden der Insel mit Beiboot und Barkasse geschickt – er kehrte noch desselben Tags zurück mit 28 Schweinen.

Montag, 6. September

Am Morgen sandte ich wie gewöhnlich die Händler an Land und folgte nach dem Frühstück selber nach, als ich entdeckte, daß einer der Eingeborenen ein wenig Ärger gemacht hatte: dieser junge Mann, den man mir zeigte, erschien in voller Kriegsausrüstung, eine Keule in jeder Hand, und da er entschlossen schien, Ärger zu machen, entriß ich ihm die beiden Keulen und brach sie vor seinen Augen entzwei, und mit einiger Schwierigkeit zwang ich ihn, sich zu entfernen; man erzählte mir, daß es sich um einen *Aru* gehandelt habe, was mich noch mißtrauischer gegen ihn machte und mich veranlaßte, eine Wache auszustellen, was ich zuvor für unnötig erachtet hatte. Etwa zur selben Zeit wurde Mr. Sparman, welcher sich alleine draußen zum Botanisieren befand, von zwei Männern angefallen, die ihn all seiner Habseligkeiten, ausgenommen nur seiner Hosen, beraubten; sie schlugen ihn hierbei mehrfach mit seinem eigenen Pickel, verletzten ihn jedoch glücklicherweise nicht schwer; sobald sie ihr Ziel erreicht hatten, ließen sie von ihm ab, und wenig später kam ein Mann zu ihm, gab ihm etwas zum Anziehen und brachte ihn zu mir. Ich begab mich auf der Stelle zu Oree, ihm von diesem Vorfall zu berichten, wobei ich den Mann mitnahm, welcher Mr. Sparman zurückgebracht hatte, um meine Vorhaltungen zu beweisen; kaum hörte der Häuptling, was sich zugetragen, begannen er und einige andere laut zu weinen, und nachdem sein erster Schmerz vorüber war, wies er seine Leute zurecht und kaute ihnen immer wieder vor, wie gut ich sie auf meinen beiden Reisen, sowohl der ersten als der jetzigen, behandelt hatte oder so ähnlich; sodann versprach er, alles in seiner Macht Stehende zu tun, Mr. Sparman alles zurückzugeben, was diesem genommen worden war ... Wir gingen unverzüglich wieder ins Boot, um zurück an Bord zu kehren, ohne den Häuptling auch nur zu fragen, ob er uns begleiten wolle: er indes bestand darauf, mit uns zu gehen trotz der Opposition, die ihm aus seiner Umgebung entgegenschlug, seine Schwester folgte seinem Beispiel trotz der Tränen und des Gejammers ihrer Tochter, einer jungen Frau von vielleicht 16 oder 18 Jahren. Der Häuptling saß dann mit uns zu Tisch und langte herzhaft zu, während seine Tochter hinter uns saß, ist es doch nicht üblich für die Weiber, zusammen mit den Männern zu essen. Nach dem Essen machte ich ihnen beiden Geschenke, und am Abend brachte ich sie zurück an Land, von wo ich sie mitgenommen hatte und wo einige Hunderte warteten, ihn zu empfangen, während viele ihn unter Tränen der Freude umarmten: alles war nun eitel Harmonie und Frieden ... Oree und ich waren die besten Freunde in jeder Form, die unter ihnen Brauch ist, und er konnte sich nicht vorstellen, daß dieser Zustand durch irgendeine andere Person beendet werden könne: in der Tat schien dieses das größte Argument zu sein, von dem er gegenüber seinen Leuten Gebrauch machte, als sie ihn von einem Besteigen meines Bootes abhalten wollten, und seine Worte waren etwa: »Oree (denn so wurde ich stets genannt) und ich sind Freunde; ich habe nichts getan, um seine Freundschaft zu verwirken, warum also sollte ich nicht mit ihm gehen?« Wir jedenfalls werden uns nie wieder mit einem anderen Häuptling einlassen, der bei ähnlicher Gelegenheit in derselben Art zu handeln versucht.

Dienstag, 7. September

Am frühen Morgen begannen wir, die Schiffe fertigzumachen; während dies geschah, ging ich, mich von dem Häuptling zu verabschieden: in meiner Begleitung befanden sich Captain Furneaux und Mr. Forster. Bei mir trug ich Dinge als Geschenk, von denen ich wußte, sie seien in höchstem Maße brauchbar und wertvoll für ihn. Gleichzeitig hinterließ ich ihm die Inschriftentafel, die er schon zuvor in Besitz hatte, und übergab ihm dazu eine andere kleine Kupferplatte, auf welche die nachfolgenden Worte graviert waren: »Es ankerten hier Ihrer Britannischen Majestät Schiffe Resolution und Adventure im September 1773.« Der Häuptling versprach, sie wohl zu achten und sie dem ersten Schiffe zu zeigen, welches auf dieses Eiland kommen würde. Nunmehr übergab er mir ein Schwein, und nachdem ich ihm 6 oder 8 weitere abgehandelt hatte und die Boote mit Früchten beladen hatte, nahmen wir Abschied, wobei der gute alte Häuptling mich unter Tränen umarmte. Bei diesem Gespräch wurde über den Verbleib der Kleider von Mr. Sparman kein Wort verloren. Ich nahm an, sie seien nicht mehr zu beschaffen gewesen, und erwähnte sie aus diesem Grunde auch nicht mehr, wollte ich doch dem Häuptling Kummer wegen einer Angelegenheit ersparen, welche zu bereinigen ihm die Zeit gefehlt hatte. Als ich an Bord kam, fand ich die Schaluppen umgeben mit Kanus voller Schweine, Hühner und Früchte, genau wie bei unserem ersten Besuch.

Am 18. September 1773 verließ Cook die Gesellschaftsinseln, um Berichte der Eingeborenen zu überprüfen, im Westen lägen irgendwelche Inseln, von denen Cook glaubte, sie müßten die Amsterdam-Insel, welche Tasman 1643 entdeckt hatte, einschließen. Das Ergebnis war die Wiederentdeckung der lieblichen, freundlichen Inseln mit ihrem fruchtbaren Boden und ihren charmanten Einwohnern, von denen Cook eine lange und interessante Beschreibung gab.

18. September 1773 bis 6. Februar 1774

Samstag, 18. September

Südliche Breite 17° 17′, westliche Länge Greenwich errechnet 153° 10′. Nachdem ich, wie bereits zuvor berichtet, Ulieta verlassen hatte, ging ich auf Westkurs mit leichter Südneigung, um sowohl die Fahrtrouten früherer Entdecker zu vermeiden als auch um die Breite der Amsterdam-Insel, welche Tasman 1643 entdeckt hatte, zu erreichen; meine Absicht war, so weit westlich zu segeln, bis ich dieses Eiland erreiche und dort auch anlege, so ich es für angebracht halten würde, bevor ich gen Süden weiterfuhr. Am Nachmittag sahen wir ein Eiland namens Maurua, eine der Gesellschaftsinseln, in etwa 10 Meilen Entfernung.

Freitag, 24. September

Passierte oben erwähntes Land um 2 Uhr in etwa einer Meile Entfernung, wobei erwiesen schien, daß es sich hier um drei kleinere Eilande handelte, die untereinander durch ein Felsenriff verbunden waren und die auch von demselben umschlossen wurden und sicherlich 18 Meilen an Umfang maßen. Sie ragen nur wenig aus dem Meer und sind bedeckt mit Wäldern und Bäumen, unter denen die Kokosnußbäume die auffallendsten waren; wir sahen keinerlei Menschen oder Anzeichen von Bewohnern. Ich nannte sie die Sandwich-Inseln zu Ehren meines noblen Förderers, des Earl of Sandwich. Breite 19° 18′ Süd, Länge 158° 54′ West. Unterließen eine Landung, da es uns an der notwendigen Zeit gebrach, obwohl eine solche im Nordwesten möglich schien; vielmehr setzten wir unseren Westkurs fort. Hatten in der Nacht einige Stunden Windstille, welche von einer frischen Passatbrise aus Südost abgelöst wurde, welchselbe einige Regenschauer brachte.

Samstag, 2. Oktober

Windrichtung beständig aus Osten. Frische Brise und klares Wetter. Sah um 2 Uhr morgens die Middleburg-Insel in West-Südwest. Befanden uns um 6 Uhr etwa 12 Meilen vom Ostende der sich vom Südwesten nach Nordwest erstreckenden Insel und sahen auf Nord-Nordwest ein anderes Eiland. Wir wandten uns nun gen Süden, um das südliche Ende der Insel zu umschiffen. Um 8 Uhr entdeckten wir ein kleines Eiland im West-Südwesten vom Südende der Middleburg-Insel, und so wir nicht wußten, ob diese beiden Eilande nicht vielleicht durch ein Riff miteinander verbunden seien, dessen Lage und Ausdehnung wir nicht kennen konnten, und um uns dieserhalb gegen das Schlimmste zu schützen, holten wir die Segel ein und verbrachten die Nacht bei verkürzter Wache und unter leichter Fahrt … Kaum daß wir Ankergrund gefunden hatten, ging ich mit Captain Furneaux und einigen der Offiziere und Wissenschaftler an Land, wobei wir im Boot Tioonee hatten, welcher uns zu einem guten Landeplatz führte, woselbst wir am Strand von dem Geschrei einer immensen Menge Männer und Frauen begrüßt wurden, von denen nicht ein einziger auch nur einen Stock in den Händen hielt: sie umschwärmten die Boote in solcher Anzahl mit Kleidern, Matten etc., um sie gegen Nägel zu tauschen, daß es einige Zeit dauerte, bevor wir überhaupt Platz zum Landen bekommen konnten; schließlich machte uns der Häuptling selbst den Weg frei und geleitete uns zu seinem Haus, welches ganz in der Nähe an einem außerordentlich reizvollen Platz lag: der Boden war ausgelegt mit Matten, auf welche wir uns niederließen; die Insulaner, welche uns begleiteten, setzten sich in einem Kreis rund um uns herum nieder. Ich befahl, die Dudelsäcke zu blasen, und im Gegenzug befahl der Häuptling drei jungen Frauen, ein Lied zu singen, welches diese mit großer Grazie taten. Als sie damit fertig waren, gab ich jeder von ihnen ein Halsband, was die meisten Frauen in unserem Kreis zum Singen veranlaßte: ihr Gesang war melodiös und harmonisch, niemals rauh oder unangenehm … Captain Furneaux und ich wurden zum Haus des Häuptlings begleitet, wo man uns Früchte brachte; danach begleitete er uns ins Landesinnere durch mehrere Pflanzungen mit Obstbäumen, Gemüsen etc., welche mit viel Geschmack und Eleganz angelegt waren und von niedrigen, adretten Zäunen, welche aus Zweigen hergestellt waren, umfriedet wurden. Auf den Straßen und in der Nähe der Häuser liefen Schweine und große Hühner umher, welche die einzigen Haustiere waren, welche wir sahen und welche mit uns zu teilen sie nicht willens schienen; auch machten sie während des ganzen Tages kein einziges Angebot, irgendwelche Früchte oder Gemüse von nennenswertem Wert zu tauschen: dies bewog mich, das Eiland am Morgen zu verlassen und weiter zu fahren auf die Amsterdam-Insel, wo im Jahre 1643 Tasman Erfrischungen in Fülle gefunden hatte. Am Abend kehrten wir alle an Bord zurück, jedermann zuhöchst beglückt über diese kleine Exkursion und das freundliche Verhalten der Eingeborenen, welche einer mit dem anderen zu wetteifern schienen, zu tun, wovon sie glaubten, es werde uns erfreuen.

Sonntag, 3. Oktober

Sobald ich an Bord war, wandten wir uns der Amsterdam-Insel zu, wobei wir alle Segel setzten: wir liefen an der Südseite des Eilandes entlang im Abstand etwa einer halben Meile vom Gestade, wobei wir Gelegenheit hatten, mit Hilfe unserer Gläser das Gesicht dieses Landes zu studieren, von dem jeder Quadratmeter mit Pflanzungen besetzt war; in verschiedenen Teilen konnten wir die Eingeborenen den Strand entlangrennen sehen: einige hielten kleine weiße Fahnen in den Händen, welche wir als Friedenssignale ansahen und worauf wir mit dem Hissen des Sankt-Georg-Wimpels antworteten …

Montag, 4. Oktober

Nach dem Frühstück ging ich mit Captain Furneaux, Mr. Forster und einigen der Offiziere an Land; ein Häuptling oder ein Mann von einiger Bedeutung, welchem ich mehrere Geschenke gemacht hatte, war bei uns im Boot: sein Name war Otago; und er wünschte, mich mit seinem Namen anzusprechen, und ich sollte ihn mit dem meinen ansprechen. Wir waren glücklich, vor einem dunklen Flußlauf zwischen den Felsen geankert zu haben, wo unsere Boote sicher lagen und wir bei Hochwasser trockenen Fußes an Land gehen konnten;

an diesen Platz hatte uns Otago geführt: daselbst empfing uns eine unübersehbare Menge von Männern, Frauen und Kindern, welch selbige uns in derselben Art begrüßten wie jene auf Middleburg und welche, ähnlich jenen, allesamt unbewaffnet waren. Alle Offiziere und Wissenschaftler gingen sofort ins Landesinnere, sobald wir gelandet, ausgenommen nur Captain Furneaux, der mit mir am Strand blieb; wir beide saßen mit Otago im Gras und forderten die Leute auf, sich im Kreis um uns zu setzen, was sie auch taten, wobei sie nicht ein einziges Mal versuchten, uns zu nahe zu kommen, wie das die Otaheitianer und die Bewohner der benachbarten Inseln normalerweise tun. Nachdem wir ein paar Kleinigkeiten unter ihnen verteilt hatten, bedeuteten wir ihnen unseren Wunsch, das Land selbst zu sehen: dies geschah jedoch nicht eher, als bis uns der Häuptling den Weg wies, wobei er uns eine Straße entlang führte, welche uns zu einer offenen Grünfläche führte, an deren einer Seite auf einem künstlich errichteten Hügel von etwa 16 oder 18 Fuß eine Art Kirche erbaut war ... Nachdem wir diesen ihren Kultplatz besichtigt hatten, welcher in ihrer Sprache *Afia tu ka* genannt wird, wünschten wir zurückzukehren, jedoch führten sie uns, anstatt uns direkt ans Wasser zu geleiten, auf eine Straße, welche direkt in das Landesinnere führte: diese Straße, welche öffentlich war, war etwa 15 Fuß breit und so eben wie eine Bowling-Bahn, auf beiden Seiten gab es eine Schilfhecke und hie und da Eingänge, welche sich zu den anrainenden Pflanzungen öffneten; verschiedene andere Straßen aus anderen Teilen des Landes vereinigten sich mit dieser, einige von ihnen von ähnlicher Breite, andere schmaler, die meisten von ihnen vor der sengenden Sonne durch Fruchtbäume beschattet: ich glaubte mich versetzt in eine der fruchtbarsten Ebenen in Europa; es gab hier nicht einen einzigen Quadratmeter ungenutzten Bodens, die Straßen nahmen nicht mehr Platz in Anspruch, denn absolut notwendig war, und eine jede Hecke war nicht höher denn 4 Inches, und auch der Platz, auf dem sie wuchsen, war nicht völlig verloren, wuchsen doch in den Lücken dieser Hecken Obstbäume, welche von jenen geschützt wurden: es bot sich überall das gleiche Bild: wohl änderte sich die Örtlichkeit, nicht aber die Szenerie. Natur, unterstützt von ein wenig Kunst, erscheint nirgendwo in einem blühenderen Zustand denn auf diesem Eiland. Bei diesen schönen Spaziergängen trafen wir eine große Anzahl von Leuten: einige von ihnen begaben sich hinunter zu den Schiffen, beladen mit Früchten, andere kehrten von jenen zurück; sie alle gaben uns bereitwillig Raum, ja sie setzten sich sogar nieder oder standen auf, bis wir vorbei waren ... Sobald das Mittagessen vorüber war, kehrten wir alle zum Strand zurück, wo wir den alten Häuptling wieder trafen, welcher mir ein Schwein schenkte; er und andere unternahmen sodann mit uns einen Spaziergang ins Innere der Insel. Unser Weg führte uns zunächst zu dem erwähnten *Afia tu ka*, vor dem wir uns erneut niederließen; wurden jedoch nicht angehalten, ein Gebet zu verrichten; im Gegenteil: hier stellte mir der gutmütige alte Häuptling eine Frau vor und gab mir zu verstehen, ich möge mich mit ihr zurückziehen, danach wurde sie Captain Furneaux angeboten: jedoch erhielt sie von uns beiden eine Absage, nicht etwa, daß sie alt oder häßlich gewesen wäre, nur war unser Aufenthalt hier zu kurz bemessen. Der Häuptling mag gedacht haben, wir könnten Wasser an Bord der Schaluppen wünschen, und führte uns zu einer Anpflanzung, wo er uns einen Teich mit frischem Wasser zeigte, ohne daß wir die geringste Bitte in dieser Hinsicht ausgesprochen hätten. Ich glaube, es handelte sich hier um das, was Tasman den Waschplatz des Königs und seiner Edlen genannt hat.

Donnerstag, 7. Oktober

Otago bat mich inständig, auf dieses Eiland zurückzukehren und Kleider, Äxte, Nägel etc. mitzubringen, wobei er mir erzählte, ich würde Schweine, Hühner, Früchte und Gemüse im Überfluß erhalten. Für sich selbst erbat er von mir einen Anzug ähnlich dem meinen, welcher meine Uniform war. Dieser gutmütige Insulaner war mir bei vielen Gelegenheiten sehr zu Diensten: während unseres kurzen Aufenthaltes kam er regelmäßig jeden Morgen an Bord, kaum daß es hell geworden war, und niemals verließ er mich während des ganzen Tages; er war allzeit bereit, sei es an Bord oder an Land, mich mit allem zu bedienen, was in seiner Macht lag; seine Treue war unbezahlbar, und ich war glücklich, einen solchen Freund zu haben ... Um 10 Uhr gingen wir unter Segel, da aber unsere Decks mit derart vielen Früchten etc. bedeckt waren, setzten wir nur die Toppsegel, solange wir unter Land waren. Die Hilfsgüter, welche wir auf diesem Eiland erhalten hatten, waren 150 Schweine, die doppelte Anzahl Hühner, Bananen, Kokosnüsse, so viele wir irgend fassen konnten, und einige eßbare Wurzeln, und, wären wir länger geblieben, wir hätten gut und gerne ein Großteil mehr bekommen; dies alles zeigt in bestimmtem Grade die Fruchtbarkeit des Eilandes, von dem ich zusammen mit den benachbarten Middleburg-Inseln nunmehr eine etwas ins Einzelnere gehende Beschreibung geben will. Diese Eilande waren zum ersten Male von Captain Tasman im Januar 1643 entdeckt worden, welcher sie Amsterdam und Middleburg nannte, jedoch wird erstere von den Eingeborenen Tongatabu und letztere Eaowe genannt ... Tongatabu und die Küsten von Eaowe waren, wie ich bereits zuvor bemerkte, völlig in Pflanzungen aufgeteilt, in welchen sich einige der wertvollsten Naturprodukte finden: in diesen Plantagen ist der größte Teil der Häuser der

Einwohner erbaut, welche keinen anderen Zweck verfolgen als den, Bequemlichkeit zu vermitteln; kleine Wege führen zwischen ihnen hin und her, und öffentliche Straßen, welche einen freien Umgang und Zugang zu jedem Teil des Eilandes gewähren.

Die vornehmlichsten Produkte dieser Eilande sind Kokosnüsse, Brotgetreide, Bananen, Zitronen, eine Frucht, dem Apfel gleich, welche sie *Fitzjega* und auf Otaheite *Ahaia* nennen, dazu Zuckerrohr, eßbare Wurzeln und verschiedenes andere Gemüse und Früchte, welche auch auf den anderen Inseln gefunden werden. Ganz allgemein hat Mr. Forster hier dieselbe Art Pflanzen entdeckt wie auf Otaheite neben verschiedenen anderen, welche dort nicht gefunden wurden, und ich habe möglicherweise ihren Bestand an Gemüsen dadurch vergrößert, daß ich auf beiden Inseln ein Sortiment von Dachtelnsamen und Hülsenfrüchten etc. zurückgelassen hatte. Für Brotgetreide war nun aber, genau wie auf den anderen Eilanden, nicht die rechte Saison, dasselbe gilt für Zitronen. Wir sahen bei ihnen außer Schweinen und Hühnern keinerlei andere Haustiere, die ersteren sind von derselben Art wie auf den anderen Eilanden, jedoch sind letztere sehr viel größer, ja beinahe so groß, wie wir sie in Europa kennen, und von gleich gutem Geschmack. Wir glauben, daß sie keine Hunde haben, waren sie doch jenen in höchstem Maße furchtsam gegenüber denen, welche wir an Bord hatten. Der Hund heißt in ihrer Sprache genauso wie auf Neuseeland: dies zeigt, daß ihnen der Name nicht fremd ist, was ihnen das Tier selbst durchaus ist ... Nichts zeigt ihre Genialität so gut wie die Art, in der sie ihre Kanus bauen und konstruieren: Sie sind lang und schmal mit Auslegern und erbaut aus verschiedenen Einzelstücken, welche selben eigenartigerweise zusammengenäht sind mit Fasern der Außenseite der Kokosnuß. Die Nähte befinden sich aus-

Otago, Häuptling der Amsterdam-Insel

nahmslos an der Innenseite: auf der Innenseite der Ecke bilden die einzelnen Teile eine Art Kante, wo sie aufeinander treffen, in welche die Leute Löcher bohren, um durch diese hindurch ihr eigenartiges Nähmaterial zu führen, so daß hiervon an der Außenseite der Boote nichts zu sehen ist; und die Fugen sind so dicht, daß so gut wie gar kein Wasser eindringen kann, obwohl sie weder abgedichtet noch angestrichen sind. Die üblichen Kanus messen etwa 20 bis 30 Fuß in der Länge und 20 Inches in der Breite; der Rumpf ist nahezu rund, das Heck läuft auf einen Punkt aus, und der Bug ähnelt ein wenig einem Keil mit abgerundeten Ecken: weder das eine noch das andere erhebt sich über die normale Höhe des Dollbords, über beide ist ein Deck gebaut von etwa einem Viertel der Länge des Kanus: der Mittelteil dieser Decks trägt mitunter Verzierungen aus demselben Material wie das ganze Deck. Der Mittelteil ist offen, wo sich an jedem Ruderpaar eine Ruderbank befindet, welche sowohl als Sitzplatz für die Ruderer wie auch als Aussteifung für das Kanu dient: die Kanus werden gerudert mit Paddeln, deren Blätter sehr kurz und am breitesten in der Mitte sind; einige wenige sind auch mit einem Mast und einem Segel ausgestattet, wir jedoch sahen lediglich eines dieser kleinen Kanus in dieser Art ausgestattet; die Mehrzahl der Schiffe, welche für eine Besegelung gedacht sind, sind ein gut Teil größer, jedoch konstruiert in genau derselben Art, nur unter Hinzufügung einer Erhebung in der Mitte rund um den offenen Teil des Kanus in der Form eines langen Baumstammes, welcher an der unteren und der oberen Seite der Länge nach offen ist: sie wird gebildet von Brettern, welche eng zusammengefügt sind und sicher mit dem Boden des Kanus verbunden werden. Zwei solcher Kanus befestigen sie längsseits aneinander (nachdem man einen Zwischenraum von etwa 6 Fuß zwischen ihnen gelassen hat) durch kräftige Balken, welche am oberen Teil der eben erwähnten Erhöhung befestigt sind. Die Enden dieser Balken ragen nur ein wenig, mit Ausnahme nur der offenen Seite des Kanus, über dieses hinaus; über sie wird eine Bretterplattform gelegt, deren Enden erheblich über die Balken hinausragen, und welche an einem Ende die Breite des Kanus schützen, während auf der anderen Seite der überstehende Teil nicht größer ist, denn der Zwischenraum zwischen den Kanus beträgt, und durch Längssplinte an den Balken befestigt ist. Ich habe schon bemerkt, daß die Erhebungen am oberen Teil offen sind, noch werden sie von den Plattformen verdeckt, sie bleiben konsequent als Luke erhalten, welche von der Plattform in die Kanus führt, und da alle Teile, welche diese beiden Bootskörper bilden, so starr miteinander verbunden sind, als es die Natur des Werkstoffs irgend erlauben mag, können sie ohne weiteres bis an eben jene Plattform voll Wasser laufen, ohne in Gefahr zu sein, sich ganz zu füllen; noch ist es möglich unter allen nur denkbaren Umständen, daß sie sinken könnten, solange sie nur zusammenhalten. Solchermaßen sind sie nicht einfach nur Schiffe, gemacht zum Transport von Lasten, sondern sie sind durchaus in der Lage, längere Seereisen zu unternehmen: sie sind ausgestattet mit einem Mast, welcher auf der Plattform steht und sehr leicht aufgesetzt oder abgenommen werden kann, ist doch ein langer Mast nicht notwendig, da die Kanus mit Dreieckssegeln gesegelt werden: die Segel selbst bestehen aus Matten und sind genauso konstruiert wie die unseren. Sie bauen eine kleine Hütte oder ein Schutzdach (denn es ist offen an einer Seite) auf der Plattform, unter welchem sie ihren Proviant etc. aufbewahren. Es dient gleichfalls, sie vor der Sonne zu schützen und das Wetter abzuhalten; dazu tragen sie etwas wie einen Feuerherd, welcher aus einem Holzgeviert von etwa 8 Fuß Tiefe, angefüllt mit Steinen, besteht, um ihre Nahrungsmittel kochen zu können. Ich stelle mir vor, daß diese Schiffe immer geradeaus gesegelt werden und daß sie bei Wechsel der Fahrtroute lediglich die Segel drehen; indes: hier bin ich nicht ganz sicher, habe ich doch nicht ein einziges unter Segel gesehen ... Sie machen dieselbe Art von Bekleidung wie auf Otaheite und auch aus denselben Materialien; sie verfügen wohl nicht über eine solche Vielfalt, noch machen sie es so sauber, da es jedoch alles in eine dicke, gummiartige Farbe getaucht wird, ist es möglicherweise haltbarer: diese Farben sind schwarz, braun, purpur, gelb und rot. Das Material, aus dem sie diese Farben machen, kenne ich nicht. Sie machen außerdem verschiedene Arten von Matten von außerordentlich feiner Struktur, welche ihnen gleichermaßen für Kleidung wie für Bettzeug dienen. Ihr ganzes Kleid ist ein Stück Stoffes oder eine Matte, welche sie sich um den Leib schlingen und welches von der Brust bis hinunter zu den Knien reicht; selten nur tragen sie irgend etwas über ihre Schultern oder auf den Köpfen. Die Kleidung von Männern und Frauen ist dieselbe. Was ihre Person und Farbe angeht, halte ich sie weder für häßlich noch für schön; es gibt keine, die so ebenmäßig, so schlank oder so muskulös sind wie einige der Eingeborenen von Otaheite und den benachbarten Inseln: andererseits sind sie nicht so dunkel, so klein oder auch schlecht gebaut als einige, welche wir auf jenen Eilanden sahen, noch existiert dort jene Disproportion zwischen Männern und Frauen ... Da wir einige Syphilis-Fälle an Bord hatten, ergriff ich alle möglichen Maßnahmen, den Umgang mit den Eingeborenen zu unterbinden, indem ich keinem Mann gestattete, von Bord zu gehen, dem ich auch nur im mindesten mißtraute, noch ließ ich zu, daß irgendeine Frau die Erlaubnis erhielt, an Bord der Schaluppen zu kommen. Ich kann nicht sagen, ob die Frauen so frei mit ihrer Gunst verfuhren wie jene in Otaheite; ich glaube es nicht, und doch vermute ich, daß die Unkeuschheit bei ihnen nicht als ein großes Verbrechen angesehen wird, besonders nicht bei den Unverheirateten.

Die übliche Methode, einander zu begrüßen oder zu umarmen, ist, die Nasen aneinander zu reiben, ähnlich wie es in Neuseeland der Brauch ist, und ihr Friedenssignal scheint ein Winken mit weißen Flaggen zu sein, zum mindesten waren solche an der Küste in verschiedenen Orten aufgezogen, als wir die Küste entlangwanderten, und auch an dem Platz, da wir ankerten; aber jene Leute, welche zunächst in ihren Kanus zu uns kamen, brachten einige Wurzeln der Pfefferpflanze mit sich, aus welchen sie ein Getränk machten, welches sie an Bord sandten, bevor sie selber hinaufkamen. Niemand würde sich wohl ein besseres Zeichen der Freundschaft denn dieses wünschen; können wir denn einen Freund besser willkommen heißen, als daß wir ihm den besten Likör vorsetzen, den wir besitzen oder den man sich beschaffen kann? In genau dieser Art empfingen uns jene freundlichen Leute; ich besuchte niemals den Oberhäuptling, jedoch schickte dieser einige der eben erwähnten Wurzeln, auf daß man sie mir bringe, und ordnete gleichzeitig einige seiner Leute ab, sie zu kauen und den Likör zu bereiten, obwohl ich sehr selten nur welchen kostete; er erweiterte sogar seine Gastfreundschaft, indem er mir eine Frau anbot, wie ich schon zuvor berichtete.

Jedes Ding, was man ihnen gibt, führen sie an ihren Kopf als ein Zeichen des Dankes; dieser Brauch wird ihnen von Kindheit an gelehrt: wann immer ich irgend etwas einem kleinen Kind gab, hob dessen Mutter des Kindes Hand zu seinem Kopfe hoch, genau so wie wir in England unsere Kinder lehren, die Hand des Fremden zu küssen. Diesen Brauch wandten sie auch im Umgang mit uns an: was immer wir ihnen auch für ihre Waren gaben, es wurde zum Haupt emporgehoben, gerade so, als hätten wir es ihnen geschenkt; manchmal nahmen sie auch unsere Waren an, untersuchten sie, und wenn sie nichts damit anzufangen wußten, gaben sie sie zurück; aber wann immer sie sie zum Kopf erhoben, war der Handel perfekt ... Ich bin der Meinung, daß das ganze Land auf jenen Eilanden, besonders aber auf Tongatabu, privater Besitz ist und daß es unter ihnen wie auf Otaheite Diener oder Sklaven gibt, welche keinen Anteil an dem Land haben können: in der Tat erscheint es absurd zu glauben, alles könne Gemeinbesitz in einem Land sein, welches so hervorragend bearbeitet ist wie dieses. Monsieur de Bougainville irrt gewaltig, wenn er auf Seite 252 sagt, die Bewohner von Otaheite sammelten Früchte vom ersten Baum, welchen sie sehen. Ich frage mich, ob es auch nur einen einzigen Obstbaum auf der ganzen Insel gibt, der nicht irgendeiner Einzelperson gehört. Oediddu erzählte mir, daß der, welcher Obst, Früchte etc. in der eben beschriebenen Weise an sich nimmt, mit dem Tode bestraft wird; sei dem, wie dem wolle: niemand scheint die allgemeinen Notwendigkeiten des Lebens zu missen, Freude und Zufriedenheit steht in jedem Gesicht geschrieben, und ihr ganzes Verhalten uns gegenüber war wohlwollend, sie neigten weniger zum Diebstahl, wir sind gar nicht in der Lage, sie auch irgendeines anderen Vergehens zu beschuldigen, sind sie doch sehr viel weniger prädestiniert für solche Vergehen denn die Leute von Otaheite; in der Tat: wenn ich ihr gesamtes Verhalten uns gegenüber bedenke und wenn ich weiter an die Art denke, mit der die wenigen Künste, welche sie haben, ausgeführt werden, so muß ich ihnen zugestehen, daß sie auf einem höheren Zivilisationsstand sind ... Wir wissen so wenig von ihrer Religion, daß ich mich kaum daran wage, ihrer Erwähnung zu tun; das sogenannte Afiatuka-Gebäude, von dem zuvor die Rede war, ist zweifelsohne hierfür nicht geeignet. Mr. Forster und einer oder zwei der Offiziere meinen, dieses Gebäude dahingehend verstanden zu haben, daß sie dort ihre Toten begraben: dies ist um so eher möglich, als wir keinen anderen Platz sahen, der dafür so geeignet schien; auf jeden Fall konnte ich hierüber keinerlei Gewißheit erlangen, aber eine Sache, deren ich sicher bin, ist, daß sie Plätze haben, wohin sie ihre Gebete richten, denn dieses habe ich sowohl gesehen als auch gehört in der bereits beschriebenen Art, jedoch zu wem oder aus welchem Anlaß diese Gebete getan werden, weiß ich nicht; nur rein von der Intuition her kam ich zu dem Schluß, es müsse Priester oder andere Männer unter ihnen geben, welche die heiligen Funktionen ausüben: der Oberhäuptling, welchen zu erwähnen ich mehr denn eine Gelegenheit hatte, war unentwegt begleitet von einem dieser Priester; er schien das Oberhaupt ihrer Kirche zu sein.

Elftes Kapitel

Die Antarktis, 1773–1774

»Daß da ein Kontinent oder aber ein langgezogener Landkorridor in der Nähe des Pols existiert, will ich nicht verneinen, im Gegenteil bin ich der Meinung, es gebe Land, und es ist möglich, daß wir einen Teil davon gesehen haben.«

Cook in der Antarktis, 1774–75

Vor der Ostküste der Nordinsel von Neuseeland geriet die Expedition in außerordentlich stürmisches Wetter, und während der Nacht des 30. Oktober 1773 verlor die *Adventure* den Kontakt, und obwohl Cook annahm, der stürmische Wind aus Westen habe sie ostwärts abgetrieben, hatte er keine Sorge, sondern er vermutete sehr viel mehr, daß sie bald am vereinbarten Rendezvous, dem Königin-Charlotte-Sund, auftauchen werde.

Sonntag, 31. Oktober

Um 8 Uhr am Vormittag wurde die Brise etwas mäßiger und drehte mehr nach Norden, so daß wir auf gleiche Richtung mit der Küste unter den schneebedeckten Bergen gehen konnten, wobei wir uns 4 oder 5 Meilen windwärts hielten. Alles deutete auf das Auftauchen einer größeren Bai hin; wäre die *Adventure* nun bei mir gewesen, so hätte ich jeden Gedanken fallen gelassen, wegen Holz und Wasser zum Königin-Charlotte-Sund zu fahren, sondern diese Artikel weiter im Süden zu finden versucht, war doch der Wind nunmehr günstig für eine Fahrt entlang der Küste: sintemalen wir jedoch nunmehr getrennt waren, stand ich unter der Notwendigkeit, zum Sund zu fahren, war er doch der vereinbarte Rendezvous-Ort.

Cook war sehr erstaunt über das Nichterscheinen der *Adventure*. Seine Offiziere stimmten darin überein, daß sie in Neuseeland nicht gestrandet sein könne, und Cook selbst kam zu dem Schluß, Furneaux sei es leid geworden, gegen die westlichen Winde anzukämpfen, und sei zum Kap der Guten Hoffnung gesegelt. Da die Jahreszeit für eine Erforschung der Antarktis schon zu weit fortgeschritten war, entschied Cook, nicht länger zu warten, und segelte nach Süden, nachdem er einige Informationen für Furneaux zurückgelassen hatte.

Am Abend ihrer Abreise gaben die Maoris der Mannschaft einen praktischen Anschauungsunterricht im Kannibalismus, indem sie Maori-Fleisch auf dem Deck der *Resolution* aßen, und als die verspätete *Adventure* einige Tage, nachdem Cook abgesegelt war, anlangte, gaben die Maoris auch Furneaux eine praktische Demonstration, indem sie die Besatzung eines der Beiboote der *Adventure* töteten und zum Teil aufaßen, ein Exzeß, welchen zu rächen der generöse Cook auf seiner dritten Reise sich weigerte.

Furneaux fand Cook nicht wieder. Er segelte nach Kap Horn in hohen Breitengraden und dann von Kap Horn zum Kap der Guten Hoffnung. Bei dieser Gelegenheit wies er nach, daß in der Gegend des sogenannten Kaps der Beschneidung (die Bouvet-Insel) keine große Landmasse existieren konnte. Als er England im Juli 1774, ein Jahr bevor Cook heimkehrte, erreichte, wurde er der erste Kommandeur, der die Erde von West nach Ost umschifft hatte.

Dienstag, 23. November

Windstille oder leichte Lüfte aus Norden, so daß wir nicht – wie ich ursprünglich beabsichtigte – in See stechen konnten; einige der Offiziere gingen an Land, sich mit den Eingeborenen zu amüsieren, wo sie Schädel und Eingeweide eines jungen Mannes fanden, der erst kürzlich getötet worden war: sein Herz war auf einem langen Stab aufgespießt und am Bug ihres größten Kanus befestigt. Die Wissenschaftler brachten den Schädel an Bord; ich war zu jener Zeit an Land, kehrte jedoch schon bald zurück, als ich von den oben erwähnten Umständen erfuhr: ich fand das Zwischendeck bevölkert mit Eingeborenen. Nun sah ich auch den zerfleischten Kopf oder das, was von ihm noch übrig war, denn Unterkiefer, Lippen etc. fehlten, der Schädel war an der linken Seite gleich über der Schläfe zertrümmert, das Gesicht hatte das Aussehen eines Jungen von vielleicht 14 oder 15 Jahren, ein Stück Fleisches war gebraten und von den Eingeborenen in Anwesenheit der Mehrzahl der Offiziere gegessen worden. Der Anblick dieses Kopfes und die Umstände, wie ich sie eben erwähnte, versetzten mir einen Schrecken und füllten meinen Geist mit Unmut gegen jene Kannibalen; als ich mir jedoch vergegenwärtigte, daß, welch' Ressentiment auch immer ich zeigen konnte, dieses nur wenig würde auszurichten vermögen, und da ich begierig war, ein Augenzeuge zu werden eines Vorganges, welchen viele Leute anzweifeln, überwand ich meinen Widerwillen und befahl, ein Stück des Fleisches zu braten und auf das Zwischendeck zu bringen, wo einer dieser Kannibalen es mit offensichtlich gutem Appetit verzehrte im Angesicht der gesamten Mannschaft, welcher Vorgang auf einige von ihnen eine solche Wirkung hatte, daß diese sich übergeben mußten … Daß die Neuseeländer Kannibalen sind, kann nicht länger bezweifelt werden; der Bericht, den ich anläßlich meiner früheren Reise hierüber gegeben habe, stützte sich teilweise auf Indizien und war, wie ich später erfuhr, von vielen Leuten bezweifelt worden. Ich bin oft gefragt worden, nachdem ich alle näheren Umstände dargelegt hatte, ob ich sie denn wirklich im Augenblick des Verzehrs menschlichen Fleisches gesehen hätte; eine solche Frage war geeignet, mich zu überzeugen, daß sie entweder allem, was ich darüber gesagt hatte, mißtrauten oder sich eine völlig andere Meinung davon gebildet hatten; nur wenige machen sich eine Vorstellung davon, was ein Wilder in seinem Originalzustand ist und sogar noch, nachdem er in einem gewissen Grade zivilisiert ist; die Neuseeländer haben ohne Zweifel einen gewissen Stand von Zivilisation, ihr Verhalten uns gegenüber war entgegenkommend und friedfertig, wobei sie jederzeit die Bereitschaft zeigten, uns zu achten; es gibt unter ihnen auch einige Künste, welche sie mit großer Fertigkeit und kaum erwarteter Geduld betreiben; sie neigen sehr viel weniger zum Diebstahl denn die anderen Insulaner und sind – wie ich glaube – untereinander in höchstem Maße ehrenhaft. Diese Gewohnheit, ihre im Kampf getöteten Feinde aufzufressen (und ich glaube fest daran, daß sie das Fleisch von niemand sonst essen), ist ihnen seit den frühesten Zeiten überliefert, und wir wissen, daß es ein alles andere als leichtes Unterfangen ist, ein Volk von seinen alten Gebräuchen abzubringen, und seien diese noch so unmenschlich und grausig, in Sonderheit dann, so dieses Volk bar aller religiöser Prinzipien ist, wie das – wie ich glaube – bei den Neuseeländern im allgemeinen der Fall ist; hinzu kommt, daß sie keinerlei Art etablierter Regierungsgewalt kennen; so sie erst zu einer größeren inneren Einheit gelangen, werden sie in deren Verfolg weniger Feinde haben und zivilisierter werden, und dann und nicht eher mag dieser Brauch in Vergessenheit geraten; zum gegenwärtigen Zeitpunkt scheinen sie keine noch so geringe Vorstellung davon zu haben, andere Menschen so zu behandeln, wie sie selbst behandelt werden möchten, anstatt sie so zu behandeln, wie sie glauben, daß sie selbst unter den gleichen Umständen behandelt würden. Wenn ich mich recht erinnere, war eines ihrer Argumente, das sie Tupia entgegenhielten, welcher häufig mit ihnen über diesen ihren Brauch stritt, dieses, daß es doch nichts Schlimmes sein könne, den Mann zu töten und aufzuessen, der dasselbe mit einem machen würde, so es nur in seiner Macht liege. Sie sagten etwa: »Kann es irgendein Böses sein, unsere Feinde zu essen, welche wir im Kampf getötet haben, würden nicht genau diese Feinde dasselbe mit uns getan haben?«

Donnerstag, 25. November

Um 4 Uhr am Morgen liefen wir bei leichter Brise aus der Bucht aus, welche uns nicht weiter als bis zwischen Motuara und Long Island trug, wo wir zu ankern gezwungen waren; kurz darauf sprang eine Brise aus Nord auf, mit welcher wir gegen 12 Uhr aus dem Sund ausliefen. Während unseres Aufenthaltes an diesem Platz waren wir gar wohl mit Fisch versorgt worden, welchen wir von den Eingeborenen auf recht einfache Weise erhalten hatten, und neben den Gemüsen, welche unsere eigenen Gärten hervorbrachten, fanden wir all überall Löffelkraut in Fülle und Sellerie, den einem jeden jeden Tag zu servieren ich befahl; solchermaßen waren sie fast immer auf frische Diät gesetzt gewesen während der vergangenen drei Monate, und zu diesem Zeitpunkt hatten wir weder einen Kranken noch einen Skorbutverdächtigen an Bord ... Am Morgen vor unserer Abreise schrieb ich ein Memorandum, in welchem ich niederlegte, wann wir zuletzt hier waren, den Tag unserer Abreise, die Route, die zu nehmen ich gedachte, und ähnliche andere Informationen, von denen ich glaubte, sie könnten Captain Furneaux von Nutzen sein, und versteckte dieses in einer Flasche unter den Wurzeln eines Baums im Garten nahe der Bucht, und zwar in der Art, daß es von jedem Europäer gefunden werden mußte, welcher in die Bucht einlaufen mochte. Ich habe jedoch nicht den allergeringsten Grund anzunehmen, daß es jemals in die Hände der Person geraten könne, der ich es zugedacht hatte, ist es doch kaum möglich, daß Captain Furneaux irgendwo in Neuseeland ist und ich von ihm all die Zeit nichts gehört hätte; nichtsdestoweniger war ich entschlossen, das Land nicht zu verlassen, ohne da nach ihm zu suchen, wo ich glaubte, hier bestünde die größte Wahrscheinlichkeit, ihn zu finden, und dem entsprechend lief ich die ganze Küste entlang, von einem Ende zum anderen, bis nach Cape Palliser, wobei ich alle halbe Stunde einen Kanonenschuß abfeuerte, ohne die geringsten Zeichen zu hören oder zu sehen, nach denen wir suchten ... Sintemalen alle Offiziere im tiefsten Innern überzeugt waren, die *Adventure* könne weder an der Küste gestrandet sein noch sich in irgendeinem der Häfen dieses Landes aufhalten, entschloß ich mich, keine weitere Zeit auf der Suche nach ihr zu verlieren, sondern auf direktem Wege nach Süden voranzukommen. Ich mache mir Sorgen um die Sicherheit der *Adventure*, noch kann ich nicht einmal vermuten, welchen Weg sie genommen hat, die Art und Weise, wie sie von mir und unserem gemeinsamen Rendezvousplatz getrennt worden war, hatte mir keinerlei Anhaltspunkte für irgendwelche Vermutungen gelassen; ich kann nur vermuten, daß Captain Furneaux es leid war, gegen die Nordwestwinde anzukämpfen, und den Entschluß faßte, auf dem schnellsten Wege zum Kap der Guten Hoffnung zu gelangen.

Ausgestattet mit einer Mannschaft von ausgezeichneter Gesundheit, verbrachte Cook die Zeit vom frühen Dezember 1773 bis zum frühen Februar 1774 in hohen Breitengraden. Er segelte ostwärts, überschritt zweimal den Polarkreis, und am 30. Januar erreichte er 71° 10′ Süd, wo er auf 106° 54′ westlicher Länge auf die immense Eisbarriere stieß, welche in jener Gegend vor dem antarktischen Kontinent liegt. J. A. Williamson sagt, daß kein anderer Entdecker »je wieder diese Breite in einem halben Jahrhundert erreichte und es zu jener Zeit bis Cook noch nie jemand erreicht hatte«. Die Berichte über die Beobachtung der Wale waren bedeutend, und sie können durchaus als möglicher Beginn der Entwicklung einer Walfang-Industrie in den südlichen Gewässern gewertet werden.

Mittwoch, 15. Dezember

Wir können nicht damit rechnen, alle anderen Eisberge ebenfalls so knapp zu verfehlen, und dieser Umstand zusammen mit der Unwahrscheinlichkeit, Land im Süden zu entdecken, und der Unmöglichkeit, es – so es doch gefunden würde – wegen des Eises zu erforschen, bewog mich, mich weiter nördlich zu halten.

Freitag, 24. Dezember

Thermometer mittags 32° Fahrenheit, südliche Breite 67° 19′, westliche Länge gemessen 138° 15′. Um 4 Uhr morgens, da wir gen Südosten liefen, gerieten wir in eine derartige Menge von losem oder Feldeis, daß es die gesamte See von Süden bis Osten bedeckte, und es war so dick und dicht, daß es unsere Weiterfahrt verhinderte; der Wind war zu jenem Zeitpunkt ausgesprochen mäßig; ich drang in eine Ecke dieses Feldes ein, setzte zwei Boote aus und beauftragte sie, einige Eisstücke aufzulesen; gleichzeitig holten wir mehrere große Stücke längsseits und holten sie mit unseren Enterhaken ein; als die Boote zwei Fahrten hinter sich gebracht hatten, war es 8 Uhr geworden, und wir hievten sie wieder an Deck und machten gute Fahrt gen Westen unter doppelt gerefften Toppsegeln und Mittschiffssegeln; der Wind blies kräftig aus Norden und trieb dichten Nebel, Hagel und Schnee vor sich her, welcher in der Takelage gefror, wodurch alles um uns herum mit kleinen Eisstückchen übersät wurde. Unsere Seile glichen blanken Drähten, die Segel Tafeln aus Metall, und die Bruchstückchen froren schnell zu ganzen Blöcken zusammen, so daß es unserer größten Anstrengungen bedurfte, ein Toppsegel auf und nieder zu holen; die Kälte so groß, daß sie kaum zu ertragen war, die ganze See bedeckt von einem einzigen Eisteppich, eine steife Brise und ein dichter Nebel: unter all diesen ungünstigen Umständen war es natürlich für mich, an eine Rückkehr nach Norden zu denken, nun zu sehen war, daß es keinerlei Wahrscheinlichkeit gab, irgend Land hier zu finden, noch irgendeines weiter im Süden; und auf diesem Breitengrad weiter gen Osten voranzusegeln, wäre nicht so klug gewesen, sowohl auf Grund des Eises als auch des riesigen Meeresgebietes wegen, welches wir in diesem Falle unerforscht im Norden hätten liegen lassen müssen, eines Gebietes, welches 24 Breitengrade maß und in welchem durchaus ein größeres Stück Landes liegen mochte. Sicherheit über diesen Punkt konnte jedoch nur erreicht werden, indem ein Abstecher nach Norden gemacht ward.

Donnerstag, 6. Januar

Südliche Breite 52° 0′, westliche Länge Greenwich errechnet 135° 32′, nach der Uhr 135° 38′. Ließen am Mittag alle Eis-Riffe hinter uns und schwenkten ab nach Nordosten mit einer frischen Brise aus West-Südwest und klarem Wetter, der Abstand zwischen unserem jetzigen Standpunkt und unserer Route nach Otaheite wenig mehr denn 200 Meilen, in welchem Zwischenraum es kaum irgendein Land geben kann, und es ist weniger wahrscheinlich, daß irgendeines im Westen liegen könne, hatten wir doch jetzt schwere Brecher aus dieser Richtung.

Donnerstag, 20. Januar

Thermometer 40°, südliche Breite 62° 34', westliche Länge gemessen 116° 24′. Zunächst frische Brisen und diesig mit Regen, im Verlauf geringer Wind und überwiegend klar. Sichtete um 7 Uhr abends ein größeres Feld treibender Pflanzenreste, am frühen Morgen dann zwei Eisinseln, deren eine sehr hoch war und in einer Art Berggipfel ähnlich der Spitze von St. Paul's Cathedral auslief, und welch selbe wir auf eine Höhe von 200 Fuß schätzten. Eine lange westliche Dünung hält immer noch an, eine mögliche Gewißheit, daß da kein Land zwischen uns und dem Meridian von 133½° liegt, unter welch selbem wir uns befanden, da wir das letzte Mal uns auf dieser Breite aufhielten.

Samstag, 29. Januar

Thermometer 36½°, südliche Breite 70° 00′, westliche Länge Greenwich gemessen 107° 27′, nach der Uhr 107° 36′. Kurz nach 4 Uhr morgens nahmen wir wahr, daß die Wolken im Süden nahe dem Horizont von einer ungewöhnlichen Schneehelligkeit waren, welcher Umstand unsere Annäherung an ein Eisfeld anzeigte; kurz darauf wurde dieses vom Mast aus gesehen, und um 8 Uhr hatten wir ihm uns genähert; es erstreckte sich nach Ost und West in gerader Linie, weiter, denn unsere Sicht reichte bei der Helligkeit des Horizontes; in der Lage, in welcher wir uns nunmehr befanden, war die südliche Hälfte des Horizontes erleuchtet von den vom

Eis reflektierten Sonnenstrahlen bis in eine respektable Höhe. Die Wolken nahe dem Horizont waren von einem perfekten Schneeweiß und konnten kaum von den Eis-Hügeln unterschieden werden, deren leichte Erhöhungen die Wolken berührten. Die äußere oder nördliche Begrenzung dieses immensen Eisfeldes war gebildet von losem oder gebrochenem Eis, so dicht aufeinander gepackt, daß nichts in es eindringen konnte: etwa eine Meile weiter nach innen begann das feste Eis, ein einziger kompakter solider Körper, welch selber an Höhe zuzunehmen schien, wie er sich nach Süden fortsetzte; in diesem Eisfeld zählten wir 97 Eisberge oder Eishügel, deren viele außerordentlich groß waren. Eisberge wie diese werden in Grönland nie gesehen, so daß wir keinen Vergleich zwischen dem Grönlandeis und diesem vor uns hier zeichnen können: wären nicht die grönländischen Schiffe gewesen, welche alljährlich zwischen solchem Eis (die Eisberge ausgenommen) auf Fischfang gingen, ich hätte nicht einen Moment gezögert, dieses als meine Meinung darzulegen: daß nämlich das Eis, welches wir nunmehr sehen, in einem einzigen soliden Stück sich bis zum Pol fortsetzt, indes ist es hier, d. h. südlich dieses Breitengrades, wo die vielen Eisberge, welch selbe wir in der See umherschwimmen sahen, zuerst geformt, später durch Böen oder aus irgendwelchen anderen Gründen abgebrochen werden; sei dem, wie dem mag: wir müssen davon ausgehen, daß diese zahllosen und großen Eisberge den Eisfeldern, an welchen sie hängen, einen solchen Druck verleihen, daß es einen großen Unterschied macht zwischen dem Navigieren in diesem Eismeer und jenem von Grönland; indes: ich will nicht sagen, es sei unmöglich.

Cook schloß nun, daß auf den hohen Breitengraden, die er erforschte, kein Land existierte, auf jeden Fall nicht westlich von Kap Horn. Sein Schiff und seine Mannschaft hatten schwere Gefahren überstanden, aber beide waren immer noch in ausgezeichneter Verfassung, während es hinreichend Gründe für die Expedition gab, den herannahenden südlichen Winter mit einem zweiten und noch umfangreicheren Abstecher in den Pacific als im Jahre 1773 zu verbringen. Cook entschied sich daher, von seiner im Februar innegehabten Position im Atlantik aus nach Norden zu segeln zu jenem Land, von dem Juan Fernández berichtet hatte, es liege auf 38° südlicher Breite. Von dort aus wollte er westwärts durch die Tropen auf einer neuen Route zu den Neuen Hebriden vor der nordaustralischen Küste gelangen.

Im nun folgenden südlichen Sommer der Jahre 1774 und 1775 wollte er Kap Horn umrunden und seine Suche nach dem südlichen Kontinent abschließen. Bei dieser Gelegenheit wollte er seine östliche Umrundung des Globus beenden und auf den hohen Breitengraden des Südatlantiks zum Kap der Guten Hoffnung zurückkehren.

Zwölftes Kapitel

Die Erforschung des Pacific, 1774

»Mit Hilfe zweier Besuche der tropischen See habe ich nicht nur die Lage ein Jahr alter Entdeckungen festgelegt, sondern deren viele neue gemacht und wenig … zu tun übriggelassen.«
Cook, 1775

Cooks Logbuch von der Expedition der Jahre 1772–1775 befaßt sich mit seinem zweiten Abstecher in den Pacific so eingehend und so langatmig, daß hier nur einigen wenigen herausragenden Entdeckungen und Vorkommnissen Beachtung geschenkt werden kann, unter ihnen auch der Beschreibung der mysteriösen Osterinsel, dem Erscheinen der Kanuarmada auf den Gesellschaftsinseln, der Wiederentdeckung von Quiros' Neuen Hebriden und der Entdeckung der großen und bedeutenden Insel Neukaledonien. Hervorzuheben aus Cooks schlichter Erzählung sind die ständigen Risiken eines Schiffbruchs während der Fahrt in Inselnähe, der überragende Mut des Leiters der Expedition, der wieder und wieder inmitten von Horden bewaffneter Eingeborener landete, um seine einmaligen Fähigkeiten als Friedensstifter unter Beweis zu stellen, und der nahezu unveränderliche Ärger über Diebstähle, welcher auf der dritten Reise schließlich das endgültige Desaster brachte.

Überragend waren in diesen schwierigen Wochen auch Cooks unverdrossene Bemühungen, das Leben der Eingeborenen zu schützen, und seine im ganzen erfolgreichen Bemühungen, seine Untergebenen zu disziplinieren, die gelegentlich »gewehrfreudig« und gelegentlich auch voller Furcht waren.

Dienstag, 22. Februar

Befinden uns nun auf der Breite, auf welcher die meisten Geographen die Entdeckungen des Juan Fernández vermuten; Mr. Dalrymple legt die Ostseite dieses Landes unter dem Meridian von 90° fest, Mr. Pengre dagegen auf 110°, und in einer Bemerkung erwähnt er die Autorität, von der er solches weiß und wo es in der Tat so scheint, als handele es sich hier um zwei verschiedene Entdekkungen oder gar um dasselbe Land, entdeckt zu verschiedenen Zeiten. Ich denke, es kann nicht im Osten in der von Mr. Dalrymple angegebenen Lage liegen, und sollte es doch an dem sein, so kann es von keiner großen Ausdehnung in ost-westlicher Richtung sein, sintemalen wir in diesem Falle entweder das Land selbst oder einige Anzeichen von ihm sehen müßten. Für Mr. Pengres Lagebeschreibung gilt das nämliche, hat doch die *Endeavour* diese Breitengrade unter dem Meridian von 112° gekreuzt und Captain Wallace in nur 98 oder 100 Meilen Entfernung, ohne die allergeringsten Anzeichen von Land zu sehen; es ist solchermaßen völlig klar, daß es nicht mehr denn ein kleines Eiland sein kann, ich jedoch glaube, daß das Ganze möglicherweise eine Fiktion ist und daß derlei Entdeckungen nie gemacht wurden.

Samstag, 5. März

Sah einige Vögel, hatte eine zunehmende Dünung aus Südwest, so daß keinerlei großes Land in dieser Gegend möglich sein kann, in Hinsicht der vielen Vögel jedoch, welche wir sahen und welche normalerweise die Küsten des Landes bevölkern, gaben wir uns der Hoffnung hin, vielleicht das Davis-Land oder die Osterinsel zu finden.

Die Expedition verpaßte »Juan Fernández«, sichtete jedoch am 11. März 1774 die kleine, doch sehr interessante Osterinsel mit ihrem mysteriösen Erscheinungsbild. Wenn Cook auch eine recht lange Beschreibung der Insel gab, so beeilte er sich doch, weiterzukommen, da er Schwierigkeiten bei der Beschaffung von Frischwasser und Proviant hatte. Die Einwohner der Insel waren eindeutig polynesischen Typs.

Freitag, 11. März

Leichte Brise und freundliches Wetter. Hatten noch um Mitternacht Tageslicht, nahmen sodann Fahrt auf und sichteten wenig später das Land im Westen aus dem Mastkorb.

Sonntag, 13. März

Bei der Annäherung an das Land entdeckten wir Leute und eben dieselben Monumente oder Idole, welche von den Autoren von Roggeveens Reise erwähnt wurden, welcher Umstand uns keinen Raum für Zweifel daran ließ, daß es sich um die Osterinsel handele.

Dienstag, 15. März

Nahm des Nachmittags einige wenige Fässer Wasser an Bord und handelte mit den Eingeborenen um einige Produkte des Eilandes, welche jedoch in keiner großen Menge erschienen, und das Wasser war von so schlechter Qualität, daß es nicht lohnte, es an Bord zu holen, und das Schiff nicht in Sicherheit: all dies bewog mich, meinen Aufenthalt hier abzukürzen. Ergo entsandte ich die Leutnante Pickersgill und Edgcumb mit einer Gruppe von Leuten, begleitet von Mr. Forster und einigen anderen der Herren, das Land zu untersuchen. Ich selbst war noch nicht ausreichend genesen von einer leichteren Krankheit, an dieser Partie teilzunehmen. Be-

Monumente auf der Osterinsel

schäftigte mich auf dem Schiff durch die Beschaffung von Wasser und den Handel mit Eingeborenen.

Donnerstag, 17. März

Dies ist unzweifelhaft dasselbe Eiland, welches von Roggeveen im April 1722 gesehen ward, wenn auch die Beschreibung, welche von ihm durch den Autor gegeben war, in keiner Weise dem entspricht, was selbige Insel heute darstellt; sie mag ebenfalls die gleiche sein wie jene, die von Captain Davis 1686 gesehen ward, jedoch ist all dies zusammen nicht so sicher. Kurz gesagt: sollte dies nicht die nämliche Insel sein und sollte dies ergo nicht seine Entdeckung sein, kann selbige nicht weit vom amerikanischen Kontinent entfernt liegen, scheint doch dieser Breitengrad zwischen dem 80. und dem 110. Meridian erforscht, Captain Carteret gar war noch sehr viel weiter gelangt, jedoch scheint seine Route etwas zu weit südlich gewesen zu sein. So ich frisches Wasser auf dieser Insel gefunden hätte, hatte ich vor, diesen Punkt aufzuklären durch einen Besuch der niedrigen sandigen Insel, welche bei Wafer erwähnt ist; sintemalen ich jedoch keinen Erfolg hatte und auch noch einen langen Weg vor mir wußte, bevor ich sicher sein konnte, irgend etwas dieses köstlichen Nasses zu bekommen, und da ich weiter zur gleichen Zeit frischen Proviant benötigte, unterließ ich es, alldieweilen eine kleine Verzögerung üble Konsequenzen nach sich ziehen mochte. Keine Nation wird je für die Ehre kämpfen, die Osterinsel erforscht zu haben, sintemalen es kaum ein anderes Eiland in jenem Meer gibt, welches weniger Erfrischungen bietet und Annehmlichkeiten für die Schiffahrt denn dieses. Die Natur hat es kaum mit irgend etwas ausgestattet, was für den Menschen zu essen oder zu trinken gut sein könnte, und da der Eingeborenen nur wenige sind und man von ihnen annehmen darf, daß sie nicht mehr pflanzen, denn für sie selbst vonnöten ist, können sie nicht sehr viel haben, es mit Neuankömmlingen zu teilen. Die Produkte sind vornehmlich Kartoffeln, Wurzeln, Taro (ägyptische Nährwurzel), Paradiesfeigen und Zuckerrohr, alle exzellent in ihrer Art, die Kartoffeln sind die besten dieser Art, die ich je kostete; gleichfalls verfügen sie über Kürbisse und dieselbe Art der Baumwollpflanze wie die anderen Inseln, jedoch nicht in solcher Menge; Hähne und Hennen gleich den unseren, welche klein sind und nur in geringer Anzahl vorhanden, und dieses sind die einzigen Haustiere, die wir unter ihnen entdecken konnten; auch sahen wir keinerlei Vierfüßer, lediglich Ratten, welche sie, wie ich glaube, essen, sintemalen ich einen Mann sah, der einige von ihnen in seiner Hand hielt und nicht gewillt schien, sie zu teilen. Wir sahen kaum Landvögel und Seevögel, lediglich einige wenige. Die See erscheint wie von Fischen befreit, konnten wir doch nicht einen einzigen fangen, wiewohl wir es auch an den verschiedensten Plätzen mit Haken und Leine versuchten, und es waren auch nur sehr wenige, welche wir bei den Eingeborenen entdeckten. Dieses also sind nun die Produkte der Osterinsel, welche auf 27° 6′ südlicher Breite und 109° 51′ 40″ westlicher Länge liegt. Sie mißt etwa 10 Meilen im Umfang und bietet ein hügeliges, felsiges Bild, die Hügel waren von solcher Höhe, daß man sie auf 15 oder 16 Meilen noch sehen konnte … Die Einwohner dieses Eilandes zählen, soweit wir dies sehen konnten, nicht mehr denn sechs- oder siebenhundert Seelen, und mehr denn zwei Drittel dieser sind Männer, entweder haben sie nur so wenige Weiber unter ihnen, oder aber einer gleich großen Anzahl war es nicht gestattet zu erscheinen, welch letztere Wahrscheinlichkeit wohl größer ist. Sicherlich sind sie von selber Rasse wie die Neuseeländer und die anderen Insulaner, die Ähnlichkeit von

Sprache, Hautfarbe und einigen ihrer Gebräuche, all dies scheint dies zu beweisen; ich halte sie für ähnlicher den Einwohnern von Amsterdam und Neuseeland, denn jenen der weiter im Norden liegenden Eilande, welcher Umstand es möglich macht, daß hier ein Kranz von Inseln auf oder unter diesem Parallelkreis liegt, von denen einige zu verschiedenen Zeiten gesichtet worden sind ... Sie haben enorme Höhlen in ihren Ohren; was jedoch ihr Hauptohrenschmuck ist, ich kann es nicht sagen. Einige sah ich mit einem Ring, befestigt in der Höhlung im Ohr, ohne es herunter zu ziehen, desgleichen andere mit Ringen, welche gemacht schienen aus irgendeiner elastischen Substanz, aufgedreht ähnlich der Zugfeder einer Uhr: dies scheint der Ausweitung oder Vergrößerung der Höhlung zu dienen.

Ihre Waffen sind hölzerne Schilde und Keulen, sehr ähnlich jenen auf Neufundland, und Spieße von etwa 6 oder 8 Fuß Länge, und an einem Ende mit Stücken schwarzen Feuersteins angespitzt.

Ihre Häuser sind niedrig, lang und schmal und haben in vielem das Erscheinungsbild eines großen umgekippten Bootes, dessen Kiel gerundet oder verbogen ist; das längste von ihnen, welches ich sah, maß 60 Fuß in der Länge, 8 oder 9 in der Höhe und im Mittelteil und 3 oder 4 an jedem Ende, ihre Breite indes war nahezu überall gleich; die Tür befand sich inmitten der einen Seite, gebaut gleich einer Veranda, so niedrig und eng, daß es gerade einem einzigen Mann möglich war, auf allen vieren hindurchzukriechen. Die Wände bestehen aus kleinen Zweigen und die Deckung der Dächer aus Zuckerrohr und Feigenblättern und reicht von den Grundfesten bis zum Dach, so daß sie kein Licht haben, außer jenem, welches der kleine Eingang gestattet.

Über ihre Religion, Regierungsform etc. können wir nichts mit Sicherheit aussagen. Die stupiden Steinsta-

Frau von der Osterinsel

tuen, so an verschiedenen Plätzen entlang der Küste errichtet, sind sicherlich keinerlei Abbildung irgendeiner Gottheit oder gar Orte des Gottesdienstes; dagegen höchstwahrscheinlich Grabstätten einzelner Sippen oder Familien. Ich selbst sah ein menschliches Skelett in den Fundamenten des einen, welchselbes kaum mit Steinen bedeckt war; das, was ich ein Fundament nenne, ist ein längliches Geviert von etwa 20 oder 30 Fuß zu 10 oder 12, errichtet und bedeckt mit behauenen Steinen von erheblicher Größe, errichtet in einer so meisterlichen Art, daß dies hinlänglich die Genialität des Zeitalters zeigte, in welchem sie errichtet waren … Einige Stücke Schnitzwerkes wurden unter diesen Leuten gefunden, welche weder schlecht entworfen noch ausgeführt waren. Sie haben keine anderen Werkzeuge denn solche, die aus Steinen, Knochen, Muscheln etc. gemacht sind. Sie legen nur geringen Wert auf Eisen, obwohl sie dessen Gebrauch kannten; vielleicht erlangten sie ihre Kenntnis dieses Metalles von den Spaniern, welche dies Eiland 1769 besuchten und von denen sich unter ihnen noch einige Zeugnisse fanden, als da sind Kleidungsstücke etc.

Von der Osterinsel aus segelte Cook nordwärts der Tuamotus und entdeckte die Marquesas-Inseln erneut, welche Mendaña 1595 gefunden hatte.

Dienstag, 12. April

Diese Inseln sind … zunächst von Mendaña entdeckt und von ihm die Marquesas genannt worden, auch hatte er den einzelnen Inseln eigene Namen gegeben. Die nautische Beschreibung von ihnen in Mr. Dalrymples Kollektion ist unterschiedlich in keinem Punkt bis auf die Lagebeschreibung, und eben dieses war der Hauptgrund, dessenthalben ich zu landen wünschte, und der Grund dafür, sie zu besuchen, wird dies doch zu einem großen Teil die Lage aller anderen von Mendaña gemachten Eroberungen klären ... Die Einwohner dieser Eilande sind ohne Ausnahme eine so schöne Rasse wie irgendeine andere in diesem Meer oder wo auch sonst immer; die Männer sind in der eigenartigsten Weise tätowiert oder von Kopf bis Fuß bemalt, jedoch sind die Weiber (die nur ganz wenig tätowiert sind), Jünglinge und kleinen Kinder hell wie einige Europäer, sie kleiden sich mit derselben Art von Stoffen und Matten wie die Otaheitianer; als Schmuck tragen sie eine Art von Stirnband, eigenartig geschmückt mit Schildpatt, Perlmutt, Federn etc. Um ihren Nacken schlingt sich ein ähnliches Ornament, es wird gemacht aus Holz, auf welches mit Gummi eine große Menge kleiner roter Erbsen geklebt ist, auch tragen sie Büschel menschlichen Haares um ihre Beine, Arme etc.

Die Männer sind im allgemeinen groß, i.e. etwa 6 Fuß hoch, jedoch sahen wir keine von der Größe wie jene in Otaheite und den benachbarten Eilanden. Nichtsdestoweniger jedoch sind sie von derselben menschlichen Rasse, ihre Sprache, Gebräuche etc., all dies beweist es.

Sie leben in den Tälern und auf den Berghängen nahe ihren Pflanzungen, ihre Häuser sind errichtet in derselben Weise wie die auf Otaheite, sind jedoch sehr viel kleiner und nur bedeckt mit den Blättern des Brotbaums. Auch haben sie Wohnplätze oder ständige Aufenthalte auf den Spitzen der höchsten Berge, welchen Umstand wir mit Hilfe unserer Gläser feststellten, gestattete ich doch nicht einem einzigen unserer Leute, zu ihnen zu gehen, aus Furcht, von den Eingeborenen angegriffen zu werden, mit deren Gebräuchen wir nicht genügend vertraut waren.

Die Bai oder der Hafen von Madre de Dios – so genannt von Mendaña – liegt nahe der Mitte auf der Westseite, Sankt Christina unter dem höchsten Land auf dem

Eilande in 9° 55′ 30″ südlicher Breite und 139° 8′ 40″ östlicher Länge; hier ist der kleine von Quiros erwähnte Wasserfall …

Von den Marquesas segelte Cook westwärts nach Tahiti, das er nach einem Besuch auf Coral Island – so genannt von Byron – am 21. April sichtete. Er ankerte dann in der Matavai Bay am 22. April.

Die Expedition verbrachte die Zeit vom 22. April bis zum 4. Juni 1774 auf den Gesellschaftsinseln und den Freundlichen Inseln, sie erneuerte Freundschaften, sie strafte, wenn möglich, Beleidigungen und Diebstähle, sammelte eßbare Wurzeln – und steckte sich mit Frambösie (tropische Hautkrankheit) oder auch Geschlechtskrankheiten an. Eine neue und willkommene Abwechslung brachte das Erscheinen einer riesigen Armada von Kanus, die ganz offensichtlich einen innerinsularen Angriff vorhatten, den die Eingeborenen jedoch nicht unternehmen wollten, solange die *Resolution* noch da war, sehr zum Ärger von Cook, der sich stets eifrig bemühte, die Methoden der Eingeborenen beim Seegefecht kennenzulernen.

Donnerstag, 26. April

Am Morgen begab ich mich nach Oparre in Begleitung den beiden Herren Forster und einiger der Offiziere, um, einer Einladung folgend, Otou einen formellen Besuch abzustatten; da wir Oparre uns näherten, beobachteten wir eine Anzahl großer Kanus in Bewegung, jedoch waren wir erstaunt, als wir in die Nähe gelangten und mehr denn 300 von ihnen sahen, deren alle in guter Ordnung in einiger Entfernung entlang der Küste ruderten, alle vollständig ausgerüstet und bemannt, und eine riesige Menschenmenge an der Küste; solch eine unerwartete Fülle von Waffen, versammelt in unserer Nachbarschaft während einer einzigen Nacht, ließ verschiedene Vermutungen aufkommen ... Da wir in unser Boot gingen, nutzten wir die Zeit, diese Flotte zu besichtigen: die Kriegsschiffe bestanden aus 160 langen Doppelkanus, sehr gut ausgerüstet, bemannt und bewaffnet, ohne daß ich sicher war, sie hätten an Bord ihre ganze mögliche Besatzung von Kriegern: ich glaube es nicht. Der Häuptling und alle anderen auf den Gefechtsstationen waren in ihren Kriegshabitus gekleidet, i. e. in eine riesige Menge Stoffes, Turbane, Brustplatten und Helme, deren letztere teilweise von solcher Länge sind, daß sie ihren Träger auf das höchste behindern: in der Tat scheint ihre gesamte Kleidung schlecht gewählt für den Kampf, und sie scheint mehr für die Schau denn für den Gebrauch bestimmt; sei dem, wie dem wolle: sie gaben sicher dem ganzen Anblick eine gewisse Würde, so, als seien sie bemüht, sich selbst von ihrer besten Seite zu zeigen, ihre Schiffe waren geschmückt mit Flaggen, Wimpeln etc., so daß das Ganze einen großartigen und vornehmen Eindruck machte, wie zuvor solches nie in diesem Meer geschaut wurde; ihre Kriegsausrüstung bestand aus Keulen, Spießen und Steinen. Die Kanus waren nahe zusammengefahren, Seite an Seite, mit den Bugs zum Strand und dem Heck zur See: des Admirals Schiff befand sich, soweit ich das abschätzen konnte, in der Mitte. Neben diesen Kriegsschiffen befanden sich 170 Segel kleinerer Doppelkanus, deren alle ein kleines Haus trugen und mit Masten und Segeln ausgerüstet waren, deren die anderen entbehrten: diese Kanus müssen wohl Transporter oder Versorgungsschiffe oder beides sein und gleichzeitig die Aufgabe haben, Verwundete etc. aufzunehmen, in den Kriegsschiffen befand sich keinerlei Art von Proviant, welcher Art auch immer. In diesen 303 Kanus – so vermutete ich – befanden sich nicht weniger denn 1760 Männer, eine Zahl, welche unglaub-

Die Resolutions Bay auf den Marquesas

lich erscheint, namentlich da man uns gesagt hatte, sie gehörten alle zu den Distrikten von Attahourou und Ahopatea; nach überschläglicher Berechnung gestehe ich jedem Kriegsschiff, einem wie dem anderen, 40 Männer zu, Ruderer sowohl wie Krieger, und jedem der kleinen Kanus acht; jedoch die meisten der Herren, so sie diese Flotte sahen, dachten, die Anzahl der Männer in den Kriegskanus sei größer, denn ich vermutete ... Wir hatten Oparre noch nicht lange verlassen, bevor die ganze Flotte sich in Bewegung setzte und zurück nach Westen fuhr, von da sie gekommen. Als wir an Bord des Schiffes gingen, erzählte man uns, diese Flotte sei Teil des Heeres, welches gen Eimeo geschickt werden sollte, dessen Häuptling den rechtmäßigen Souverän von Otou gestürzt habe. Ich wurde weiter informiert, daß Otou weder jetzt noch früher in Matavai war, und dieserhalb ging ich nach dem Mittagessen erneut nach Oparre, woselbst ich ihn denn auch fand. Ich erfuhr nun, daß seine Befürchtungen und der Grund, warum er uns des Morgens nicht hatte sehen wollen, seine Ursache darin hatte, daß einige seiner Leute einen Teil meiner Kleider gestohlen hatten, und nunmehr fürchtete er, ich werde Vergeltung fordern; da ich ihm jedoch versicherte, ich werde den Frieden des Eilandes nicht aus solchem Grunde stören, zeigte er sich befriedigt.

Samstag, 30. April

Heute morgen hatte ich in Matavai Gelegenheit, die Leute in zehn Kriegskanus zu sehen, da sie ihre Paddelübungen absolvierten, sie waren gleichzeitig wohlausgerüstet für den Kampf, die Häuptlinge in deren Kriegskleidung etc. Bei ihrer Landung war ich zugegen und beobachtete, wie alle Paddler in dem Augenblick, da die Kanus den Strand berührten, aus denselben sprangen und sie mit Hilfe einiger weniger Leute am Strand auf diesen zogen, alsdann, ohne das Kanu zu stoppen, marschierten jene, die da an Deck waren, mit Ausnahme nur eines einzigen, mit ihren Waffen etc. davon; der eine jedoch, welcher zurückblieb, lief zwischen den beiden Vorderenden des Kanus dahin, bis dieses an seinem richtigen Platz lag, wo es zurückgelassen wurde, währenddessen ein jeder sein Paddel, seine Waffen etc. davontrug, also daß in fünf Minuten man nicht mehr sagen konnte, irgend etwas dieser Art sei vorgegangen.

Samstag, 14. Mai

Nie haben wir unsere Freunde früher verabschiedet denn an dem Tag, an dem wir eine Anzahl von Kriegskanus bei Oparre auftauchen sahen, waren wir doch begierig, sie näher in Augenschein zu nehmen, und daher eilte ich hinunter nach Oparre (begleitet von einigen der Offiziere etc.), das wir noch erreichten, bevor alle Kanus gelandet waren, und solchermaßen hatten wir eine Gelegenheit zu sehen, in welcher Art sie sich der Küste nähern, was in Teiltrupps, bestehend aus drei oder vier oder mehr Seite an Seite zusammenliegenden Kanus geschah; man sollte denken, eine solche Abteilung sei höchst unbeholfen, indes: es war ein Vergnügen zu sehen, wie gut sie gesteuert wurden; sie paddelten mit aller Macht auf die Küste zu, steuerten dabei in so geschickter Weise, daß sie ihre Linie vor der Küste bis auf einen Inch schlossen. Wir landeten zusammen mit den letzten von ihnen und sahen sie, da sie entlang der Küste lagen. Diese Flotte bestand aus 40 Seglern, war ausgerüstet in derselben Art wie jene, die wir zuvor gesehen, und gehörte zu dem kleinen Distrikt von Tettahe und war nach Oparre gekommen, um von Otou in Augenschein genommen zu werden ähnlich jenen, welche wir zuvor gesehen; zu dieser Flotte gehörten ein oder mehrere kleine Doppelkanus, welche nämlichen sie

Marae nannten, und welche auf ihrem Vorderteil eine Art Doppelbettplatz hatten, welcher mit grünen Blättern ausgelegt war, jeder von ihnen gerade groß genug, einen Mann aufzunehmen; diese dienten, so erzählte man uns, die Getöteten darauf zu betten ... Zusammen mit Otou ging ich zu einem der großen Doppelkanus, welches gerade im Bau und kurz vor der Fertigstellung war. Dieses war das bei weitem größte, das ich auf irgendeinem dieser Eilande sah; ich schenkte ihm für dieses Schiff eine englische Fahne und einen kurzen Mast hierfür, in dessen Gebrauch ich ihn zuvor völlig eingeführt hatte. Alsdann äußerte ich den Wunsch, daß diese beiden vereinten Kanus – i. e. was als Doppelkanu zu verstehen ist – *Britannia* gerufen werden mögen (der Name, welchen sie für unser Land akzeptiert hatten), welchem Wunsch er dienstfertig zustimmte, und so wurde das Doppelkanu entsprechend getauft ... Sobald das Boot zu Wasser gelassen war, wandten wir uns erneut nach Huaheine in der Absicht, unseren dortigen Freunden einen Besuch abzustatten; indes: es wird notwendig sein, zunächst einen Bericht über den gegenwärtigen Zustand von Otaheite zu geben, in Sonderheit deswegen, da er sich in vielem unterscheidet von dem, was er vor 8 Monaten war.

Ich habe schon die Bemühungen erwähnt, die wir in den Ebenen von Oparre und Matavai fanden: ähnliches ward beobachtet in jedem anderen Teil, in welchen wir gelangten: es schien uns nachgerade unglaublich, daß derart viele große Kanus und Häuser in einer derart kurzen Zeit wie acht Monate erbaut worden waren; die Werkzeuge, die sie von den Engländern und anderen Nationen, welche hier vorbeigekommen sein mochten, erhielten, haben das Werk ohne Zweifel erheblich beschleunigt, und gemäß einem alten Sprichwort schaffen viele Hände leichte Arbeit, jedoch werde ich bald zeigen, daß keinerlei Notwendigkeit an diesen bestand; auch die große Anzahl der Schweine war ein anderer Umstand, welcher unsere Aufmerksamkeit erheischte; jedoch ist dieses eher zu verstehen: es könnte sein und sicher war es auch so, daß sie eine große Anzahl davon hatten, da wir zuvor hier waren, jedoch nicht willens waren, mit irgend jemand zu teilen, und sie nämliche außerhalb aus unserer Sicht entfernt hatten; sei dem, wie dem mag: nunmehr erhielten wir so viele, wie wir irgend brauchen konnten während unseres Aufenthaltes, und auch einige mehr, um sie mit uns auf See zu nehmen … Ich muß gestehen, ich wäre gerne vier Tage länger geblieben, hätte ich sicher sein können, das Unternehmen werde dann in Gang gesetzt werden, jedoch schien es, als legten sie Wert darauf, daß wir zuvor verschwänden … Solchermaßen waren wir des Spektakels beraubt, diese große Flotte im Ganzen zu sehen und vielleicht gar Zuschauer eines Seegefechts zu werden, ein Anblick gar, wohl wert, ihn zu sehen, wie ich überzeugt bin. Ich nahm einige Unbequemlichkeiten auf mich, mich zu informieren, in welcher Weise sie den Kampf beginnen und wie sie auf See miteinander fochten, sintemalen ich jedoch nur wenig von ihrer Sprache verstand und sie gar nichts von der unseren, mußte der Bericht, den ich erhielt, sehr unvollkommen sein. In jedem Fall jedoch vermittelte er mir eine akzeptable Vorstellung hievon, welch selbe dem Leser zu erklären ich mich nun bemühen werde. Schon zuvor habe ich gesagt, daß all ihre Kriegsschiffe eine erhabene Plattform oder eine Art Bühne besitzen am äußersten vorderen Ende, welche acht oder zehn Mann tragen kann: dies sind *Tataotai's* oder Krieger. Sobald sie sich in Schlachtordnung formieren, stellen sie sich Brust an Brust mit dem Gesicht zum Feinde auf, und – wie ich es verstand – in Gruppen, als wenn sie landen wollten, um desto bereiter zu sein, die

Dorf auf der Insel Rotterdam

Linie zu schließen, sobald der Kampf beginnt: des Feindes Flotte ist derweilen in gleicher Weise formiert, und nunmehr jagen sie mit aller Macht aufeinander los, der Angriff beginnt zunächst mit Steinen, sobald sie jedoch sich einander nähern, greifen sie zu ihren anderen Waffen, da die Aufbauten der einen Flotte aussehen werden, als seien sie mit denen der anderen vereinigt.

Sonntag, 15. Mai

Ich habe schon erwähnt, daß wir – nachdem wir Otaheite verlassen hatten – Kurs auf Huaheine anlegten, und um 1 Uhr am Nachmittag dieses nämlichen Tages ankerten wir in der Nordeinfahrt des O'Wharre-Hafens, setzten die Boote aus und verholten auf einen geeigneten Liegeplatz, und daselbst machten wir das Schiff fest. Während dies geschah, kamen einige der Eingeborenen an Bord, unter welchen sich auch Oree, der Häuptling, befand: er brachte ein Schwein und einige andere Artikel mit sich, welch selbe er mir unter der üblichen Zeremonie übergab.

Montag, 23. Mai

Östliche Winde, wie schon erwähnt, seit wir hier sind. Sintemalen das Schiff losgemacht und alles fertig zum Segeln war, legten wir um 8 Uhr morgens ab und stachen in See; der gute Oberhäuptling war der letzte der Eingeborenen, welcher das Schiff verließ; als er uns verließ, erzählte ich ihm, wir würden einander nun nie mehr wiedersehen, woraufhin er unter Weinen sagte, dann lasset eure Söhne kommen, wir werden sie gut behandeln. Oree ist ein guter Mann im besten Sinne des Wortes, jedoch sind viele seiner Leute weit von dieser guten Art entfernt und scheinen sich sein hohes Alter zunutze zu machen. Die freundliche Behandlung, deren sie stets durch mich zuteil wurden, sowie die sorglose und unkluge Art, in welcher viele meiner Leute durch das Land streiften, hatte unter ihnen die falsche Meinung verbreitet, Feuerwaffen machten sie unbesiegbar: dieses hinwiederum hat einige dieser Leute ermutigt, Akte der Gewalttätigkeit zu begehen, die zu versuchen kein Mann in Otaheite sich je getraut hätte.

Montag, 23. Mai

Alsobald wir von Huaheine frei waren, setzten wir alle Segel und steuerten hinüber an das Südende von Olietea; einer der Eingeborenen der ersten Insel reiste mit uns, wie es zuvor schon einige andere aus Otaheite getan hatten.

Freitag, 27. Mai

Am Morgen kamen Oreo, sein Weib, sein Sohn und seine Töchter und einige mehr seiner Freunde an Bord und brachten Erfrischungen mit sich. Nach dem Mittagessen begaben wir uns an Land, woselbst wir unterhalten wurden mit einem Spiel, welches mit der Vorstellung eines kreißenden Weibes endete, welch selbe schließlich einen springenden Jungen von annähernd 6 Fuß Größe zur Welt brachte, der über die Bühne rannte und dabei hinter sich herzog, was wohl die Nachgeburt darstellen sollte. Ich hatte eine Gelegenheit, dies später erneut zu sehen, und beobachtete hierbei, daß, sobald sie den Burschen zu fassen bekommen, welcher das Kind darstellt, sie seine Nase schlagen oder aber dieselbe gegen sein Gesicht drücken, welches ein Brauch bei ihnen sein mag und der Grund, warum sie allesamt normalerweise flache Nasen oder das, was wir eine Stupsnase nennen, haben.

Samstag, 4. Juni

Ich machte allen anderen ihrem Rang entsprechende Geschenke. Oreos letzte Bitte an mich war, ich möge zurückkehren, und als er dann erfahren mußte, daß ich ihm dieses Versprechen nicht geben könne, erbat er den Namen meiner Grabstätte, eine eigenartige Frage an einen Seemann; jedoch zögerte ich keinen Moment, ihm meine Londoner Adresse zu geben. Ich mußte sie mehrere Male wiederholen, bis daß sie sie endlich richtig auszusprechen wußten, dann jedoch erscholl das Echo aus einigen hundert Mündern zugleich. Hernach erfuhr ich, daß ein Mann an Land Mr. Forster die nämliche Frage gestellt hatte; jedoch gab dieser eine andere und in der Tat sehr viel richtigere Antwort, so er sagte, niemand, der zur See fahre, könne wissen, wo er dereinst begraben werde. Es ist hier der Brauch wie in den meisten der anderen Nationen, für alle großen Familien eigene Beerdigungsstätten zu haben, wo ihre Gebeine beerdigt werden; diese gehen zusammen mit dem Titel auf den nächsten Erben über. Welch größeren Beweis wohl konnten wir haben, daß diese Leute uns schätzten und liebten als Freunde, deren zu erinnern sie sich wünschten; hatte man ihnen zunächst wiederholt erzählt, wir würden einander nie wiedersehen, so wünschten sie nun den Namen des Ortes zu kennen, da unsere Leiber zu Staub zurückkehren … Da ich das erste Mal auf diese Eilande kam, hegte ich einige Gedanken, die berühmte Insel von Bola-Bola zu besuchen; sintemalen ich nun jedoch alle notwendigen Reparaturen an dem Schiff vorgenommen hatte und eine reichliche Unterstützung an jeder Art von frischen Versorgungsgütern erfahren hatte, gedachte ich, es werde zu keinem Ende führen, dorthin zu gehen; und dieserhalb schob ich denn diesen Gedanken auf die Seite und wandte mich gen Westen und nahm zum letzten Mal Abschied von diesen glücklichen Inseln und ihren freundlichen Bewohnern.

Die Expedition segelte nun westwärts von den Gesellschafts- und Freundschafts-Inseln, um Quiros' Australia del Espíritu Santo (die Neuen Hebriden) zu untersuchen, die soeben von Bougainville wiederentdeckt und beschrieben worden waren.

Sie sahen Wallis' Insel, hatten eine Auseinandersetzung mit den Einwohnern einer Insel, welche Cook die »Savage Island« (die wilde Insel) nannte, sicherten sich aber trotz der üblichen Diebstähle einige Vorräte.

Sonntag, 5. Juni

Leichte Brise und gutes Wetter; ich habe zuvor erwähnt, daß ich Westkurs anlegte nach Verlassen Ulieteas; dieses geschah im Hinblick darauf, meine Entscheidung zu verwirklichen, Quiros' Entdeckungen zu besichtigen.

Montag, 27. Juni

Am frühen Morgen gingen der Kapitän und ich an Land, frisches Wasser zu suchen; von den Eingeborenen wurden wir hierbei mit größter Höflichkeit empfangen und zu einem Teich mit Brackwasser geführt, welch selben ich für das Tasman-Wasser hielt.

Dienstag, 28. Juni

Kaum war ich von dem Tümpel zurückgekehrt, als auch schon zum ersten Mal seit meiner Landung ein Weib und ein Mann mir eine junge Frau darboten und mir zu verstehen gaben, sie sei mir zu Diensten und Willen. Gar bald schon bemerkte ich, daß die Miss, welche möglicherweise ihre Instruktionen erhalten hatte, für ein Hemd oder einen Nagel verkauft werden sollte, deren ich weder das eine noch das andere bei mir führte außer dem Hemd auf meinem Rücken, welches hinzugeben ich nicht in Stimmung war. Ich machte sie bald mit meiner Armut vertraut und glaubte nunmehr, solchermaßen mit fliegenden Fahnen davongekommen zu sein, jedoch ich sollte mich irren, wurde mir doch zu verstehen gegeben, ich möge sie auf Kredit behalten, sintemalen auch dieses mir nicht gefiel, begann die alte Dame zunächst, mich zu beschwätzen zu versuchen und, als dies fehlschlug, mich zu schmähen; ich verstand nur wenig von dem, was sie sagte, jedoch waren ihre Gesten eindrücklich genug und zeigten an, daß ihre Worte etwa folgenden Effekt hatten: Sie lachte mir höhnisch ins Gesicht und sagte etwa: »Welch ein Mann nur seid Ihr, die Umarmungen eines so schönen jungen Weibes zurückzuweisen«, war doch das Mädchen in der Tat nicht ohne Reiz, dem ich jedoch auf jeden Fall zu widerstehen wußte, nicht jedoch den Beleidigungen des alten Weibes, und dieserhalb hastete ich in das Boot; nunmehr suchten sie mich zu nötigen, das Mädchen mit mir an Bord zu nehmen, dies jedoch konnte nicht sein, war ich doch entschlossen, keines Weibes Anwesenheit an Bord zu dulden, unter welchem Vorwand auch immer dies sei, und strikte Anweisungen an die Offiziere zu diesem Punkt gegeben hatte aus Gründen, deren Erwähnung zu tun ich mich an anderer Stelle bemühen werde.

Donnerstag, 30. Juni

Sintemalen der Wind ungünstig stand und zudem recht schwach war, wurden der Nachmittag und die Nacht treibend verbracht bei aller Vorsicht, welche solche Art der Navigation erfordert. Wandte mich am Morgen den höheren Eilanden zu, da ich die Unterstützung einer leichten Brise aus West-Südwest fand. Der Tag hatte sich noch nicht geneigt, da wir aus allen Gegenden Kanus kommen sahen; der Handel war gleichermaßen rege wie gestern, oder besser gesagt, er war noch besser, erhielt ich doch aus einem der Kanus ein Schwein, welche bei ihnen selten waren.

Freitag, 1. Juli

Leichte Brisen und wolkiges Wetter. Um 4 Uhr nachmittags erreichten wir die beiden hohen Eilande, deren südliches und gleichzeitig das nämliche, auf welchem ein Vulkan sich befindet oder sich befinden soll, von den Eingeborenen Amattafoa genannt wird, und deren anderes, welch selbes rund ist, hoch und gebirgig, Oghao genannt wird ... Da wir uns in der Passage zwischen den beiden Eilanden befanden, hatten wir recht wenig Wind, welch nämlicher Umstand einem großen Segelkanu, das uns schon die ganze Zeit verfolgt hatte, Gelegenheit gab, zu uns heranzukommen, wie auch einigen anderen, die mit Paddeln ausgestattet waren und die wir hinter uns gelassen hatten, da die Brise noch frisch war; etliche der Leute kamen an Bord des Schiffes, den üblichen Handel zu beginnen, wie es auch jene versuchten, welche längsseits gegangen waren ... Die Bewohner, Landesprodukte etc. von Rotterdam oder Annamocka und der nachbarschaftlichen Eilande sind weithin gleich denen in Amsterdam. Schweine und Hühner indes sind rar, der ersteren bekamen wir lediglich sechs und der letzteren nicht sehr viele mehr. Gemüsewurzeln war das, was wir zuvörderst erhielten, war doch jedwede andere Frucht sehr viel seltener und von geringerer Qualität. Nicht die Hälfte des Eilandes ist bedeckt mit Plantagen gleich jenen in Amsterdam, jedoch sind die anderen Teile nicht weniger fruchtbar oder weniger gut bearbeitet; hier ist in jedem Fall sehr viel mehr wüstes Land im Verhältnis zu seiner Größe, denn wir auf Amsterdam fanden, während die Menschen sehr viel ärmer erscheinen, so man an Kleidung, Tuch, Ornamente etc. denkt, welch selbe einen großen Teil des Reichtums dieser Leute darstellen. Die Leute dieses Eilandes scheinen stärker von der Geißel der Lepra gezüchtigt oder einiger anderer Seuchen, denn ich je zuvor gesehen: sie nimmt ihren Ausgang vom Gesicht aus mehr denn von irgendeinem anderen Teil des Körpers.

Sonntag, 17. Juli

Setzte die Fahrt gen Westen fort bis 3 Uhr nachmittags, da wir Land im Südwesten sichteten ... Es gab für mich keinen Zweifel: dieses war jenes Land, welches Quiros das Australia del Espíritu Santo nannte, oder nämliches, das von Monsieur de Bougainville die Großen Zykladen genannt worden waren; auch zweifelte ich nicht, daß die Küste, der wir uns nunmehr näherten, die Ostseite der Sonnenaufgangs-Insel sei.

Auf den Neuen Hebriden fand die Expedition einen neuen Typ des pazifischen Insulaners, einen negroiden Typ, der trotz seines wenig attraktiven Erscheinens offensichtlich weniger zum Diebstahl neigte als die Polynesier weiter im Osten. Trotzdem gebärdeten die Einwohner einiger dieser Inseln sich derart wild, daß der Gebrauch von Feuerwaffen notwendig wurde.

Freitag, 22. Juli

Landeten etwa um 9 Uhr im Angesichte etwa vier Hunderter oder fünf Hunderter Menschen, welche wir an der Küste versammelt sahen, gar wohl bewaffnet mit Pfeilen und Bogen, Keulen und Speeren, doch machten sie nicht die allergeringsten Schwierigkeiten, ganz gegenteilig gab einer der Männer seine Waffen einem anderen und kam uns in seichtem Wasser entgegen mit einem grünen Zweig in seiner Hand, welch selben er gegen jenen eintauschte, den ich in meiner Hand hielt; alsdann nahm er mich bei der anderen Hand und führte mich hinauf zu der Menge, daselbst ich ihnen Medaillen, Tücher etc. zum Geschenke machte ... Der Nägel Wert existierte nicht für sie, auch schienen sie sich nicht für irgend etwas anderes zu interessieren, das wir bei uns führten; nur ganz vereinzelt zeigten sie sich bereit, einen Bogen gegen ein Stück Tuch einzutauschen, jedoch weigerten sie sich konstant, auch nur einen einzigen ihrer Pfeile abzugeben, auch zeigten sie sich nicht willens, uns in das Landesinnere gelangen zu lassen, zeigten sich jedoch außerordentlich begierig, zu uns an Bord zu gelangen; nicht ein einziges Wort verstanden wir von dem, was sie sagten: sie sind absolut verschieden von allen anderen, welche wir je sahen, und sprechen eine andere Sprache, sie sind nahezu von schwarzer oder gleich dunkler Schokoladenfarbe, dabei schlank, nicht sehr groß, haben Gesichter wie Affen und wolliges Haar. Zur Mittagszeit etwa, da sie alles Holz an Bord gesandt hatten, welches wir allda geschlagen, kehrten wir alle an Bord zurück und fuhren wieder fort, da sie alle sich zurückzogen, der eine diesen Weg, der andere einen anderen.

Samstag, 23. Juli

Irgendwann in der vergangenen Nacht hatten die Eingeborenen die Boje des Bugankers, vor dem wir gelegen hatten, entfernt, welch selbe ich nun von einem Burschen den Strand entlanggebracht sah zu unserem Landeplatz. Dieserhalben nahm ich ein Boot und fuhr hinaus, sie zu holen, wobei ich von einigen der Wissenschaftler begleitet wurde; denselben Moment, da wir landeten, wurde die Boje in unser Boot gelegt von einem Mann, welcher sich hernach entfernte, ohne auch nur ein einziges Wort zu sagen; der Umstand verdient Erwähnung, daß dieses das einzige Dinge war, das sie von uns genommen, und daß sie bei all ihren Geschäften auf strikteste Ehrenhaftigkeit bedacht scheinen. Da wir nahe einiger ihrer Häuser und Anpflanzungen gelandet waren, welche geradenwegs vor dem Waldsaum lagen, so

Auseinandersetzung mit Eingeborenen der Neuen Hebriden

bat ich einen der Männer, mich diese sehen zu lassen; sie nahmen es hin, daß Mr. Forster mich begleitete, zeigten sich jedoch nicht gewillt, irgend jemand sonst folgen zu lassen. Ihre Häuser sind niedrig und bedeckt mit dikken Palmblättern, ihre Form ist lang, und einige sind eingefriedet an den Enden, allwo sich der Eingang befindet, durch eine Viereck-Einfriedung, welche zu jener Zeit geöffnet war; sie luden uns nicht ein, eine davon zu betreten, und wir versuchten nichts gegen ihren Willen; neben diesem Platz stand ein halbes Dutzend Häuser, einige wenige kleine Anpflanzungen, die mit kleinen Hecken aus Ried eingezäunt waren ... Nunmehr segelten wir zu jenem Punkt des Naturhafens, da wir die drei bereits erwähnten ferneren Eilande sehen konnten, deren Namen, wie wir nun erfuhren, dieselben waren wie der ihres eigenen Landes, welches sie Mallecollo nannten, ein Name, welchen wir erwähnt finden bei Quiros, oder doch wenigstens einen ähnlichen: also ist da kein Raum mehr für Zweifel, daß beide sie dieselbe Insel meinten.

Um 7 Uhr morgens segelten wir bei leichter Brise aus Ost-Südost gen Nordosten, die Eilande, welche hier lagen, zu untersuchen ... Die Leute dieses Landes sind im allgemeinen die unsaubersten und häßlichsten, die ich je sah; allem, was bereits über sie gesagt wurde, kann ich nur noch hinzufügen, daß sie dicke Lippen, flache Nasen und ein affenartiges Gebaren besaßen.

Ihre Bärte gleich ihren wolligen Köpfen sind von einer schwarzen bis braunen Farbe. Die Männer gehen nackt; es kann kaum gesagt werden, sie bedeckten ihre natürlichen Blößen. Ihre Männlichkeit ist höchst ausgeprägt, doch winden sie ein Stück Tuches oder ein Blatt um ihre Hüften, welches sich nach oben aufstülpt zu einer Art Bandage, welch selbe sie um ihren Leib tragen justament unter den kurzen Röcken und dies so eng, daß es uns Wunder nahm, wie sie dieses ertrugen. Auch haben sie eigentümliche Ringe um ihre Arme gerade oberhalb des Ellbogens, welch selbe gemacht sind von Bast und geschmückt werden mit Muscheln und deren Breite etwa 4 oder 5 Inches beträgt; nie wollten sie eine davon verkaufen; auch tragen sie um ihre Handgelenke Schweinezähne und Ringe aus großen Muscheln; die Rücken der Nasen sind durchlöchert, und durch eben jene Löcher tragen sie Ornamente, welche jene Löcher geformt haben mögen: sie sind gemacht aus einem Stein, welcher dem Alabaster nicht unähnlich ist, auch tragen sie mitunter kleine Ohrringe aus Schildkrötenplatten. Wir sahen der Weiber nur wenige, und diese waren gleich den Männern höchst unappetitlich; Kopf, Gesicht und Schultern waren bemalt mit einer roten Farbe, sie tragen ein Stück Tuches um die Mitte des Leibes und ein anderes über ihre Schultern, in welchem sie ihre Kinder tragen.

Ihre Waffen sind Bogen und Pfeile, Keulen und Speere, gefertigt aus hartem Eisenholz. Die Pfeile sind primitiv bearbeitet, und einige von ihnen besitzen eine lange scharfe Spitze aus erwähntem Eisenholz, andere besitzen eine äußerst scharfe Spitze von Knochen, bedeckt mit einer grünen gummiartigen Substanz, welche wir für Gift hielten, und die Eingeborenen bestärkten uns in diesem unseren Verdacht, machten sie uns doch Zeichen, diese Spitze nicht zu berühren. Ich sah einige davon ausgestattet mit zweien oder dreien dieser Spitzen mit kleinen Widerhaken, die die Pfeile fest in der Wunde zu halten dienen.

Sonntag, 24. Juli

Die Nacht, bevor wir aus dem Hafen ausliefen, wurden zwei rote Fische, etwa der Länge eines großen Brassen und diesem nicht unähnlich, mit Leine und Haken gefangen, von denen die meisten der Offiziere und einige der Unteroffiziere des nächsten Tages aßen. Des Abends wurde ein jeder, der von diesen Fischen gegessen, von heftigen Schmerzen des Kopfes und der Glieder befallen, sie alle waren unfähig zu stehen, wobei sie eine brennende Hitze überall auf der Haut befiel. Auch die Hunde und die Schweine litten unter diesen Anzeichen, so sie von dem Fisch gefressen, und eines der Schweine gar starb 16 Stunden später, da einen jungen Hund wenig später dasselbe Schicksal ereilte. Dies muß die nämliche Art von Fisch sein, die Quiros mit dem Namen Pargon belegte und welche die Mannschaften seiner Schiffe vergiftete. Wir hatten Grund, dankbar zu sein, nicht mehr von ihnen gefangen zu haben.

Donnerstag, 4. August

Um 6 Uhr am Nachmittag gingen wir unter Land im Nordwesten nahe dem Ende der Insel; allda ankerten wir in 17 Faden tiefem Wasser eine halbe Meile vor der Küste, der Boden war schwarzer Sand. Bei Tagesanbruch versicherte ich mich zweier Boote, die Küste zu inspizieren, nach einem geeigneten Landungsplatz Ausschau zu halten und nach Holz und Wasser zu suchen. Es erschienen etliche der Leute am Strand und luden uns durch Zeichen ein, zu ihnen zu kommen; mit einiger Mühe, bedingt durch die Felsen, welch selbe überall die Küste säumten, kamen wir zum Strande an einem Orte, da wenige der Leute zu uns kamen, welchen ich Stücke Tuches, Medaillen etc. übergab. Da sie sahen, daß ich an einen anderen Platz zu gelangen gedachte, denn sie mir zeigten, rannten sie den Strand entlang in Höhe der Boote und geleiteten uns schließlich und endlich zu einem Platze, einem Stück sandigen Strandes, daselbst ich aus dem Boot aussteigen konnte, ohne mir auch nur einen einzigen Fuß zu nässen. Ich landete im Ange-

Mann von den Neuen Hebriden

sichte einer großen Menge, mit weiter nichts denn einem grünen Zweig in der Hand, welch selben ich von ihnen erhielt; ich ward empfangen mit größter Höflichkeit, und da sie meine Zeichen verstanden, sich fernzuhalten, ließ einer der Männer, in welchem den Häuptling zu sehen ich Grund hatte, diese einen Halbkreis rund um das Boot machen und schlug einen jeden, der da versuchte, diese Ordnung zu durchbrechen ... Ich war eingenommen von ihrem Benehmen, das einzig Ding, das geeignet erschien, einen gewissen Rest von Argwohn zu erwecken, war der Umstand, daß die meisten mit Keulen, Stöcken, Steinen, Bögen und Pfeilen bewaffnet waren. Der Häuptling gab mir ein Zeichen, das Boot an Land zu ziehen, indes: ich gab ihm zu verstehen, daß ich zuvörderst an Bord des Schiffes gehen müsse und daß ich alsbald zurückzukehren gedächte, um zu tun, wie er wünschte, und ging also in das Boot und ließ ablegen; indes waren sie nicht gewillt, so bald von uns zu scheiden, und nunmehr versuchten sie mit Gewalt zu erreichen, was sie auf freundlichere Art nicht erreicht hatten: der Anlegesteg, welcher ausgelegt worden war, mich an Land zu geleiten, diente jetzt einigen, das Boot damit festzuhalten, alldieweil andere die Ruder festhielten; da ich nunmehr eine Muskete auf sie anlegen ließ, ließen sie ein wenig nach, jedoch setzten sie alsbald ihre Bemühungen auf das heftigste fort, wobei sie ganz offensichtlich entschlossen schienen, das Boot am Strande festzuhalten, an ihrer Spitze der Häuptling, und alle anderen, so sie nicht Raum genug hatten, zum Boot zu gelangen, standen bereit mit ihren Stecken und Bögen und Pfeilen, ihnen zu Hilfe zu eilen: unser einziger Wunsch wurde unsere eigene Sicherheit, und wenn ich auch sehr wenig geneigt war, in eine derartige Menge hineinzufeuern und mich ergo entschloß, einzig den Häuptling zum Opfer seiner eigenen Handlungen werden zu lassen, so versagte jedoch meine Muskete gerade in diesem kritischen Augenblick ihren Dienst und machte es absolut erforderlich, meinen Leuten Feuerbefehl zu geben, allzumal die Eingeborenen nunmehr begannen, ihre Pfeile abzuschleudern, sowie Spieße und Steine nach uns zu werfen; unsere erste Salve stürzte sie in Verwirrung, eine zweite indes war völlig ausreichend, sie vom Strand zu vertreiben, und dennoch fuhren sie trotz allem fort, Steine hinter den Bäumen und Büschen hervorzuwerfen, hinter welche sie sich geflüchtet hatten, alldieweil einer von Zeit zu Zeit hervorkam, einen Spieß nach uns zu werfen; der Angreifer viere lagen aller Erscheinung nach tot auf dem Strande, jedoch krochen zweie danach in die Büsche, und glücklicherweise für diese armen Leute versagte die Hälfte unserer Musketen, andernfalls wohl viele von ihnen gefallen wären ... Diese Inselbewohner sind von verschiedener Rasse denn jene von Mallecollo und schienen eine völlig andere Sprache zu sprechen; sie sind von mittlerem Wuchs, haben ein gutes Aussehen und annehmbares Äußeres, auch sind sie von dunkler Schokoladenfarbe und bemalen ihre Gesichter mit einer Art schwarzen oder roten Pigmentes, ihr Haar ist sehr kraus und in gewisser Weise ähnlich der Wolle: der Weiber sah ich einige, welche mir häßlich erschienen; sie trugen eine Art Rock aus den Blättern der Palme oder einer anderen der Palme ähnlichen Pflanze. Die Männer trugen ähnlich jenen von Mallecollo nichts denn lediglich einen Beutel für ihre Geschlechtsteile, welchen sie zuschnüren und mit einer Schnur um ihre Taille befestigen konnten.

Mittwoch, 10. August

Gestern erfuhr Mr. Forster von jenen Leuten den Namen des Eilandes (Tanna), und des heutigen Tages erfuhr ich von ihnen die Namen jener in der Nachbarschaft. Sie gaben uns in einer Art zu verstehen, welche nicht den geringsten Zweifel zuließ, daß sie Menschenfleisch verzehrten; sie kamen auf dieses Thema, da sie uns fragten, ob auch wir solches zu speisen gedächten: desgleichen gaben sie uns zu verstehen, daß die Beschneidung unter ihnen Sitte sei.

Donnerstag, 11. August

Südlicher Wind mit einigen schweren Regenschauern in der Nacht. Am Nachmittag versteckten sich der Knaben zwei oder drei hinter dem Dickicht, und von dort warfen sie zwei oder drei Steine auf unsere Leute, welche allda Holz schnitten, wofür sie denn unter Feuer genommen wurden von den gerade anwesenden Unteroffizieren. Ich war zuhöchst erbost über einen solchen Mißbrauch unserer Feuerwaffen, und ergo ergriff ich Maßnahmen, solches für die Zukunft zu verhindern. Des Nachts und während des größten Teiles des nächsten Tages grollte der Vulkan, auch warf er riesige Säulen Rauches und Feuers bei jedem neuen Ausbruche aus, und auch große Steine wurden hoch in der Luft gesehen bei einem dieser Ausbrüche.

Sonntag, 14. August

Wir lernten diese Leute als zivilisierte und gutmütige Menschen kennen, wo sie nicht durch Mißtrauen zu anderem Verhalten verleitet wurden, einem Verhalten zumal, dessen man sie nicht schelten kann, ist es ihnen doch, so man bedenkt, in welchem Licht sie uns sehen müssen, unmöglich, unsere wirklichen Wünsche zu erraten: wir betreten ihre Häfen, ohne ihres Widerstandes zu achten, wir trachten, auf friedfertige Weise zu landen, so dieses von ihnen nicht gestattet wird,. so landen wir nichtsdestoweniger und behaupten unsere Überlegenheit mit Hilfe unserer Waffen: in welch anderem

Licht denn können sie uns zunächst sehen denn als Eroberer ihres Landes; nur die Zeit und ein großes Maß an Verständnis unsererseits können sie von ihrem Fehler überzeugen.

Freitag, 19. August

Winde nördlich bei leichter Brise. Zumal am Vormittag der Wind noch nicht günstig genug stand, unser Auslaufen zu ermöglichen, sandte ich wie gewöhnlich Mr. Wales und eine kleine Truppe aus, den Rest eines Baumes herzubringen, welchen wir geschlagen, um eine Ruderpinne aus ihm zu schnitzen. Ein großer Teil der Eingeborenen war wie gewöhnlich nahe dem Landeplatz versammelt, und unglücklicherweise ward einer der Ihren von einem der Unseren niedergeschossen; ich, der ich anwesend war, sah nicht den leisesten Grund, einen solchen Exzeß zu begehen, und war über alle Maßen empört über die Unmenschlichkeit eben dieser Tat; jener Unmensch, der dieses Verbrechen begangen hatte, behauptete auch noch, der Eingeborenen einer habe einen Pfeil auf seinen Bogen gelegt und ihn in einer Art und Weise gehalten, welche ihn glauben ließ, er befinde sich in Gefahr; indes: um nicht mehr handelte es sich hier denn um das, was jede Stunde geschah, und ich glaube, daß es sich hier nur um eine Geste handelte, uns sehen zu lassen, daß sie gleich uns wohl bewaffnet waren: was die ganze Geschichte noch unglücklicher machte, ist der Umstand, daß nicht jener, welcher den Bogen gespannt hatte, sondern ein anderer in seiner Nähe durch diesen Schuß gefällt wurde.

Donnerstag, 23. August

Frische Brise aus Ost-Südost und klares Wetter. Um 4 Uhr am Morgen näherten wir uns dem Eilande, auf welches wir schon seit geraumer Zeit zusteuerten und welches sich zu dieser Zeit von Norden nach Nordwesten erstreckte. Da wir nicht gewillt waren, irgend einen Zwischenfall mit den Einwohnern jenes schönen Eilandes zu haben, so gab ich ihm seinen wahren Namen: ich nannte es die Sandwich-Insel zu Ehren meines noblen Patrons, des Earl of Sandwich.

Am 25. August fand sich Cook am Eingang der Bai von Sankt Philipp und Sankt Jakob, wo Quiros seinerzeit im Jahre 1606 versucht hatte, sein Neu-Jerusalem zu gründen. Während man ohne weiteres zugestehen muß, daß Cooks, eines Entdeckers, Motive weniger nobel waren als die des Quiros mit seinen franziskanischen Missionaren und seinen Rittern vom Heiligen Geist, so waren doch die Briten trotz einiger unglücklicher Umstände sehr viel weniger grausam und gewalttätig gegenüber den Eingeborenen als Quiros' spanische Nachfolger.

Donnerstag, 25. August

In Verfolg einer Umrundung des Kaps fanden wir den Küstenverlauf gen Süden gerichtet, da er eine außerordentlich große und tiefe Bai formte, deren eine Grenze das oben erwähnte Land im Westen bildete. Jedes Ding, das zu sehen war, ließ uns glauben, dieses sei die Bai von Sankt Philipp und Sankt Jakob, die beide von Quiros im Jahre 1606 entdeckt wurden. Um Sicherheit über diesen Punkt zu gewinnen, war es notwendig, sie im Ganzen zu umfahren, sahen wir doch zu diesem Zeitpunkt noch keinerlei Ende, bei welchem Unterfangen uns eine leichte Brise aus Süd half, welche gen Mittag auf Osten umsprang.

Samstag, 27. August

Der Windstille folgte um 1 Uhr nachts eine leichte Brise aus Nordwesten, mit welcher wir bis 3 Uhr die Bai hinaufsegelten; alsbald, da wir uns etwa 2 Meilen vor der Küste befanden, schickte ich Mr. Cooper und den Ersten Offizier, den Grund auszuloten und die Küste zu untersuchen, dieweil wir mit dem Schiff auf und ab fuhren, welches dreien Kanus Zeit gab, welche uns zuvor gefolgt waren, zu uns heranzukommen; in einem jeden von ihnen befanden sich fünf oder sechs Männer; sie kamen nahe genug heran, solche Dinge in Empfang zu nehmen, welche wir ihnen zuwarfen, jedoch wollten sie nicht längsseits kommen. Es war dieselbe Art Leute, wie wir in der vergangenen Nacht gesehen, auch hatten sie einige Ähnlichkeit mit jenen von Mallecollo, schienen jedoch schlanker und von besserem Aussehen und sprachen – soweit wir solches beurteilen konnten – eine andere Sprache, welcher Umstand uns glauben ließ, sie gehörten einer anderen Nation an: vielleicht derselben, welche Annamoka und die benachbarten Eilande bewohnt, zumal einer der Ihren bei einer Gelegenheit die Zahlen bis fünf oder sechs in eben jener Sprache aufzählte; einige trugen das krause Haar kurz, welches wie Wolle aussah, andere hatten es aufgebunden gleich einer Krone auf ihrem Kopf und geschmückt mit Federn ähnlich den Neuseeländern, ihr anderer Schmuck waren vornehmlich Armreifen und Halsreifen, und einer von ihnen trug ein Ding gleich einer weißen Muschel auf seiner Stirn. Etliche waren schwarz angemalt. Dem Anscheine nach trugen sie keinerlei andere Waffen mit sich denn Wurfspieße und Fischernetze, welch beide den Eindruck machten, nur für den Fischfang in Gebrauch zu sein. Die Kanus, welche ohne Zweifel Meisterstücke handwerklicher Kunstfertigkeit waren, waren ausgestattet mit Auslegern. Die Segel hatten Dreiecksform und waren ausgespannt zwischen zwei Stecken, deren einer der Mast war und deren anderer der Quermast oder Schlagbaum war, wenigstens erschienen sie uns so, die wir sie in einiger Entfernung unter Segeln sahen ... Es war nicht zweifelsfrei zu klären, ob dieses die Bai von Sankt Philipp und Sankt Jakob war, war doch der Hafen von Veracruz nicht zu finden; wohl hatte ich meinerseits keinerlei Zweifel, fand ich doch wichtige Punkte in Übereinstimmung mit Quiros' Beschreibung, und das, was er den Hafen von Veracruz genannt hatte, ist zweifelsfrei der Ankerplatz am Kopfe der Bai, welcher wenig weiter von dem Orte entfernt liegen mag, da wir loteten: es war jedoch wohl nur natürlich für sie, einem Platze einen Namen zu geben, da sie so lange vor Anker lagen.

Die Expedition machte nun die bedeutende und absolut neue Entdeckung der großen Insel Neukaledonien. Leider konnte Cook wegen des südlichen Sommers, und da die antarktische Jahreszeit weiter fortschritt, hier nur zehn Tage verbringen, und er war deshalb nicht in der Lage, mehr als die Hälfte der Küste zu beschreiben.

Montag, 5. September

Setzten unsere Fahrt gen Süden bei leichter Brise aus Osten bis 6 Uhr nachmittags fort, da wir drei Meilen von einem Lande entfernt waren, dessen Ende sich von Südosten nach Nordwesten erstreckte. Im Westen der Küste erschienen einige Öffnungen, so daß wir nicht fähig sind festzustellen, ob es sich um eine ununterbrochene Küstenlinie handelt; ich nannte dieses Land Cape Colnett gemäß dem Namen des Mitschiffsmannes, der dieses Land als erster sah.

Kaum hatten wir geankert, da wir uns schon umringt sahen von einer riesigen Anzahl von Leuten, deren meiste ohne Waffen gekommen waren: anfangs gebärdeten sie sich ein wenig scheu, indes: wir brauchten nicht lange auf die Leute einzureden, bis eines der Kanus nahe genug kam, einige Geschenke zu empfangen, wel-

Mann von der Insel Tanna

che wir ihnen an einer Leine herabließen, an welche sie als Entgegnung zwei Fische banden, welche unerträglich stanken gleich jenen, welche sie uns am Morgen brachten; diese einseitigen Tauschgeschäfte brachten gar bald eine Art Vertrauen, dessenthalben zwei wagten, an Bord zu kommen, und wenig später nur war das ganze Schiff voll von ihnen, und wir hatten die Gesellschaft einiger zum Mittagessen in der Kabine. Unser Mahl bestand aus Erbsensuppe, gesalzenem Rindfleisch und Schweinefleisch, das zu kosten sie keinerlei Neugierigkeit bewiesen, jedoch aßen sie einige der Yamwurzeln, welche sie *Oobee* nannten, welches ähnlich klingt dem Worte *Ooofee*, dem nämlichen Namen, bei welchem sie auf allen Inseln, die wir besucht hatten, gerufen wurden, mit Ausnahme nur auf Mallecollo. Nichtsdestoweniger jedoch hörten wir diese Leute eine Sprache sprechen, welche völlig neu für uns war. Sie zeigten sich gar neugierig, sahen in jede Ecke des Schiffes und betrachteten alles mit großer Aufmerksamkeit; sie hatten nicht die geringsten Kenntnisse von Ziegen, Schweinen, Hunden oder Katzen, ja nicht einmal einen Namen hierfür kannten sie; das Eisen schien sie zu interessieren, besonders lange spitze Nägel und Stücke roten Tuches oder auch solches von jeder anderen Farbe, doch rot war stets ihre Lieblingsfarbe.

Mittwoch, 7. September

Um weniges nur später ging eine Gruppe von uns, das Land in Augenschein zu nehmen, wobei der Eingeborenen zwei unsere Führer waren, welch selbe uns die Hügel hinauf auf einem recht guten Wege führten, da wir auf unserem Wege vielen Leuten begegneten, deren meiste uns folgten, also daß wir schließlich ein zahlloser Zug waren; einige jedoch wünschten, wir möchten zurückkehren, jedoch schenkten wir ihren Zeichen keinerlei Beachtung, und sie schienen nicht ungehalten, da wir voranschritten. Schließlich erreichten wir die Spitze eines der Hügel, und von da aus sahen wir die See zwischen zwei höheren Hügeln in einer beträchtlichen Entfernung auf der anderen Seite des Eilandes. Zwischen jenen hohen Hügeln und der Erhebung, da wir uns nunmehr befanden, liegt ein großes Tal, durchzogen von einem Flusse, welcher dem Ganzen einen nicht geringen Reiz verlieh, ja so schön war das Land vor uns mit seinem sich windenden Strome, dem die Natur die Richtung verliehen, den kleineren Strömen, die diesem zuliefen, und den Kanälen durch ihre Anpflanzungen nahe den kleinen Dörfern und der ständigen Abwechslung durch kleinere dazwischengestreute Wälder, daß es sehr wohl das Auge eines Malers zu entzücken gewußt hätte.

Donnerstag, 8. September

Machten am Nachmittag einen kleinen Ausflug entlang der Küste gen Westen, trafen jedoch auf nichts Bemerkenswertes; die Eingeborenen begegneten uns überall mit der größten denkbaren Freundlichkeit. Meinem Adjutanten ward ein Fisch von den Eingeborenen gegeben, und dieser reichte ihn mir nach meiner Rückkehr an Bord: er war von einer neuen Art, ähnlich einem Thunfisch; sintemalen wir nicht im geringsten argwöhnten, er könne in irgendeiner Weise giftig sein, hatten wir ihn für das Abendessen bestimmt, indes: glücklich wir, die wir von ihm nur Leber und Rogen verzehrten, war es doch zu spät geworden darüber, ihn zu beschreiben und zu zeichnen, und auch waren es nur die beiden Herren Forster und ich, die davon nur ein wenig kosteten. Um drei oder vier Uhr am Morgen waren wir befallen von einer ungewöhnlichen Schwäche in all unseren Gliedern, welche begleitet ward von Taubheit oder auch einem Gefühl, das man empfinden mag, so man Hände oder Füße zunächst ins Feuer legt, nachdem sie zuvor nahezu erfroren waren; nahezu zur Gänze verloren hatte ich das Gefühl, auch konnte ich schwere und leichte Gegenstände nicht von einander unterscheiden: ein Topf voll Wassers und eine Feder wogen gleichermaßen schwer in meiner Hand. Ein jeder von uns nahm ein Brechmittel und danach einige Süßigkeiten zu sich, welche große Erleichterung verschafften. Der Schweine eines, welches die Eingeweide gefressen hatte, ward tot aufgefunden, die Hunde hatten von den Dienern den Kopf zum Fraße vorgeworfen bekommen und das, was von unserem Tische gewandert war; bald schon jedoch machte es die Hunde krank, und sie würgten alles heraus und waren solchermaßen nicht schwer davon betroffen. Als dann am Morgen die Eingeborenen an Bord kamen und den aufgeschnittenen Fisch erblickten, so gaben sie uns unverzüglich zu verstehen, daß eben derselbe in keiner Weise zum Verzehre bestimmt sei, wobei sie den größten Schrecken vor ihm zur Schau trugen.

Montag, 12. September

Erwähnung zu tun gebührt dem Umstande, daß ich einen Hund und eine Hündin am Strande aussetzte, auch wünschte ich, den Grund zu legen für die Aufzucht von Schweinen in jenem Lande, zu welchem Behufe ich einige dieser Tiere lebend mitgebracht hatte. Sintemalen Teabooma, der Häuptling, bis zu diesem Tage noch nie einen solchen gesehen, erhielt er die Hunde: ich selbst nahm einen jungen Eber und eine Sau mit mir in das Boot und fuhr den Mangrovenfluß hinauf, meinen Freund (Teabooma) zu sehen; da wir jedoch dort anlangten, wurde uns bedeutet, er lebe in einiger Entfernung, jedoch wollten sie nach ihm senden: indes kann ich nicht sagen, ob sie solchermaßen taten oder nicht, in Kürze: er kam nicht, und alldieweil die Flut uns einen längeren Aufenthalt verwehrte, so entschloß ich mich, die Tiere irgendeinem anderen Mann von Bedeutung zu geben, unserem Führer zu den Hügeln etwa, welch selber zufällig gerade anwesend war. Ich bedeutete ihm mein Begehr, die beiden Schweine am Strand auszusetzen, welche ich nunmehr aus dem Boot zu bringen befohlen hatte; jedoch gaben etliche der Anwesenden mir Zeichen, die Tiere wieder hinwegzubringen: einer der Ihren war ein großer älterer Mann; ihm verständlich zu machen suchte ich, daß es meine Absicht sei, sie hier zurückzulassen, daraufhin schüttelte er den Kopf und wiederholte seine Zeichen, die Tiere hinweg zu bringen; da sie aber sahen, daß ich dieses nicht zu tun geneigt, schienen sie miteinander zu beraten, was zu tun sei, und schließlich sagte mir unser Führer, ich solle sie zu dem *Alekee* (Häuptling) bringen; solchermaßen befahl ich, sie von meinen Leuten erneut einfangen zu lassen, wollte doch keiner von ihnen ihnen zu nahe kommen; dann geleitete uns unser Führer zu einem Hause, darinnen in einem Kreise acht oder zehn Männer mittleren Alters saßen, denen ich und meine Schweine vorgestellt wurden; mit der größten Höflichkeit wurden wir gebeten, uns niederzusetzen, wo ich alsbald begann, der beiden Schweine Vorzüge zu preisen, wobei ich ihnen zeigte, wie die Geschlechter zu unterscheiden seien und wobei ich ihnen auch erzählte, wie viele der Jungtiere das weibliche Tier bei nur einem Wurf haben würde; in Kürze: ich übertrieb auf das maßloseste, war doch mein einziger Gedanke, ihnen den Nutzen dieser Tiere verständlich zu machen, um sie anzuhalten, sich ihrer pfleglich anzunehmen; jetzt endlich hatte ich Grund zu vermuten, in gewisser Weise wenigstens erfolgreich gewesen zu sein ... Auch gab es hier ein recht gepflegtes Dorf und eine größere Menge kultivierten Landes, welches regelmäßig in einzelne Pflanzungen

Auslegerboote mit Dreieckssegel

aufgeteilt war, deren meiste mit eßbaren Wurzeln bepflanzt waren, mit Zuckerrohr und Bananen: diese Pflanzungen waren ausgezeichnet bewässert durch kleine Bächlein, welche unausgesetzt gespeist wurden von dem Hauptkanal, in welchem das Wasser künstlich mit Hilfe eines Schöpfrades am Fuße der Berge bewegt wurde.

Beim Verlassen Neukaledoniens erwarteten Cook sehr große Gefahren nahe der von einem Riff umgebenen Pinieninsel; aber er lehnte es ab, diese Gegend zu verlassen, bevor er sich nicht selbst überzeugt hatte, daß das gute Holz, welches sich dort fand, für Schiffbauzwecke geeignet war. Dann hatte er Glück, die kleine, aber sehr wertvolle Norfolk-Insel mit ihren großartigen Pinien zu entdecken. Danach segelte er wieder nach Süden, um den Königin-Charlotte-Sund auf Neuseeland am 18. Oktober zu erreichen.

Donnerstag, 27. September

Am Nachmittag drehte der Wind auf Süd-Südost und frischte auf. Setzte die Fahrt gen Osten und Nordosten bis 2 Uhr morgens fort, da wir beidrehten und uns nach Südwesten wandten mit einer sehr frischen Brise aus Südosten; wir machten uns Hoffnung, luvwärts an dem Eilande vorbeizusegeln, verfehlten jedoch dieses um einige wenige Meilen, und dieserhalb mußten wir um 10 Uhr beidrehen, da wir uns etwa eine Meile vor der Ostküste des Eilandes befanden, wo sich Hügel im Westen zeigten und einige niedrige Eilande vor der Ostküste in Sicht kamen, welch letztere untereinander durch Untiefen zu einer großen Insel verbunden schienen. Fand keinerlei Grund in 80 Faden Tiefe. Der Rücken jenes Eilandes ist zur Gänze bedeckt mit den Bäumen, welche ich so oft erwähnte und die dieserhalb den Namen Pinieninsel trug.

Freitag, 30. September

Nach dem Dinner landete ich erneut mit zweien der Boote, begleitet von einigen der Offiziere und der Wissenschaftler, alldieweil ich den Zimmermann mit einigen seiner Leute mit mir nahm, solche Bäume zu schlagen, die wir wünschten ... Eines Kanus Rumpf lag zerborsten im Sand, und es war von genau derselben Art wie jene, die wir auf Ballade gesehen; und nunmehr sind wir nicht länger ohne Kenntnis, aus welchen Bäumen sie ihre Kanus machen, können es doch keine anderen denn Pinien sein. Auf diesem kleinen Eilande gab es einige von ihnen, die 20 Inches in der Breite und zwischen 60 und 70 Fuß in der Höhe maßen und welche sehr wohl für einen Mast auch der *Resolution* geeignet schienen, so einer vonnöten sei. So Bäume jener Größe auf einem so kleinen Platze gefunden werden, ist es da nicht nur natürlich, einige von ihnen von sehr viel größerer Statur auf der Hauptinsel oder einer der größeren Inseln zu finden, wenn nicht ohnehin schon der Anschein uns belehrt hätte, daß wir darauf vertrauen könnten. So ich Neuseeland ausnehme, kenne ich kein Eiland im südlichen Pacifischen Ozean, da ein Schiff sich einen Mast besorgen könnte, so sehr es ihn auch benötigte; solchermaßen mag diese Entdeckung gleichwohl brauchbar wie auch wertvoll sein.

Samstag, 1. Oktober

Da ich mir klar wurde, daß der Sommer gekommen war, die See, die im Süden noch zu erforschen nur im Sommer geschehen konnte, das Schiff aber noch einige notwendige Vorräte benötigte und da ich die große Entfernung bedachte, die wir von jedem europäischen Hafen hatten, da wir Versorgungsgüter hätten an Bord nehmen können, für den Fall, daß wir in diesem Ozean durch irgendeinen Unfall ein weiteres Jahr festgehalten würden, so schien es mir nicht angezeigt, Zeit zu verlieren bei der Wiederentdeckung der Küste, und solchermaßen war ich überzeugt, es sei notwendig, sie früher zu verlassen, denn ich unter anderen Umständen getan hätte. Ich nannte das zuletzt entdeckte Land Neukaledonien. So wir Neuseeland ausnehmen, ist dieses vielleicht das größte Eiland im gesamten südlichen Pacifischen Ozean.

Dreizehntes Kapitel

Die Antarktis und die Heimkehr, 1774–1775

»Der Auftrag der Reise war in jeder Hinsicht vollständig erfüllt, die südliche Hemisphäre ausreichend erforscht und der Schlußpunkt gesetzt unter die Suche nach dem südlichen Kontinent.«
Cook, 1775

Die *Resolution* kehrte am 18. Oktober 1774 zum Königin-Charlotte-Sund zurück, wo sie Anzeichen dafür fand, daß die *Adventure* diesen Ort bereits erreicht hatte. Die Berichte der Maoris waren reichlich konfus, doch schien es, als hätte eine weiße Mannschaft hier schweres Mißgeschick erlitten. Wenn auch Furneaux die Flasche mit Cooks Botschaft und seinen Plänen an sich genommen hatte, so scheint er doch keinerlei Nachricht für Cook hinterlassen zu haben, daß er nach dem Verlust eines Dutzends seiner Leute bei einem Zusammenstoß mit den Maoris nach England über Kap Horn und das Kap der Guten Hoffnung zurückgekehrt war.

Mittwoch, 19. Oktober

Wir entdeckten nunmehr, daß ein Schiff hier gewesen sein muß, seit wir zuletzt hier gewesen, nicht nur dadurch, daß die von uns zuvor erwähnte Flasche verschwunden war, sondern auch dadurch, daß wir sahen, wie einige der Bäume mit Sägen und Äxten gefällt worden waren, welch selbe noch gestanden hatten, da wir abreisten. Dieses Schiff kann kein anderes gewesen sein denn die *Adventure* von Captain Furneaux.

Montag, 24. Oktober

Freundliches Wetter. Verbrachte den Vormittag mit der üblichen Arbeit an Deck. Zwei Kanus waren gesehen worden, da sie den Sund hinunterkamen, jedoch zogen sie sich zurück hinter einen Vorsprung auf der Westseite, sobald sie unser ansichtig geworden. Nach dem Frühstück ging ich in eines der Boote, nach ihnen zu sehen, wobei der Botaniker zwei mich begleiteten. Da wir einer langen Küste folgten, schossen wir verschiedene Vögel; das Knallen unserer Büchsen zeigte unsere Annäherung an, und die Eingeborenen entdeckten sich uns, indem sie uns lautstark begrüßten; als wir jedoch vor ihren Wohnungen anlangten, erschienen nur zwei Männer, während der Rest sich in die Wälder und Hügel geflüchtet hatte; jedoch erkannten sie uns denselben Moment wieder, da wir landeten, Freude verdrängte die Furcht, sie eilten aus den Wäldern hervor, umarmten uns wieder und wieder und hüpften herum wie Irre.

Freitag, 28. Oktober

Seit die Eingeborenen zum ersten Male bei uns waren, ging ein Gerücht um, von dem es hieß, es stamme von jenen, daß nämlich erst vor kurzem ein Schiff untergegangen sei irgendwo in dieser Meerenge und daß die ganze Mannschaft von ihnen getötet worden sei; als ich sie jedoch über diesen Punkt befragte, da leugneten sie nicht nur alles, sondern sie schienen auch von der ganzen Angelegenheit überhaupt nichts zu wissen.

Nach einem kurzen Aufenthalt, der Reparaturarbeiten und der Erfrischung der Mannschaft diente, segelte Cook am Freitag, dem 11. November 1774, ab in der Absicht, von Neuseeland zum Kap Horn auf Breiten zwischen 54° und 55° Süd zu kreuzen, womit er zu beweisen hoffte, daß in diesem Teil des Südpacifics kein Kontinent liege.

Die folgenden Abschnitte des Logbuches enthalten bedeutende Hinweise auf die Erkenntnisse in der Navigation, die besonders durch Mr. Wales und durch die Kendall Harrison-Chronometer erreicht wurden.

Als die *Resolution* am 27. November 56° 6′ südlicher Breite und 138° 56′ westlicher Länge erreichte, entschied Cook, daß in jenem Teil des Pacifics keinerlei Land liege, das der Entdeckung harre, und segelte deshalb direkt zur Straße des Magellan.

Die *Resolution* sichtete die südamerikanische Küste am 17. Dezember 1774.

Samstag, 17. Dezember

Das Land vor uns kann nun kein anderes sein denn die Westküste von Feuerland nahe dem Westeingang der Magellan-Straße. Sintemalen dieses die erste Reise war, welche je direkt durch diesen Ozean in solch hohen südlichen Breiten getan wurde (Cook wußte zu dieser Zeit noch nicht, daß die *Adventure* ihm zuvorgekommen war), so war ich ein wenig genau bei der Erwähnung eines jeden Umstandes, der irgend von Interesse sein könnte, und jetzt muß ich feststellen, daß ich niemals eine Reise nach irgendwohin von solcher Länge oder auch von sehr viel geringerer Länge machte, da ich so wenig Interessantes fand … Nunmehr bin ich fertig mit dem südlichen Pacifischen Ozean. Ich hoffe nur, daß die, welche mich ehrten, und auch jene, welche mich beleidigten, daß also nicht einer von ihnen denken wird, ich habe ihn unerforscht gelassen oder daß irgend etwas mehr hätte getan werden können auf einer Reise mit einem solchen Ziele denn das, was in dieser geschah.

Donnerstag, 29. Dezember

Nahm um 3 Uhr am Morgen Fahrt auf und segelte südlich bei frischer Brise aus West-Südwest und bei leicht diesigem Wetter. Zu jener Zeit kam der Westeingang der Nassau Bay in Sicht. Um 4 Uhr kam dann Kap Horn, auf welches wir nunmehr zuhielten, südöstlich in Sicht, es ist in großer Entfernung schon zu erkennen durch einen hohen runden Hügel. Über ihm in West-Nordwest ein Punkt ähnlichen Aussehens; jedoch wird deren Lage alleine sie voneinander unterscheiden. Um ½8 Uhr passierten wir dieses berühmte Kap und fuhren in den südlichen Atlantischen Ozean.

Cook verbrachte dann einige Wochen bei der Erforschung der dürren und verlassenen Küstenlinie der Nachbarschaft von Kap Horn. Er schrieb hierbei sehr weise Anweisungen an die Seeleute, die nach ihm diese Route fahren würden. Sie sollten weit genug südlich von Kap Horn segeln, um seinen gefährlichen Klippen so gut wie nur irgend möglich auszuweichen.

Samstag, 31. Dezember

Nach dem Dinner setzte ich drei Boote aus und landete mit einer großen Gruppe von Männern, einigen zum Töten von Robben, anderen, um Vögel, Fische, oder was sonst in ihren Weg geriet, zu fangen oder zu töten. Was das erstere anging, so war es gleichgültig, wo wir landeten, war doch die ganze Küste bedeckt mit ihnen, und, nach dem Geräusch zu schließen, welches sie machten, könnte man denken, das ganze Eiland sei bedeckt mit Kühen und Kälbern. Da wir landeten, fanden wir heraus, daß sie einer etwas anderen Art von Robben angehörten; wir nannten sie Löwen wegen der großen Ähnlichkeit, welche die Männchen mit einem Landlöwen haben. Auch gab es hier die gleiche Art von Robben, wie wir in Neuseeland fanden und welche gemeinhin unter dem Namen Seebären bekannt sind, so wenigstens riefen wir sie. Sie alle waren ohne Ausnahme so zahm oder vielleicht auch so stupide, uns nahe genug herankommen zu lassen, so daß wir sie mit Stecken erschlagen konnten, jedoch mußten wir die größeren von ihnen erschießen, sintemalen es gefährlich war, sich ihnen zu sehr zu nähern. Gleichermaßen fanden wir auf diesem Eilande einen Überfluß an Pinguinen und Wasservögeln, deren letztere fast flügge Junge führten, welch selbe gerade nach unserem Geschmack waren; auch gab es hier Gänse und Enten, jedoch nicht in größerer Anzahl.

Zu Beginn des Januar 1775 segelte Cook von Südamerika aus südöstlich, um den fernen Süden des Atlantiks zu erforschen, die letzte noch übriggebliebene Region, in der die Dry-Land-Theoretiker vielleicht noch immer einen großen südlichen Kontinent lokalisieren konnten.

Die *Resolution* passierte diese trostlose Region ohne fruchtbare Ergebnisse, außer daß sie die Insel wiederentdeckte, die Cook nunmehr Südgeorgia nannte. Außerdem entdeckte er die Inseln, die er das Sandwich-Land nannte.

Freitag, 6. Januar

Um 8 Uhr abends, da wir uns zu jener Zeit auf 58° 9′ südlicher Breite und 53° 14′ westlicher Länge befanden, refften wir unsere Toppsegel und segelten gen Norden bei starken Winden aus West, begleitet von dichtem Nebel und Hagel. Die eben erwähnte Situation ist annähernd die gleiche, wie sie Mr. Dalrymple für den Golf von Sankt Sebastian bezeichnet, sintemalen wir jedoch weder Land noch Anzeichen eines solchen entdeckten, so geriet ich mehr und mehr in Zweifel über seine Existenz und fürchtete, bei weiterem Vordringen nach Süden dieses Land zu verfehlen, von welchem man sagte, es sei von Laroche im Jahre 1675 entdeckt worden und welches Mr. Dalrymple auf 54° 30′ Breite einzeichnet; da

Landschaft in der Umgebung von Kap Horn

ich jedoch auch D'Anvilles Karte betrachtete, so fand ich heraus, es müsse 9° oder gar 10° mehr gen Westen liegen, denn die Eintragung des Mr. Dalrymple auswies; diese unterschiedliche Lokalisierung erschien mir als ein Zeichen der Unsicherheit bei beiden und bewog mich, auf den Parallelgrad zu gehen, alsbald da dieses möglich erschien, und eben dieses war der Grund, daß ich zu jener Zeit gen Norden fuhr.

Donnerstag, 12. Januar

Bei Tagesanbruch drehte ich ab und segelte nun nordöstlich mit guter Brise aus West-Südwest. Befanden uns des Mittags auf 54° 28′ südlicher Breite und 42° 8′ westlicher Länge, welches annähernd 3 ° östlich jener Lage ist, da Mr. Dalrymple den Nordostpunkt des Golfes von Sankt Sebastian lokalisiert; indes: kein anderes Zeichen von Land hatten wir denn den Anblick einer einzelnen Robbe und einiger weniger Pinguine; im Gegenteil hatten wir eine lange Dünung aus Ost-Südost, welcher Umstand schwerlich hätte beobachtet werden können, so ein größeres Stück Land in jener Richtung läge.

Freitag, 20. Januar

Machte um 2 Uhr des Morgens Fahrt nach Südwesten rund um Cooper's Island, welches ein Felsen beachtlicher Höhe von etwa 5 Meilen an Umfang ist. Auf jenem Eilande, welches ich das Kap der Enttäuschung nannte, nimmt die Küste einen südwestlichen Verlauf während etwa 4 oder 5 Meilen zu einem Punkt, vor welchem drei kleinere Eilande liegen, deren südlichstes recht flach ist und etwa eine Meile vor dem Kap liegt. So wir nun nach Südwesten vordrangen, so erschien hinter jenem Punkt Land von etwa 9 Meilen Länge. Dieses erwies sich als ein Eiland, und ich gab ihm den Namen Pickersgill Island nach meinem dritten Offizier. Wenig später schon kam hinter jenem Eilande ein weiterer markanter Punkt in Sicht, welcher die Küste an genau jenem Punkte wieder berührte, den wir zuvor gesehen, und solchermaßen kamen wir zu dem Schlusse, das Land, welches wir zunächst für den Teil eines großen Kontinentes hielten, könne nicht mehr sein denn ein Eiland von etwa 70 Meilen an Umfange. So einer hätte glauben mögen, daß ein Eiland von nicht größerer Ausdehnung denn dieses, gelegen zwischen 54° und 55° Breite, im Hochsommer in solcher Menge zur Gänze bedeckt sein sollte von vielen Faden tiefem gefrorenem Schnee – welcher sich besonders an der Südwestküste zeigte, deren Strände und Erhebungen und Berge mit Schnee und Eis bedeckt waren, deren größte Menge jedoch in den Tälern lag –, der wäre wohl unglaubwürdig; jedoch war über allem die gesamte Küste begrenzt durch einen Ring Eises von beträchtlicher Höhe. Es kann kaum bezweifelt werden, daß hier während des Winters eine große Menge Eises geformt wird, welches im Frühling bricht und dann über die See treibt: dennoch kann dieses kleine Eiland nicht den zehntausendsten Teil des Eises produzieren, den wir gesehen, entweder muß es hier mehr Land geben, oder aber anderes Eis ist ohne Land entstanden. Diese Überlegungen führten mich zu dem Gedanken, das, was wir tags zuvor gesehen, könnte zu einem ausgedehnten Stück Festlandes gehören, und noch hatte ich Hoffnungen, einen Kontinent zu entdecken. Ich muß gestehen, daß die Enttäuschung, welche ich nun erfuhr, mich nicht beeindruckte in meinem Urteil über dieses Gebiet, und ich hielt dieses Land nach wie vor nicht der näheren Untersuchung für wert. Ich nannte es die Georgsinsel zu Ehren Seiner Majestät. Es liegt zwischen 53° 57′ und 54° 57′ südlicher Breite und zwischen 38° 13′ und 35° 54′ westlicher Länge, es mißt 31 Meilen in der Länge, während seine größte Breite etwa 10 Meilen beträgt. Es scheint Bais und Naturhäfen im Überflusse zu besitzen, vornehmlich an der Nordostküste, jedoch muß die große Menge Eises diese unbrauchbar machen während des größten Teils des Jahres, mindestens aber muß es gefährlich erscheinen, hier zu liegen wegen der Gefahr des Brechens der Eisklippen.

Freitag, 27. Januar

Ich errechnete nunmehr, daß wir uns auf 60° Breite befanden, und entschloß mich, nicht weiter vorzudringen, es sei denn, ich fände einige sichere Anzeichen, gar bald schon Land anzutreffen, wäre es doch wenig klug erschienen, meine Zeit bei einem weiteren Vordringen nach Süden zu verbringen, so es doch unwahrscheinlich erschien, daß irgendwelches größeres Land in der Nähe des Kaps der Beschneidung gefunden werden möchte; allzumal war ich es nun müde, in diesen hohen südlichen Breiten zu fahren, da nichts gefunden wird denn Eis und dicker Nebel. Nunmehr hatten wir eine lange Dünung aus Westen, ein deutlicher Hinweis, daß es in dieser Richtung keinerlei Land gebe. Ich denke, ich darf nun zu behaupten wagen, daß jene ausgedehnte Küstenlinie, welche in Mr. Dalrymples Karte des Ozeans zwischen Afrika und Amerika niedergelegt ist, sowie der Golf von Sankt Sebastian nicht existieren. Gleichfalls zweifele ich, ob Laroche oder das Schiff *Lion* jemals die Georgsinsel gesehen hat, jedoch ist dieses ein Punkt, den zu diskutieren ich mich nicht erheische, weiß ich doch nicht, woher sie kamen, noch wo sie sich nun wirklich befunden haben.

Montag, 6. Februar

Wir fuhren unausgesetzt gen Süden und Südosten bis zum Mittag, da wir auf 58° 15′ südlicher Breite und 21° 34′ westlicher Länge uns befanden, und so wir weder

Land noch irgendwelche Anzeichen von solchem entdecken konnten, so schloß ich, daß das, was wir gesehen und was ich das Sandwich-Land genannt hatte, entweder eine Gruppe von Eilanden etc. oder gar ein hervorspringender Punkt eines Kontinentes sei, zumal ich fest glaube, daß es nahe dem Pole ein größeres Stück Landes geben muß, welches der Ursprung des größten Teiles des Eises ist, welcher sich über diesen riesigen südlichen Ozean erstreckt: desgleichen denke ich, es müsse gleichfalls möglich sein, daß es sich am weitesten nach Norden auf der entgegengesetzten Seite des südlichen Atlantiks und des Indischen Ozeans erstrecke, sintemalen das Eis stets in diesen Ozeanen weiter nördlich angetroffen wurde denn irgendwo sonst, welches nicht an dem sein könnte, so kein Land im Süden existierte. Ich meine hier ein Land von einiger Ausdehnung, denn so wir vermuten, daß es dort keines gibt und daß das Eis sich ohne irgendwelches Land bildet, so müßte man gar wohl folgern, daß die Kälte rund um den Pol auf allen Breitengraden annähernd dieselbe ist, solange nicht einer der bekannten Kontinente bereits das Klima beeinflußt; ergo hätten wir eigentlich Eis überall auf derselben Parallele antreffen müssen, jedoch fanden wir das Gegenteil heraus. Es gibt nur wenige Schiffe, welche auf Eis stießen bei ihrer Fahrt rund um Kap Horn, auch sahen wir nur weniges unterhalb des 60. Grades der Breite im südlichen Pacifischen Ozean. Indes fanden wir in diesem Ozean zwischen den Meridianen von 40° West und 50° oder 60° Ost Eis bis auf eine Höhe von 51°. Bouvet fand einiges gar in 48°, und andere haben es sogar in noch niedrigeren Breiten gesehen. Es ist in jedem Falle wahr, daß der größte Teil jenes südlichen Kontinentes (vorausgesetzt, es gibt einen) innerhalb des Polarkreises liegen muß, allwo die See derart mit Eis bedeckt ist, daß das Land in ihr ohne jeden Wert ist. Das Risiko, das der eingeht, welcher eine Küste in diesen unbekannten und vereisten Meeren erforschen will, ist so groß, daß ich mich erdreisten könnte zu sagen, niemand wird sich jemals weiter vorwagen, denn ich getan habe, und daß jene Länder, welche im Süden liegen mögen, niemals erforscht werden. Dichte Nebel, Schneestürme, grimmige Kälte und jedwedes andere Ding, das die Navigation gefährlich machen kann, hat man zu erwarten, und all diese Schwierigkeiten sind zudem im Höchsten vergrößert durch den unaussprechbar furchtbaren Anblick jenes Landes, eines Landes allzumal, von der Natur verdammt, niemals die wärmenden Sonnenstrahlen zu fühlen, sondern statt dessen für immer begraben zu liegen unter ewigem Schnee und Eise. Die Häfen, welche an der Küste liegen mögen, sind in gewisser Weise zur Gänze gefüllt mit gefrorenem Schnee von einer erheblichen Stärke, jedoch sollte jemals einer so weit offen sein, daß er einem Schiffe die Einfahrt erlaubte, so ist es dennoch gefährlich hineinzufahren, liefe doch dieses Schiff Gefahr, dort eingeschlossen zu werden für immer oder aber erst mit einem Eiseilande ausgestoßen zu werden. Die Eilande und Felder von Eis an der Küste, die großen Abspaltungen von Eisbergen in dem Hafen oder aber auch ein heftiger Schneesturm, begleitet mit scharfem Frost, wäre gleichermaßen fatal. Nach einer solchen Erläuterung wie dieser sollte der Leser mich eigentlich nicht noch weiter südlich erwarten. So also änderte ich den Kurs auf Osten bei starkem Wind aus Nord, begleitet von zunehmend heftigem Schneefall. Die Menge Schnees, die nunmehr in unsere Segel fiel, war so groß, daß wir genötigt waren, ständig das Schiff in den Wind zu drehen, auf daß dieser die Segel ausschüttele.

Samstag, 18. Februar

Am Mittag befanden wir uns auf 54° 25′ Breite und 8° 46′

östlicher Länge. Dieses erschien mir eine gute Breite, nach dem Kap der Beschneidung Ausschau zu halten, denn so dieses Land auch nur von außergewöhnlich geringer Nord-Süd-Ausdehnung war, so konnten wir es doch nicht verfehlen, sintemalen der nördliche Punkt angeblich auf 54° liegen sollte. Wir hatten nunmehr eine lange Dünung aus Süden, so daß es ergo ganz klar war, es könne sich hier nur um ein kleines Eiland handeln, und es war von keiner großen Bedeutung, von welcher Seite wir es denn nun fänden.

Im späten Februar war Cook so weit auf den hohen Breiten ostwärts gesegelt, daß er – zu Unrecht – überzeugt war, dieses Kap der Beschneidung (die Bouvet-Insel) könne nicht existieren. Diese Frage war jedoch ohne jede Bedeutung, verglichen mit der Tatsache, daß die *Resolution* nunmehr den Globus von West nach Ost in sehr hohen Breitengraden umfahren hatte und daß sie bei dieser Gelegenheit beweisen konnte, daß – wenn es auch sicher war, daß die Südpolarregion einen schmalen Kontinent oder einige Inseln enthalten mußte – diese Ländereien wertlos für eine europäische Erforschung mit den zu jener Zeit verfügbaren Mitteln waren. Cook, die *Resolution* und eine couragierte Mannschaft konnten nicht mehr tun, und jede weitere Aktivität in dieser Gegend war ganz offensichtlich sinnlos.

Dienstag, 21. Februar

Nahm bei Tagesanbruch Fahrt auf und wandte mich nach Osten, und am Mittag maßen wir 54° 16′ südlicher Breite und 16° 13′ östlicher Länge, welches 5° östlich der Länge war, da das Kap der Beschneidung liegen sollte, so daß wir zu glauben begannen, ein solches Land habe nie existiert ... Sintemalen wir uns nunmehr nicht mehr denn 2° Länge von unserer Route nach Süden befanden, die wir einschlugen, nachdem wir das Kap der Guten Hoffnung verlassen hatten, so war es für uns von keinerlei Nutzen, irgend weiter gen Osten zu segeln unter dieser Parallele, wohl wissend, daß dort kein Land liegen konnte, indes: es bot sich nunmehr die Gelegenheit, einige Zweifel aufzuklären, ob wir nicht weiter südlich Land gesehen hatten, und solchermaßen wandte ich mich erneut nach Südosten, jene Gegend zu erreichen, da man seine Lage vermutete ... Sintemalen wir nunmehr jene Gegend durchfahren, da das Land vermutet ward, ohne auch nur die geringsten Anzeichen von ihm zu entdecken, so konnte es nicht länger bezweifelt werden, daß die Eisberge uns gleichermaßen genarrt hatten wie Monsieur Bouvet ... Ich hatte nunmehr den südlichen Ozean in einer solch hohen Breite umsegelt und ihn in solcher Art durchkreuzt, daß da nicht der geringste Platz für die Möglichkeit der Existenz eines Kontinentes außer nahe dem Pole geblieben war und außerhalb der Reichweite jeder Navigation; und bei zwei Besuchen des tropischen Pacifics hatte ich nicht nur die Lage einiger älteren Entdeckungen genau festlegen können, sondern darüber hinaus einige neue machen können; solchermaßen beschloß ich, daß hier nur weniges für mich zu tun bliebe. Ergo schmeichele ich mir selbst, daß der Auftrag der Reise in jeder Hinsicht vollständig erfüllt worden war, die südliche Hemisphäre ausreichend erforscht und der Schlußpunkt unter die Suche nach dem südlichen Kontinent gesetzt war, welcher Umstand zuzeiten die Aufmerksamkeit einiger der Seemächte über nahezu zwei Jahrhunderte in Anspruch genommen hatte und auch die Geographen aller Zeitalter beschäftigte. Ich will nicht leugnen, daß es da einen Kontinent größerer Ausdehnung nahe dem Pole geben mag, im Gegenteil bin ich der Meinung, daß es einen solchen dort gibt, und es ist möglich, daß wir Teile davon sahen. Die eisige Kälte, die Fülle von Eiseilanden und die riesigen Felder Eises, all dieses scheint zu beweisen, daß es dort Land im Süden geben muß und daß dieses südliche Land am weitesten gen Norden reicht auf der entgegengesetzten Seite des südlicheren Atlantiks und des Indischen Ozeans. Die Bildung oder das Zustandekommen von Eiseilanden ist meines Wissens nicht hinreichend erforscht: es gab einige, die vermuteten, sie würden gebildet von gefrierendem Wasser an den Mündungen langer Flüsse oder großer Wasserfälle, allwo sie sich akkumulierten, bis sie durch ihr eigenes Gewicht abbrächen ... Wie aber können wir dann vermuten, daß es in jenen Ländereien lange Flüsse gibt, sind doch die Täler bedeckt mit vielen Faden tiefem ewigem Schnee, und an der See enden sie in Eisklippen von immenser Höhe. Hier ist es, da die Eisinseln geformt werden, nicht von Strömen von Wasser, sondern von verfestigtem Schnee, der nahezu unausgesetzt von den Bergen herniederfällt oder herniedergeweht wird, besonders im Winter, da der Frost besonders groß sein muß, so daß diese Eisklippen sich derart vergrößern, bis sie die Bais auffüllen, und seien diese noch so groß; dieses ist eine Tatsache, welche nicht bezweifelt werden kann, sahen wir es doch so bereits geschehen zur Sommerzeit. Diese gewaltigen Eisgebirge vergrößern sich durch den unablässigen Fall des Schnees und auf Grund dessen, was von den Bergen herabdriftet, bis daß sie nicht länger in der Lage sind, ihr eigenes Gewicht zu tragen, wenn dann große Stücke abbrechen, welch selbe wir Eiseilande nennen ...

Wir waren lange Zeit ohne Erfrischungen geblieben. Unsere Vorräte waren in einem Zustande des Mangels, und es blieb nicht mehr an Nahrung, denn was ausreichte, gerade noch Leib und Seele zusammenzuhalten. Noch waren meine Leute gesund, und sie wären mit

Freude gegangen, wohin immer sie zu führen mir angebracht erschienen wäre; ich jedoch fürchtete den Skorbut und daß er kommen möge zu einer Zeit, da wir nichts mehr besäßen, ihm zu begegnen. Auch wäre es grausam von mir gewesen, sie die Beschwernisse und Gefahren länger ertragen zu lassen, denn unbedingt notwendig gewesen wäre; ihr Verhalten während der ganzen Reise verdiente gar wohl jede Rücksichtnahme, die ihnen zu gewähren in meiner Macht gelegen war.

Am Donnerstag, dem 16. März, als Cook sich dem Kap der Guten Hoffnung näherte, befolgte er seine Instruktionen und sammelte die Logbücher und Aufzeichnungen, die seine Mannschaft angefertigt hatte. Am 18. März sandte er, ungeduldig vor Neugierde, ein Boot zu einem Schiff, welches die *Resolution* gesichtet hatte, wo er dann erfuhr, daß die *Adventure* das Kap der Guten Hoffnung schon zwölf Monate zuvor erreicht hatte und daß Furneaux das Mißgeschick ereilt hatte, daß die Besatzung eines ganzen Bootes im Königin-Charlotte-Sund von den Maoris getötet und aufgefressen worden war. Hierzu schrieb Cook den folgenden Kommentar:

Samstag, 18. März

Um 1 Uhr mittags kehrte das Boot von Bord der *Bownkerke Polder* zurück, eines Seglers unter dem Befehl des Captain Cornelius Bosch, eines holländischen Seemannes aus Bengalen; höchst liebenswürdig erbot sich Captain Bosch, Arrak und Zucker, und was immer er zu teilen hatte, uns zu überlassen. Unseren Leuten erzählten einige englische Seeleute an Bord jenes Schiffes, daß die *Adventure* das Kap der Guten Hoffnung schon zwölf Monate zuvor erreicht hatte und daß ihres einen Bootes Besatzung ermordet und gegessen worden war von den Bewohnern Neuseelands, so daß die Geschichte, welch selbe wir im Königin-Charlotte-Sund gehört hatten, nunmehr nicht länger ein Mysterium war …

Als Cook dann am 15. Mai auf direktem Wege Sankt Helena erreichte, war er in höchstem Maße erbost, als er feststellte, daß Hawkesworths Ausgabe von Cooks Journalen nicht nur erfundenes Material enthielt, das die ehrenwerten Bewohner Sankt Helenas beleidigte, sondern auch einen völlig gefälschten Bericht. Mit offensichtlicher, aber auch berechtigter Empörung schrieb er:

(ohne Datum)

Ich bin zutiefst überzeugt, daß das Eiland in vielen Einzelheiten falsch dargestellt wurde. Es nimmt nicht weiter Wunder, daß die Darstellung, welche von ihm in den Berichten meiner vorherigen Reise gegeben ward, alle Einwohner auf das tiefste beleidigt. Es war nicht weniger kränkend für mich, da ich es zum ersten Mal las, wozu es mir der Gelegenheit ermangelte, bevor ich nunmehr am Kap der Guten Hoffnung anlangte, hatte ich doch nie zuvor Gelegenheit, das Manuskript einzusehen, noch hörte ich von ihm jemals zur Gänze in der Art, da es nunmehr niedergeschrieben, trotz der Behauptungen des Doktor Hawkesworths in seinem Vorworte. In diesem Berichte sind meine Landsleute auf Sankt Helena beschuldigt, mit unvorstellbarer Grausamkeit über ihre Sklaven zu herrschen, auch werden sie beschuldigt des Mangels an Erfindungsreichtum, da sie keine Räderwagen, Räderkarren etc. benutzten, das Los der Arbeiter zu erleichtern. Zu jener ersten Beschuldigung muß ich sagen, daß vielleicht auf der ganzen Welt nicht eine einzige europäische Ansiedlung besteht, da Sklaven besser behandelt und besser ernährt sind denn hier. Zu der zweiten Beschuldigung muß ich sagen, auch wenn sie von geringer Bedeutung ist, daß sie jedoch nicht weniger irrt, als ich doch jeden der aufgezählten Artikel, welche angeblich auf diesem Eilande nicht existierten, mit eigenen Augen gesehen habe; sie verfügen über Karren, welch selbe gelegentlich von Menschen und zu anderen Zeiten von Ochsen gezogen werden, und Räderwagen wurden benutzt auf dem Eilande seit Anbeginn der Siedlung, und einige von ihnen werden alljährlich von England mit Schiffen auf dieses Eiland gebracht. Mir ist nicht verständlich, wie diese Dinge derart falsch dargestellt werden konnten, stammen sie doch nicht von mir. Und wenn sie doch je von mir gestammt hätten, so wäre ich doch jederzeit bereit gewesen, sie zu widerrufen, und ich bin zu einem nicht geringen Teile in der Schuld einiger Leute auf jenem Eilande wegen der überaus freundlichen Art, in welcher sie mich auf diese Fehler aufmerksam machten.

Am Samstag, dem 29. Juli 1775, sichtete die *Resolution* »das Land rund um Plymouth«, und es war bezeichnend für Cook, daß er seinen großen Reisebericht beendete mit einem Tribut an »des Mr. Kendalls Uhr«, die nach einer Reise von drei Jahren und 18 Tagen unter nahezu allen Klimabedingungen noch erstaunlich korrekt ging.

Vierzehntes Kapitel

Cooks Ehrungen in England

»Welche Siegerkränze mögen wohl anstehen diesem Manne, der da gar viele verdiente, der die Mittel uns für ewig gab, mit deren Hilfe Britannien nunmehr auf den ausgedehntesten Reisen große Zahlen seiner furchtlosen Söhne, seiner Seeleute, zu schützen vermag.«
Der Präsident der
Königlichen Gesellschaft, 1776

Wie schon im Falle der ersten Expedition, waren die positiven Resultate von Cooks zweiter Reise von größter Bedeutung, auch wenn sie – auf der geographischen Seite – überschattet waren von dem negativen Ergebnis, dem Beweis nämlich der Nichtexistenz großer kontinentaler Landmassen im Südpacific oder in der Antarktis. Auf der positiven Seite vermutete Cook immerhin mit einiger Berechtigung die Existenz eines relativ kleinen antarktischen Kontinents, den er vollständig umsegelte. Mit den angemessenen Worten von Professor G. Arnold Wood: er war der letzte Sucher nach dem Kontinent, den Mercator gezeichnet und den Quiros beschrieben hat. Aber er war auch der erste wissenschaftliche Erforscher der Südpolarregionen, der Vorgänger von Weddell und Ross, von Shackleton, Amundsen und Scott. Seine Journale beweisen klar, daß er sicher war, ein antarktisches Land existierte, denn die immensen Eisberge, zwischen denen er sich bewegt hatte, konnten nur vom Festland herstammen. Er vermeinte, daß er selbst dieses Land in jener eisigen Welt des »immerwährenden Frostes« gesehen hatte. Cook glaubte jedoch, daß dieser neue Kontinent bar jeden Nutzens bleiben würde. Südgeorgien hatte auf ihn »einen schrecklichen und wilden Eindruck« gemacht. Um wie vieles schrecklicher und wilder hätte ein Kontinent noch weiter im Süden sein müssen. – Außer seinen antarktischen Forschungen hat Cook zwei groß angelegte Fahrten in den Pacific unternommen, welche bis dahin völlig unbekannte Inseln bekannt machten wie zum Beispiel Neukaledonien, Südgeorgien und die Norfolk-Inseln und bei denen er Inseln wiederentdeckte wie zum Beispiel die Freundlichen Inseln, die Osterinsel, die Marquesas und die Neuen Hebriden. Und er brachte eine Karte des zentralen und Südpacifics heraus, so genau in Anlage und Ausführung, daß – wie der berühmte französische Forscher La Pérouse völlig zu Recht feststellte – Cook seinen Nachfolgern nichts anderes zu tun übrigließ, als ihn zu lobpreisen.

So bedeutend, wie diese geographischen Ergebnisse waren, so markierte Cook auch andere Meilensteine des Sieges auf dem Felde der Gesundheit und der Hygiene. Wir haben gesehen, daß unter Mithilfe von Sir Hugh Palliser die Expedition Antiscorbutica mit sich führte, die erfolgreich auf der *Endeavour* die Seekrankheiten bekämpften, und wir haben auch Cooks konstante und erfolgreiche Versuche gesehen, den Gebrauch dieser Antiscorbutica durchzusetzen und sowohl sein Schiff als auch sein Personal trocken und sauber während der ganzen Reise von mehr als drei Jahren zu halten, und das unter größten Schwierigkeiten und Gefahren und in nahezu allen klimatischen Zonen. Von der Besatzung der *Resolution* von 112 Männern hatte der Kommandant drei Männer durch Unglücksfälle und einen durch eine Seuche, die nicht der Skorbut war, verloren, während es bekannt ist, daß Furneaux auf der *Adventure* weniger konsequent gewesen war als Cook, mit dem Ergebnis, daß er einen Toten durch Skorbut hatte und daß seine Mannschaft sehr viel ärger unter dieser Krankheit litt als die Mannschaft der *Resolution*. Wir mögen heutzutage einige berechtigte Kritik an Cook üben. Er maß dem Wert der Malzwürze und des Sauerkrautes das richtige Gewicht als Antiscorbutica bei, jedoch zeigen moderne Analysen, daß seine Fleischbrühe wertlos war.

Trotzdem brachten seine Bemühungen in der Anwendung von Antiscorbutica einschließlich des Gebrauches von Pflanzen, die er auf seiner Reise fand, zusammen mit seiner rigorosen Beachtung der hygienischen Vorschriften Resultate, die so durchschlagend waren, daß er unter die größten Pioniere der nautischen Medizin einzureihen ist. Die Königliche Gesellschaft erkannte die Größe seiner Erfolge denn auch durch die Verleihung ihrer höchsten Auszeichnung, der Copley Gold Medal, an.

Cook erhielt diese Medaille niemals, die vom Präsidium der Gesellschaft für die beste Abhandlung des Jahres ausgesetzt war, aber der Präsident der Gesellschaft, Sir John Pringle, erzählte Cook von der beabsichtigten Verleihung. Er machte diese Ankündigung im November 1776, als Cook sich gerade auf seiner dritten Reise befand, und die Medaille, die in der Zwischenzeit Mrs. Cook überreicht worden war, befindet sich nun im Britischen Museum. In der Laudatio anläßlich der Verleihung zollte Pringle Cook den nachfolgenden großartigen Tribut:

»Wenn Rom«, sagte er, »die weltliche Krone dem zusprach, der das Leben auch nur eines einzelnen Bürgers rettete, welche Siegerkränze mögen wohl dann anstehen diesem Manne, der da gar viele verdiente, der die Mittel uns für ewig gab, mit deren Hilfe Britannien nunmehr auf den ausgedehntesten Reisen große Zahlen seiner furchtlosen Söhne, seiner Seeleute, zu schützen vermag; welche nämlichen, furchtlos in jeglicher Gefahr, so großartig beigetragen haben zu dem Ruf, ja dem Ruhme und zu dem Weltreich der Meere dieses Landes.«

Das dritte Ergebnis der Reise war der Nachweis, daß es eine einfache Methode gab, die geographische Länge genau zu berechnen. Cook war jetzt ein bedeutender Mann, der international anerkannt wurde. Er wurde dem König vorgestellt und erhielt den Rang eines Vierten Kapitäns des Königlichen Marinehospitals.

Die dritte Reise
1776–1779

Fünfzehntes Kapitel

Vorbereitungen und Instruktionen

»Suche und erforsche er solche Flüsse oder Buchten, so sie von größerer Ausdehnung erscheinen und gen Hudson oder Baffin Bay weisen.«
Instruktionen für Cooks dritte Reise, 1776

Die Ereignisse brachen nun über Cook zusammen. Es war natürlich, daß er eine dritte Expedition leiten sollte, eine Expedition, die eines der wenigen noch verbliebenen ozeanischen Geheimnisse lösen sollte, die Geographie der Region, wo Pacific und Arktik sich treffen. Es war gleichermaßen klar, daß der Pacific schließlich und endlich seinen Tribut vom größten seiner Abenteurer fordern und dabei sicherstellen würde, daß dessen Ruhm noch heller strahlen sollte, weil der Tod direkt auf den Erfolg folgte. Der Krug konnte in der Tat zu oft zum Brunnen gehen, und der Ozean und seine Einwohner, die so viele berühmte Forscher von Magellan bis La Pérouse auf ihrer ersten Reise töteten, konnten es kaum gestatten, daß sein mutigster Eindringling mehr als zehn Jahre nahezu unbehelligten Forschertums überleben konnte.

Das Hauptanliegen der dritten Expedition war der Versuch, eine schiffbare und wirtschaftliche Seeroute vom Pacific in den Atlantik zu entdecken rund um den nordamerikanischen Kontinent. Die Passage vom Atlantik zur Hudson Bay war sehr gut bekannt und möglich, aber wenn auch Samuel Hearne und andere nachgewiesen hatten, daß es von dieser Bai zum Pacific keinen Seeweg gab, so hoffte man doch immer noch, daß weiter nördlich eine solche Passage gefunden werden könnte. Auf der pacifischen Seite waren die geographischen Kenntnisse außerordentlich vage, teils wegen der immensen Schwierigkeiten und der großen Entfernungen, die hier hineinspielten, und teilweise aufgrund einer schwachen russischen Führung. Wenn auch zu Beginn des 18. Jahrhunderts Moskau Sibirien als erobert betrachtete, so war dennoch zu jener Zeit keinerlei genaue Kenntnis darüber vorhanden, daß Asien und Nordamerika zwei voneinander getrennte Kontinente waren, während immer noch Gerüchte existierten, daß nördlich Japans Inseln lägen von einem sagenhaften Reichtum an Silber – Inseln, die sogar noch im 17. Jahrhundert von Tasman und anderen ohne jeden Erfolg gesucht worden waren. Schon im Jahre 1655 hatte ein Kosak namens Deshnjow den Regierungsbeamten in Jakutsk berichtet, daß er das östliche Kap Asiens umrundet habe und daß er auf diese Art bewiesen habe, daß Asien und Nordamerika voneinander getrennt seien. Im Jahre 1713 sandte der Gouverneur von Sibirien abermals einen Seemann namens Heinrich Busch, einen Schweden oder Holländer, aus, der von Kamtschatka aus nach Alaska oder zu den Aleuten gefahren war. Die Berichte hierüber und auch andere Anzeichen von Bedeutung lagen wohlverwahrt bei den sibirischen Behörden, so daß Peter der Große, statt die Wahrheit offenzulegen und den europäischen Wissensdurst zu befriedigen, sich entschloß – wie es seine Nachfolger, die Kaiserinnen Katharina I. und Anna, gleichfalls taten –, unter dem Dänen Vitus Bering zwei berühmte Expeditionen auszurüsten, die trotz des schließlichen Zusammenbruchs und Todes ihres Führers die Bering-Straße zwischen den Kontinenten entdeckten und Teile der arktischen Küstenlinie erforschten wie auch die Nordwestküste Amerikas und die davor liegenden Inseln. Und doch, trotz Berings Erfolgen und weiteren russischen Bemühungen, hielt man Berings Werk nicht für gesichert, und bis zu Cooks dritter Reise waren seine Berichte in gewisser Hinsicht nicht sehr hoch eingeschätzt worden.

Als Cook 1775 von seiner zweiten Expedition nach England zurückkehrte, gewann die Frage einer nördlichen Passage vom Pacific zum Atlantik eine erhebliche Bedeutung. Wenn auch die britischen Kanadier ihre Eroberung durch den ganzen Kontinent hindurch fortsetzten, so war Großbritannien doch gerade dabei; die späteren Vereinigten Staaten zu verlieren; die Schätze der reichen westindischen Zuckerinseln gingen zur Neige; Clives Erfolge in Indien hatten einer weiteren britischen Expansion in diesem Raum einen Riegel vorgeschoben, und es wurde mehr und mehr offenbar, daß die Zukunft des Empire zu einem großen Teil im Indischen Ozean und im Osten lag. Wie Williamson darlegte, erforderte auch der Tee, ein recht sperriges Transportgut, eine alle Meere umfassende Schiffsroute; dazu begann er, das chinesische Gold, nämlich Porzellan, Seide und Lackwaren, die »die Manila-Galeonen eher zu Schatzschiffen denn normalen Handelsschiffen« machten, zu ersetzen. Die einzig möglichen Routen für den Teehandel gingen durch den Isthmus von Panama, der jedoch eine Landroute unter spanischer Kontrolle war; die unmöglich lange und gefährliche Reise rund um das Kap Horn und die Passage rund um das Kap der Guten Hoffnung erforderten, wenn auch diese Route damals gebräuchlich war, die längsten Reisen, die von britischen Kauffahrern zu jener Zeit unternommen wurden, und sehr hohe Unkosten. Eine Route von Indien und China um Nordamerika herum nach Großbritannien wäre sehr viel kürzer und in jenen Kriegszeiten auch weniger verwundbar gewesen als jede andere zu dieser Zeit bekannte. Das britische Parlament hatte schon demjenigen Kauffahrer einen Preis von 20 000 Pfund ausgesetzt, der diese Passage entdecken würde, und diese Belohnung wurde nun auch Marineoffizieren angeboten mit der Auflage, daß die Passage nördlich 52° Breite liege, vielleicht deswegen, weil diese Region weit genug nördlich jener Kolonisationszone lag, welche die Spanier zu dieser Zeit in Kalifornien für sich beanspruchten.

Was nun vonnöten war, war ein Expeditionsleiter, der die Anweisungen erfüllen würde, welche Byron 1765 nicht befolgt hatte, und schon bald war klar, daß diese Aufgabe Cook anvertraut werden würde. Er hatte gerade erst die Herausgabe seines Journals der zweiten Expedition vollendet, und es war offenbar, daß ein Ruheposten an Land einem solchen Geist, der ruhelos und ambitioniert im besten Sinne war, wenig Befriedigung schenken mußte. Er hatte die Leitung des Greenwich-Hospitals angetreten unter der Zusicherung der Admiralität, daß diese Position ihn nicht für alle Zukunft daran hindern sollte, seine Dienste erneut anzubieten, und so schrieb er einmal traurig an Walker: »Die *Resolution* erfüllte ihren Zweck über alle meine Erwartungen hinaus gut und ist durch die Reise so gering nur beschädigt worden, daß sie gar bald erneut ausgesandt werden wird. Jedoch werde nicht ich sie kommandieren. Es treibt mich mein Schicksal von einem Extrem zum anderen; nur der Monate wenige zuvor war die gesamte südliche Hemisphäre gerade noch groß genug für mich, und jetzt finde ich mich selbst umschlossen in den Grenzen des Greenwich-Hospitals, welch selbe bei weitem zu eng sind für einen aktiven Geist gleich dem meinen. Wohl muß ich gestehen, daß dieser Posten eine gar gute Erholung und ein annehmbares Einkommen sind, indes: ob ich mich selbst dazu bewegen kann, ein leichtes Leben und Zurückgezogenheit zu lieben, das allein wird nur die Zeit zeigen.«

Die Zeit sollte es schon bald zeigen. Weder ein bequemes Leben noch die Familie, noch ein bescheidener Reichtum konnten Cook halten. Wenn die Admiralität es auch nicht für fair hielt, ihm eine andere große Reise nach einem so kurzen Zwischenraum zu übertragen, so schrieb er doch im Januar 1776, daß man ihm die Aufgabe übertragen habe, ein Schiff zu suchen, das die *Resolution* begleiten sollte. Und als dann im Februar auf einer Party, an welcher Lord Sandwich, Sir Hugh Palliser und Mr. Stevens von der Admiralität teilnahmen, die Schwierigkeit diskutiert wurde, einen geeigneten Kommandanten zu finden, sprang er auf und erklärte, er wolle fahren. Sein formelles Angebot vom 10. Februar wurde noch am selben Tag akzeptiert, und voller Freude schrieb er an Walker: »Ich habe einen kommoden Rückzug eingetauscht gegen ein aktives, vielleicht gar gefährliches Reiseunternehmen – ich gehe einer Zukunft entgegen, so angenehm ich irgend wünschen könnte.«

Unglücklicherweise hatte Cook schon jetzt die ersten Fehleinschätzungen getan, die auch schließlich zu seinem Tode führten. Wenn auch das für die Expedition ausgesuchte Personal ausgezeichnet war und wenn auch das neuerworbene Schiff, die *Discovery*, ein 229-Tonnen-Kohlenschiff aus Whitby, ein gutes kleines Schiff war, so hätte doch die *Resolution* ähnlich der *Endeavour* durch ein neues Schiff ersetzt werden müssen. Dies war besonders deshalb notwendig, weil trotz des großen Interesses von Lord Sandwich an dieser Expedition die Korruption und der Unverstand, die zu jenen Zeiten in der Navy um sich griffen, dazu führten, daß die *Resolution* in Deptford nur derartig nachlässig instandgesetzt wurde, daß sie während der Reise zu beständigem Ärger Anlaß gab, der dann auch schließlich und endlich zu Cooks Tod führte.

Das hervorragende Personal schloß auch als Kommandanten der *Discovery* Charles Clerke ein, der nach der ersten Reise angemustert hatte, später jedoch ein Opfer der Tuberkulose wurde, die er sich in einem Elendsquartier zuzog, in das er geeilt war, um – generös, wie es seine Art war – seinen Bruder vor Bestrafung wegen seiner Schulden zu retten. Clerkes Erster Offizier war James Burney, der zuvor als Mittschiffsmann gedient hatte und später zum Zweiten Offizier aufgestiegen war und der später einmal ein geachteter Admiral werden sollte und über ozeanische Entdeckungen schrieb.

Auf der *Resolution* hatte Cook als Leutnant John Gore, der schon mit ihm zusammen auf der *Endeavour* gefahren war und der später die Schiffe nach Hause bringen sollte; dazu Leutnant James King, der die Logbücher der Expedition zu Ende führen sollte, sowie Leutnant John Williamson, den am stärksten kritisierten Offizier der beiden Schiffe, der Cook möglicherweise hätte retten können, und William Bligh, den stürmischen Helden der »Mutiny of the Bounty« und der Rum-Rebellion in Neusüdwales.

Das Seefahrtsamt übertrug die wissenschaftlichen Beobachtungen auf der *Resolution* den Herren Cook und King, dem man außerdem auch das Kendall-Harrison-Chronometer anvertraute, das sich auf der zweiten Reise so hervorragend bewährt hatte. Bayly, der die wissenschaftlichen Instrumente auf der *Adventure* gewartet hatte, wurde der *Discovery* zugeteilt. Als guter Griff erwies sich die Wahl des Schweizer Malers Weber, der Hodges als Künstler ablöste. Auf Wunsch der Krone nahm die Expedition eine Menagerie von lebenden Tieren als Geschenke mit zu den Inseln, die jedoch die Schiffe derart übervölkerten, daß Cook die *Resolution* als »eine Arche Noah, welch selber nur einige weibliche Exemplare unserer eigenen Species fehlen«, beschrieb.

Instruktionen für die dritte Reise

Wie schon bei seiner zweiten Reise, so wurde Cook auch jetzt bei der Ausarbeitung seiner Instruktionen herangezogen, die er dann am 8. Juli 1776 in Plymouth erhielt. Die Admiralität wies den Kommandeur an, via Madeira, Cap Verde oder über die Kanarischen Inseln zum Kap der Guten Hoffnung zu segeln, und von da aus zu seiner alten Basis, Neuseeland, um bei dieser Gelegenheit nach den Inseln zu suchen, die die Franzosen auf 48° südlicher Breite und etwa dem Meridian von Mauritius entdeckt hatten. Von Neuseeland aus sollte Cook nach Otaheite auf den Gesellschaftsinseln segeln, um »Omai«, einen »vornehmen Wilden«, nach Hause zurückzubringen, den Furneaux mit der *Adventure* nach England gebracht hatte und der die Attraktion der Londoner Gesellschaft gewesen war. Erst nach dem Verlassen Otaheites sollte Cook sich seinem eigentlichen Ziel zuwenden, indem er die nordamerikanische Küste auf etwa 45° nördlicher Breite ansteuern sollte, wobei ihm aufgetragen wurde, alle spanischen Dominien zu vermeiden und auf keinen Fall irgendwelche spanischen Einwohner zu beleidigen. Von hier aus sollte er so schnell wie möglich auf 65° nördlicher Breite segeln, von wo aus er weiter nach Norden vordringen sollte, um sehr sorgfältig »solche Einschnitte oder Buchten« zu untersuchen, »welche von einiger Ausdehnung erschienen«, und dann sollte er zur Hudson Bay oder zur Baffin Bay fahren, um hier nach der gesuchten Passage zu suchen.

Für den Fall, daß die Expedition vor dem Winter keine Passage finden würde, sollte Cook Kamtschatka in Sibirien anlaufen und dann im Frühjahr 1778 versuchen, irgendeine nördliche Passage in den Atlantik zu suchen oder aber eine nördliche Passage rund um Rußland in die europäische Nordsee zu finden. Nach H. R. Wagner deuten diese Anweisungen darauf hin, daß die britische Admiralität sehr weitgehend über die neuesten spanischen Entdeckungen an der nordamerikanischen Westküste informiert war. Wie schon früher erwähnt, hatten die Reisen von Samuel Hearne (1769–72) bewiesen, daß südlich 72° nördlicher Breite keine Passage existieren konnte, während die spanischen Meeresexpeditionen der Jahre 1769/70 und 1774/75 bis auf 58° nördlicher Breite gelangt waren, was wohl der Grund für die Anweisung an Cook gewesen sein mag, auf dem schnellsten Wege von 45° nördlicher Breite bis auf 65° nördlicher Breite vorzustoßen. Wagner glaubt außerdem, daß Cook möglicherweise irgendwelche ergänzenden geheimen Instruktionen hatte, die aber nicht veröffentlicht wurden. Dies könnte die Tatsache erklären, daß er, obwohl er angewiesen war, im Einvernehmen mit den Eingeborenen Besitz von solchen Ländern zu ergreifen, die zuvor noch nicht von anderen Nationen entdeckt worden waren, diese Instruktionen nicht befolgte, bis er Cooks Inlet in Alaska auf 49° nördlicher Breite erreicht hatte.

Die Kommission in Ausführung der Funktion des Lordadmirals von Großbritannien und Irland etc.

Geheime Instruktionen für Captain James Cook, Kommandeur Seiner Majestät Schaluppe, der Resolution.

Alldieweil der Earl of Sandwich uns angezeigt hat Seiner Majestät Geruhen, einen Versuch zu unternehmen, eine nördliche Passage zur See vom Pacific zum Atlantischen Ozean zu finden; und alldieweil wir in Verfolg dessen

Seiner Majestät Schaluppen *Resolution* und *Discovery* haben ausstatten lassen in jeder Hinsicht gar wohl geeignet, eine Reise zum oben erwähnten Zwecke zu unternehmen; und in Kenntnis Eurer Fähigkeiten und Eures guten Verhaltens auf Eurer letzten Reise, so haben wir beschlossen, Euch zu beauftragen mit der Durchführung der itzo vorgesehenen Reise, und dieserhalb Euch bestimmt, das zunächst erwähnte Schiff zu kommandieren, und befohlen dem Captain Clerke, welcher das andere kommandiert, Euren Anweisungen bei allen kommenden Unternehmungen zu folgen; Ihr werdet hiermit gebeten und angewiesen, Euch mit besagten beiden Schaluppen auf dem direkten Wege zum Kap der Guten Hoffnung zu begeben, wofern Ihr nicht die Notwendigkeit sähet, auf Madeira, dem Cap Verde oder den Kanarischen Inseln Station zu machen, um allda Wein an Bord zu nehmen zum Gebrauche Eurer Mannschaft; in solchem Falle steht es Euch frei, in dieser Art zu verfahren, jedoch sollt Ihr darauf achten, hier nicht länger zu verweilen, denn zu vorgegebenem Zwecke notwendig erscheinet.

So Ihr am Kap der Guten Hoffnung anlanget, so sollt Ihr der Schaluppen Mannschaften Erholung gönnen; auch sollt Ihr Sorge tragen, die Schaluppen mit allem Proviant und Wasser, den immer sie nur zu laden vermögen, auszustatten.

Ihr sollt, so dieses möglich erscheinet, das Kap der Guten Hoffnung zum Ende des Monates Oktober oder zu Beginn des nächstfolgenden November verlassen und sollt gen Süden voranzugelangen suchen, alldieweil Ihr nach einigen Eilanden suchen sollt, die – wie man sagt – vor kurzem erst von den Franzosen gesehen wurden und so zu finden sind auf 48° 0′ südlicher Breite und etwa auf dem Meridian von Mauritius. Im Falle Ihr jene Eilande fändet, sollt Ihr sie gar wohl untersuchen nach guten Häfen; auch sollt Ihr alle notwendigen Beobachtungen anstellen, ihr Auffinden in der Zukunft zu erleichtern; da doch ein guter Hafen, gelegen in jener Region, sich als gar wertvoll erweisen mag, auch so er nur weniges oder gar nichts mehr zu bieten geeignet wäre denn Obdach, Holz und Wasser. Jedoch sollt Ihr nicht zuviel Zeit verlieren bei der Suche nach solchen Eilanden oder bei deroselben Erforschung, so gefunden; vielmehr sollt Ihr nach Otaheite fahren oder zu den Gesellschaftsinseln (bei welcher Reise Ihr Neuseeland besuchen mögt, so Ihr dieses für notwendig und angebracht erachtet) und Euch bemühen, dort so bald hinzugelangen, als Eurer Schaluppen Besatzung genügend Zeit zur Erholung zu gewähren, deren sie benötigen mag, bevor ihr das größere Ziel dieser Instruktionen in Angriff nehmet.

So Ihr anlanget auf Otaheite oder den Gesellschaftsinseln, so sollt Ihr Omai an Land setzen allda, wo er sich erwähle.

Unter den Häuptlingen solcher Eilande sollt Ihr Geschenke jener Art verteilen, mit denen Ihr ausgestattet seid und wie Ihr es für angemessen erachten mögt, so Ihr die Reste unter den Eingeborenen jener Ländereien verteilet, mögt Ihr die nördliche Hemisphäre erforschen: und alsobald Ihr die Leute, die zu den Schaluppen unter Eurem Kommando gehören, genügend erfrischt haben mögt und so Ihr alles Holz und Wasser an Bord genommen habt, dessen sie entsprechend bedürfen mögen, so sollt Ihr jene Eilande zu Beginn des Februars verlassen oder auch schon früher, so Ihr dieses für notwendig erachtet, und alsdann auf dem direktesten Kurs der Küste New Albions entgegen fahren, und zwar in jener Weise, daß Ihr auf 45° 0′ nördlicher Breite dort anlanget; auch sollt Ihr Sorge tragen, auf Eurem Wege dorthin keine Zeit zu verlieren bei der Suche nach neuem

Lande, auch sollt Ihr bei keinem anlanden, so Ihr welches fändet, wofern Ihr es nicht notwendig fändet, Euer Holz und Wasser zu ergänzen.

Auch seid Ihr striktestens gebeten, auf Eurem Wege dorthin keinerlei Teil der spanischen Dominien auf dem westlichen Kontinent Amerikas zu berühren, außer Ihr würdet durch ein unabwendbares Ereignis dorthin verschlagen, in welchem Falle Ihr nicht länger Euch aufhalten dürft allda, denn absolut notwendig ist, und größte Vorsicht walten lassen sollt, keinerlei Ungemach oder Beleidigung irgendeinem Einwohner oder einer Einrichtung Ihrer Katholischen Majestät widerfahren zu lassen. Und sollte es dennoch sich so fügen bei Eurer Fahrt gen Norden, welche Ihr hernach fortzusetzen habt, daß Ihr irgendeine Einrichtung irgendeines europäischen Prinzen oder Staates fändet an irgendeinem Teil der Küste, den zu besuchen Euch angemessen erscheint, so sollt Ihr dieselben nicht stören, noch ihnen auch nur den geringsten Grund zur Beleidigung geben; vielmehr sollt Ihr sie mit der größten Höflichkeit und Freundlichkeit behandeln.

So Ihr an der Küste New Albions anlanget, so sollt Ihr in den ersten geeignet erscheinenden Hafen einlaufen, Euer Holz und Wasser zu erneuern und frische Vorräte aufzunehmen, und alsobald die Fahrt gen Norden entlang der Küste fortsetzen, bis daß ihr die Breite von 65° oder noch weiter erreichet, so Ihr nicht durch Landmassen oder Eis behindert werdet; hierbei sollt Ihr keinerlei Zeit verlieren bei der Untersuchung von Flüssen oder Buchten oder irgendeines anderen Umstandes, bis daß Ihr auf die zuvor erwähnte Breite von 65° gelanget, allwo wir Euch anzulangen im Monate Juni des nächsten erhoffen dürfen. Alsbald da Ihr diese Länge erreichet, so sollt Ihr mit größter Sorgfalt nach solchen Flüssen oder Buchten suchen und diese auch erforschen, so sie von größerer Ausdehnung erscheinen und sich gen Hudson oder Baffin Bay erstrecken; und so allda durch Euer eigen Beobachtung oder durch Information, die Ihr von den Eingeborenen erlangen mögt (welch selbe der gleichen Menschenrasse angehören mögen und dieselbe Sprache sprechen mögen, welche Ihr bereits kennet, nämlich die der Eskimos), eine Gewißheit erscheinen möge oder auch gar nur eine Möglichkeit einer Wasserpassage hinüber zu den zuvor erwähnten Bais oder einer von ihnen, so sollt Ihr – in einem solchen Falle – Eure äußerste Anstrengung unternehmen, diese Passage mit einer oder beiden der Schaluppen zu nehmen, außer Ihr wäret der Meinung, eine solche Passage könne mit größerer Sicherheit oder mit größerer Wahrscheinlichkeit besser bezwungen werden durch kleinere Schiffe, in welchem Falle Ihr Segel setzen sollt auf eines oder beide der kleinen Boote, mit welchen Ihr ausgestattet seid, und, sobald diese zusammengefügt sein mögen und wohl ausgestattet sich befinden, so sollt Ihr eines oder beide aussenden unter der Obhut erfahrener Offiziere mit einer ausreichenden Anzahl guter Offiziere, Männer und Begleitboote, um besagte Passage zu bezwingen zu suchen; auch sollt Ihr sie ausstatten mit Instruktionen, Euch erneut zu finden, so sie einen Fehlschlag erlitten oder im Falle ihres weiteren Vordringens, so sie den Versuch erfolgreich bestünden, in der von Euch für am besten erachteten Art und Weise. Solltet Ihr jedoch finden, daß andere Möglichkeiten oder Arten denn die zuvor erwähnten geeigneter erschienen, die Entdeckung der zuvor erwähnten Passage zu tun (so da eine ist), so habt Ihr die Freiheit, dieses zu tun, und wir überlassen es Eurer Erfahrung, solche Maßnahmen zu ergreifen, die geeignet erscheinen.

So Ihr überzeugt wäret, daß es eine Passage durch die oben erwähnten Bais nicht gebe, welche für die Zwecke der Navigation geeignet wären, so sollt Ihr zu der geeigneten Jahreszeit zum Hafen von Sankt Peter und Sankt Paul in Kamtschatka aufbrechen oder nach dahin, da es Euch geeignet erscheint, Eure Leute zu erfrischen und den Winter zu verbringen; Ihr sollt dann im Sommer des folgenden Jahres 1778 Euch von dort nordwärts wenden, soweit dies möglich ist (bei Eurer Klugheit werdet Ihr dieses recht bedenken), um weiterhin zu suchen nach einer nordöstlichen oder einer nordwestlichen Passage vom Pacifischen Ozean zum Atlantischen Ozean oder zur Nordsee; und so da auf Grund Eurer eigenen Beobachtung oder von Informationen, so Ihr sie erhalten mögt, eine Möglichkeit einer solchen Passage erscheinen soll, so sollt Ihr wie zuvor erwähnt vorgehen: und, so Ihr eine solche Passage entdeckt habt oder auch bei diesem Versuche gescheitert seid, so mögt Ihr auf dem schnellsten Wege nach England zurückkehren auf einer Route, welche Euch am besten geeignet erscheinen mag für Erkenntnisse der Geographie und der Navigation. Ihr sollt dann mit beiden Schaluppen nach Spithead aufbrechen, allwo Ihr verbleiben mögt, bis daß weitere Order Euch erreiche.

An allen Plätzen, welche immer Ihr im Verlauf Eurer Reise finden mögt, da genaue Beobachtungen der Natur noch nicht gemacht wurden, sollt Ihr, soweit Eure Zeit dies erlauben mag, die wahre Lage solcher Orte auf das sorgfältigste ermessen, sowohl in der Breite wie in der Länge, der Inklination der Nadel, bezüglich der Gestalt von Kaps oder Höhen, der Richtungen und des Kurses der Gezeiten, der Tauchtiefen im Meer, der Untiefen der Felder etc.; auch sollt Ihr solche Beobachtungen machen, um Karten zu zeichnen und solche Buchten, Häfen und verschiedene Teile der Küste beobachten und Anmerkungen hierzu anfertigen, als da nützlich für Navigation und Handel erscheinen mögen. Auch sollt Ihr gar sorgfältig die Natur der Bodenschätze feststellen sowie der Lande Produkte; die Tiere und Vögel, welche diese bewohnen oder besuchen mögen, die Fische, welche in den Flüssen oder an der Küste gefunden werden, auch in welcher Menge, und, so da irgend etwas Besonderes an solchen Orten sein mag, so sollt Ihr dieses so genau beschreiben und es so genau zeichnen lassen, denn Euch irgend möglich ist: und so Ihr irgendwelche Metalle, Mineralien oder wertvolle Steine fändet oder irgendein besonderes Fossil, so sollt Ihr Proben von jedem mit nach Hause bringen, als da sind Samen von Bäumen, Büschen, Pflanzen, Früchten, Getreiden, welche diesen Plätzen gemäß wären, so viel Ihr davon irgend einzusammeln vermöget, und dieses Unserem Sekretäre zu übermitteln, auf daß geeignete Beobachtung oder Experimente hiermit gemacht werden können. Auch sollt Ihr beobachten die Intelligenz, das Temperament, das Verhalten und die Anzahl von Eingeborenen und Bewohnern, wo immer Ihr welche findet; und auch versuchen, unter allen Umständen eine Freundschaft mit ihnen zu pflegen, indem Ihr ihnen Geschenke machet von jenen Dingen, die Ihr noch an Bord haben mögt und welche sie am meisten begehren; indem Ihr sie einladet zum Umtrunke und indem Ihr ihnen entgegenbringet jede Art von gutem Willen und Verständnis, indem Ihr Sorge traget, auch nicht von ihnen überrascht zu werden, sondern Ihr sollt vielmehr allzeit auf der Hut vor irgendwelchen Zwischenfällen sein.

Auch sollt Ihr, im Einvernehmen mit den Eingeborenen, Besitz ergreifen im Namen Seiner Majestät des Königs von Großbritannien von solchen geeigneten Plätzen in jenen Landen, so Ihr sie entdecken mögt, die zuvor noch nicht entdeckt oder besucht wurden von irgendeiner anderen europäischen Macht; auch sollt Ihr unter ihren Einwohnern solche Dinge verteilen, als da gewürdigt werden mögen zum Beweise Eures Hierseins; so Ihr jedoch fändet, die Lande, die Ihr entdeckt, seien unbewohnt, so sollt Ihr Besitz ergreifen von ihnen für Seine Majestät, indem Ihr angemessene Markierungen und Inschriften setzet als erste Entdecker und Besitzer.

Aber insofern, als bei Unternehmungen dieser Art Umstände auftreten mögen, die nicht vorherzusehen waren und für die es ergo auch keinerlei bestimmte Anweisungen gab, so sollt Ihr, in all solchen Fällen, in der Weise vorgehen, die Ihr für die erfolgreichste haltet zur Durchführung des Euch übertragenen Auftrages.

Ihr sollt zu jeder Gelegenheit unserem Sekretäre zu unserer Information Berichte Eurer Fortschritte übermitteln und auch Kopien der Darstellungen und Zeichnungen, die Ihr machen werdet; und alsobald Ihr nach England zurückkehrt, so sollt Ihr unverzüglich in dieses Amt kommen, uns einen vollen Bericht über Eure Erlebnisse vorzulegen; zuvor aber sollt Ihr dafür Sorge tragen, allen Offizieren und Unteroffizieren die Logbücher und Aufzeichnungen, die sie gemacht haben mögen, abzunehmen und sie unserer Inspektion zugänglich zu machen; und sie auch anweisen – auch die gesamte Mannschaft – nicht zu erzählen, wo sie gewesen, bis daß sie Erlaubnis bekommen haben mögen, solches zu tun: auch sollt Ihr Captain Clerke zu demselben anhalten, soweit es die Offiziere, Unteroffiziere und die Mannschaft der *Discovery* angeht.

So die *Resolution* irgendeinen Unfall erleiden sollte in Verfolg ihrer Reise, welcher sie unfähig machen könnte, nur irgend weiter voranzukommen, so sollt Ihr in einem solchen Falle Euch selbst und der *Resolution* ganze Mannschaft auf die *Discovery* bringen und Eure Reise in dieser fortsetzen; ihr Kommandeur ist hiermit striktestens angewiesen, Euch an Bord aufzunehmen und Euren Befehlen zu gehorchen in ganz der gleichen

Weise und in jeder Hinsicht, so, als befändet Ihr Euch in Wirklichkeit an Bord der *Resolution*: und so Ihr unfähig seiet durch Krankheit oder auf andere Weise, diese Instruktionen durchzuführen, so sollt Ihr sie dem nächsten Offiziere im Range übergeben, der hierbei aufgefordert ist, sie in der ihm am besten möglichen Art zu erfüllen.

Gegeben in unserem Namen den 6. Tag des Juli, 1776

Sandwich
C. Spencer
H. Palliser.

Auf Anweisung Ihrer Lordschaften,

Ph. Stevens.

Sechzehntes Kapitel

Der Zentral-Pacific

»Wohl wußten sie, daß ich zur Gänze unterrichtet war über die Geschichte des Massakers ... Jedoch äußerten sie Überraschung wegen meiner Nachsicht.«

Cook in Neuseeland, 1777

Professor V. T. Harlow hat dargelegt, daß die britischen Meeresforscher des 18. Jahrhunderts eher geneigt waren, die Ureinwohner zu unterstützen, als sie und ihre Lebensumstände zu erforschen. Als Cook nun im Juli 1776 zu seiner Expedition aufbrach, nahm er folglich eine erstaunliche Menge lebendes Getier als Geschenk König Georgs III. mit in den Pacific; dazu führte er Kendalls Chronometer, angemessenes wissenschaftliches Instrumentarium, warme Kleidung und Antiscorbutica mit sich, da nicht einmal der amerikanische Krieg einer so bedeutenden Expedition den Rang abzulaufen vermochte.

Samstag, 8. Juni

Der Earl of Sandwich, Sir Hugh Palliser und andere der Admiralität gaben uns als letztes Zeichen ihrer ganz außergewöhnlichen Aufmerksamkeit, welch selbe sie uns und unserer Ausrüstung bisher gezeigt hatten, die besondere Ehre ihres Besuches an Bord, um zu sehen, daß jedes Ding in ihrem Sinne erledigt und zur Zufriedenheit aller geschehen, die an dieser Reise teilzunehmen gewillt. Sie und einige andere vornehme Herren ehrten mich mit ihrer Gesellschaft zum Dinner, und sie wurden begrüßt mit 17 Salutschüssen und drei Hochrufen sowohl bei ihrem Kommen wie auch bei ihrem Gehen.

Montag, 10. Juni

Nahm an Bord einen Bullen, der Kühe zwei mit ihren Kälbern und einige Schafe, sie nach Otaheite zu bringen mit einer Menge Heus und Kornes für ihren Lebensunterhalt. Dieses Vieh ward an Bord genommen auf Anweisung und Kosten Seiner Majestät in der Absicht, auf Otaheite und den benachbarten Eilanden diese nützlichen Tiere heimisch zu machen – noch war dieses der eigentliche Grund; ich ward von der Admiralität ausgestattet mit einer Fülle anderer nützlicher Artikel für eben jene Insulaner, und beide Schiffe wurden ausgestattet mit einer angemessenen Auswahl eherner Werkzeuge, Schmuckes etc., mit ihrer Hilfe Freundschaft zu finden und zu pflegen und eine Allianz mit den Einwohnern solcher neuer Ländereien, so wir sie finden würden. Etliches zusätzliches Kleiderwerk, geeignet für das kalte Klima, ward für die Mannschaften an Bord gebracht, und nichts blieb unberücksichtigt, das vonnöten schien für die Bequemlichkeit oder die Gesundheit; solchermaßen war die außergewöhnliche Sorgfalt, welche an der Spitze des Marinedepartements waltete.

Dienstag, 11. Juni

Empfing an Bord einige astronomische und nautische Instrumente, welche das Vermessungsamt mir und Mr. King als meinem Zweiten Offizier anvertraute, da wir dem Amte zugesagt hatten, alle notwendigen astronomischen und nautischen Beobachtungen durchzuführen, so sie notwendig würden, auch sollte das Gerät dienen, einen Astronomen auszurüsten, welchen man in dem Schiff aussenden wollte. Auch ward an Bord dieselbe Zeitmessermaschine gebracht, welch selbige mich schon auf meiner letzten Reise begleitete: eine andere Zeitmessermaschine und die nämliche Anzahl und Art von Instrumenten ward an Bord der *Discovery* gebracht und der Sorge des Mr. Bayly anvertraut, welch nämlicher auf der letzten Reise Captain Furneaux unterstand und welchen die Admiralität für diese wieder engagierte.

Nach dem Besuch Teneriffas und des Kaps der Guten Hoffnung verbrachte Cook den letzten Abschnitt des Dezembers 1776 mit der Erforschung der Kerguelen-Insel und anderer Inseln, aber obwohl er gute Häfen und umfangreiche Wasservorräte fand, gab es über diese desolate Region bizarrer Felsen wenig zu berichten.

Die folgende Eintragung im Logbuch ist typisch:

Montag, 30. Dezember

Erste Untersuchungen schienen es mit einigem Grunde auszuweisen als das Kap eines südlichen Kontinents: indes haben die Engländer bewiesen, daß ein solcher Kontinent nicht existiert und daß das vorliegende Land ein Eiland von keinerlei größerer Ausdehnung ist, welch selbes ich aufgrund seiner Sterilität das »Island of Desolation« nennen werde.

Cook hatte nun einen dringenden Bedarf an Holz und an Gras für seinen lebenden Zoo, und am 24. Januar 1777 sichtete er Van-Diemens-Land auf seinem Weg nach Neuseeland. Er gab eine interessante Beschreibung dieser Insel und der tasmanischen Eingeborenen, deren Frauen zum allgemeinen Erstaunen die Annäherung einiger der englischen »Herren« ablehnten.

Montag, 27. Januar

Des Nachmittags wurden wir an dem Platze, da wir Holz schlugen, gar angenehm überrascht von dem Besuch einiger Eingeborenen – acht Männer an der Zahl und ein Junge: sie kamen aus den Wäldern hervor zu uns, ohne auch nur das geringste Anzeichen von Furcht zu zeigen und mit dem größten Vertrauen, das man sich vorstellen kann, hatte doch nicht einer von ihnen Waffen bei sich, ausgenommen nur einer, welcher in seiner Hand einen Stock von etwa zwei Fuß Länge mit einer Spitze an einem Ende trug. Sie waren zur Gänze nackt und trugen keinerlei Schmuck mit Ausnahme nur der langen Streifen auf der Haut, deren einige gerade und andere in Schlangenlinien verliefen; sie mögen wie folgt beschrieben sein: ihre Größe entsprach dem Normalmaße, jedoch wirkten sie ziemlich schlank; ihre Haut gleich ihrem Haar war schwarz, welch letztes wollig war wie das der Eingeborenen von Guinea, jedoch waren sie nicht ausgestattet mit bemerkenswert dicken Lippen oder flachen Nasen; ganz im Gegenteil: ihr Anblick war alles andere denn unerfreulich; sie hatten gar gute schöne Augen, und ihre Zähne waren annehmbar, wenn auch überaus schmutzig; die meisten von ihnen hatten Haare und Bärte bemalt mit roter Farbe, und etliche hatten ihre Gesichter in derselben Art bemalt. In gar mancher Hinsicht unterscheiden sie sich von den Einwohnern der weiter nördlich gelegenen Teile jenes Landes, noch scheinen sie zu jenen ärmlichen Leuten zu gehören, welch selbe Dampier in den westlichen Landesteilen gesehen zu haben erwähnt. Jedwedes Ding, das wir ihnen gaben, nahmen sie entgegen ohne das geringste Anzeichen irgendwelcher Zufriedenheit; auch ward ihnen einiges an Brot gegeben, doch sobald sie verstanden, dieses sei zu essen, gaben sie es entweder zurück oder schleuderten es von sich, ohne es auch nur zu kosten; ähnlich verfuhren sie mit Fisch, sei er nun zubereitet oder nicht. Vögel hingegen nahmen sie an und gaben uns zu verstehen, daß sie diese zu essen gedächten.

Mittwoch, 29. Januar

Da ich mich etwa eine Stunde bei jener Gruppe aufgehalten, die Holz schnitt, und bei den sie umgebenden Eingeborenen und sobald ich fand, daß letztere ersteren keinerlei Ungemach zu bereiten gedächten, verließ ich sie und wandte mich hinüber zu jener Gruppe, welche Gras schnitt, und entdeckte, daß sie ein schönes Stückchen Land gefunden hatten. Alsobald die Boote beladen waren, verließ ich jene Gruppe und kehrte zurück an Bord zum Dinner, wo Mr. King wenig später anlangte; so erfuhr ich von ihm, daß, kaum ich ihn verlassen, einige Kinder und Weiber erschienen waren und ihm von einigen der Männer vorgestellt wurden; er machte ihnen allen Geschenke mit solchen Kleinigkeiten, die er bei sich führte, und die Männer gaben seinerseits ihm das meiste dessen, was sie von mir erhalten. Die Weiber trugen ein Känguruhfell derselben Art und Form, da es vom Tiere kam, über Schulter und Hüften gebunden; jedoch diente es ganz offensichtlich keinem anderen Zwecke denn der Bequemlichkeit, das Kind zu tragen; denn in jeder anderen Hinsicht sind sie nackt gleich den Männern, desgleichen schwarz, mit Haar derselben Farbe und desselben Aussehens. Etliche trugen die Häupter zur Gänze rasiert, etliche nur auf einer Seite, alldieweil andere nur den oberen Teil rasierten und einen Kranz von Haaren um ihren Kopf herum stehen ließen. Gar viele der Kinder hatten ein sehr angenehmes Aussehen und wurden ausgesprochen hübsch befunden, jedoch erschienen die Weiber, besonders jene in vorgeschrittenen Jahren, ganz anders; man erzählte mir, daß einige der Herren von der *Discovery* sich um sie bemühten und ihnen gar großzügige und langatmige Angebote machten, welche jedoch mit großer Empörung zurückgewiesen wurden, jedoch wage ich nicht zu entscheiden, ob dieses geschah aus Furcht oder Angst, ihre Männer zu erzürnen. Jedoch schien letzterer Grund nicht sehr wahrscheinlich; befahl doch ein älterer Mann, kaum daß er dieses bemerkte, allen Weibern und Kindern, sich zu packen, welchem Befehl sie wohl gehorchten, nicht jedoch, ohne daß einige ein wenig Widerstand zeigten. Ein solches Verhalten indianischer Weiber ist in höchstem Maße ehrenrührig, sintemalen es Eifersucht in dem Manne weckt, welche die fatalsten Konsequenzen nach sich ziehen kann ohne den geringsten Grund, und das auch dann, so der Liebhaber das Objekt seiner Wünsche noch nicht einmal erreicht hat. Mir scheint, es ist allgemein so gewesen bei den unzivilisierten Leuten, da die Weiber leicht zu haben waren, daß es die Männer waren, welche sie den Fremden zuerst anboten, und wo dieses nicht der Fall ist, sind jene nicht leicht zu haben; nicht Geschenke noch ein Alleinsein mit ihnen kann sie veranlassen, die Gesetze der Keuschheit oder des Brauchtums zu verletzen. Ich bin sicher, daß diese Beobachtung überall in der südlichen See gemacht wird, wo immer ich war.

Sobald die Mannschaften genügend Gras an Bord gebracht hatten, segelte Cook zum Königin-Charlotte-Sund, wobei er erneut von Furneaux' falscher Annahme ausging, Tasmanien sei »der südlichste Punkt Neuhollands«. Dies ist um so bemerkenswerter, als er über die Bewohner Tasmaniens schrieb, sie »unterscheiden sich in gar vieler Hinsicht von den Einwohnern der weiter nördlich gelegenen Teile jenes Landes«.

Die Maoris im Königin-Charlotte-Sund waren einigermaßen erstaunt, daß Cook das Massaker an der Bootsbesatzung des einen Bootes der *Adventure* nicht rächte.

Donnerstag, 13. Februar

Der Vorteile, die wir durch die Eingeborenen, welche in unserer Nähe lebten, hatten, waren nicht wenige, sintemalen etliche jeden Tag zum Fischfang hinausfuhren, so das Wetter dies gestattete, und auf dem Wege des Handels erstanden wir ein gut Teil der Früchte ihrer Arbeit: so daß wir selten Mangel an Fisch hatten oder an Sellerie; Löffelkraut und Fleischbrühe waren gekocht jeden Tag für die Besatzungen der beiden Schiffe während unseres Aufenthaltes; auch hatten sie eingedicktes Bier zum Trinken: solchermaßen konnten wir diese Artikel einem jeden auf der Stelle verabreichen, so er auch nur die geringsten Anzeichen des Skorbuts zeigte; jedoch hatten wir auf den Krankenlisten beider Schiffe nur zwei Leute, als wir hier anlangten.

Außer jenen Leuten, die bei uns an Bord Wohnung nahmen, wurden wir auch gelegentlich von solchen besucht, deren Wohnstätten nicht sehr weit fort lagen, und sogar von solchen, die weiter weg lebten. Ihre Handelsartikel waren Kuriositäten, Fisch und Weiber, deren erste beide für sie einen guten Markt abgaben, was von letzterem nicht gesagt werden konnte: die Seeleute hatten eine Art Widerwillen gegen jene Leute gefaßt und waren unwillig oder auch ängstlich, sich zu sehr mit ihnen einzulassen; dieser Umstand hatte einen guten Effekt, erfuhr ich doch von keinem einzigen Mann, daß er seinen Posten verlassen habe, um zu den Einwohnern zu gelangen. Den Kontakt mit den Weibern gestatte ich, sintemalen ich ihn nicht verhindern kann; jedoch ermuntere ich ihn niemals, wenn auch gar viele der Männer der Meinung sind, dieses sei eine der größten Sicherheiten unter den Indianern, und dieses mag wohl auch stimmen, so man beabsichtige, sich bei ihnen niederzulassen; jedoch ist es mit Reisenden und Fremden normalerweise eine ganz andere Sache, und es haben mehr Männer Ungemach hierdurch erlitten, denn daß sie irgendeinen Vorteil dadurch hatten, daß sie mit ihren Frauen Umgang hatten.

Unter unseren gelegentlichen Besuchern befand sich auch ein Häuptling mit Namen Kahoura, der nämliche, der jene Gruppe unter sich hatte, welche seinerzeit Captain Furneaux' Bootsbesatzung überfiel, und welcher selber den damals kommandierenden Offizier tötete. Den Charakter jenes Mannes zu beurteilen, mag einiges dienen, das Männer seines eigenen Clans von ihm sagten: er schien ein mehr gefürchteter denn geliebter Mann bei ihnen zu sein: vier der Ihren gar sagten, er sei ein schlechter Mann, und suchten mich zu überreden, ihn zu töten, und mir scheint, sie waren nicht wenig überrascht, daß ich es nicht tat, war dieses doch genau das, was gemäß ihren eigenen Vorstellungen nunmehr zu tun war. Wäre ich jedoch dem Rat all jener unserer vorgeblichen Freunde nachgekommen, so hätte ich gar wohl die ganze Rasse ausrotten mögen, kamen doch die Einwohner eines jeden Dorfes im regen Wechsel zu mir mit der Bitte, das jeweils andere zu vernichten, ein recht schlagender Beweis für die innere Zerrissenheit, in welcher sie leben. Wir können sie keinesfalls mißverstanden haben, war doch Omai unser Dolmetscher, welch selber ihre Sprache gar wohl beherrschte.

Cook verließ den Königin-Charlotte-Sund am 25. Februar 1777. Er segelte nach Osten und machte neue Entdeckungen in verschiedenen Inselgruppen, einschließlich der Gruppe, die heute seinen Namen trägt. Er war sich wohl bewußt, daß er schnell vorankommen mußte, wenn er die arktische Sommerzeit noch ausnützen wollte; aber das bereits erwähnte schlechte Wetter und die Notwendigkeit, Wasser für seine Tiere zu sichern, waren eine konstante Sorge für ihn. Schließlich kam er zu dem Schluß, eine Erholung sei unausweichlich. So wandte er sich denn westwärts, um auf seinen alten Lieblingsinseln, den Freundlichen Inseln, zu überwintern, wo die Expedition angenehme Monate beim Feiern und Tanzen verbrachte. Zuvor jedoch fanden sie auf der kleinen Insel Wautieu echte Bewohner der Gesellschaftsinseln, die sich bei der Überfahrt von Otaheite nach Ulietea vor zwölf Jahren verirrt hatten, ein Zufall, über den Cook in der Absicht berichtete, aufzuzeigen, wie sich die Bevölkerung von Insel zu Insel weiter verbreitet haben mußte.

Donnerstag, 3. April

Omai traf hier vier seiner Landsleute, welche zwölf Jahre zuvor von Otaheite nach Ulietea zu reisen suchten, jedoch letzteres verfehlten und, zumal sie gar lange auf See gewesen waren, auf dieser Insel landeten. Sie waren ihrer zwanzig im ganzen – Männer und Weiber – in den Kanus, jedoch überlebten nur fünf die Beschwerlichkeiten, die sie auf sich nahmen, sintemalen sie weder Lebensmittel noch Getränke für so viele Tage mit sich führten. Sie waren nun auf dieser Insel solchermaßen freundlich aufgenommen worden, daß sie das Angebot ablehnten, welches ihnen Omai machte, mit uns auf unserem Schiffe zu ihrer Geburtsinsel zurückzufahren.

Dieser nämliche Umstand zeigt gar wohl die Art und Weise an, in welcher die Eilande in diesem Meere bevölkert wurden; vornehmlich solche, die recht weit von irgendeinem Kontinent oder von irgendwelchen anderen Inseln entfernt liegen.

Nachdem Cook die kleinen und niedrigen Palmerstone-Inseln besucht hatte, stellte er eine brauchbare These auf zu der Frage der Entstehung dieser Inseln.

Donnerstag, 17. April

Es gibt gar viele unterschiedliche Meinungen über diese niedrigen Eilande; einige wollen in ihnen die Überreste großer Eilande sehen, welche in vergangenen Zeiten zusammenhingen und ein großes Stück Landes bildeten, welches das Meer im Laufe der Zeit fortgewaschen und davon es nur die höheren Teile stehen ließ, welche nämlichen im Laufe der Zeit dasselbe Schicksal teilen würden. Andere und ich denken mit sehr viel Grund, sie könnten aus Untiefen oder Korallenbänken geformt sein und befänden sich folglich im Wachstume: und da gibt es auch einige, welche glauben, sie seien durch Erderschütterungen aufgeworfen worden. Ohne all der Argumente Erwähnung zu tun, die da gebraucht werden, die verschiedenen Meinungen zu stützen, werde ich einzig und allein berichten über einige Beobachtungen, welche ich bei meinem Aufenthalt auf diesen machte. Der Untergrund besteht überall aus Korallenfelsen, der Boden ist Korallensand, mit dem sich die Pflanzenreste nur an einigen wenigen Plätzen vermischten, so daß sie eine Art Sumpf bildeten, ein gar starkes Anzeichen dafür, daß sie kein sehr hohes Alter haben noch die Überreste großer Eilande sind, sintemalen im anderen Falle das eine oder das andere jener Eilande sehr viel mehr Humus gebildet haben oder aber ein größerer Teil des ursprünglichen Bodens vorhanden sein müßte. Weit entfernt vom Meere findet man sogar in den heftigsten Stürmen Korallenfelsen, die eindeutig durch die Wellen geformt wurden in derselben Art wie jene am äußersten Ende der Riffe, welcher Umstand sicher anzeigt, daß die See jene zu der einen oder der anderen Zeit erreichte. Der offenkundigste Beweis ihres Wachstums jedoch ist der leichte Wandel in der Pflanzenwelt rund um das Eiland, von wenigen Inches hohen Wassermarken bis zum Beginn der Wälder. An verschiedenen Stellen war dieses sehr leicht auszumachen, speziell auf der Lee- oder Westseite; dieses scheint mir hervorgerufen durch außergewöhnlich hohe Fluten, welche verursacht sein mögen durch gelegentliche steife Brisen aus Westen, welche den Sand höher denn bei normalen Fluten aufgeschichtet haben mögen; diese hinwiederum haben dann wohl den Sand weiter aufgeformt zu einer Barriere gegen die nächste Sturmflut, so daß diese nicht so weit vorankommen konnte denn die vorangegangene, um die Pflanzen zu zerstören, welche entstanden sein könnten aus Kokosnüssen, Wurzeln und Samen, welche durch den Wind, die Vögel oder aber durch Anschwemmung hierher gebracht sein mögen. Es mag dann noch einen anderen Umstand geben, welcher das Anwachsen jener Eilande so sehr wie jeder andere Umstand beschleunigen mag und welcher dafür sprechen könnte, das Meer von jenen zuvor erwähnten Felsen fernzuhalten: dieses ist das Anwachsen der Korallenbänke oder Riffe in die See hinein, welcher Umstand nach meiner Meinung unausgesetzt stattfindet.

Cook erreichte die Freundschaftsinseln gegen Ende April und war sehr angetan von ihrer Schönheit und von ihren liebenswerten Bewohnern, die jedoch das übliche polynesische Vergnügen am Diebstahl zeigten. Cook schloß Freundschaft mit verschiedenen Häuptlingen und wurde eingeladen, an einer großen Anzahl von Festen und Zeremonien teilzunehmen, die er in großer Ausführlichkeit beschrieb. Außerdem legte er seine Schwierigkeiten dar, die er hatte, als er sich entscheiden mußte, wohin und wem er seine Haustiere und Vögel am besten gab.

Sonntag, 13. Juni

Von jenem Hügel aus hatten wir einen vollen Überblick über die gesamte Insel, ausgenommen nur einen Teil des südlichen Gebietes; die südöstliche Seite, von der die Hügel nicht allzu sehr entfernt sind, erhebt sich mit recht großen Unebenheiten direkt aus der See, so daß die Ebenen und Wiesen, deren es hier eine große Anzahl von großer Ausdehnung gibt, alle Male auf der Nordwestseite liegen und welche, da sie mit kleineren Baumgruppen und hier und da kleineren Anpflanzungen bedeckt sind, einen gar hübschen Landschaftseindruck machen, ganz gleich, von woher man sie betrachten mag. Und da ich nun diese hübschen Fleckchen Erde sehe, so kann ich nicht umhin, mich selbst bei dem Gedanken zu ertappen, einige zukünftige Seefahrer mögen von eben der nämlichen Stelle aus diese Weidegründe sehen, übersät mit Rindvieh, welches Engländer auf diesen Eilanden einführten.

Als Cook Mitte Juli wieder abreiste, schrieb er einen sehr langen und interessanten Bericht über die Freundschaftsinseln. Die Inselbewohner waren denen von Tahiti sowohl hinsichtlich ihrer Rasse als auch ihrer Gebräuche eng verwandt, und – wie auch bei den Tahitianern – begannen die negativen Akzente der weißen Invasion bereits ihre traurigen Früchte zu zeigen. Daher schrieb Cook:

Dienstag, 15. Juli

Polygamie: die Polygamie ist erlaubt nur den Häuptlingen, und es ist kein ungewöhnlich Ding, den einen oder anderen anzutreffen, welcher uns erzählen mag, er besitze der Weiber acht oder zehn, jedoch sind die meisten von ihnen mit einer zufrieden und haben keine weiteren. Einige der Unsrigen waren der Meinung, die meisten jener, welche sie ihre Weiber nannten, seien nur ihre Konkubinen, und daß es nur jeweils eine gab, welche als das rechtmäßige Eheweib angesehen ward und die stets als die Hausfrau erschien. Sintemalen Keuschheit – wie es auf den ersten Blick erschien – sich keiner großen Wertschätzung erfreute, erwarteten wir, gar häufige Verletzungen der ehelichen Treue bei den verheirateten Weibern zu finden, jedoch erwies sich das Gegenteil. Mir erschien es, daß die meisten jener, wo nicht gar alle, welche sich unseren Männern hingaben, der niedrigsten Klasse der Leute angehörten und daß viele, die zu unseren Leuten kamen, berufsmäßige Prostituierte waren und uns gebracht wurden, das Beste aus unserem Aufenthalte zu machen.

Seuchen: dieser Handel jedoch hat sie unglücklicherweise mit der Syphilis in Berührung gebracht. Kaum waren wir lange in Anamoka, als auch schon einige unserer Leute hiervon infiziert waren. Mir blieb nur der Ärger zu entdecken, daß alle Sorge, die ich walten ließ, sobald ich das erste Mal jene Eilande besuchte, diese schrecklichen Seuchen von ihnen fernzuhalten, fehlschlugen. Es ist jedoch außergewöhnlich, daß diese Leute davon nicht sonderlich betroffen scheinen. So wir keinerlei Anzeichen der üblen Folgen hiervon feststellten, so kamen wir zu dem Schluß, ihre Lebensart könne dieser Seuche einen großen Teil ihres Schreckens nehmen. Wir entdeckten etliche, die Geschwüre an verschiedenen Stellen ihrer Körper hatten und deren einige ein schreckliches Aussehen hatten, vornehmlich jene in den Gesichtern, welche anzuschauen einen Schock bedeutete; jedoch schienen auf der anderen Seite einige von ihnen geheilt zu werden und andere auf dem Wege der Besserung, jedoch war diese nie erreicht ohne den Verlust der Nase oder Teilen von ihr. Jedoch kann all dieses nicht die Folge der Syphilis sein, waren sie doch hiervon schon befallen, bevor die Engländer sie besuchten, bis zu welchem Zeitpunkt sie, wie sie dagegen sagten, keinerlei Syphilis kannten.

Cook erreichte Tahiti Mitte August 1777 in der Absicht, auf einer dieser Inseln Omai und die zahllosen Geschenke, die er in Großbritannien erhalten hatte, abzusetzen. Hierbei jedoch sah sich Cook zwei Schwierigkeiten gegenüber. Kaum hatte Omai diese Inseln erreicht, so begann er eine ungewöhnliche Generosität Dieben und anderen dunklen Gestalten entgegenzubringen. Außerdem hatten die Einwohner von Bolabola Omais Heimatinsel Ulietea überfallen, und Omai und seine Anhänger machten alsbald klar, daß sie von Cook erwarteten, er werde nun seinerseits die Insel einnehmen.

Cook fand auch heraus, daß während seiner Abwesenheit spanische Schiffe Missionare nach Tahiti gebracht und wieder zurückgeholt hatten, welche ein kleines Haus und ein Kreuz nahe dem Grab eines toten Befehlshabers hinterlassen hatten. Das Kreuz trug zwei Inschriften: »Christus vicit« und »Carolus III imperat 1774«. Unbeschadet der letzteren Eintragung ließ Cook die Worte »Georgius tertius rex, annis 1767, 1773, 1774, 1777« einschneiden. Dies sollte als klarer Beweis von Großbritanniens älteren Ansprüchen und größerem Interesse gelten.

Cook, der 1768 überrascht war, als Banks völlig wertlose Pflanzen an Bord der *Endeavour* gebracht hatte, entwickelte sich selbst zu einem immer fähigeren und erfahreneren Wissenschaftler. Auf seiner zweiten Reise hatte er Maorifleisch braten lassen, um es von Maoris verzehren zu sehen als einen Augenbeweis des maorischen Kannibalismus; und nun erhielt er von seinem Freund, dem Häuptling Otoo auf Tahiti, die Erlaubnis, den Zeremonien eines Menschenopfers zu folgen, wobei dem Opfer der Schädel eingeschlagen wurde, um die göttliche Hilfe bei einem interinsularen Krieg zu erreichen, an dem Cook seine Teilnahme schon abgelehnt hatte. Cook und seine Offiziere erzählten den Tahitia-

Potatow, ein Häuptling von Tahiti

nern unmißverständlich, daß Menschenopfer verabscheuungswürdig seien und daß ein englischer Häuptling, der einen Diener für einen solchen Zweck töten würde, auf sein eigenes Haupt die schrecklichsten Konsequenzen heraufbeschwören würde. Jedenfalls kann man aus Cooks Aufzeichnungen ersehen, daß der große Eroberer schon den Weg bereitete für die folgenschwere Fehleinschätzung seiner Person durch die hawaiianischen Missionare, von denen man keineswegs die Erkenntnis erwarten konnte, daß Cook nicht etwa seinen eigenen Ruhm suchte, als er an solchen Zeremonien teilnahm, die ihn in gewisser Hinsicht zum Gegenstand der Anbetung für die Eingeborenen machten, sondern nur die Gelegenheit suchte, die anthropologische Wahrheit zu beobachten und von ihr zu berichten.

Dienstag, 2. September

Das unglückliche Opfer schien ein Mann mittleren Alters zu sein und dazu ein *Tout tou*, wie man uns sagte, jedoch kam ich keinen Augenblick zu dem Schlusse, er könne irgendein Verbrechen begangen haben, welch selbes den Tod verdiene; jedoch ist es sicher, daß sie nur solche für jene Opfer aussuchen oder irgendeinen sonstigen gewöhnlich niedrig stehenden jungen Mann, deren viele von einem Ort zum anderen und von Eiland zu Eiland umherstrolchen ohne Anzeichen eines gesitteten Lebens: von dieser Art gibt es gar viele hier auf diesen Eilanden. Dieser Mann hier hatte einen blutigen Kopf und ein blutiges Gesicht, welchen Umstand wir zurückführten auf die Art, da sie ihn töteten, indem sie ihm mit einem Stein auf den Kopf schlugen, sintemalen all jene, die dieser barbarischen Sitte zum Opfer fallen, niemals über ihr Schicksal aufgeklärt werden bis zu jenem Moment, da man ihrer Existenz ein Ende setzt. Wann immer einer der großen Häuptlinge ein Menschenopfer für notwendig hält zu irgendeiner besonderen Gelegenheit, so bestimmt er das Opfer, sendet einige seiner ihm treu ergebenen Diener aus, welch selbige das Opfer überfallen und dieses töten; sodann macht man dem König hiervon Mitteilung, dessen Anwesenheit bei der Zeremonie – wie mir erzählt wurde – absolut notwendig ist; in der Tat auch war er außer den Priestern der einzige Mann, der bei dieser irgend etwas zu tun hatte. Nach allem, was wir feststellten, waren diese Opfer nicht so sehr ungewöhnlich: an eben jener Stelle, da dieser Mann begraben ward, fanden sich 49 Ruder, deren ein jedes einem Manne gehört hatte, welcher an diesem Platze geopfert worden war; und an vielen der anderen großen Kultstätten sah ich solche Ruder, so daß solche Opfer nicht nur an diesem Platze stattgefunden haben. Dieses jedoch ist nicht die einzige barbarische Sitte, welche wir unter jenen Leuten finden, es gibt starke Anzeichen zu glauben, daß es damals auch eine Zeit gegeben hat, da sie Kannibalen waren; indes: ich will dieses nicht so unbedingt behaupten, jedoch mich nur darauf beschränken, was wir ohne jeden Zweifel beweisen können. Neben der Sitte, den toten Feinden die Kiefer herauszuschneiden, so bieten sie auch in gewisser Weise ihre Leiber als Opfer dem *Eatua* einen Tag, nachdem die Sieger all die Toten eingesammelt haben, welch selbe in ihre Hand fallen, und sie zur Kultstätte bringen, allwo sie mit vielem Tamtam eine Grube ausheben und sie allemal in ihr verbrennen als eine Gabe an ihre Gottheiten. Indes werden die großen Häuptlinge, so sie im Kampfe in die Hand ihrer Feinde fallen, in einer anderen Art und Weise behandelt. Es ward uns erzählt, daß der König Tootaha, Tebourai Tamaida und ein anderer Häuptling, die mit ihm gefallen waren, zu eben jenem Kultplatze gebracht wurden, ihre Eingeweide von den Priestern herausgeschnitten wurden und ihre Körper hernach an drei verschiedenen Plätzen verbrannt wurden, welche man uns zeigte, da große Steine an jenen Flecken standen. Und die gemeinen Männer, die in eben demselben Kampfe desgleichen fielen, waren alle in der nämlichen Grube beerdigt, welche zwischen jenen drei Steinblöcken gelegen war ... Während der Zeremonie verhielten wir uns schweigend, hatten jedoch, kaum daß diese vorbei war, keinerlei Skrupel, unseren Gefühlen recht freimütig hierüber Ausdruck zu verleihen und dieses selbstverständlich auf das entschiedenste zu verurteilen. Ich versuchte, dem Häuptling zu erzählen, dieses Opfer sei so weit davon entfernt, den *Eatua* zu erfreuen, daß sie Gefahr liefen, er werde vielleicht ärgerlich werden mit ihnen deshalb, und daß sie auf keinen Fall gegen Maheine erfolgreich sein würden ... Solange diese Debatte andauerte, waren die meisten der Leute in dieser Gegend anwesend, welche vornehmlich aus Gehilfen und Dienern des Häuptlings bestanden, und da Omai begann, die Strafe zu erklären, die auch den größten Mann in England ereilen würde, so er seinen Diener töte, da schienen sie mit Aufmerksamkeit zu lauschen und waren möglicherweise von anderer Meinung denn ihr Häuptling.

Am Sonntag, dem 22. November, sagten Cook und seine Leute Omai voll Trauer Lebewohl und ließen ihn auf der Insel Huahaine zurück. Mit ihm zurück blieben zwei junge Maoris, welche die Expedition von Neuseeland aus begleitet hatten; sie alle verblieben in einem Haus, das die Engländer ihnen bauten. Auch ließ man ihnen Feuerwaffen und eine Menge anderer Gebrauchsartikel. Cook war Omai von Herzen zugetan, wie seine Logbücher beweisen, aber er hatte auch die großen Schwächen seines Charakters erkannt.

Siebzehntes Kapitel

Die Entdeckung Hawaiis, 1778

»Eine Entdeckung, welche, so auch die letzte, in gar mancher Hinsicht die bedeutendste zu sein scheint ..., welche von Europäern im ganzen ... pacifischen Raum gemacht wurde.«

Cook, Schlußfolgerungen der Reise, 1779

Cook verließ Bolabola auf den Gesellschaftsinseln im Dezember 1777, nachdem er die Vorräte und den Proviant auf beiden Schiffen vollständig erneuert hatte. Die Bewohner der Gesellschaftsinseln sagten, daß sie von keinerlei Land im Norden wüßten, aber Cook wußte, daß Mendaña eine Insel nahe dem Äquator gefunden hatte, so daß er nicht überrascht war, am 24. Dezember Landvögel zu entdecken und kurz darauf auf den Weihnachtsinseln zu landen. Außer Schildkröten fand die Expedition hier jedoch nur wenig von Wert, wenn auch Cook feststellte, daß der Boden »leicht und schwarz, ganz offensichtlich gebildet von verrotteten Pflanzen, dem Mist der Vögel und Sand« war.

Bei der Fortsetzung des nördlichen Kurses sichtete die Expedition am 2. Januar 1778 weiterhin solche Landanzeichen wie Schildkröten und Landvögel, und am 18. Januar sah sie die erhabenen Berge Hawaiis auftauchen, welche Cook die Sandwich-Inseln nannte. Diese Entdeckung in den leeren Wassern des östlichen Pacifics war von solcher strategischer und wirtschaftlicher Bedeutung, daß wir hier den größten Teil von Cooks eigenem Bericht abdrucken wollen.

Freitag, 2. Januar

Wir sahen weiterhin jeden Tag Seevögel der zuletzt genannten Art, zuweilen in größerer Anzahl denn zu anderen Zeiten: und zwischen 10° und 11° Breite sahen wir auch einige Schildkröten. All dieses ward angesehen als ein Zeichen nahenden Landes; indes sahen wir keines bis zum Tagesanbruch am Morgen des 18., da ein Eiland entdeckt ward, welches Nordost bis Ost auftauchte, und wenig später sahen wir weiteres Land auftauchen im Norden und zur Gänze getrennt vom ersteren, beide erschienen als hohes Land.

Montag, 19. Januar

Bei leichter Brise segelten wir nunmehr auf das östliche Ende des zweitgenannten Eilandes zu, welchem wir uns alsbald bis auf zwei Meilen genähert hatten. Wir waren uns dieses Augenblicks im Zweifel, ob nun dieses Land vor uns bewohnt sei oder nicht, jedoch ward dieser Zweifel gar bald schon aufgeklärt, sahen wir doch einige Kanus von der Küste ablegen und sich dem Schiffe nähern; unverzüglich gab ich ihnen Gelegenheit, zu uns heranzukommen, und in einem jeden waren drei bzw. vier Männer, und wir waren gar höchlichst überrascht zu sehen, daß sie derselben Nation angehörten wie die Leute von Otaheite und den anderen Eilanden, welch selbige wir letztlich erst besuchten. Keiner großen Überredungskunst bedurfte es, sie dazu zu bewegen, längsseits zu gehen, jedoch konnten wir nicht einen einzigen bewegen, an Bord zu kommen; nur einige wenige Fische tauschten sie mit uns gegen Dinge, die wir ihnen anboten, sie bevorzugten jedoch Nägel oder anderes ehernes Gerät; die einzigen Waffen, welche sie bei sich führten, waren einige wenige Steine in etlichen der Kanus, die sie jedoch unverzüglich über Bord warfen, da sie sahen, daß sie nicht benötigt wurden. Sintemalen ich keinerlei

Anzeichen eines geeigneten Ankerplatzes auf diesem Teile des Eilandes fand, wendete ich nach Lee und segelte an der Südostseite in der Entfernung etwa einer halben Meile von der Küste entfernt dahin. Sobald wir Fahrt aufnahmen, verließen uns die Kanus, jedoch legten alsbald andere von der Küste ab und brachten uns Schweine und einige sehr gute Gemüse, welche sie tauschten gleich den anderen für alles, was wir ihnen nur anboten; einige kleinere der Schweine erstanden wir für einen oder vielleicht auch zwei Nägel das Stück, und solchermaßen fanden wir uns gar bald erneut im Überflusse, kaum daß wir die Schildkröten, welche wir auf dem letzten Eilande, das wir besuchten, erhielten, annähernd verbraucht hatten. Nunmehr passierten wir mehrere Dörfer, deren einige an der Küste lagen und andere weiter oben im Lande; die Einwohner liefen allesamt hinunter zum Strande oder auf die erhöhteren Plätze, die Schiffe zu sehen. Hierbei setzten wir unsere Versuche fort, mit einer Leine von 50 Faden Länge Ankergrund zu finden, mit welchem Unterfangen wir jedoch erst zum Erfolge kamen etwa inmitten der Südseite des Eilandes oder schon ein ziemliches Stück dem Nordwestende nahe; allhie fanden wir 12 bis 14 Faden tiefes Wasser über felsigem Boden; sobald wir diesen Punkt passiert hatten, von wo aus die Küste einen mehr nördlichen Verlauf nahm, hatten wir zunächst 20, dann 16, 12 und schließlich 5 Faden Tiefe über sandigem Boden; die letzte Messung nahmen wir etwa eine Meile vor der Küste vor. Die hereinbrechende Nacht setzte nun ein Ende allen weiteren Untersuchungen, und wir verbrachten diese bei kurzem Kreuzen zur und von der Küste. Des nächsten Morgens wandten wir uns dem Lande zu und wurden begrüßt von einer Fülle Kanus, angefüllt mit Leuten, deren einige sich ein Herz nahmen und an Bord zu gehen wagten. Nie zuvor sah ich Indianer in solchem

Maße erstaunt beim Betreten eines Schiffes, ihre Augen flogen von einem Punkte zum anderen, die Unruhe ihrer Blicke und Bewegungen vollends drückte ihre Überraschung und ihr Erstaunen aus über einige neue Eindrücke, welche sie hier hatten, und ließen es sicher erscheinen, daß sie zuvor niemals an Bord eines Schiffes gewesen. Und doch vergaß der erste Mann, welcher an Bord gekommen war, trotz all seiner Überraschung nicht seines eigenen Interesses; das erste Ding, das nicht niet- und nagelfest war, war das Senkblei samt der Leine, welches er, ohne irgendeine Frage zu stellen, an sich nahm, es in sein Kanu zu bringen, und da wir ihn aufhielten, so sagte er höchst erstaunt: »Ich will es doch nur in mein Boot bringen«, auch wollte er es nicht wieder hergeben, bis daß einige seiner Landsleute zu ihm sprachen. Um 9 Uhr, da wir uns nunmehr recht nahe der Küste befanden, sandte ich drei bewaffnete Boote unter dem Kommando von Leutnant Williamson aus, nach einem geeigneten Landeplatz und frischem Wasser zu suchen. Ich gab ihm Befehl, so er es notwendig fände zu landen, um nach letzterem zu suchen, so solle er nicht erlauben, daß mehr denn einer der Männer das Boot verließe. In diesem selbigen Augenblick, da die Boote abstießen, stahl einer der Indianer das Hackebeil des Fleischers, sprang über Bord, schwang sich in ein Kanu und ruderte auf die Küste zu: unsere Boote verfolgten ihn, jedoch ohne den geringsten Erfolg.

Sintemalen wir einige Fälle von Syphilis an Bord beider Schaluppen hatten, gab ich Anweisung, um diese Seuche von den Eingeborenen fernzuhalten, daß keinerlei Weiber, unter welchem Vorwande auch immer, Erlaubnis erhalten sollten, an Bord der Schiffe zu gehen; auch verbat ich jedweden Kontakt mit ihnen und befahl, daß niemand, der unter Syphilis litte, die Schiffe zu verlassen habe. Ob jedoch diese Befehle den gewünschten

Frau von den Gesellschaftsinseln

Effekt hatten oder nicht, dieses konnte nur die Zeit entdecken. Nicht mehr und nicht weniger auch hatte ich angeordnet, da wir die Freundschaftsinseln fanden, jedoch mußte ich danach feststellen, daß dieses nicht von Erfolg gekrönt war; und ich befürchte in höchstem Maße, dieses werde immer der Fall sein, sobald man eine gewisse Anzahl der Leute an Land haben muß; der Gelegenheiten und Versuchungen zu einer Begegnung der Geschlechter sind allda so vielfältig, daß ihnen nicht zu wehren ist.

Solange die Boote am Strand waren, die Küste zu untersuchen, kreuzten wir auf und ab mit den Schiffen und erwarteten deren Rückkehr, und endlich – es war schon nachgerade hoher Mittag – kam Mr. Williamson wieder an Bord und berichtete, er habe einen großen Teich hinter der Küstenlinie nahe einem der Dörfer gesehen, dessen Inhalt, so ihm die Eingeborenen erzählten, von frischem Wasser war und daß auch vor ihm Ankergrund liege. Auch berichtete er, daß er an einer anderen Stelle zu landen versuchte, jedoch von den Indianern daran gehindert wurde, da sie in großer Anzahl dem Boote entgegenkamen, um die Ruder an sich zu bringen, die Musketen, kurz gesagt ein jedes Ding, dessen sie habhaft werden konnten, und sie bedrängten ihn derart stark, daß er genötigt war zu feuern, wobei der Männer einer getötet ward. Jedoch wußte ich um diesen unglücklichen Umstand nicht, bis daß wir die Eilande verließen, so daß alles, was ich tat, so aussehen mußte, als ignoriere ich zur Gänze, was geschehen war. Mr. Williamson berichtete mir, sie hätten den Mann, sobald er gefallen, davongetragen, um sich sodann von unserem Boote zurückzuziehen und ihm Zeichen zu machen, nunmehr unbehelligt zu landen, welches er jedoch ablehnte. So Mr. Williamson zu bemerken vermeinte, hatten sie keinerlei Wunsch, einen der Unsern zu töten oder auch nur zu verwunden, zeigten jedoch eine unbändige Neugierde, alles dessen habhaft zu werden, was wir bei uns trugen, wobei sie bereit waren, ihrerseits alles zu geben, was sie bei sich trugen.

Sobald die Boote wieder an Bord waren, sandte ich eines aus, uns den Weg zu dem Ankerplatze zu weisen, wo wir alsbald in 25 Faden tiefem Wasser über gutem sandigem Grunde ankerten; die *Discovery* ankerte östlich von uns und ein wenig weiter entfernt der Küste. Sobald da die Schiffe verankert waren, ging ich mit der Boote dreien an Land, das Wasser in Augenschein zu nehmen und die Einstellung der Einwohner auf die Probe zu stellen, deren einige hundert am sandigen Strande versammelt waren vor ihrem Dorfe. Desselben Augenblicks, da ich den Strand betrat, fielen sie alle auf ihre Angesichter nieder und verweilten in jener unterwürfigen Haltung, bis daß ich Zeichen gab, sich zu erheben. Alsodann brachten sie eine große Anzahl kleiner Schweine und übergaben sie uns ohne das geringste Zeichen der Erwartung, hierfür irgend etwas als Erwiderung zu erhalten; vielmehr würden die meisten von ihnen zusammen mit grünen Zweigen übergeben, und diese in der zeremoniellen Art, welch selbe bei Gelegenheiten gleich dieser üblich ist, und ich erwiderte diese Zeichen der Freundschaft, da ich ihnen von all dem gab, das wir bei uns führten. Sobald die Angelegenheiten ein wenig geregelt waren, ließ ich eine Wache am Strande zurück und suchte mir einige Indianer, mir das Wasser zu zeigen, welch selbes sich als sehr gut und höchlichst willkommen erwies. Sintemalen ich nun zufrieden war wegen des Erfolges bei der Suche nach Wasser und wegen des Umstandes, daß wir von den Eingeborenen nichts zu fürchten hatten, so kehrte ich zurück an Bord und gab Order an alle Leute, sich für den nächsten Morgen bereit zu halten, Wasser zu übernehmen; an diesem Morgen dann führte ich die für diesen Dienst eingeteilten Leute höchst eigenhändig an den Strand, allwo ich eine Gruppe Seeleute als Wache am Strande zurückließ. Kaum waren wir gelandet, da begann bereits ein gar lebhafter Handel mit Schweinen und Früchten wie Gemüsen, welche uns die Leute gaben für Nägel und anderes ehernes Kleinzeug. Wir stießen auf keinerlei Widerstand beim Wasserfassen; die Eingeborenen unterstützten uns ganz im Gegenteile beim Hin- und Herrollen der Fässer. Sobald ich sah, daß alles zu meiner Zufriedenheit geregelt, übergab ich das Kommando an Mr. Williamson, welch selber mit mir gekommen war, und unternahm einen Spaziergang in das Tal, bei welchem Unterfangen mich Dr. Anderson und Mr. Weber begleiteten; der Eingeborenen einer führte uns, und ein größerer Trupp begleitete uns. Unser Führer rief unser Herannahen aus, und ein jeder, den wir unterwegs fanden, fiel auf sein Gesicht hernieder und verblieb in dieser Stellung, bis daß wir vorbei waren. Dieses wird getan, wie ich hernach verstand, all ihren großen Häuptlingen. Unser Weg führte uns zwischen den Anpflanzungen entlang und senkte sich alsdann ein wenig unter die normale Höhe, allwo sich das Wasser sammeln konnte, das für die Nahrungsaufnahme der Wurzeln vonnöten. Da wir mit unseren Schiffen vom Osten her die Küste hinabgefahren waren, hatten wir in einem jeden der Dörfer ein oder mehrere herausragende Objekte gesichtet, ähnlich Pyramiden, und deren eines sahen wir in diesem Tale, welches wir nun begierig waren aus der Nähe zu sehen. Wohl verstand uns unser Führer, sintemalen jedoch dieses Objekt auf der anderen Seite eines Flusses gelegen, so führte er uns zu einem anderen dieser Objekte, welches jedoch auf unserem Flußufer gelegen; es erschien uns wie eine Begräbnis- und Kultstätte ähnlich jenen, wie wir sie in Otaheite gesehen. Diese Pyramide, welch selbe sie *Henananoo* nannten, maß an der Basis vier Fuß im Geviert und etwa 20 Fuß in der Höhe, ihre vier Seiten waren von kleinen Stöcken und Zweigen gemacht in einer offenen Bauweise, und das Innere der Pyramide war hohl oder aber offen vom Boden bis zur Spitze. Einige der Teile waren bedeckt oder waren bedeckt gewesen mit einem außerordentlich dünnen, leichten grauen Tuche, welch selbes zu religiösen und zeremonischen Anlässen konsekriert ward, sintemalen ein großer Teil davon um dieses Mahnmal geschlungen war. An jeder Seite und nahe der Pyramide standen hoch aufgerichtet einige rohbehauene Planken, in allem gleich jenen in den Kultstätten auf Otaheite. Zu ihren Füßen fanden sich viereckige Flecke, welche ein wenig unter die normale Höhe abgesenkt waren und eingefaßt wurden von Steinen, also daß wir sie für Gräber hielten. Inmitten der Gedenkstätte fanden sich dieser Plätze drei in einer Linie, allda – wie man uns erzählte – der Häuptlinge drei beerdigt lagen; davor lag jeweils ein anderes, und dieses nannten sie *Tanga taboo*, und sie gaben uns zu verstehen, daß allhie die Leiber dreier Menschenopfer beerdigt seien, welches einem Opfer bei der Beerdigung eines jeden Häuptlings entsprach. Das nächste, das Beachtung verdiente, war eine niedrige Hütte oder auch ein allseits geschlossenes Dach an einer Seite der Kultstätte; dieses maß 40 Fuß in der Länge, 10 inmitten in der Breite, während beide Enden schmaler waren, und etwa 10 Fuß in der Höhe. Der Eingang befand sich inmitten jener Seite, welche der Kultstätte zugewandt, auf der anderen Seite fand sich eine Art von Altar, erstellt aus einem Stück rohbehauenen Holzes, welches an jeder Seite die in Holz geschnitzte Figur einer Frau zeigte, welche weder schlecht entworfen noch übel ausgeführt erschien; das Haupt der einen zierte eine Kopfbedeckung ähnlich einem Helme, wie sie von den früheren Kriegern getragen wurden, und der anderen Haupt zierte eine runde Kappe ähnlich jener Kopfbekleidung, welche auf Otaheite *Tomou* genannt wird. Diese zwei Bildnisse, deren jedes etwa drei Fuß in der Höhe maß, nannten sie *Eatua no Veheime*, Gottheiten allem Anscheine nach, jedoch mag man zweifeln, ob sie angebetet werden. Vor diesem Platze und in der Mitte des Hauses fand sich ein längeres rechteckiges Feld, umsäumt von niedrigen behauenen Steinen und bedeckt mit dem oben erwähnten dünnen Stoffe; dieses, so erzählte man uns, war das Grab von sieben Häuptlingen. An einer der Seiten der Tür des Hauses fand sich ein anderes *Tanga taboo*, ein Platz also, da Menschenopfer beerdigt waren. An der Außenseite jener Kultstätte fand sich ein schmales Dach, nicht größer denn das eines Hundezwingers, und vor ihm, da befand sich ein Grab, wo die Überreste einer Frau lagen, wie man uns erzählte. Diese Gedenkstätte war umsäumt von einem Wall von Steinen etwa vier Fuß in der Höhe ähnlich vielen gleicher Art auf Otaheite, mit welchen alle diese Gräber – wie ich ja schon erwähnte – eine große Ähnlichkeit aufwiesen, und der Umstand, daß verschiedene Teile, die das Ganze bilden, mit denselben Namen gerufen werden, zeigt, daß diese Leute fast dieselbe Auffassung von Religion besitzen wie jene und daß der einzige tatsächliche Unterschied nur in der Lage der Toten zu sehen ist.

Sobald wir alles gesehen hatten, was zu sehen war an jener Kultstätte, und sobald Mr. Weber eine Zeichnung hiervon angefertigt hatte, kehrten wir zurück zum Strande auf einer anderen Route, denn wir gekommen. Unser Weg führte uns wieder vorbei an den Pflanzungen mit Bananen, Zuckerrohr und chinesischen Maulbeeren sowie Baumwolle, auch fanden sich hier einige wenige niedrige Kokosnußbäume, jedoch sahen wir nicht mehr denn nur einen Brotbaum und nur sehr wenige Bäume von anderer Art.

Am Mittag kehrte ich zum Dinner zurück an Bord und sandte Mr. King an Land, die Gruppe zu führen. Am Nachmittag jedoch kehrte ich erneut zur Küste zurück, begleitet von Captain Clerke; wohl hatte ich gewünscht, einen kurzen Gang ins Landesinnere zu unternehmen, verschob dieses Vorhaben indes auf später, sintemalen es für solche Unternehmung schon zu spät war. Bei Anbruch der Dämmerung brachte ich einen jeden von uns an Bord zurück, hatte ich doch während des ganzen Tages der Tonnen neun voller Wasser und durch Handeln mit Nägeln und anderen Eisenteilen etwa 60 bis 80 Schweine, einige wenige Hühner, eine Menge Kartoffeln und einige wenige Bananen und Gemüse eingehandelt. Mit größerer Ehrenhaftigkeit denn diese Leute kann niemand handeln, nie auch nur machten sie den Versuch, uns zu übervorteilen, weder an Land noch bei ihrem Handel von ihren Booten auf unsere Schiffe. Wohl zeigten sich zu Beginn einige in diebischer Absicht, vielleicht aber auch glaubten sie ein Recht auf jedes Ding zu haben, auf welches sie ihre Hand legen konnten.

Freitag, 30. Januar

Sandte am 30. aufs neue Mr. Gore an den Strand mit einer Gruppe Seeleute, mit den Eingeborenen wegen Frischproviants zu verhandeln; es war meine Absicht, gar bald darauf zu folgen, und so verließ ich denn auch das Schiff, jedoch hatte die Brandung solchermaßen stark zugenommen, daß ich fürchten mußte, so ich an den Strand ginge, daß ich nicht wieder zurückkommen würde, wie es denn auch in der Tat jener Gruppe erging, welche sich am Strand befand, und alsbald ward auch die Verbindung zwischen unseren eigenen Booten unterbrochen. Des Abends gab die an Land befindliche Gruppe ein Signal, die Boote zu entsenden, wie ich denn auch verfuhr. Nur wenig später kehrten sie zurück mit einigen wenigen Gewürzen und etwas Salz: es war von diesen jeweils eine ausreichende Menge während des Tages beschafft worden, jedoch war deren größter Teil beim Verladen in die Boote verloren gegangen. Der Offizier mit etwa 20 Mann waren an der Küste belassen worden; solchermaßen geschah nun genau dieses, welches ich auf jeden Fall zu vermeiden gesucht hatte, daß nämlich unsere Leute am Strande zurückblieben. Das meiste, das wir während des Tages empfingen, war gebracht von den Eingeborenen und längsseits übernommen worden in das Schiff, wo wir als Gegenleistung Nägel und anderes ehernes Kleingerät eintauschten. Etwa um 10 oder 11 Uhr drehte der Wind gen Süden, und der Himmel schien einen Sturm anzukündigen; sintemalen ich glaubte, wir seien der Küste zu nahe, lichtete ich die Anker und zog mich in 42 Faden tiefes Wasser zurück, allwo ich das Schiff erneut festlegte. Diese Vorsichtsmaßnahme indes erwies sich als unnötig, drehte doch der Wind schon wenig später nach Nord-Nordost und ging über in eine frische Brise, die zunehmend böiger wurde und schwere Regenschauer mit sich brachte. Dieses Wetter dauerte den ganzen nächsten Tag über, und die See lief so hoch auf, daß wir auf keinerlei Art irgendwelche Verbindung zu unseren Leuten am Strande aufzunehmen imstande waren; sogar die Eingeborenen wagten sich nun nicht mehr in ihren Kanus hinaus aufs Meer. Des Abends sandte ich den Master in einem Boote zum Südostkap der Insel, allwo er feststellen sollte, ob hier ein Boot landen könne; er kehrte zurück mit einem günstigen Berichte, indes war es schon zu spät, nach der Gruppe zu schicken, bis der nächste Morgen ankam, da ich alsdann Mr. Gore einen Befehl übermitteln ließ, daß er, so er seine Leute nicht in die Boote bringen könne, mit diesen hinauf zu dem oben erwähnten Kap kommen solle. Sintemalen das Boot nicht landen konnte, schwamm ein Mann an den Strand und übermittelte diese Order persönlich; sobald der Mann zurück war, so ging ich selber mit der Pinasse hinauf zu jenem Punkte, diese Gruppe an Bord zu bringen, wobei ich einen Ziegenbock und zwei Ziegen, einen Eber und zwei Mutterschweine aus englischer Zucht, die Samen von Melonen, Kürbissen und Zwiebeln mit mir nahm. Ich landete mit Leichtigkeit an der Westseite jenes Punktes und fand die Gruppe schon vor, einige wenige der Eingeborenen befanden sich bei ihnen. Da war auch ein Mann, welcher, wie Mr. Gore beobachtet hatte, ein gewisses Kommando über die anderen führte; eben diesem gab ich die Ziegen, Schweine und Sämereien. Diese Dinge hätte ich lieber auf dem anderen Eilande gelassen, so wir nicht so völlig unerwartet an ihm vorbeigetrieben wären. Dieweil die Leute vier Wasserfässer in einem kleinen Strome füllten, welch selber sich durch den kürzlichen Regen gebildet hatte, so unternahm ich einen kleinen Spaziergang in das Eiland hinein, wobei mich der zuvor erwähnte Mann begleitete; zwei andere der Eingeborenen folgten uns und führten die Schweine mit sich. Sobald wir eine kleine Anhöhe erreichten, hielt ich an, mich umzusehen. Ein Weib auf der anderen Seite des Tales, da ich landete, rief etwas zu dem Manne in meiner Begleitung, woraufhin der Häuptling irgend etwas, das mir ein Gebet schien, zu murmeln begann, während die beiden anderen Männer mit den Schweinen nicht aufhörten, die ganze Zeit um mich herumzugehen, nicht weniger denn zehn oder gar ein Dutzend Male, bis der andere sein Gebet beendet. Sobald diese Zeremonie beendet, schritten wir fürbaß und trafen gar bald auf viele Leute, welche – sobald der Mann bei mir mit ihnen gesprochen – sich niederlegten, bis daß ich außer Sicht war ...

Diese fünf Eilande, Atoui, Eneeheeou, Orrehoua, Otaoora und Wouahoo, Namen, unter welchen sie bei den Eingeborenen bekannt sind, nannte ich die Sandwich-Inseln zu Ehren des Earl of Sandwich. Sie liegen zwischen 21° 30′ und 22° 15′ nördlicher Breite und zwischen 199° 20′ und 201° 30′ östlicher Länge. Wouahoo, welche die am meisten östlich gelegene ist und auf 21° 36′ Breite liegt, lernten wir nur nach den Erzählungen kennen als eine unbewohnte Insel und als hohes gebirgiges Land. Atoui, welche die größte ist, mißt zum mindesten 10 Meilen in der Länge von Osten nach Westen. Es ist, wie ich schon bemerkte, ebenfalls Hochland ohne jeden Waldbestand, ausgenommen nur vielleicht jene Regionen in den Bergen, die zu untersuchen wir keinerlei Gelegenheit hatten. Dieses Eiland bringt alle Arten von Früchten und Gemüsen hervor, gleich denen, die wir schon auf Otaheite oder auch anderen der Südseeinseln fanden, jedoch schien davon nichts in großer Menge vorhanden; es gab Kartoffeln, so groß ich sie nirgend sonst sah, deren einige so groß wie eines Mannes Kopf waren. Sie haben einen etwas süßlichen Geschmack, sind jedoch nicht so mehlig wie unsere besten Kartoffeln; vielleicht hatten viele von denen, die wir erhielten, noch nicht ihre volle Reife erlangt. Ich weiß, daß diese Art der Kartoffeln recht häufig in Virginia und anderen Teilen Nordamerikas ist und dort unter dem Namen Spanische Kartoffeln bekannt sind. An zahmem Getier fanden wir Schweine, Hunde und Hühner, alle davon in gleicher Art wie auf Otaheite und gleichermaßen gut. Wir sahen keinerlei anderes wildes Getier denn Ratten, kleinere Eidechsen und Vögel; sintemalen wir jedoch nicht in das Landesinnere vorstießen, so können wir nicht wissen, in welcher Menge noch in welcher

Vielfalt die Inseln von letztgenanntem Getier haben mögen. Ich habe schon erwähnt, daß diese Leute von gleicher Nation wie die Leute von Otaheite sind und viele andere der Südsee-Eilande; ergo unterscheiden sie sich nur in geringem von eben diesen. Diese haben ein etwas dunkleres Äußeres denn die Hauptanzahl derer von Otaheite, welcher Umstand darauf zurückzuführen sein mag, daß sie stärker der Sonne ausgesetzt sind, tragen sie doch weniger Kleidung. Wie wohl nun mögen wir es uns erklären, daß diese Nation sich selbst so weit über diesen riesigen Ozean ausgedehnt hat? Wir finden diese Leute von Neuseeland im Süden bis hinauf zu diesen Eilanden im Norden und von der Osterinsel bis zu den Hebriden; in einer Ausdehnung also von 60 Breitengraden oder 1 200 Meilen nördlich und südlich und 83 Breitengraden oder 1 660 Meilen Ost und West. Es ist nicht bekannt, wie viel weiter dieses noch gehen mag, jedoch mögen wir mit Sicherheit vermuten, daß sie auch noch westlich der Hebriden angetroffen werden.

Diese Leute hier sind dürftig bekleidet, nur wenige der Männer tragen mehr denn ein kleines Beutelchen, darin sie ihre Geschlechtsteile verbergen, jedoch tragen die Weiber ein Stück Tuches um ihre Hüften, so daß dieses ähnlich einem Rocke bis auf die Knie herabfällt; der ganze Rest des Körpers ist nackt. Ihr Schmuck besteht nur aus Armreifen, Halsketten und Amuletten, welch selbige hergestellt werden von Muscheln, Stein oder Knochen. Auch haben sie reizende Schärpen aus roten und gelben Federn sowie Kappen und Umhänge des gleichen Materials oder auch aus anderen Federn; die Umhänge ähneln jenen kurzen Mänteln, welche von den Frauen in England getragen werden oder auch jenen Reiterjacken, wie sie in Spanien üblich sind. Diese und auch die Hüte aus Federn genießen bei ihnen einen derart hohen Wert, daß ich nicht einen einzigen von ihnen erwerben konnte, jedoch gelang es einem der Unseren, irgendwo einen aufzutreiben.

Die Kunst des Tätowierens oder des Bemalens der Haut wird hier praktiziert, jedoch in keinem hohen Ausmaße. Auch scheint dieses nicht irgendeiner Mode zu folgen, sondern lediglich dem persönlichen Geschmacke. Ihre Gestalten sind schlank und rank, und viele hatten die Figur derer von Otaheite. Ihr Haar ist in aller Regel schwarz, so sie es nicht färben, wie das auf den Freundschaftsinseln allgemein üblich; getragen wird es in verschiedenen Arten, einige tragen es lang, andere kurz, wieder andere sowohl als auch; doch ist die allgemeine Art, vornehmlich bei den Weibern, es vorne lang und hinten kurz zu tragen. Einige Männer hatten eine Art Perücke auch aus Menschenhaar, welches zu einer Anzahl Schwänze zusammengebunden war, ein jeder von ihnen einen Finger stark. Der Männer einige trugen lange Bärte, jedoch war es allgemein üblich, dieselben zu stutzen. Es sind offene, ehrliche und aktive Leute und die besten Schwimmer, welche wir jemals trafen; hierin werden sie von ihrer Geburt an geschult: es war durchaus nicht ungewöhnlich, daß Weiber mit ihren Kindern an der Brust in den Kanus kamen, die Schiffe zu sehen, und so die Brandung zu hoch war, mit den Kanus zu landen, so pflegten sie mit dem Kind in ihren Armen über Bord zu springen und durch eine oft genug fürchterlich erscheinende Brandung an Land zu schwimmen. Es ward bereits erwähnt, daß ich keinerlei Häuptling von irgendwelcher besonderer Bedeutung gesehen hatte: doch gab es deren offensichtlich einige auf Atoui, und einen von ihnen nannten sie *Tamahano*; eben dieser machte Captain Clerke einen Besuch, nachdem ich bereits das Eiland verlassen. Er nahte in einem Doppelkanu und achtete keineswegs, ähnlich dem König der Freundschaftsinseln, auf jene, die zufällig in seinem

Häuptling mit Kopfschmuck und Tätowierung

Wege lagen, sondern lief über sie hinweg, ohne sich auch im geringsten zu bemühen, sie zu umgehen; auch war es nicht möglich, ihnen aus dem Wege zu gehen, waren doch die Leute hierzulande gewohnt und verpflichtet, sich niederzulegen, bis er vorbeigezogen. Seine Diener halfen ihm in das Schiff und waren solchermaßen um ihn bemüht, da sie ihn umringten, wobei einer die Hand des anderen hielt, also daß sie nicht gestatteten, daß irgendeiner ihm nahe komme außer Captain Clerke. Er war ein junger Mann, gekleidet vom Haupte bis zu den Füßen und begleitet von einem jungen Weibe, von welchem wir glaubten, es sei seine Ehefrau. Captain Clerke machte ihm einige schöne Geschenke und erhielt als Erwiderung hierauf ein riesiges Cava-Gefäß von gar hübschem Aussehen. *Cava* oder *Aava Ava*, wie es auf Otaheite genannt wird, wird hier wie auf den anderen Eilanden hergestellt und getrunken. Captain Clerke vermochte nicht, ihn zu bewegen, mit ihm unter Deck zu kommen noch sich von dem Platze fortzubewegen, da er sich zuerst eingefunden; schließlich ward er nach einem kurzen Aufenthalte zum Strande begleitet in derselben Art, wie er an Bord kam. Des nächsten Tages erreichten mehrere Botschaften Captain Clerke, in welchen er gebeten ward, an den Strand zu gehen, denn der Häuptling habe ein großes Geschenk für ihn; sintemalen er jedoch Angst hatte, sich ihnen anzuvertrauen, so ging er nicht.

Wir haben guten Grund zu glauben, daß alle diese Insulaner unterworfen sind oder auch gehören den großen Häuptlingen von Atoui, wenn auch die Leute von Eneeheeou uns erzählten, daß sie von Zeit zu Zeit mit ihnen kämpften. Ihre Waffen sind Speere und Lanzen, deren einige an einem Ende gefiedert und am anderen Ende angespitzt sind, sowie ein kurzes Instrument nicht unähnlich einem Dolche von etwa eines Fußes und eines halben Länge, geschärft auf einer oder auf beiden Enden und an der Hand mit einer Schnur befestigt: diese Waffe ist bestimmt für den Nahkampf Mann gegen Mann und scheint für diesen Zweck gar wohl geeignet. Dieses waren die Waffen, welche sie uns zum Kaufe anboten; sie haben vielleicht auch andere, welche wir jedoch nicht sahen. Einige dieser Waffen waren hergestellt aus einem dunkel gefärbten Holze nicht unähnlich dem Mahagoni.

Auch wenn wir nur gar wenige Bäume, ausgenommen nur den Kokosnußbaum, sahen, so müssen sie jedoch solche von erheblicher Größe haben, aus welchen sie ihre Kanus machen, sintemalen diese normalerweise 20 Fuß in der Länge messen und ihr Boden gemeinhin nur aus einem Stücke besteht, welcher ausgehöhlt wurde bis auf eines oder vielleicht auch anderthalb Inches Stärke: die Seiten bestehen aus drei roh behauenen Planken, deren eine jede etwa ein Inch dick und ausgezeichnet mit dem Bodenteil verbunden ist. Die Enden sowohl des Bugs wie des Hecks sind ein wenig erhöht, und beide sind gar scharf zugeschnitzt. Zumal sie nicht mehr denn 15 oder 16 Inches breit sind, haben jene, welche alleine fahren, Ausleger, welche mit mehr Verständnis gemacht und befestigt sind denn irgendwelche, die ich je zuvor gesehen. Gerudert werden sie mit Hilfe von Paddeln, und einige haben kleine Dreieckssegel ähnlich jenen auf den Freundschaftsinseln.

Ihre Häuser sind nicht unähnlich langgezogenen Holzstadeln; sie sind von verschiedener Größe von 40 bis 50 Fuß in der Länge und 20 oder 30 in der Breite: sie haben niedrige Wände und ein hohes Dach, welches von zwei flachen Seiten gebildet wird, welche sich einander zuneigen und zu einem Firste vereinigen ähnlich den Strohdächern in England. Das Stützgerüst besteht aus Holz, und Wände sowohl wie das Dach bestehen aus trockenem Gras, welches eng zusammengefügt ist, so

Begräbnisstätte

daß es scheint, sie wären für dieses Klima zu warm gebaut. Die Tür ist so tief, daß ein Mann kaum hineingelangt, ohne sich auf Hände und Knie niederzulassen, und sie haben kein anderes Licht denn das, welches durch die Ritzen in die Wand fällt; einige der Herren Wissenschaftler beobachteten, daß sie ein Loch in die Wand machten, so sie mehr Licht wünschten, und dieses Loch hernach wieder verstopften. Der Boden ist bedeckt mit trockenem Gras, und über dieses breiten sie Matten, auf diesen zu schlafen. Ihr Hausrat ist mehr denn bescheiden und besteht überwiegend aus hölzernen Geräten. Ihre Matten sind sowohl hart als auch fein gearbeitet, und einige von ihnen sind sehr hübsch bemalt. Was sie jedoch vorzüglich zu färben verstehen, sind ihre Tücher, welche, ähnlich den Tüchern auf den anderen Eilanden, aus Rinde gemacht werden; keines davon ist bemerkenswert fein gearbeitet, jedoch sind sie alle mit verschiedenen Farben versehen, welche so angeordnet werden, daß sie einen hübschen und wohlgefälligen Anblick bieten; die Anzahl ihrer Muster ist sehr groß, und viele hiervon sind außerordentlich hübsch. Von diesem Tuche haben sie in verschiedenen Stärken, jedoch keinerlei größere Stücke wie auf den anderen Eilanden, und die dickste Art ist normalerweise nur in kleinen Stücken gemacht, deren einige zusammengenäht sind, um hieraus ein Kleidungsstück zu fertigen. Wir hatten keinerlei Gelegenheit zu sehen, in welcher Weise sie gefärbt und bedruckt werden, noch sahen wir auch irgendeines jener Instrumente, mit welchen solches getan wurde und woraus wir uns hätten ein Urteil bilden können.

Religion und Regierung: Was ihre Religion angeht, so kann ich nichts hinzufügen, was ich nicht bereits erwähnte, auch haben wir weniger Anhaltspunkte, uns ein Urteil über ihre Regierungsweise zu bilden; von dieser

Unterwerfung jedoch ausgehend, so wir sie beobachten konnten, gibt es keinen Grund zu vermuten, daß sie von gleicher Natur wie auf den anderen Eilanden ist. Wir hatten keine Gelegenheit, irgendeiner ihrer Belustigungen beizuwohnen, und das einzige Musikinstrument, dessen wir ansichtig wurden bei ihnen, war ein Hohlkörper aus Holz mit zwei Stöcken, auf welchem einer unserer Herren einen Mann spielen sah: der Stöcke einer war gehalten in der Art, wie wir eine Fiedel halten, und mit dem anderen, welcher schmaler war und ähnlich einem Trommelstock, ward geschlagen, während der Musikant gleichzeitig mit seinem Fuß auf die hohe Trommel trat und hierbei einen Ton erzeugte, welcher in keiner Weise übel war. Diese Musik ward begleitet von einem Gesange, welcher von einigen der Weiber gesungen wurde und einen zufriedenen und zärtlichen Effekt hatte. Auch war ein anderes Instrument unter ihnen zu sehen, jedoch kann man kaum behaupten, dieses sei ein Instrument der Musik gewesen; dieses also war ein schmaler Kürbis mit einigen getrockneten Kernen darin, welch selben sie in ihrer Hand schütteln wie eine Kinderrassel und welches in Gebrauch war, wie man uns erzählte, für ihre Tänze. Sie müssen irgendein Spiel kennen, in welchem Kugeln gebraucht werden, fanden wir doch unter ihnen einige von der Größe eines Käses, einen und einen halben Inch dick und drei und einen halben Inch im Durchmesser, während einige aus Stein, andere aus getrocknetem Lehm hergestellt waren. So wir auch fanden, daß einige dieser Kugeln aus Erde gemacht waren, so fanden wir doch keinerlei irdene Gefäße.

Ihrer Arbeitsinstrumente oder Werkzeuge waren keine anderen denn jene, die ich auf den anderen Eilanden sah, auch schien alles aus demselben schwarzen Stein zu bestehen, jedoch hatten sie verschiedenes anderes aus erdfarbenem Steine. Die einzigen ehernen Werkzeuge oder überhaupt Eisenstücke, welche unter ihnen gesehen wurden und welche sie schon vor unserer Ankunft gehabt haben, wie wir glaubten, war ein Stück Eisen von etwa drei Inches Länge, welches in einen hölzernen Griff eingearbeitet war in derselben Art wie ihre Steinteile. Diese Kenntnis des Gebrauches von Eisen ließ es in gewisser Weise vorstellbar scheinen, daß wir nicht die ersten Schiffe auf diesen Eilanden gewesen sind, auf der anderen Seite schienen jedoch ihre übergroße Überraschung, die sie beim Anblick der Schiffe zeigten, und ihre völlige Unkenntnis des Gebrauches von Feuerwaffen das Gegenteil zu beweisen. Der Wege sind gar viele, auf welche Weise diese Eilande so gut wie viele andere zu der Kenntnis des Eisens gelangt sein mögen, ohne daß sie von Schiffen besucht wurden; denn ohne daß man des Verkehrs Erwähnung tue, den die eine Gruppe mit der anderen haben mag, ist da nicht die ganze Küste von Amerika unter dem Wind, wo die Spanier schon seit mehr denn 200 Jahren siedeln und also häufig Schiffbrüche vorkamen? Man kann es daher keineswegs für ein außerordentliches Ereignis erachten, wenn dort solche Wracks lägen mit Eisen darinnen, welche dann und wann auf die Eilande gelangt sind, welche allüberall über diesen riesigen Ozean verstreut sind; die riesigen Entfernungen sind in keiner Weise ein Argument hiergegen; auch muß man daran denken, daß von den Schiffen Masten über Bord gegangen sein könnten, welche mit Eisen beschlagen waren, und viele andere Umstände mag es geben, welche wir nicht kennen.

Spanien mag möglicherweise einigen Gewinn aus der Entdeckung dieser Eilande ziehen, liegen sie doch im höchsten Maße günstig für jene Schiffe, welche von Neuspanien zu den Philippinen segeln, hier Erfrischungen an Bord zu nehmen, sintemalen diese Eilande genau in der Mitte zwischen Acapulco und den Lagohone-Eilanden liegen. Es ist notwendig zu erwähnen, daß auch Schweine, so man sie hier auf diesem Eilande an Bord zu nehmen gedenkt, wieder gedeihen und leben an Bord eines Schiffes. Dieses war ein gewichtiger Anlaß für mich, hier Schweine englischer Zucht zurückzulassen, zumal die Schweine, welche wir auf Otaheite erhielten und die von spanischer Zucht waren, an Bord der Schiffe gleichermaßen gut gediehen und auch fraßen wie unsere eigenen zur selben Zeit, da diese Unsrigen zusehends verkümmerten und täglich eine Anzahl von ihnen starb.

Achtzehntes Kapitel

Die Küste Nordamerikas

»Dieser Flecken Landes, welch selben ich das Cape Prince of Wales nannte, ist der … am weitesten gen Westen vorgeschobene Punkt ganz Amerikas … soweit man bisher weiß.«

Cook, 1778

Während seiner Jahre auf See beging Cook auch eine große Anzahl schwerer Fehler, wenn man auch gerechterweise sagen muß, daß hierunter keine schlimmeren Fehler waren, als daß er kleinere Inseln ähnlich seinen Vorgängern für die Ausläufer von Kontinenten hielt. So glaubte er beispielsweise, Tasmanien sei eine Halbinsel Australiens, und Stuart Island hielt er für eine Halbinsel Neuseelands; seine Ankunft an der nordamerikanischen Küste war zudem überschattet von seinem Fehler, den Kanal zur südlichen Vancouver-Insel nicht zu finden, den man heutzutage unter dem Namen Juan-de-Fuca-Straße kennt. Man muß sich vergegenwärtigen, daß Cook Anweisung hatte, New Albion auf der Breite von 45° Nord zu erreichen und sich sofort nach Norden zu wenden, ohne die Küsten zu untersuchen, von denen sich England keinen nennenswerten Vorteil versprach. Außerdem fand Cooks erste Berührung mit dem Kontinent bei derart schlechtem Wetter statt, daß er den nächstliegenden Punkt das Kap des schlechten Wetters nannte, und er wurde auch zweimal zwischen dem 6. März und dem 29. März von der Küste abgetrieben. Trotzdem jedoch irrte er, als er niederschrieb, er habe das Cape Flattery auf 48° 15′ nördlicher Breite gefunden, weil er nämlich hier eine Bucht hätte finden müssen, in welche die von den Geographen verzeichnete Juan-de-Fuca-Straße mündet, jedoch »sahen wir nichts dergleichen, noch gibt es hier auch nur die geringste Wahrscheinlichkeit, daß irgend etwas Derartiges hier existieren könnte«.

Ende März erreichte Cook die Küste erneut und fuhr in den King-Georges-Sund ein, den nördlichen Eingang eben jenes Kanals, der die Vancouver-Insel formt. Hier blieb er bis zum 26. April und nutzte die im Überfluß vorhandenen lokalen Vorräte an Holz, um den erschrekkenden Zustand seiner Schiffe zu verbessern und mit den Eingeborenen Handel zu treiben, welche von Dr. Anderson sehr interessant beschrieben worden sind.

Montag, 30. März

Sandte des Morgens drei bewaffnete Boote unter dem Kommando des Mr. King aus, nach einem geeigneten Hafen für die Schiffe Ausschau zu halten, und verfügte mich selbst um weniges später in einem der kleinen Boote in der Küste Nähe zu dem nämlichen Behufe. An der Nordwestseite eben jenes Meeresarmes, da wir uns befanden, und nicht sehr weit weg vom Schiffe entfernt, fand ich eine recht kleine Bucht, und Mr. King, welcher etwa bis Mittag zurückkehrte, fand eine andere auf der Nordwestseite des nämlichen Sundes, welch selbe noch besser geeignet schien für unsere Zwecke; sintemalen es jedoch sehr viel länger gedauert hätte, in diese zu gehen denn in jene, so ward entschieden, die nächst gelegene in Anspruch zu nehmen. Sintemalen es jedoch bereits zu spät war, die Schiffe noch vor Einbruch der Nacht dorthin zu bringen, so gab ich Befehl, die Segel einzuholen, den Toppmast zu kappen und den Vormast abzutakeln. Eine große Anzahl Kanus, angefüllt mit Eingeborenen, fuhr während des ganzen Tages um die Schiffe herum; und es entwickelte sich ein Handel zwischen ihnen und uns, welcher von beiden Seiten mit der äußersten Ehrenhaftigkeit betrieben wurde. Ihre Tauschartikel waren vornehmlich verschiedener Tiere Häute und Felle wie die der Bären, Wölfe, Füchse, Hirsche, Waschbären etc. und im besonderen jene des Seebibers, des nämlichen Tieres im übrigen, welches gefunden wird an der Küste von Kamtschatka. Dazu brachten sie Kleidungsstücke, welche aus diesen Häuten gemacht waren, Waffen (wie Pfeile, Bögen, Speere etc.) und auch Fischhaken und Instrumente der verschiedensten Art – Stücke grober Arbeit –, und auch gar menschliche Arbeitskraft boten sie an wie auch eine Fülle kleinerer Artikel, welche zu zahlreich waren, als daß man sie einzeln aufzählen könnte. Für all dieses nahmen sie Messer, ehernes Gerät, Nägel, Knöpfe und jegliches Metall. Kein Freund dagegen waren sie der Perlen, wie sie auch Kleidungsstücke jedweder Art zurückwiesen.

Dienstag, 31. März

Sintemalen wir die Aufbauten der Schiffe hinwiederum in sehr schlechtem Zustande befanden, so waren die Kalfaterer angewiesen, diese auszubessern und auch alle anderen Schäden zu beheben, so dies vonnöten.

Samstag, 4. April

Setzten heute die Arbeiten an den gesamten Mastwerken sowie der Takellage fort, welche letztere in sehr wesentlich schlechterem Zustande war, denn wir zuvor erwartet hatten. Es war ein glücklicher Umstand, daß all diese Defekte entdeckt wurden an einem Platze, da Holz, das vornehmste Werkzeug für eine Reparatur, im Überfluß vorhanden; denn die Wälder, welche die Bai umsäumten, da wir lagen, enthielten einige recht gute alte Bäume, welche für unsere Vorhaben vorzüglich geeignet waren, deren einer gefällt ward, auf daß die Zimmerleute aus jenen zwei neue Rahmasten machten.

Montag, 13. April

Am Nachmittag des nächsten Tages wanderte ich hinab in die Wälder mit einer Gruppe von Leuten und schlug einen Baum für einen neuen Mittelmast, welch selber des nächsten Morgens zu jenem Platze geschafft ward, da die Zimmerleute einen neuen Vormast bauten. Des Nachmittags drehte der Wind, welcher zuvor aus Westen gekommen war, gen Südosten und schwoll zu einer außerordentlich steifen Brise mit Regen an, welch letztere andauerte bis 8 Uhr morgens, da sie wieder abflaute und erneut auf Westen drehte. Am Morgen des 15. ward der Vormast endlich fertiggestellt, und so wies ich die Zimmerleute an, den neuen Mittelmast zu bauen, jedoch zeigte sich das Wetter so ungünstig, daß der Vormast bis zum Nachmittag nicht eingebracht werden konnte. Zu eben jener Zeit befanden sich einige Indianer um die Schiffe herum, welch selbe mit schweigender Aufmerksamkeit zu uns herübersahen.

Es ist gut möglich, Cooks weiteren Kurs nach seinen Eintragungen in seinen Logbüchern zu rekonstruieren, wenn auch einige seiner Namen auf den Karten verblieben, andere jedoch nicht. H.R.Wagner bemerkt in seiner Kartographie des Nordwestens der amerikanischen Küste, daß Cook mit großer Wahrscheinlichkeit von den letzten spanischen Expeditionen gewußt hat und höchstwahrscheinlich angewiesen war, der Route Berings, des großen dänischen Entdeckers, der von den Russen ausgeschickt worden war, zu folgen.

Als Cook am 26. April 1778 den Nootka-Sund verließ, sichtete er am 1. Mai auf 55° 20′ nördlicher Breite Land; er nannte es Mount Edgecombe Bay und Cross Sound;

später sah er Mount St. Elias, welchen er für Berings Berg hielt, und im weiteren Verfolg der Küste nach Westen gelangte er nach Keynes Island, welches er nach dem königlichen Kaplan benannte.

Von da aus segelte er in die Bucht, die er zunächst Sandwich- und später King-William-Sund nannte, wo er dann einige Tage verweilte. Am 18. Mai fand er Montague und Green Islands und am 21. Mai Cape Elizabeth. Später entdeckte er dann auch Point Banks, die Barrant Islands und Cape Douglas, welches er nach seinem Freund Douglas Canon of Windsor benannte, dessen Ausgabe von Cooks zweiten Journalen mit seiner Ankunft zusammenfiel. Am 28. Mai segelte er die Cook Bay und den Cook River hinauf und landete im südlichen Teil der Bucht, um hier von dieser Region für die britische Krone Besitz zu ergreifen.

Danach segelte Cook westlich entlang der alaskischen Küste, wobei er berühmt gewordene geographische Beschreibungen zu Papier brachte; er sichtete den Shishaldan-Vulkan auf Unimak Island und erlitt um ein Haar Schiffbruch am nördlichen Punkt der Unalaska-Insel, welche er Providence nannte. Am Nordende von Unalaska fand er einen Hafen, welchen er Samganooda nannte und der heute als Samganda bekannt ist.

Danach passierte Cook die Bering-Straße und gelangte in die Arktik, wo er die letzten Tage des August verbrachte, indem er vor der amerikanischen und asiatischen Küste kreuzte und versuchte, durch ein völlig undurchlässiges Eisfeld hindurch zu gelangen. Er sah Kap Prince of Wales, den westlichsten Punkt Alaskas, das Icy Cape in der amerikanischen Arktis, seinen höchsten Norden, und das Nordkap an der nordöstlichen sibirischen Küste. Dies war ein großartiges Unterfangen, welches nicht nur Cooks Fähigkeiten als Entdecker und Kartograph unter Beweis stellte, sondern auch die überaus große Genauigkeit von Berings Kartographie, bedenkt man die Umstände, unter denen dieser arbeitete.

Am 29. August – Cook befand sich gerade auf 69° 17′ nördlicher Breite –, sah er ein, daß er in diesem Jahr nicht mehr tun konnte, sondern zu den Hawaiischen Inseln zurückkehren mußte, um sich hier zu einem zweiten Versuch zu rüsten. Auf dem Weg dorthin unterbrach er die Fahrt auf Unalaska auf den Aleuten, weil die *Resolution* schwer unter der völlig unzureichenden Ausrüstung litt und Masten, Takelage und Segel in einem erschreckend schlechten Zustand waren. Russische Handelsschiffe hatten versucht, Cook auf seiner Reise in den Norden zu treffen; nun fanden sie ihn auf Unalaska und vermittelten ihm wertvolle Informationen über ihre Kenntnisse oder auch Unkenntnisse der geographischen Gestalt des hohen Nordens. In aller Regel waren sie offen und ehrenhaft genug, ihm ihr gesamtes Kartenmaterial auszuhändigen. Doch kehren wir zu den Logbüchern zurück.

Dienstag, 22. April

Hier muß ich feststellen, daß ich nirgendwo mit Indianern zusammentraf, die derartig eingehende Kenntnisse all jener Dinge besaßen, welche das Land hervorbrachte, denn diese; das ausgezeichnete Holz und Wasser, welches wir an Bord nehmen konnten, wollten sie zunächst von uns bezahlt haben, und wir hätten dieses unsererseits sicherlich auch getan, so ich anwesend gewesen wäre, als sie ihre Forderungen stellten; sintemalen ich jedoch nun nicht anwesend war, so nahmen unsere Männer nur geringe Notiz von ihren Vorstellungen und unterließen es gar am Ende auch noch, mich zu informieren. Statt dessen erzählten sie uns, die Indianer hätten uns Holz und Wasser aus Freundschaft gegeben.

Sonntag, 26. April

Am Morgen des 26. suchte ich loszugehen, zumal alles fertig geworden war; sintemalen jedoch sowohl Wind als auch Flut gegen mich standen, so war ich doch gezwungen, bis zum Mittag zu warten, da der Wind aus Südwesten von einer Windstille abgelöst ward und die Flut in unserer Richtung ablief: so also lichteten wir die Anker und zogen mit Hilfe unserer Boote die Schiffe aus der Bai …

Über der Einwohner Anzahl, die in diesem Sund leben, kann ich keine Angaben machen, jedoch schienen sie auf jeden Fall außerordentlich zahlreich zu sein. All jene, welche uns besuchten, waren – seien es nun Männer oder Weiber – von kleiner Statur, und kaum einer, nicht einmal einer der jüngeren Leute, könnte auch im entferntesten als Schönheit bezeichnet werden. Ihre Gesichter sind ziemlich breit und flach mit außerordentlich hohen Wangenknochen und dicken Backen. Ihre Münder sind klein und rund, die Nasen weder flach noch erhaben; ihre Augen sind schwarz, klein und brennen in einem merkwürdigen Feuer. Jedoch machen sie im allgemeinen keinen üblen Eindruck hinsichtlich ihrer äußeren Erscheinung, mit Ausnahme der Beine, welch selbe bei den meisten von ihnen krumm sind, welches von ihrem vielen Sitzen herrühren mag. Ihre Gesichtshaut ist schmutzig, jedoch scheint dies nicht allgemein zu sein, sondern teilweise auch vom Rauchen und von der Farbe herzurühren, bemalen sie sich doch mit gar lockerer Hand und sind nachlässig und schmutzig bis zum Äußersten …

Zu verschiedenen Gelegenheiten trugen die Männer Masken der verschiedensten Art, von denen sie gar viele zu haben schienen und welche menschliche Gesichter, Vogelköpfe oder andere Tiere darstellten, welche allesamt gar wohl entworfen und ausgeführt waren. Ich wage nicht zu sagen, ob diese Masken als ein Schmuck bei ihren öffentlichen Unterhaltungen dienen oder als eine Möglichkeit, ihre Gesichter gegen die der Feinde zu verteidigen oder aber als Köder für die Jagd; es scheint möglich, daß zu all diesen Gelegenheiten jene Masken getragen werden. Die einzigen Male, da wir sie diese gebrauchen sahen, war bei einigen der Häuptlinge, als sie uns eine Feier machten, und bei verschiedenen ihrer Gesänge …

Die Kanus: ihre Kanus messen 40 Fuß in der Länge, 7 in der Breite und etwa 3 in der Tiefe. Es gibt solche, welche größer, und solche, welche kleiner sind; sie werden hergestellt aus einem einzigen Baumstamme, welcher dann ausgehöhlt wird bis auf eines Fußes Tiefe oder auch mehr an den Seiten, und in ihrem Äußeren gleichen sie gar sehr einer Lauriger-Jolle, nur sind sie in Proportion zu ihrer Breite etwas länger, und der Bug ist höher denn das Heck. Im obersten Teil des ersteren befindet sich eine Höhlung, allwo sie ihre Speere, Harpunen etc. ablegen. Normalerweise entbehren sie jeglichen Zierates außer der Farbe, und auch deren haben nur wenige. Die Paddel sind gar klein und leicht; in ihrem Aussehen gleichen sie in gewissem Grade einem großen Blatte, welches in der Mitte seine größte Breite erreicht und welches sich selbst im Schafte verliert, das Ganze mehr denn 5 Fuß lang.

Ernährung und Wohnen: sintemalen die Nahrung dieser Leute vornehmlich aus Fisch oder anderen Seetieren zu bestehen scheint, befinden sich ihre Häuser oder Unterkünfte nahe dem Strande. Sie bestehen aus einer langen Reihe von Gebäuden, deren einige wohl an die 100 Fuß oder 50 Fuß in der Länge messen, 24 Fuß oder 30 Fuß in der Breite, 7 Fuß oder 8 Fuß in der Höhe, vom Boden zum Dache, in welchem alles flach und lose mit Brettern bedeckt ist. Die Wände oder Seiten und Enden sind gleichfalls errichtet aus Brettern, und das Stützwerk besteht aus langen Baumstämmen …

Große Bildnisse: am oberen Ende eines großen Teiles jener Wohnstätten ragen 2 große Bildnisse oder Statuen, welche im Abstande von 3 oder 4 Fuß nebeneinander aufgestellt waren; sie zeigten eine gewisse Ähnlichkeit mit einer menschlichen Figur, waren dabei jedoch von monströser Größe. Sie nannten sie *Acwecks*, welches soviel bedeutet wie Oberster oder Häuptling; eine Art von Vorhang oder eine Matte bedeckte den größten Teil von ihnen, und sie waren in keiner Weise gewillt, sie jemals zu entfernen. Und so sie es doch einmal taten oder wenn sie auch von ihnen sprachen, so geschah dies in einer solch mysteriösen Art, daß wir ihre Ansicht hierzu nicht verstanden.

Eben dieser Umstand ließ einige unserer Herren glauben, es handele sich hier um ihre Götter, jedoch bin ich für meine Person nicht zum Ganzen jener Meinung, und wenn sie es doch wären, so wären sie ihnen keineswegs lieb und teuer, konnte man sie doch für jede Art ehernen Gerätes allesamt kaufen, fand ich doch nicht einen einzigen, welcher mir nicht angeboten war, und 2 oder 3 von der kleineren Art gar kaufte ich.

Sonntag, 26. April

Stach am Abend des 26. in See bei deutlichen Anzeichen eines herannahenden Sturmes; diese Anzeichen jedoch konnten uns nicht beirren: wir waren kaum aus dem Sund herausgefahren, als auch der Wind schon von einem Augenblick auf den anderen von Nord-Osten auf Süd-Ost bis Ost umsprang und zu einer sehr steifen Brise wurde mit Böen und Regen und solcher Dunkelheit, daß wir nicht einmal des ganzen Schiffes Länge überblicken konnten. Sintemalen ich befürchten mußte, der Wind werde sich später nach Süden wenden, wie dies für gewöhnlich auch der Fall war, und könnte uns solchermaßen in Gefahr bringen, uns auf die Küste zuzutreiben, so setzte ich alle Segel, die möglich waren, um nach Süd-Westen zu gelangen. Zu unserem Glück jedoch drehte der Wind nicht weiter nach Süden denn auf Süd-Süd-Ost, so daß wir bei Tagesanbruch des nächsten Morgens genügend weit von der Küste entfernt waren ... Zu dieser Zeit stellten wir auf der *Resolution* ein Leck fest, welches uns nicht wenig alarmierte; es ward gefunden unter der Steuerbordwasserlinie, allwo man von der Bäckerei aus das Wasser hineinrauschen und sehen konnte ... Nun begann das Wetter aufzuklaren, so daß wir mehrere Meilen Sicht um uns herum bekamen, und ich wandte mich nunmehr nach Norden.

Freitag, 1. Mai

Zwischen 11 und 12 Uhr passierten wir eine Gruppe kleinerer Eilande auf 56° 48′ Breite und auch weiter hinauf, allwo ich auch einen Berg sichtete. Diesen Berg nun nannte ich Mount Edgecombe und diesen Punkt Landes, der ihm vorgelagert, Cape Edgecombe; letzterer liegt auf 57° 3′ nördlicher Breite und 224° 7′ östlicher Länge, und am Mittag erschien er in 6 Meilen Entfernung im Norden ...

Sonntag, 3. Mai

Um 4 Uhr des Morgens lag Mount Edgecombe südöstlich von uns, wir sichteten eine große Einbuchtung in etwa 6 Meilen Entfernung. Diese Einbuchtung ward genannt Cross-Sund, sintemalen er an diesem Tage als erstes gesehen ward; er schien sich in mehrere Arme aufzuteilen, deren größter nördlich verlief. Befanden uns um 5 Uhr morgens auf 58° 53′ Breite und 220° 52′ östlicher Länge; ein hoher Berg kommt in Sicht, und wir glauben, daß es sich hier um Mount St. Elias handelte; Entfernung etwa 40 Meilen ...

Dienstag, 6. Mai

Haben nur geringe Winde mit einigen totalen Windstillen und kommen solchermaßen nur langsam voran, so daß wir am Mittag des 6. erst die Breite von 59° 8′ und Länge 220° 19′ erreicht hatten; nordöstlich unseres Standortes bemerkten wir eine Bai und ein Eiland, welch selbes zur Gänze mit Wald bedeckt war. Hier muß es gewesen sein, wo Commodore Bering geankert hat, sintemalen die Breite, welche hier 59° 18′ beträgt, wohl mit den Karten seiner Reise übereinstimmt. Hinter dieser Bai, welche ich ehre durch den Namen ihres Entdeckers (Bering Bay), aber auch im Süden hiervon wird der Teppich des Waldes, welchen ich zuvor erwähnte, unterbrochen von einer Ebene von wenigen Meilen an Umfange, hinter welcher die Sicht unbegrenzt war, so daß dahinter entweder sehr niedriges Land oder Wasser liegen muß ... Wir fanden, daß die Küste sich nunmehr sehr stark gen Westen neige, und sintemalen wir den Wind vornehmlich aus Westen hatten, so war unser Vorankommen nur recht langsam.

Montag, 11. Mai

Um 4 Uhr morgens drehte der Wind, welcher vornehmlich aus Nord-Osten kam, nach Norden: sintemalen dies für uns widrig war, so gab ich das Bemühen auf, näher an das Eiland heranzukommen oder gar in die Bai einzufahren, wo doch dieses nur bei großem Zeitverluste zu bewerkstelligen gewesen wäre. Also wandte ich mich dem Westende des Eilandes zu; der Wind blies nun noch ganz gering, und um 10 Uhr hörte er ganz auf. Sintemalen ich nun nicht mehr so sehr weit von dem Eiland entfernt, ging ich in ein Boot und landete in der Absicht festzustellen, was auf der anderen Seite läge, fand jedoch den Weg bis zu den Hügeln länger, denn ich erwartete, und den Weg sehr unbequem: ergo ward ich gezwungen, mein Vorhaben aufzugeben. Am Fuße eines Baumes, welcher auf einer kleinen Erhebung stand, nicht weit von der Küste entfernt, ließ ich eine Flasche zurück, welch selbe eine Inschrift enthielt mit der Schiffe Namen, Daten etc. und 2 Silberpfennigstücke (von 1772), welch selbe mir zusammen mit vielem anderem von dem Referent Dr. Key geschenkt worden waren. Und als ein Zeichen meiner Wertschätzung und Hochachtung für diesen Herrn nannte ich dieses Eiland nach seinem Namen: Key's Island.

Dienstag, 12. Mai

Das Wetter, so schlecht es auch immer war, hinderte doch nicht der Eingeborenen dreie, uns einen Besuch abzustatten; sie kamen in 2 Kanus, deren eines von 2 Männern, ein anderes nur von einem Manne besetzt waren und welches für diese Personenzahl wohl auch gebaut war, waren doch diese Kanus in der nämlichen Art konstruiert wie die der Eskimos. Ein jeder dieser Männer hatte einen Stock von etwa 3 Fuß Länge mit langen Federn oder gar Flügeln von Vögeln: diese erhoben sie mehrfach über Haupteshöhe, uns ihre friedlichen Gefühle auszudrücken.

Donnerstag, 14. Mai

Nicht lange währte es, bis alle Indianer zu uns zurückkehrten, jedoch wandten sie sich dem Boote zu, anstatt auf das Schiff zu kommen; sobald der Offizier in dem Boote dieses sah, kehrte er zum Schiffe zurück und ward gefolgt von allen Kanus. Kaum hatte die Mannschaft das Boot verlassen – bis auf zweie –, als auch schon einige der Indianer in dieses hineinstiegen und je einen Speer auf die beiden Männer richteten. Andere rissen das Seil los, womit es befestigt war, während wieder andere versuchten, es hinwegzuziehen. In dem Augenblicke jedoch, da sie sahen, wie wir uns zur Gegenwehr bereit machten, ließen sie das Boot in Ruhe und gingen wieder in ihre Kanus und machten uns Zeichen, unsere Waffen niederzulegen, und betrugen sich überhaupt so, als sei nicht das Geringste geschehen.

Genau dasselbe trug sich um die *Discovery* zu. Ein Indianer kam und holte sie alle von der *Resolution* zur *Discovery*: er war zuvörderst an Bord jener gewesen, und nachdem er alle Gänge hinabgesehen hatte und niemanden entdecken konnte außer dem Offizier, welcher Wache an der Uhr hielt, und 1 oder 2 andere Männer, so hatte er keinen Zweifel, es werde ein Leichtes sein, das Schiff zu plündern, zumal es auch in einiger Entfernung von uns lag: unter diesen Umständen war es keine Frage, daß alle zu ihr hinübergingen. Einige von ihnen gingen ohne jedwede Umstände direkt an Bord, zogen ihre Messer, machten dem Offizier und den Leuten an Deck Zeichen, sich fernzuhalten und begannen, um sich zu schauen, damit sie sähen, was sich mitzunehmen lohne; das erste, das sie sahen, war das Ruder eines der Boote, welches sie über Bord warfen, denen entgegen, welche in den Kanus zurückgeblieben. Bevor ihnen jedoch noch Zeit blieb, etwas Zweites über Bord zu werfen, war auch schon die ganze Mannschaft alarmiert, und alle Männer kamen schwer bewaffnet an Bord, woraufhin die Indianer sich alle gleich in ihre Kanus stürzten und sich unverzüglich zu den anderen begaben. Es blieb mir kein Zweifel, daß ihr Besuch zu so früher Morgenstunde einzig in dem Gedanken geschah, zu plündern, dachten sie doch wohl, einen jeden schlafend zu finden. Weisen nicht eben jene Umstände diese Leute als völlig ungewohnt im Umgang mit Feuerwaffen aus? Denn sicherlich – hätten sie auch nur das Geringste von ihnen gewußt –, sie hätten wohl nie und nimmer gewagt, ein Boot direkt unter den Schiffskanonen zu stehlen zu suchen, und das auch noch im Angesichte von mehr denn hundert Leuten, denn die meisten meiner Leute waren schon an Bord zur selben Zeit, da jene ihren Versuch unternahmen.

Jedoch blieb uns schließlich und endlich das Glück, sie hinsichtlich der Feuerwaffen so unwissend wie zuvor zu verlassen, denn weder sahen noch hörten sie eine Muskete feuern außer auf Vögel …

Freitag, 15. Mai

Früh des nächsten Morgens krängten wir das Schiff über, das Leck zu stopfen. Während die Zimmerleute damit beschäftigt waren, diese Defekte zu reparieren, füllten wir unsere Wasserfässer in einem nahegelegenen Strome … Einige gleichwohl der Männer wie der Weiber haben ihre Unterlippe gespalten über die ganze Breite, und eben dieser Schlitz ist so groß, daß es der Zunge gestattet ist, sie zur Gänze durch diesen Schlitz hindurchzuschieben, welches als erstes gesehen ward von einem Seemanne, welcher ausrief, er habe einen Mann mit zwei Mündern gesehen, und in der Tat war der Anblick einem solchen vergleichbar. Und doch waren nicht die Lippen aller in dieser Art gespalten, jedoch waren sie alle durchbohrt, vornehmlich bei den Weibern und gar bei den jungen Mädchen. In die solchermaßen entstandenen Höhlungen und Schlitze stecken sie Stücke Knochens durch die Innenseite der Lippe; da normalerweise mehrere solcher Stücke Knochens diese Lippe zierten, so waren diese mit einem Faden zusammengehalten, deren einige gar von Fall zu Fall zur Gänze durch die Lippen gingen auf die äußere Seite, wo an diesen Fäden andere Stücke Knochens befestigt wurden. Dieser Schmuck ist der Sprache außerordentlich hinderlich und läßt sie aussehen, als hätten sie eine doppelte Reihe Zähne im unteren Kiefer … Ihre Waffen und gar auch ihre Instrumente, welche sie für den Fischfang und für die Jagd benutzen, sind in jeder Hinsicht dieselben, deren sich auch Eskimos und die Grönländer bedienen …

Sonntag, 17. Mai

Alsobald das Leck gedichtet war, so legten wir am 17. um 4 Uhr in der Frühe ab und wandten uns nach Nordwesten bei leichter Brise aus Nord-Nord-Ost: Wir vermeinten, daß eine Passage gen Norden, so sie durch diese Bucht führen könne, in eben jener Richtung liegen müsse.

Montag, 18. Mai

Drehte 3 Stunden vor Mittag bei und segelte mit leichter Brise aus Nord südwärts die Bai hinab und traf auf felsigen Untergrund den Tag über, konnte mich jedoch gar bald wieder frei machen und hatte dann in 40 Faden Tiefe keinen Boden mehr. Alsdann fand ich einen anderen Eingang in jene Bucht südwestlich jenes Einganges, über welchen wir hineingelangt waren, welch nämlicher Umstand uns schneller wieder auf die offene See hinausbrachte; er ist getrennt von dem anderen Eingange durch ein Eiland von 18 Meilen Länge, welch selbes wir Montague-Eiland nannten. In jenem südwestlichen Kanal sind mehrere Eilande gelegen, deren solche, welche nächst dem Zugang zur See liegen, hoch und felsig sind, während jene einwärts der Bai niedrig und zur Gänze frei von Schnee und bedeckt mit Grün waren, aus welchem Grunde wir sie die Green Islands nannten.

Dienstag, 19. Mai

Die Bai, welche wir nun verlassen hatten, nenne ich Sandwich-Sound: und nach dem, was wir von diesem Sunde sahen, zu urteilen, bleibt zu sagen, daß er zumindest einen Grad und einen halben in der Breite und zwei in der Länge bedeckt, nicht gerechnet die verschiedenen Arme oder Seitenbuchten, deren Ausdehnung nicht bekannt ist. Der Verlauf, den sie zu nehmen scheinen, ist gleichfalls unbekannt wie die Lage und Menge der verschiedenen Eilande. Dieses ist am besten zu sehen aus der Karte, welche mit der größten Genauigkeit erstellt wurde, die Zeit und andere Umstände erlauben mochten. Sobald ich den Sandwich-Sound hinter mich gebracht hatte, wandte ich mich nach Südwesten bei leichter Brise aus Nord-Nordost, welche um 4 Uhr des nächsten Morgens von einer Windstille abgelöst ward, welcher dann bald eine Brise aus Südwest folgte, die im Verlaufe auffrischte und auf Nordwest drehte. Ergo setzten wir unsere Fahrt in südwestlicher Richtung fort und passierten dabei ein hohes Vorgebirge, welches auf 59° 10′ Breite und 207° 45′ östlicher Länge liegt. Sintemalen es zuerst gesehen ward am Geburtstag der Prinzessin Elizabeth, so nannte ich es Cape Elizabeth; hinter ihm konnten wir keinerlei Land ausmachen, so daß wir die Hoffnung hegten, dieses sei der westlichste Punkt der ganzen Küste, jedoch kam nicht sehr viel später Land in West-Süd-West in Sicht.

Montag, 25. Mai

Das Wetter klarte gen Abend, nachdem es zuvor den ganzen Tag außerordentlich neblig gewesen war, auf, und wir sichteten ein überaus hohes Vorgebirge, dessen höchster Gipfel die Form hat von zwei überaus hohen Bergen, welche wir über den Wolken sahen. Dieses Vorgebirge nannte ich Cape Douglas zu Ehren meines sehr guten Freundes Dr. Douglas Canon of Windsor; es ist gelegen auf 58° 56′ Breite und 206° 10′ östlicher Länge. Die Küste schien hier eine sehr große und tiefe Bai zu bilden, welche den Namen Smokey Bay führte.

Donnerstag, 28. Mai

Sintemalen eine Windstille den ganzen Tag vorhielt, so lag ich still den ganzen Tag über bis 8 Uhr am Abend, da eine leichte Brise aus Ost aufkam, wir wendeten und in nördlicher Richtung die Bai hinauffuhren. Noch nicht lange waren wir unter Segel, als auch der Wind schon nach Norden drehte, zu einer steifen Brise auffrischte und in Böen mit Regen kam; dieses jedoch hinderte uns nicht, so lange uns aufwärts treiben zu lassen, wie die Flut noch auflief, welches bis 5 Stunden vor Mittag des nächsten Tages geschah. All die Zeit über hatten wir ständig 35–24 Faden tiefes Wasser. In jener letztgenannten Tiefe ankerten wir etwa 2 Meilen vor der östlichen Küste auf 60° 8′ nördlicher Breite: nunmehr lag einiges niedriges Land, welches wir für ein Eiland hielten, im Westen von uns in einer Entfernung von etwa 3 oder 4 Meilen.

Montag, 1. Juni

Um 2 Uhr des Morgens kehrte der Obersteuermann zurück und berichtete, er habe die Bai oder vielmehr den Fluß auf eine Breite von 1 Meile zusammengedrängt gefunden mit niedrigem Land auf beiden Seiten, durch welches hindurch er eine nördliche Richtung einhielt … Alle Hoffnungen auf eine Passage waren nunmehr aufgegeben, sintemalen jedoch die Ebbe nahezu vorüber war und wir gegen die auflaufende Flut nicht zurückfahren konnten, so vermeinte ich, die auflaufende Flut gerade wohl dazu benutzen zu können, dem östlichen Arm der Bai näherzukommen und abschließend zu beurteilen, ob nun das niedrige Land auf der Ostseite ein Eiland sei, wie wir vermuteten, oder nicht. So also die Entdeckung dieses Flusses sich als nützlich erwiese, sei es in der Gegenwart oder in der Zukunft, so schien die Zeit, die bei seiner Erforschung dahinging, wohl verbracht; für uns jedoch, die wir ein viel größeres Ziel im Auge hatten, wäre dies ein großer Verlust gewesen; die Jahreszeit war schon gar weit vorgeschritten, wir wußten nicht, wie wir gen Süden hätten vorankommen müssen, und auch waren wir keineswegs überzeugt, daß der Kontinent weiter nach Westen sich ausdehnte, denn die modernen Karten aufwiesen; jedoch hatten wir Grund zu der Annahme, daß eine Passage in die Baffin oder Hudson Bay weniger wahrscheinlich sei. So ich jedoch diesen Platz nicht untersucht hätte, so wäre sicherlich geschlossen, nein, sogar als sicher angenommen worden, dieser habe Verbindung mit der See im Norden oder mit einer jener Bais im Osten. Des Nachmittags sandte ich erneut Mr. King mit zwei bewaffneten Booten aus, auf daß er am nördlichsten Punkt jenes niedrigen Landes lande auf der Südostseite des Flusses, allda die Flagge hisse, Land und Fluß in Seiner Majestät Besitz nehme und in seiner Erde eine Flasche vergrabe, darein zwei englische Münzen des Jahres 1772 getan waren und ein Papier, auf welchem der Schiffe Namen, Daten etc. vermerkt waren.

Donnerstag, 18. Juni

Des Nachmittags hatten wir eine leichte Brise Windes aus südlicher Richtung, welche uns in die Lage versetzte, uns nach Westen jenem Kanale zuzuwenden, welcher zwischen dem Eilande und dem Kontinente zu liegen schien, und bei Tagesanbruch am nächsten Morgen befanden wir uns in keiner großen Entfernung hiervon, wobei wir verschiedene andere Eilande entdeckten, welche sowohl in der Höhe als auch an Umfange von erheblicher Größe waren. Jedoch schien zwischen diesen zuletzt gesehenen Eilanden und jenen, welche wir zuvor entdeckten, ein kleiner Kanal zu verlaufen, in welchen ich hineinsteuerte, war ich doch voll Sorge, der Küste des Kontinentes zu nahe zu kommen und hierbei in eine jener kleinen Buchten zu geraten und hier die Unterstützung des leichten Windes zu verlieren, welcher zu dieser Zeit blies. Dieserhalb hielt ich mich im Süden der Eilande, und des Mittags befanden wir uns auf 55° 18′ Breite, und der Eilande größtes in jener Gruppe lag nun zu unserer Linken und ist bezeichnet mit dem Namen Codiac, wie wir später erfuhren: den Rest der Eilande benannte ich mit keinerlei Namen; ich glaube, es sind die nämlichen, welche Bering die Schumarins-Eilande genannt.

Am Sonntag, dem 2. August, verlor Cook seinen Arzt Anderson durch Tuberkulose, die im folgenden Sommer auch Captain Clerke tötete. Der Verlust Andersons war sehr ernst zu nehmen, denn er schien einige Kenntnisse der Anthropologie und Ethnologie zu besitzen. Und einige der langen Beschreibungen der Eingeborenengebräuche, welche Cook in sein 3. Journal einfügte, schreibt man eigentlich Anderson zu; man vermutet aber auch, Cook könne sie aus Andersons Aufzeichnungen abgeschrieben haben.

Sonntag, 2., Montag, 3. August

Den 2. hatten wir leichte Winde aus wechselnden Richtungen mit Regenfällen. Des Morgens am 3. drehte der Wind endgültig auf südöstliche Richtung, und dieserhalb legten wir Nordkurs an. Des Mittags maßen wir unsere Position in 62° 34′ nördlicher Breite und 192° 30′ östlicher Länge und die Tiefe des Wassers mit 16 Faden. Mr. Anderson, mein Arzt, welch selber schon seit mehr denn 12 Monaten leidend war, starb zwischen 3 und 4 Uhr an diesem Nachmittag. Er war ein empfindsamer junger Mann gewesen, ein sonst guter Kamerad, hervorragend geschult in seinem Berufe, und auch hatte er sich gar viele Kenntnisse in anderen Wissenschaften angeeignet; so es Gott dem Allmächtigen gefallen hätte, ihm sein Leben zu erhalten, so wäre dieses für den Verlauf der Reise sicher von Vorteil gewesen … Nur wenig später ward Land im Westen in etwa 12 Meilen Entfernung gesehen, welches wir für ein Eiland hielten und welches wir, das Andenken des Verstorbenen zu verewigen, für welchen ich eine sehr tiefe Verehrung hatte, die Anderson-Insel nannten. Des nächsten Tages übernahm ich den Arzt der *Discovery*, Mr. Law, auf die *Resolution* und ernannte Mr. Samuel, des Arztes ersten Gehilfen auf der *Resolution*, zum Arzte auf der *Discovery*.

Mittwoch, 8. August

Zu dieser Zeit war das Wetter gar neblig mit vielem Regen; um 4 Uhr des nächsten Morgens jedoch klarte es auf, also daß wir die Ländereien rings um uns sehen konnten. Ein hoher, steiler Felsen oder ein Eiland – entdeckt am frühen Abend – führte uns von Westen nach Süden zu einem anderen Eilande im Norden, welches von außerordentlich gebirgiger Gestalt war. Gar bald ward diese Gegend als eine Fortsetzung des Kontinents entdeckt. Dieser Flecken Landes, welch selben ich das Cape Prince of Wales nannte, ist der bemerkenswerteste, sintemalen er der am weitesten gen Westen vorgeschobene Punkt ganz Amerikas ist, soweit man bisher weiß; er liegt auf 56° 46′ nördlicher Breite und 191° (45′) östlicher Länge: beide Lagebestimmungen mögen um ein Geringes fehlerhaft sein wegen des überaus ungünstigen Wetters.

Samstag, 15. August

Um 1 Uhr nachmittags ließ uns die Sicht eines riesigen Eisfeldes keinerlei Zweifel mehr über den Grund der Helligkeit des Horizontes, welche wir beobachtet hatten.

Eine halbe Stunde nach zwei kamen wir bei 22 Faden tiefem Wasser in unmittelbarer Nähe desselben auf eine Breite von 70° 41″, wobei wir nicht in der Lage waren, auch nur ein Geringes weiter voran zu kommen, war doch das Eis zur Gänze undurchdringlich und reichte vor uns von einem Horizont zum anderen, so weit wir sehen konnten. Hier nun gab es Walrösser im Überflusse, deren einige sich in dem Wasser, sehr viele mehr von ihnen jedoch auf dem Eise befanden; es kam mir der Gedanke, die Boote auszusetzen, einige von ihnen zu töten, sintemalen jedoch der Wind auffrischte, so gab ich diesen Wunsch wieder auf und setzte die Fahrt gen Süden fort, oder besser gesagt, nach Westen, wiewohl der Wind doch gerade in jene Gegend blies. Zu jener Zeit befanden wir uns in 20 Faden tiefem Wasser nahe der Ecke des Eises, welches so kompakt wie eine Wand war, und zumindest 10 oder 12 Fuß in der Höhe messen mochte: jedoch schien es weiter im Norden noch höher zu sein, seine Oberfläche war in höchstem Maße zerklüftet, und hier und da fanden sich auch Teiche von Wasser. – Wir wandten uns nunmehr gen Süden, und nach einer Fahrt von 6 Meilen stießen wir auf sieben Faden Wassertiefe, welch nämliche Tiefe nahezu über eine halbe Meile anhielt und sodann auf acht bis neun Faden sank. Zu dieser Zeit klarte das Wetter – welches zuvor sehr neblig gewesen – ein wenig auf, und wir sahen Land voraus auftauchen, welches sich von Süden bis Südosten über etwa 3 oder 4 Meilen Entfernung erstreckte. Das östliche Ende bildete einen Punkt, welcher in hohem Grade mit Eis bedeckt war, aus eben welchem Grunde er den Namen Eis-Kap hatte, jedoch verlor sich das andere Ende im Horizonte, also daß da keinerlei Zweifel entstehen konnte, daß es sich hier um eine Fortsetzung des amerikanischen Kontinentes handele. Die *Discovery* befand sich etwa 1 Meile weiter zurück an der

Leeseite, allwo sie weniger Wasser fand denn wir und solchermaßen gezwungen ward, diesen Untiefen auszuweichen, welch nämlicher Umstand auch mich zum Abdrehen zwang, mußte ich doch befürchten, von ihr getrennt zu werden. Unsere Situation ward nun von Augenblick zu Augenblick kritischer, wir befanden uns in niedrigem Wasser auf einer Leeküste, alldieweil der Großteil des Eises mit dem Winde auf uns zugetrieben ward. Es war ganz offensichtlich, so wir uns länger zwischen ihm und dem Lande aufhielten, so würde es uns auf den Strand treiben; es schien nahezu, wenn nicht überhaupt zur Gänze das Land an der Leeseite zu berühren, und die einzige Richtung, welche uns noch offen war, war die südwestliche.

Mittwoch, 19. August

Eine halbe Stunde später denn ein Uhr mittags kamen wir dem äußersten Ende des Haupteisfeldes recht nahe, indes war es nicht so kompakt, wie es weiter im Norden erschien, und doch war es zu fest gefügt, und seine einzelnen Teile waren bei weitem zu groß, die Schiffe durch es hindurchzuzwingen. Auf dem Eise lag eine ständig zunehmende Anzahl Walrosse, und sintemalen wir Bedarf an frischem Proviant hatten, so wurden die Beiboote beider Schiffe ausgesandt, einige von ihnen zu bringen. Um 7 Uhr des Abends hatten wir an Bord der *Resolution* neun dieser Tiere genommen, welche wir bis zu eben diesem Augenblicke für Seekühe gehalten, so daß wir nicht wenig überrascht waren. Von diesem Fleische lebten wir, solange es reichte, und an Bord waren nur wenige, die dieses Fleisch nicht dem gepökelten Fleische vorzogen. Das Fett schmeckt ersten Augenblicks so gut wie Knochenmark, nach wenigen Tagen jedoch wird es schon ranzig, außer man salzt es zuvor, dann aber hält es sich über einen wesentlich längeren

Zeitraum gut; das magere Fleisch ist von grobfaseriger Beschaffenheit, schwarz und von strengem Geschmacke, das Herz ist vom nämlichen Wohlgeschmacke wie jenes des Ochsen. Das geschmolzene Fett ergibt einen guten Teil Öles, welches gar wohl in den Lampen brennt, und ihre Häute sind sehr dick. Die Zähne oder Hauer der meisten von ihnen waren zu jener Zeit recht klein, sogar auch einige der größten und ältesten trugen sie nicht länger denn 6 Inches, aus welchem Umstande wir schlossen, daß sie erst vor kurzem ihre alten Zähne abgestoßen hatten. Sie liegen in Herden von mehreren hundert Stükken auf dem Eise, und dabei schob sich das eine Tier über das andere, ähnlich den Schweinen, wobei sie laut brüllten oder grunzten, so daß sie uns solchermaßen bei Nacht oder bei nebligem Wetter die Annäherung größerer Eisfelder lange ankündigten, bevor wir sie sehen konnten. Niemals fanden wir die ganze Herde schlafend, einige der Ihren waren beständig auf der Wache, welche ihre nächsten Nachbarn alsobald weckten, so ein Boot sich näherte, und diese wiederum die anderen, so daß die ganze Herde binnen kürzester Zeit wach wurde. Jedoch nur selten hatten sie es eilig, sich davonzumachen, bis sie zum ersten Mal geschossen worden waren, dann jedoch stürzten sie eines über das andere in der höchsten Verwirrung in die See, und so wir nicht mit der ersten Salve jene töteten, auf welche wir gefeuert, so verloren wir sie in aller Regel, auch dann, wenn sie waidwund geschossen. Uns erschienen sie nicht als so gefährliche Tiere, denn einige sie beschrieben, ja nicht einmal, wenn sie angegriffen; riesige Mengen und Anzahlen von ihnen folgten uns beständig und kamen den Booten oft gefährlich nahe, jedoch der Knall einer einzigen Muskete oder gar nur, wenn man eine solche auf sie richtete, ließ sie sofort auf respektvollen Abstand gehen. Ob zu Wasser oder auf dem Eise: die Weibchen verteidigten ein Junges bis zum letzten, gar unter Einsatz des eigenen Lebens; auch verläßt kein Junges das Muttertier, auch wenn dieses tot ist, so daß man – so man das eine tötet – des anderen sicher ist. Im Wasser hält das Muttertier sein Junges stets zwischen den vorderen Flossen.

Donnerstag, 20. August

Sintemalen wir nun so viel Zeit bei der Beobachtung der Seekühe verbracht, so waren wir nunmehr in einer Weise von dem Eise umringt, daß uns nur noch der Weg nach Süden offen blieb, von diesem freizukommen; dieser halb wandten wir uns am Nachmittag des 20. bei leichter westlicher Brise nach Süden und hatten den größten Teil des Tages dichtes nebliges Wetter. Das Lot zeigte 15 Faden tiefes Wasser. Später drehten wir bei und fuhren gen Norden bis 10 Uhr, da der Wind auf Norden drehte und wir West-Südwest-Kurs aufnahmen. Um 2 Uhr nachmittags bekamen wir Kontakt mit dem Haupteisfelde, an dessen äußerstem Ende wir vorbeifuhren und uns hierbei zum Teile von dem Gebrüll der Seekühe führen ließen, hatten wir doch überaus dichten Nebel. Solchermaßen fuhren wir fort, bis eine halbe Stunde nach 11 Uhr zu segeln, zu welchem Zeitpunkte wir in das lose Eis gerieten und die Brandung der See gegen das feste Eis hörten. Sintemalen der Nebel sehr dicht und der Wind aus Osten kam, so wandte ich mich mehr südwärts, und um 10 Uhr des nächsten Morgens, da der Nebel sich aufzulösen begann, sahen wir den amerikanischen Kontinent im Süden und Osten vor uns liegen; der nächste Punkt der Küste war vielleicht 5 Meilen von uns entfernt.

Donnerstag, 27. August

Den 27. drehten wir um 4 Uhr morgens bei und segelten gen Westen, und um 7 Uhr morgens waren wir in unmittelbarer Nähe des Eises, welches den ganzen Horizont bedeckte, soweit das Auge reichte. Nun wir nur geringen Wind hatten, so fuhr ich mit 2 Booten aus, die Festigkeit des Eises zu erproben, und ich fand heraus, daß es aus losen Stücken verschiedener Ausdehnung bestand und so eng zusammen lag, daß ich kaum in den äußersten Rand eindringen konnte mit dem Boote und welches auch für Schiffe gleichermaßen unmöglich sein würde: es war, als wolle man in eine gleiche Anzahl Felsen einfahren. Ich bemerkte, daß dies alles reines durchsichtiges Eis war, ausgenommen nur die oberste Schicht, welche ein wenig porös war. Es schien zur Gänze zu bestehen aus gefrorenem Schnee und auf See geformt, so man die Unwahrscheinlichkeit, ja sogar die Unmöglichkeit nicht berücksichtigen wollte, daß solche Massen Eises aus den Flüssen herausgeschwemmt würden, welche kaum genügend Wasser für ein Boot enthielten, so war auch keines der an Land gefundenen Produkte in ihm eingeschlossen, welches jedoch unausweichlich hätte der Fall sein müssen, so diese Eismassen in Flüssen geformt worden wären. Die Stücke Eises, welche den äußersten Rand jenes Feldes bildeten, maßen 40–50 Yard im Umfange bis auf 4 oder 5, und ich vermeinte, daß die größeren Stücke gar 30 Fuß oder mehr unter der Wasseroberfläche sich befänden. Es erschien mir in höchstem Maße unglaubwürdig, daß dieses Eis allein das Produkt des vorschreitenden Winters sei ... Dichter Nebel kam auf, solange ich noch mit den Booten fort war, und dieses nun zwang mich, früher an Bord zurückzukehren, denn ich eigentlich beabsichtigte: zu einem jeden der Schiffe brachten wir noch eine Seekuh; wohl hatten wir mehr von ihnen getötet, konnten jedoch nicht länger verweilen, sie alle an Bord zu bringen: die Anzahl all jener Tiere auf dem ganzen Eise, die wir gesehen hatten, ist nahezu unglaublich. Die Nacht verbrachten wir beim

Kreuzen vor der Eisdrift, und um 9 Uhr nächsten Morgens, da der Nebel sich ein weniges auflöste, waren von jedem der Schiffe einige Boote ausgesandt, Seekühe zu beschaffen, da alle Tiere, welche wir zuvor gefangen und getötet, verzehrt waren.

Samstag, 29. August

Die Jahreszeit war nun so weit fortgeschritten und die Zeit, da der Frost erwartet werden kann, schon so nahe, daß ich nicht glaubte, es mit der Klugheit vereinbaren zu können, irgendwelche weiteren Versuche zu unternehmen, die Passage noch dieses Jahr in welcher Richtung auch immer zu finden. Meine Aufmerksamkeit richtete ich nun einzig und allein darauf, einen Platz zu finden, da wir Holz und Wasser fassen könnten und darauf wir den Winter verbringen könnten, um einigen Beitrag zur Geographie und Navigation zu leisten und zur gleichen Zeit wieder in der Verfassung zu sein, nach Norden zurückzukehren, um auch weiterhin nach der Passage im kommenden Sommer zu suchen.

Montag, 31. August

7 Uhr des Abends tauchten zwei Punkte Landes in einiger Entfernung im Osten auf. Ich war nun recht sicher, daß dies die Küste von Tschuktschi, oder aber anders gesagt: die Nordostküste Asiens war und daß genau so weit Captain Bering vorangekommen war im Jahre 1728, sintemalen das vorspringende Stück Landes jenes sein muß, von welchem Mr. Muller sagt, daß es Serdeze Kamen genannt werde, wegen eines Felsens auf ihm in der Gestalt eines Herzens.

Mittwoch, 2. September

Passierten des Abends das östliche Kap, oder anders gesagt: den oben erwähnten Punkt, von wo aus die Küste sich nach Südwesten fortsetzt. Es ist derselbe Punkt Landes, welchen wir am 11. des letzten Monats passierten, da wir ihn für den östlichsten Punkt des Eilandes mit Namen Alaska hielten, jedoch ist es nichts anderes denn die östlichste Ausdehnung Asiens ... Alldieweil ich jedoch hoffe, diese Gegenden erneut zu besuchen, so will ich die Diskussion über diese Frage bis dahin verschieben, und insoweit muß ich also vorerst schließen, genau wie dies Bering vor mir tat, daß dieses Vorgebirge der östlichste Punkt Asiens ist.

Donnerstag, 3. September

Sobald ich das Kap passiert hatte, steuerte ich Südwest/½ West auf den nördlichsten Punkt der St. Lorence Bay zu, die nämliche, in welcher wir am 10. des letzten Monats ankerten. Wir erreichten seine Länge um 8 Uhr des Morgens und sahen einige seiner Bewohner an dem nämlichen Orte, da wir sie zuvor gesehen, auch sahen wir einige andere auf der entgegengesetzten Seite der Bai, jedoch versuchte einer von ihnen, zu uns herüberzukommen, welcher Umstand uns ein wenig merkwürdig erschien, sintemalen das Wetter gut genug war und jene, welche wir besucht hatten, keinerlei Grund gehabt hätten, soviel ich wußte, unserer Gesellschaft zu entraten. Diese Leute müssen Tschuktschen sein, eine Nation, welche – wie Mr. Muller schrieb – die Russen zu jener Zeit nicht zu erobern in der Lage gewesen, und in ihrem ganzen Benehmen uns gegenüber erschien es so, daß diese jene noch immer nicht unter ihre Oberhoheit gebracht hatten.

Freitag, 4. September

Berings Andenken recht zu ehren, muß ich sagen, daß er diese Küste gar wohl beschrieben und gezeichnet und ihre Längen und Breiten besser dargelegt hat, denn man bei den Methoden, welche ihm zur Verfügung gestanden, erwarten durfte. Dieses Urteil stützt sich nicht auf Mr. Mullers Reisebericht oder seine Karte, sondern auf den Bericht hierüber in Harris' »Collection of Voyages« und eine Karte, die diesem beigegeben, welche beide ausführlicher und genauer sind denn jene des Mr. Muller.

Mittwoch, 16. September

Nun ich mich zur Gänze überzeugt, daß Mr. Staehlins Karte fehlerhaft sein muß und nicht die meine, so war es hohe Zeit, daran zu denken, diese nördlichen Teile alsbald zu verlassen und uns auf einen Platz zurückzuziehen, da wir den Winter verbringen konnten und wo ich Erfrischung für die Leute und eine gewisse Ergänzung unserer Vorräte erreichen konnte. Petropawlowsk in Kamtschatka schien mir nicht der Ort zu sein, da ich das eine oder das andere für eine so große Menge Menschen erreichen konnte, und außerdem hatte ich auch andere Gründe, zu jener Zeit nicht dorthin zu gehen, deren erster, von dem alle anderen abhingen, das große Mißvergnügen war, sechs oder sieben Monate untätig in irgendeinem Hafen zu liegen, welcher Umstand jedoch der Fall gewesen wäre, so ich in einem dieser nördlichen Teile überwinterte. Kein Platz war so geeignet, innerhalb unserer Reichweite, allwo wir erwarten konnten, all diese notwendigen Dinge zu finden, wie die Sandwich (Hawaii-) Inseln; zu eben jenen Eilanden gedachte ich dieserhalb zu fahren, bevor dieses jedoch in die Tat umgesetzt werden konnte, war es notwendig, irgendwo frisches Wasser an Bord zu nehmen. Dieserhalb entschloß ich mich, die amerikanische Küste nach einem geeigneten Hafen abzusuchen, wobei ich die Küste hinab gen Süden fuhr und mich zu gleicher Zeit bemühte, den Verlauf jener Küste in Zusammenhang zu bringen mit jener des Nordens von Cap Newenham. So ich einen Hafen nicht finden würde, so wollte ich nach Samgoonoodha weiterreisen, welch nämlicher Punkt gleichzeitig als Rendezvous-Ort bestimmt ward für den Fall, daß die Schiffe einander verlören.

Samstag, 3. Oktober

Den 3. um ein Uhr in der Frühe ankerten wir in Samgoonoodha, und des nächsten Morgens wurden die Zimmerleute beider Schiffe darangesetzt, die Verschalung zu erneuern. Solange wir nun hier lagen, reinigten wir den Fischraum und alle anderen Kielräume, auf das irgendwelches Wasser, so es durch irgendwelche Lecks eindringe, seinen Weg zu den Pumpen fände … Die Gemüse, welche wir das erste Mal, da wir uns hier aufhielten, gefunden hatten, befanden sich in einem Zustand der Verderbnis, so daß wir nur wenig für uns davon gebrauchen konnten; jedoch ward dieser Verlust mehr denn aufgewogen durch die große Menge Beeren, welche allüberall an der Küste gefunden wurden, und damit wir von ihnen so viele wie irgend möglich erhielten, so setzte ich ein Drittel der Leute umschichtig ein, sie einzusammeln; auch erhielten wir eine große Menge davon von den Eingeborenen; so irgendwelche Ansätze des Skorbuts in irgendeinem der Schiffe gewesen wären, so wären diese Beeren und die Malzwürze, welche die Leute zu trinken hatten jeden zweiten Tag, in der Lage gewesen, diese auszuschalten. Auch erhielten wir Mengen frischen Fisches, zunächst von den Eingeborenen, vornehmlich Salm, der uns frisch wie auch getrocknet angeboten ward; einiges des frischen Salms war in ausgezeichneter Verfassung, und es gab auch eine Sorte, welche wir »Hakennase« nannten.

Donnerstag, 8. Oktober

Am 8. erhielt ich von einem Indianer namens Derramoushk ein höchst einmaliges Geschenk an einem solchen Platze: es war Roggenbrot oder mehr eine Pastete, welche in der Form eines Laibes Brot gemacht war, und einiges von Salm mit Pfeffer etc. war darinnen. Das gleiche Geschenk hatte er auch für Captain Clerke und einen Brief für einen jeden von uns in einer Sprache, welche nicht einer von uns lesen konnte. Wir hatten jedoch keinen Zweifel daran, daß dieses Geschenk von einigen Russen in unserer Nachbarschaft kam, und wir sandten diesen unseren unbekannten Freunden auf dem nämlichen Wege einige wenige Flaschen Rums, Weines und Portweines, welche wir für so wertvoll für sie wie jedes andere hielten, das wir an Bord hatten. Auch sandte ich mit Derramoushk und seiner Gruppe Corporal Ledyard, einen intelligenten Mann, einige weitere Informationen zu erhalten, mit der Order, so er irgendwelche Russen fände, diesen verstehen zu machen, daß wir Engländer, Freunde und Alliierte seien.

Samstag, 10. Oktober

Den 10. kehrte er zurück mit drei russischen Seeleuten, welche zusammen mit einigen anderen in Egoochshac wohnten, allwo sie ein Wohnhaus, mehrere Lagerhäuser und eine Schaluppe von etwa 30 Tonnen hatten. Der Männer einer war entweder Kapitän oder Obersteuermann dieses Schiffes, ein anderer hatte eine sehr gute Handschrift und verstand die Bildersprache; alle drei waren hochintelligente Männer und höflichst bereit, mir all jene Informationen zu vermitteln, welche ich mir wünschen konnte, doch hatten wir wegen des Fehlens eines Dolmetschers einige Schwierigkeiten, einander zu verstehen. Es schien, als besäßen sie umfangreiche Kenntnis der Versuche, welche von ihren Landsleuten unternommen worden waren, das Eismeer zu befahren, auch kannten sie sehr gut die Entdeckungen, welche hierbei von Bering, Tschirikoff und Spanbourgh gemacht worden waren, kannten jedoch von Leutnant Sindo nicht mehr denn dessen Namen … Ich legte ihnen meine Karte vor und stellte fest, daß ihnen ein jeder Teil der amerikanischen Küste fremd war mit Ausnahme nur des Teiles, welcher eben genau gegenüber liegt. Einer jener Männer sagte, er habe Bering auf seiner Amerikareise begleitet, indes muß er sehr jung gewesen sein, sintemalen er jetzt keineswegs das Aussehen eines alten Mannes besaß. Das Gedenken nur weniger Männer ist in größerer Achtung gehalten denn jenes Berings bei eben diesen Männern … Am Abend des 14., da Mr. Weber und ich in einem Indianerdorf unweit von Samgoonoodha waren, landete hier ein Russe, welcher – wie ich herausfand – die höchstgestellte Person unter den Russen dieses und des benachbarten Eilandes war. Sein Name war Erasim Gregorioff Sin Ismyloff; er kam in einem Kanu, darinnen außer ihm drei andere Personen saßen, und ward begleitet von 20 oder 30 anderen Kanus, in deren jedem nur ein Mann saß; ich bemerkte, daß das erste, was sie nach der Landung taten, war, ein kleines Zelt für Ismyloff aus Materialien aufzustellen, welche sie mit sich brachten, und dann machten sie andere Zelte für sich selber aus ihren Kanus, Paddeln etc., welche sie mit Gras bedeckten, so daß die Leute des Dorfes in keinerlei Verlegenheit gerieten, sie zu beherbergen … Dem Anscheine nach war er recht gut vertraut mit der Geographie jener Teile und mit allen Entdeckungen, welche die Russen gemacht hatten; auch erläuterte er die Irrtümer, welche sich in den modernen Karten fanden. Er erzählte uns, daß er mit Leutnant Sindo auf dessen Expedition im Norden gewesen war … Sowohl Mr. Ismyloff als auch die anderen bestätigten, daß sie nichts, aber auch rein gar nichts über den amerikanischen Kontinent wüßten. Nach allem, was wir erfahren konnten, hatten die Russen mehrmals versucht, ihren Fuß auf diesen Teil des Kontinents zu setzen, welcher nahe den Eilanden liegt, waren jedoch allzeit von den Eingeborenen zurückgeschlagen worden, welche sie als außerordentlich kriegerische Leute kennzeichneten; sie taten Erwähnung zweier oder dreier Kapitäne oder führender Männer, welche von den Eingeborenen ermordet wurden, und einige Russen hier zeigten uns Wunden, welche sie bei solchen Anlässen erhalten ...

Montag, 19. Oktober

Des 19. machte er uns einen anderen Besuch und brachte die zuvor erwähnten Karten mit sich, von welchen Kopien herzustellen er mir erlaubte. Es waren ihrer zwei, und sie hatten allen Anschein, authentisch zu sein. Die erstere zeigte die Penschinskian-See, die Küste von Tartary bis hinunter auf 41° Breite, die Kurilen-Eilande und die Halbinsel Kamtschatka ... Die zweite Karte war für mich interessanter, sintemalen sie alle jene Entdeckungen enthielt, welche von den Russen östlich Kamtschatkas hinüber bis nach Amerika gemacht worden waren, welche – so wir die Reise Berings und die Tschirikoffs ausschließen – wenig oder gar nichts Neues zeigt ...

Mittwoch, 21. Oktober

Mr. Ismyloff blieb bei uns bis zum Abend des 21., da er seinen letzten Abschied von uns nahm. Seiner Sorge vertraute ich einen Brief an die Admiralität an, welchem eine Karte all jener nördlichen Küsten beigefügt war, welche ich besucht hatte; er versicherte mir, es werde eine Gelegenheit geben, jenen Brief nach Kamtschatka oder auch Ochotsk im kommenden Frühjar zu senden, und daß er solchermaßen den folgenden Winter in Petersburg ankommen werde. Er war so freundlich, mir ein Empfehlungsschreiben für Major Bairme, den Gouverneur für Kamtschatka, zu geben, welcher zu Bolscheretskoi residiert, und einen anderen an den Kommandierenden Offizier zu Petropawlowsk.

Cook machte sich nun auf, an seiner neuen und höchst bedeutenden Entdeckung Hawaii Erholung zu suchen. Danach beabsichtigte er, über Kamtschatka im Mai 1779 in die Arktis zurückzukehren.

Schiff und Gerät waren in einem sehr schlechten Zustand, wie ein fataler Unfall auf der *Discovery* zeigte, und das erste und einzige Mal sprach Cook nun geringschätzig von seinen Mannschaften, die unter den Beschwernissen der Arktis ganz offensichtlich stark litten. Einige von Cooks Biographen fanden seine Kritiken ungewöhnlich scharf und vermuteten deshalb, daß er selbst in einem recht mutlosen Zustand gewesen sein müsse, was dann auch Taktlosigkeit und mangelndes Urteilsvermögen zur Folge hatte, die schließlich und letzten Endes auch zu seinem Tode führten.

Freitag, 6. November

Des Mittags, da gerade wenig Wind herrschte, kam Captain Clerke an Bord und berichtete mir von einem bedauerlichen Unfalle, welcher sich an Bord seines Schiffes ereignete; das Hauptgeitau löste sich, tötete der Männer einen auf der Stelle und verwundete zwei oder drei andere schwer.

Donnerstag, 26. November

Sah bei Tagesanbruch Land, welches von Süd-Südost nach Westen sich erstreckte. Nahm Fahrt auf und hielt darauf zu. Hatten uns um 8 Uhr ihm bis auf zwei Meilen genähert. Wir nahmen an, daß wir das östliche, nicht das westliche Ende des Stückes Landes sahen. Das Ganze war ein hoher Berg mit einer Art Sattel, dessen höchste Spitze in die Wolken vorstieß. Von diesem Berge aus fiel das Land in leichtem Schwunge ab zu einer felsigen Küste, gegen welche die See mit gefährlicher Brandung anlief. Da wir fanden, daß wir das Eiland an dieser Stelle nicht betreten konnten, so drehte ich ab und lief an der Küste entlang nach Westen. Nicht wenig später sahen wir Leute an verschiedenen Teilen der Küste, einige Häuser und Pflanzungen; und das ganze Land schien gar wohl bewaldet und mit frischem Wasser versehen, welch letzteres wir an verschiedenen Orten in die See münden sahen. Sintemalen es von allerhöchster Bedeutung war, frische Vorräte aus diesen Eilanden an Bord zu nehmen, und allzumal ich aus Erfahrungen wußte, daß dieses nicht geschehen konnte, so nicht freier Handel erlaubt war, so veröffentlichte ich einen Befehl, welcher allen Leuten das Handeln verbot mit Ausnahme jener, welche von mir oder Captain Clerke bestimmt wurden, und auch diese sollten nur für Verpflegung und Erfrischungen handeln dürfen. Weibern ward gleichfalls das Betreten der Schiffe verboten, außer unter strengsten Sicherheitsmaßnahmen, jedoch hatte das Übel, welches ich solchermaßen von ihnen fernzuhalten hoffte, bereits seinen Einzug bei ihnen gehalten. Sah des Mittags einige Kanus auf uns zukommen; sobald sie längsseits gekommen, so kamen viele der Leute, welche in ihnen saßen, an Bord der Schiffe, ohne auch nur im geringsten zu zögern. Sie waren von gleicher Nation wie jene der leewärts gelegenen Eilande, und so wir uns nicht irrten, so wußten sie bereits von unserem Hiersein. Und in der Tat: der Anzeichen waren zu deutliche, daß unter diesen Leuten bereits die Syphilis grassierte, und mir ist ein anderer Weg, auf welchem sie zu dieser gelangt sein könnten, denn durch den Besuch von Europäern, nicht bekannt.

Montag, 30. November

Am Nachmittag des 30. kamen mehrere Kanus hinaus zu den Schiffen, deren meiste einem Häuptlinge namens Terryaboo gehörten, welcher höchstselbst in einem von ihnen ankam; er machte mir der kleinen Schweine zwei oder drei zum Geschenke, und auch auf dem Wege des Tauschhandels erhielten wir von den anderen Leuten etwas frische Früchte. Nach einem Aufenthalte von vielleicht zwei oder drei Stunden verließen sie uns alle, ausgenommen nur sechs oder acht von ihnen, welche es vorzogen zu bleiben; ein zweifach besegeltes Kanu kam wenig später an, welches wir die ganze Nacht über an unserem Hecke vertäuten. Des Abends entdeckten wir ein anderes Eiland windwärts, welches die Eingeborenen O'why'he nannten, und den Namen jenes, welches wir soeben verlassen, lernten wir nun als Mow'ee kennen.

Mittwoch, 2. Dezember

Am Morgen des 2. waren wir überrascht, die Spitzen der höchsten Berge mit Schnee bedeckt zu sehen; sie schienen nicht von so bedeutender Höhe zu sein, und doch schien an einigen Plätzen der Schnee von beachtlicher Höhe und schon seit einiger Zeit hier zu liegen. Sobald wir uns der Küste näherten, kamen einige der Eingeborenen zu uns herüber; zunächst waren sie ein wenig scheu, wir überredeten sie jedoch gar bald, an Bord zu kommen; und schließlich gelang es uns, sie zu überzeugen, an den Strand zurückzukehren und uns zu bringen, was wir wünschten. Kaum hatten jene die Küste erreicht, so hatten wir Gesellschaft genug, und dieweil auch viele Kanus leer kamen, so bekamen wir doch eine große

Menge kleinerer Schweine, Früchte und Gemüse. Unseren Handel mit ihnen setzten wir fort bis 6 Uhr des Abends, da wir Fahrt aufnahmen und uns absetzten in der Absicht, vor dem Winde das Eiland zu umrunden.

Sonntag, 6. Dezember

Sintemalen wir nunmehr eine Menge Zuckerrohres erhalten hatten und zumal wir einige wenige Tage zuvor bei Versuchen festgestellt hatten, daß aus ihm ein außerordentlich wohlschmeckendes Getränk zubereitet werden konnte, welches von einem jeden an Bord sehr geschätzt wurde, so befahl ich, man möge mehr davon brauen; doch sobald das Faß voll war, so mußte ich feststellen, daß nicht einer aus meiner Mannschaft es auch nur zu kosten gewillt war. Sintemalen ich keinerlei Grund hatte, sie zu zwingen, sondern wir unseren Mut sehr viel mehr für die kälteren Klimate aufsparen mußten, so unternahm ich nichts weiter, die Leute zu zwingen, davon zu trinken, wußte ich doch, daß da keinerlei Gefahr des Skorbutes bestand, solange wir der anderen Gemüse genügend an Bord hatten; um jedoch nicht mißverstanden zu werden, so gab ich Anweisung, daß keinerlei Grog in keinem der beiden Schiffe serviert werde. Ich selbst und die Offiziere fuhren fort, von diesem Biere zu kosten, wo immer wir Zuckerrohr erhalten konnten, es herzustellen.

Sonntag, 13. Dezember

Ich hielt einigen Abstand von der Küste bis zum 13., da ich etwa sechs Meilen weiter windwärts stand denn je zuvor; und nachdem wir einigen Handel mit den Eingeborenen, welche uns beständig besuchten, gehabt hatten, fuhr ich wieder hinaus auf die offene See. Eigentlich hätte ich den 15. wieder zur Küste zurückkehren müssen, Früchte und Gemüse an Bord zu nehmen, doch stand gerade zu dieser Zeit der Wind Süd-Ost-Süd und Süd-Süd-Ost, so daß ich die Gelegenheit für günstig hielt, gen Osten zu segeln, um das Süd-Ost-Ende des Eilandes zu finden. Der Wind kam aus unterschiedlichen Richtungen, und des 18. sprang er ständig von der einen Richtung in die andere um, wobei er von Zeit zu Zeit in schweren Böen kam und zu anderen Zeiten völlige Windstille auftrat mit Donner, Blitzen und Regen. Des Nachmittags hatten wir für einige wenige Stunden westlichen Wind, jedoch drehte er den Abend auf Ost-Süd, zu welchem Zeitpunkte die *Discovery* in einiger Entfernung von unserem Hecke stand. Auch kam nun endlich das Südostende des Eilandes in etwa 5 Meilen Entfernung in Sicht, und ich hatte keinen Zweifel, wir würden es erreichen können. Um 1 Uhr des Morgens jedoch trat wiederum Windstille auf, und diese überließ uns einer nordöstlichen Dünung, welche uns schnell gen Land trieb, so daß wir lange vor Tageslicht schon Lichtpunkte am Strande erkannten, welcher nicht mehr denn eine Meile entfernt lag. Die Nacht war dunkel, mit Donner, Blitzen und Regen. Um 3 Uhr ward die Windstille abgelöst von einer Brise von Süd-Ost bis Ost, welche in Böen mit Regen kam; wir wandten uns nach Nordosten, glaubten wir doch, dieses sei die beste Richtung, von der Küste freizukommen; indes: wäre es Tageslicht gewesen, so hätten wir sicherlich eine andere Wahl getroffen. Bei Tagesanbruch nun ward die Küste in ganzer Länge gesehen, eine gefährlich aussehende Brandung brach sich an der Küste, welche sich nicht mehr denn eine halbe Meile von uns entfernt befand; es war nunmehr klar, daß für uns eine höchst große Gefahr bestand, noch waren wir ganz der Gefahr entronnen; der Wind drehte immer mehr auf östliche Richtungen, so daß wir einige Zeit lang kaum unsere sehr geringe Entfernung von der Küste halten konnten. Was unsere Situation darüber hinaus noch alarmierender machte, war der Verlust des Haupttoppsegels, welches sich losriß. Die *Discovery* indes, welche sich in einiger Entfernung im Norden befand, war niemals nahe dem Land.

Dienstag, 5. Januar

Am Morgen des 5. passierten wir den südlichsten Punkt jenes Eilandes, welches auf der Breite von 18° 54′ liegt. Allhie findet sich ein schönes, großes Dorf, dessen Einwohner sich alsobald dem Schiffe mit Schweinen und Weibern näherten. Es war nicht möglich, die letzteren dem Schiffe ferne zu halten, und kein Weib, das immer ich traf, war eher bereit, seine Gunst zu vergeben; in der Tat: mir kam es so vor, als sei dieses der einzige Grund ihres Kommens.

Samstag, 9. Januar

Sobald die Eingeborenen zur Küste zurückgekehrt waren, nahmen wir Fahrt auf und verbrachten die Zeit beim Kreuzen vor der Küste. Es hatte sich zugetragen, daß der Männer vier und der Weiber zehn an Bord zurückgeblieben; und sintemalen ich die Gesellschaft letzterer nicht wünschte, so fuhr ich erneut auf die Küste zu in der einzigen Absicht, jene wieder loszuwerden.

Sonntag, 10. Januar

Um 2 Uhr des Nachmittags, da wir uns der Küste recht weit schon genähert hatten, kamen der Kanus einige zu uns, mit welchen wir unsere Gäste zurückschickten.

Sonntag, 17. Januar

Schönes, ruhiges Wetter und leichte Brisen. Des Abends kehrte Mr. Bligh zurück und berichtete, er habe eine Bai gefunden, wo guter Ankergrund sowie frisches Wasser leicht zu erreichen seien; ich entschloß mich, in diese

Bai einzulaufen, die Schiffe zu überholen und Wasser aufzunehmen ... Ankerte um 11 Uhr vormittags in der Bai in 13 Faden tiefem Wasser über sandigem Grunde und etwa eine viertel Meile vor der Nordostküste. Die Schiffe waren nun überfüllt mit Indianern und umgeben von einer großen Menge von Kanus. Nirgendwo in diesem Meere sah ich zuvor eine solche Menge Leute an einem einzigen Platz versammelt: neben jenen in den Kanus war der ganze Strand der Bai überlaufen von Leuten, und Hunderte schwammen um die Schiffe gleich Fischschwärmen. Es wäre uns kein Leichtes geworden, sie in Zucht und Ordnung zu halten, hätte nicht ein Häuptling namens Parea von Zeit zu Zeit seine Autorität eingesetzt, indem er sie alle mit Gewalt von den Schiffen vertrieb. Unter unseren zahlreichen Besuchern fand ich auch einen Mann namens Tou-ah-ah, welch selbiger – wie wir gar bald herausfanden – der Kirche angehörte; er führte sich selber mit großem Pompe ein, und im Verlaufe dieser Zeremonie schenkte er mir ein kleines Schwein, zwei Kokosnüsse und ein Stück roten Tuches, welches er um mich herum drapierte: solchermaßen führen sich alle oder doch die meisten der Häuptlinge oder Leute von Bedeutung ein, dieser Mann indes ging noch weiter: er brachte ein großes Schwein mit sich und eine Menge Früchte und Wurzeln, die er alle in sein Geschenk einschloß. Des Nachmittags ging ich an den Strand, den Platz zu untersuchen; hierbei ward ich begleitet von Tou-ah-ah, Parea, Mr. King und anderen; alsbald da wir gelandet, nahm mich Tou-ah-ah an der Hand und geleitete mich zu einem großen *Moorai* (kultische Begräbnisstätte); die anderen Herren mit Parea und vier oder fünf der anderen der Eingeborenen folgten uns.

Cook sichtete die Hawaii-Inseln am 26. November 1778, und sein Logbuch endet mit seiner Landung in der Karakakooa-Bay auf Hawaii am 17. Januar 1779. Die Engländer waren höchst erstaunt über den großen Auflauf von Insulanern und der »Menge von Kanus«. Wegen der Unkenntnis der Landessprache konnte die Mannschaft nicht wissen, daß die Hawaiianer sich alle versammelt hatten, um die Wiederkehr ihres weißen Gottes *Romo* (oder *Lomo*) zu feiern, des Gottes der Wohlfahrt und des Friedens, der von ihrer Insel weggesegelt war mit dem Versprechen, er werde zurückkehren.

Kenner der hawaiianischen Anthropologie haben dargelegt, was in den Hirnen dieser Hawaiianer vorgegangen sein muß. 1778 hatten die Einwohner der Insel, die Cook besucht hatte, ihren oft genug skeptischen Landsleuten von der Ankunft einer großen Flotte schwimmender Inseln mit Masten gleich Wäldern berichtet. Auf diesen Inseln hätten sich weiße Kreaturen mit losen Häuten befunden, die mit Türen ausgestattet waren, hinter denen sie unermeßliche Schätze zu Tage förderten. Sie hatten außerdem dreieckige Köpfe und langes Haar, und sie atmeten Feuer und Rauch aus ihren Mündern. Nun waren nach weniger als einem Jahr diese schwimmenden Inseln zurückgekehrt. Der Gott *Romo* besuchte sein Volk aufs neue. Welch eine Gelegenheit war nun also Häuptlingen und Priestern geschenkt für göttliche Zeremonien zu Ehren eines Gottes, der möglicherweise nicht wußte, daß ihm mehr zuteil wurde als die übliche Huldigung eines großen Häuptlings.

Etwa 40 Jahre später untersuchten amerikanische Missionare die mündlichen Überlieferungen der Hawaiianer und veröffentlichten äußerst farbige Berichte, wobei sie so weit gingen zu sagen, daß »Cook verblendet ward und bei einer göttlichen Vision starb«. Z. B. schrieb Bingham: »Wie sinnlos, aufrührerisch und zur gleichen Zeit gemein war es doch für einen Menschen, sich zu erdreisten, Ehrungen und Opfer entgegenzunehmen von einfältigen Dämonenanbetern ... ohne auch nur das geringste Anzeichen einer Zurückweisung der Mißachtung des allmächtigen Schöpfers«. S. D. Porteus legt dar, daß seiner Meinung nach die Missionare einen großen und von allen bewunderten Engländer verächtlich machen wollten und zu gleicher Zeit die Anbetung verdammten, deren Objekt er war, obwohl diese Anbetung für die Expedition Frieden und Unterstützungen während der Wochen des ersten Besuches bedeutete.

Jener berühmte Historiker, der spätere Professor Sir Roland Rose, verteidigte Cook auf das energischste und verurteilte nachdrücklich die Verdrehung der Tatsachen, welche der Reverend S. Dibbles in seiner »Geschichte der Sandwich-Inseln-Missionen 1834« und in seiner »Geschichte der Sandwich-Inseln 1843« zeigte. Nachdem er zuvor die Haltlosigkeit von Dibbles' Anschuldigungen zurückwies, Cook sei unmoralisch gewesen, er habe seinen Seeleuten gestattet, ein loses Betragen an den Tag zu legen, und er sei für das Hinschlachten von Eingeborenen verantwortlich, schrieb Roland Rose: »Wenn Dibbles, bevor er sich anheischig machte, wahre Geschichte niederzuschreiben, die alten Berichte studiert hätte, welche 1823 von früheren amerikanischen Missionaren wie Thurston, Bishop und Gooderich veröffentlicht wurden, so hätte er deren Eindrücke von Cook in höchstem Maße positiv gefunden.« In der Tat, je näher wir an Cooks Zeit zurückgehen, desto deutlicher werden die Berichte über ihn. Außerdem hätte Dibbles wirklich die Berichte lesen sollen, die Cook und sein Nachfolger, Captain King, zurückließen. Letzterer erklärte, Cook habe die göttlichen Ehren sofort zurückgewiesen, sobald er dies auf dezente Art konnte ...

Die wirklich substantiellen Zeugnisse, wie sie nun zugänglich sind, machen es völlig klar, daß Cook an sich selber einen hohen moralischen Maßstab anlegte und daß er – wenn er schon nicht in der Lage war, seine Mannschaft davon abzuhalten, sich mit den Inselbewohnern einzulassen – jede mögliche Anstrengung unternahm, diese Eingeborenen vor der Einschleppung von Seuchen zu bewahren. Es ist wahr, daß seine Anweisungen schließlich dazu führten, daß Kings Leute den unglücklichen Kareemo niederschossen, eine Tragödie, welche Cook sein Leben kostete; aber die Europäer waren durchaus im Recht, als sie strenge Maßnahmen ergriffen, um die Rückführung des gestohlenen Beibootes sicherzustellen und weitere Akte der Gewalt und des Diebstahls zu verhindern.

Neunzehntes Kapitel

Der Tod des James Cook

»Sein Name wird weiterleben im Gedächtnisse eines Volkes, welches voll Dankbarkeit ist für die Dienste, die seine Arbeit der Menschheit als Ganzem erwiesen.«

Banks an Mrs. Cook, 1784

Der nun folgende Bericht über Cooks Tod ist die offizielle Darstellung von King, der das Logbuch der 3. Reise vollendete und die Geschichte von der Tragödie übermittelte, wie sie Leutnant Philips, der die Seesoldaten kommandierte, berichtete. Die beste und genaueste Erzählung der ganzen Reihe von Ereignissen scheint die des Arztes Stamwell von der *Resolution* zu sein, wenn auch er und Clerke, der ein Teleskop benutzte, die Tragödie vom Schiff aus beobachteten, das etwa eine viertel Meile vom Ort des Geschehens entfernt lag.

Es ist auf jeden Fall klar, daß dieser Mord völlig unvorbereitet geschah. Es war nicht mehr als eine unglückliche Verkettung von Umständen. Cook selbst setzte die Ereignisse in Bewegung, als er die *Resolution* für eine zweite große Reise akzeptierte, wenn auch die Hafenbehörden von Deptford die Verantwortung für die völlig unzureichende Restaurierung des Schiffes vor dem Auslaufen auf sich nehmen müssen. Der Sturm, der den Vormast der *Resolution* fällte, war ein göttlicher Akt, der unglücklicherweise gerade zu der Zeit an dem Orte geschah, der Cook zurück zur Kealakekua-Bai zwang, obwohl er wußte, daß er sich da bereits zu lange aufgehalten hatte. Einige Kenner der Vorgänge meinen, daß das

Entstehen von Schwierigkeiten beschleunigt wurde durch die Beerdigung des Seemannes Watman, dessen Tod schlecht zusammenpaßte mit der Rückkehr eines unsterblichen Gottes.

Cook verließ die Kealakekua-Bai am 4. Februar nach einem »enormen Verzehr von Schweinen und Gemüsen«, und die Verwirrung der verarmten hawaiianischen Gemeinden bei der Rückkehr dieser hungrigen Götter am 11. Februar mag gar wohl zu den Diebstählen und zu dem anderen Ärger passen, welcher Steinwürfe und Musketenfeuer innerhalb weniger Stunden provozierte.

Als Cook landete, um den alten König als Geisel für die Rückkehr des Beibootes der *Discovery* gefangenzusetzen, wiederholte er nur eine durchaus gewöhnliche und erfolgreiche Taktik, aber er war offensichtlich gerade in diesem Augenblick von einem jener Temperamentsausbrüche beherrscht, die möglicherweise häufiger wurden, und sein Ärger mag sich durchaus auf seine Urteilsfähigkeit ausgewirkt und unglücklicherweise seine Bemühungen, die königliche Geisel zu sichern, verstärkt haben. Mehr noch, er machte zwei außerordentlich schwere Fehler, als er einmal die Loyalität der Hawaiianer zu ihrem König unterschätzte und zum anderen die Macht einer kleinen Streitmacht von Seeleuten und die psychologische Wirkung einer einzigen Salve aus den Musketen auf eine bewaffnete und zur Wut angestachelte hawaiianische Menschenmenge überschätzte. Trotz allem aber wäre Cook vielleicht entkommen, weil ja auch der Umstand einige Sicherheit bot, daß er King mit 2 Booten ausgeschickt hatte, um das andere Ende der Bai zu blokkieren; und die Meldung, daß Kings Leute auf einige Kanus gefeuert und dabei den früheren und ihnen so freundlich gesonnenen Häuptling Kareemo getötet hatten, erreichte die aufgebrachte Menge gerade im gefährlichsten Augenblick und rief eine unverzügliche und nicht einmal ungerechtfertigte Vergeltung hervor. Alle Berichte über den nun folgenden Aufruhr sind natürlich recht konfus, aber es scheint klar zu sein, daß Cook noch das Wasser erreichte und nicht niedergeschlagen wurde, bis er zurückkehrte, um zunächst Philips zurückzurufen und zum anderen, um die Boote einzuholen oder auch um eine Feuereinstellung zur Rettung des Lebens der Hawaiianer zu erreichen, ein Befehl, der typisch für Cooks generöses Verhalten gewesen wäre. Es verdient Beachtung, daß ausgerechnet in diesem fatalen Augenblick das eine Boot herankam und Philips und andere Überlebende aufnahm, aber Williamson bemerkte, daß er den Befehl falsch verstand und daher das andere Boot weiter vom Strand zurückzog. Kitson stellt fest, daß dieser Williamson später, als er schon Kapitän der *Agincourt* war, des Ungehorsams gegenüber Signalen schuldig befunden wurde und weil er seine Pflicht verletzte, da er nicht jede mögliche Unterstützung gewährte, »und ward bestraft, indem er ans Ende der Liste der Unterkapitäne gesetzt ward und für unfähig erklärt war, jemals wieder Dienst zu tun an Bord irgendeines Seiner Majestät Schiffe.«

Die Kritik jedoch, die seine Kameraden gegen Williamson in der Kealakekua-Bai vorbrachten, bezog sich nicht so sehr darauf, daß er versäumt hatte, eine Rettung zu versuchen, sondern darauf, daß weder er noch irgendeiner sonst, einschließlich natürlich des neuen Kommandeurs Clerke, irgendeinen Versuch unternommen hatte, die Leiber Cooks und der Seeleute zu bergen, die offensichtlich verlassen am Strand gelegen hatten. Es ist leicht, nach einem solchen Vorfall über das Wenn und Aber zu reden. Hatte Clerke denn wirklich Zeit, seine Kanonen über den drohenden Mob hinweg abzuschießen, und hätte eine solche Aktion wirklich Cooks

Leben retten können? Hätte eine energische Aktion durch Williamson wirklich eine Rettung bewirken können, ausgerechnet auch noch da, als Cook schon das niedrige Wasser erreicht hatte? War der Umstand, daß Cook nicht schwimmen konnte, von irgendeiner Bedeutung? Wenn auch Clerkes schwere Krankheit und Williamsons Furchtsamkeit jeden Versuch einer Rettung unmöglich gemacht haben, so überstürzten sich aber doch auch die Ereignisse dermaßen, und es ist nur fair zu sagen, daß Cook durch die Verkettung einer Reihe unglücklicher Umstände und Mißverständnisse ums Leben kam, die in einem Aufruhr gipfelten und in einer Tragödie, die beide Seiten mit großer Trauer erfüllte. Dies kann man als sicher annehmen im Falle von Cook, der von ihm freundlich gesinnten Hawaiianern getötet wurde, und dies stimmte auch ganz offensichtlich im Fall des Todes von Kareemo, der ebenfalls durch ihm freundlich gesinnte Weiße ums Leben, kam. Das Gemetzel kostete 5 Europäern das Leben während etwa 25 gemeine Hawaiianer und 6 Häuptlinge, von denen einige ausgesprochene Freunde und Helfer der Entdecker waren, durch Kanonen oder Musketen fielen.

Heute steht auf Kealakekua ein Denkmal zum Andenken an einen sehr großen, sehr noblen und sehr verdienstvollen pacifischen Entdecker für die Hawaiianer, welche, nur mit Steinen und Keulen bewaffnet, ihren alten Häuptling tapfer gegen die erste Welle jener Fremden verteidigten, die auch damals schon ihnen die Syphilis gebracht hatten und die eines Tages zurückkommen würden, um neue Leute zu bringen, die ihre Rasse erobern und schließlich absorbieren würden.

Nach Cooks Tod übernahm Captain James King die Aufgabe, das offizielle Logbuch zu schreiben, welches – wenn auch King die Einzelheiten der Schüsse auf Kareemo unterschlug – eine klare Beschreibung der Tragödie enthält, zusammen mit einer Darstellung der vorangehenden und der nachfolgenden Ereignisse.

Über Cooks Landung am 17. Januar 1779 schrieb King:

Sonntag, 17. Januar 1779

Kaum daß die *Resolution* auf ihre feste Station gegangen, brachten uns schon unsere beiden Freunde Pareea und Kaneena einen dritten Häuptling mit an Bord, welchen sie Koah riefen, der – wie man uns erzählte – ein Priester war und in seiner Jugend ein berühmter Krieger. Er war ein kleiner alter Mann mit einer ausgemergelten Figur; seine Augen in höchstem Maße triefend und rot und sein Leib bedeckt mit weißen Lepra-Narben, den Folgen des unmäßigen Genusses von Ava. Sobald er in die Kabine geführt ward, näherte er sich Captain Cook mit allen Anzeichen der Verehrung und warf über seine Schultern ein Stück roten Tuches, welches er mit sich gebracht. Sodann ging er einige wenige Schritte zurück und bot ein kleines Schweinchen an, welches er in seiner Hand hielt, zu demselben Zeitpunkte begann er eine Rede, welche eine geraume Zeit andauerte. Diese Zeremonie war des öfteren wiederholt worden während unseres Bleibens auf Owhyhee, und es erschien uns aus gar manchen Gründen, als sei dies eine Art religiöser Anbetung. Ihre Idole fanden wir allerwegen bedeckt mit rotem Tuche in der selben Art wie Captain Cook angetan ward; und ein kleines Schweinchen war ihre gewöhnliche Gabe an die *Eatooas.* Ihre Reden oder Gebete wurden desgleichen mit solcher Eilfertigkeit und in solchem Umfange gemurmelt, daß man unschwer schließen konnte, daß sie eine gewisse Formalität darstellten. Sobald diese Zeremonie vorüber, speiste Koah mit Captain Cook, wobei er in Mengen genoß von allem, das man ihm vorsetzte; indes konnte er, ähnlich wie der Rest der Bewohner dieses Eilandes und dieser Seen, keineswegs bewegt werden, ein zweites Mal unseren Wein oder unsere Spirituosen zu kosten. Des Abends brachte ihn Captain Cook, begleitet von Mr. Bayly und mir selbst, an den Strand zurück. Wir landeten auf dem Strande und waren willkommen geheißen von 4 Männern, welche Perücken aus Hundehaaren trugen und vor uns einhermarschierten, wobei sie mit lauter Stimme einen kurzen Satz artikulierten, in welchem wir einzig und allein das Wort *Oromo* wiederfinden konnten. Die Menge, welche sich am Strande versammelt, zog sich bei unserer Annäherung zurück; und nicht eine einzige Person ward gesehen, ausgenommen nur einige wenige, welche ausgestreckt auf der Erde lagen nahe den Hütten des anliegenden Dorfes.

Bevor ich indes fortfahre, über die Anbetung zu berichten, welche Captain Cook zuteil wurde und über die besonderen Zeremonien, mit welchen er auf diesem fatalen Eilande empfangen ward, wird es notwendig sein, das *Morai* zu beschreiben, welches – ich habe es bereits erwähnt – auf der Südseite der Küste von Kakooa lag. Es war ein solides Geviert aus Steinen, welches etwa 40 Yards in der Länge maß, 20 in der Breite und 14 in der Höhe. Die Spitze war flach und gar wohl bemalt, und umgeben war es von einem hölzernen Zaune, auf welchem die Ruder der Kriegsgefangenen befestigt waren, die beim Tode ihrer Häuptlinge geopfert worden waren. Im Zentrum der Gegend fand sich eine Ruine von einem alten Holzhause, welch selbe mit dem Zaune Verbindung hatte auf jeder Seite. Auf der dem Lande zugewandten Seite fanden sich der Stangen 5, mehr denn 20 Fuß hoch, welche ein Art Daches trugen; an der gegenüberliegenden Seite, der See zugewandt, standen zwei kleine Häuser.

Wir wurden nun von Koah zur Spitze dieses Pfeilers geleitet auf einem leichten Anstiege, welcher von der

Küste zur Nordwestecke jener Gegend führte. Am Eingange bemerkten wir zwei große hölzerne Figuren mit fürchterlich entstellten Gesichtern und ein großes Stück behauenen Holzes; der Rest war ohne Form und drapiert mit rotem Tuche. Allhie trafen wir nun einen großen jungen Mann mit einem langen Barte, welcher Captain Cook den Bildern vorstellte, und nach dem Singen einer Art von Hymne, in welche auch Koah miteinstimmte, geleiteten sie uns zu jenem Ende des *Morai*, da die fünf Stangen befestigt waren. An ihrem Fuße befanden sich der Bilder 12, aufgereiht in Halbkreisform, und vor der mittleren Figur fand sich eine hohe Ablage oder Tisch, welcher zur Gänze dem Whatta von Otaheite glich, auf welchem ein geschlachtetes Schwein lag und unter diesem Stücke des Zuckerrohres, der Kokosnuß, der Brotfrucht, verschiedener Pflanzen und süßer Kartoffeln. Sobald Koah den Captain unter diesem Altare hingesetzt, so holte er das Schwein hernieder und hielt es ihm entgegen; und sobald er ihn ein zweites Mal mit einer langen Rede angesprochen, welche mit großer Vehemenz und Schnelligkeit vorgetragen ward, ließ er es auf den Boden fallen und geleitete ihn alsdann zu jenem Gerüste, welches sie gemeinsam zu erklettern begannen, nicht ohne großes Risiko abzustürzen. Desselben Augenblickes sahen wir am Eingange des *Morai* eine feierliche Prozession herannahen, welche aus zehn Männern bestand, die ein lebendes Schwein trugen und ein großes Stück roten Tuches. Sobald sie einige wenige Schritte vorgekommen waren, hielten sie an und warfen sich nieder; und Kaireekeea, der zuvor erwähnte junge Mann, begab sich zu ihnen, nahm das Tuch entgegen, brachte es Koah, welcher es um den Kapitän drapierte, und hernach bot er ihm das Schwein dar, welches von Kaireekeea in der gleichen zeremoniellen Weise gebracht ward …

Man brachte uns nunmehr in die andere Abteilung des *Morai*, wo ein freier Raum sich befand, zehn oder zwölf Fuß im Quadrate, abgesenkt etwa drei Fuß unter die normale Höhe dieses Areales. In dieses nun stiegen wir hinab, und Captain Cook ward gesetzt zwischen zwei hölzerne Idole, wobei Koah ihn an dem einen Arme stützte, während man mir bedeutete, den anderen zu nehmen. Dieses selben Augenblickes erreichte eine zweite Prozession Eingeborener die Szene, welche ein gebackenes Schwein brachte, einen Pudding, einige Brotfrüchte, Kakaofrüchte und andere Gemüse. Sobald sie uns erreichten, setzte Kaireekeea sich an ihre Spitze und begann, während er Captain Cook das Schwein in der üblichen Art darreichte, dieselbe Art Gesanges wie zuvor, während seine Begleiter in regelmäßigen Abständen antworteten. Wir beobachteten, daß deren Part nach jeder Antwort geringer wurde, bis gen Ende Kaireekeeas Part aus nur zwei oder drei Worten bestand, auf welche der ganze Rest nur mit dem Worte *Oromo* antwortete.

Sobald diese Zeremonie beendet war, welche das Viertel einer Stunde dauerte, setzten die Eingeborenen sich uns gegenüber und machten sich daran, das gebakkene Schwein anzuschneiden, die Kartoffeln zu schälen und die Kokosnüsse aufzubrechen; zur nämlichen Zeit, da dieses geschah, beschäftigten andere sich damit, das *Ava* zu brauen, welches dadurch geschieht, daß man die Avafrüchte kaut, wie es im übrigen auch auf den Freundlichen Inseln der Brauch ist. Kaireekeea beschäftigte sich sodann mit dem Kerne einer Kokosnuß, welche er zunächst kaute, sie sodann in ein Stück Tuches ausspie und hiermit des Captain Gesicht, Haut, Hände, Arme und Schultern einrieb. Hernach ward das *Ava* herumgereicht, und sobald wir davon gekostet, so begannen Koah und Pareea der Schweine Fleisch in Streifen zu schneiden und es uns in die Münder zu schieben. Ich hatte keinen sonderlichen Widerwillen dagegen, durch Pareea gefüttert zu werden, war er doch eine höchst reinliche Person; Captain Cook indessen, welcher von Koah bedient wurde, konnte sich, wohl in Erinnerung an das blutbesudelte Schwein, eines Gefühles des Übelseins nicht erwehren; und sein Widerwille ward, wie man sich gar leicht vorstellen mag, keineswegs geringer, wenn der alte Mann, seiner eigenen Art folgend, dieses für ihn vorgekaut hatte.

Sobald jene letztere Zeremonie beendet war, welcher Captain Cook so bald ein Ende setzte, wie dies auf unauffällige Art nur möglich war, verließen wir das *Morai*, nicht ohne zuvor unter die Leute einige Teile Eisens und anderer Kleinigkeiten verteilt zu haben, für welche sie sich in höchstem Maße dankbar zeigten. Die Büttel begleiteten uns sodann zu den Booten, wobei sie ständig die nämlichen Worte wiederholten. Erneut zogen sich alle Leute zurück, und die wenigen, welche verblieben, warfen sich auf ihre Angesichter nieder, sobald wir sie taxierten. Ohne jedweiteres Verweilen begaben wir uns an Bord, unsere Gedanken voll von dem, was wir gesehen, und höchlichst befriedigt über die gute Aufnahme durch unsere neuen Freunde. Die Bedeutung der verschiedenen Zeremonien, mit denen wir empfangen worden waren und welche wegen ihrer absoluten Neuartigkeit und Einmaligkeit hier des längeren beschrieben wurden, kann nur Objekt von Vermutungen sein, und auch diese müssen ungewiß und lückenhaft sein: in jedem Falle waren sie jedoch ohne jeden Zweifel Ausdruck höchsten Respektes von seiten der Eingeborenen; und soweit sie sich auf die Person des Kapitäns bezogen, schienen sie der Anbetung zumindest nahe zu kommen.

Am Dienstag, dem 26. Januar, kam König Terreeo-boo mit großem Pomp und in geschmückten Kanus, die weitere Geschenke von Schweinen und Früchten enthielten, welche die Insulaner den Weißen darbrachten.

Des nächsten Tages kam der König etwa gegen Mittag in einem großen Kanu, welches begleitet ward von zwei anderen, aus dem Dorfe und eilte den Schiffen entgegen in großem Staate. Ihr Anblick war großartig und beeindruckend. In dem ersten Kanu saßen Terreeo-boo und seine Häuptlinge, bekleidet mit ihren reich befederten Umhängen und Helmen und bewaffnet mit langen Speeren oder Dolchen; im zweiten kamen der ehrenwerte Kaoo, der Oberpriester und seine Ordensbrüder, welche ihre Idole auf rotem Tuche gemalt bei sich führten. Das dritte Kanu war angefüllt mit Schweinen und den verschiedensten Arten von Früchten und Gemüsen. Sobald sie längsseits kamen, sangen die Priester in dem mittleren Kanu ihre Hymne mit großer Feierlichkeit; und sobald sie einmal um die Schiffe herumgepaddelt waren, wandten sie sich der Küste zu, ohne an Bord zu gehen, wie es erwartet ward.

Sobald ich sie herannahen sah, schickte ich unsere kleine Garde aus, den König zu empfangen; und sobald Captain Cook bemerkte, daß er zur Küste zurückfuhr, folgte er ihm und langte nahezu zur selben Zeit an. Wir geleiteten sie in das Zelt, wo der König, kaum daß er sich gesetzt, wieder aufstand und in höchst würdevoller Art über des Kapitäns Schulter den Umhang warf, welchen er selber trug, einen gefederten Helm auf sein Haupt setzte und ihm einen eigenartigen Fächer in die Hand drückte. Auch breitete er zu seinen Füßen fünf oder sechs andere Umhänge aus, deren alle von außerordentlicher Schönheit waren und von größtem Werte. Alsdann brachten seine Diener vier große Schweine, Zuckerrohr, Kokosnüsse und Brotfrüchte; und der Zeremonie erster Teil ward abgeschlossen durch das Austauschen der Namen zwischen Captain Cook und dem

König, welches unter allen Insulanern des pacifischen Ozeans als höchster Beweis der Freundschaft gilt. Es erschien nunmehr eine Prozession von Priestern, angeführt von einem sehr alten Manne, welchem ein langer Zug von Männern folgte, welche große Schweine mit sich führten, andere trugen Früchte, Süßkartoffeln etc. Die Blicke und Gesten Kaireekeeas verrieten mir, noch bevor dieses erwähnt ward, daß der alte Mann das Oberhaupt der Priester war. Er trug ein Stück roten Tuches in seinen Händen, welches er um Captain Cooks Schultern drapierte, und beschenkte ihn hernach mit einem kleinen Schwein in der üblichen Form. Alsdann ward ihm ein Sitzplatz bereitet in der Nähe des Königs, dem folgend Kaireekeea und seine Gefolgschaft mit ihren Zeremonien begannen, wobei Kaoh und die Häuptlinge in die Antwortgesänge einfielen.

Sobald die Formalitäten dieses Treffens vorüber, brachte Captain Cook Terreeo-boo und der Häuptlinge so viele, als das Beiboot tragen mochte, an Bord der *Resolution*. Sie alle waren empfangen mit allen Zeichen des Respektes, welche ihnen zu zeigen wir in der Lage waren; und Captain Cook übergab dem König als Gegenleistung für den gefederten Umhang ein Hemd aus Linnen und hängte ihm seinen eigenen Umhang um. Der altehrwürdige Kaoo und etwa ein halbes Dutzend mehr der alten Häuptlinge verblieben an der Küste und begaben sich zu den Häusern der Priester. Während der ganzen Zeit ward nicht ein einziges Kanu in der Bai gesehen, und die Eingeborenen blieben entweder in ihren Hütten oder lagen, das Antlitz zur Erde, draußen. Bevor der König hernach die *Resolution* verließ, lud Captain Cook die Eingeborenen ein, mit den Schiffen den üblichen Handel zu treiben; die Weiber jedoch – aus welchem Grunde auch immer, konnten wir nicht in Erfahrung bringen – blieben weiterhin unter dem Gebot des »Tabus«; i. e. ward ihnen untersagt, sich aus ihren Häusern zu bewegen oder auch nur den geringsten Umgang mit uns zu haben.

Wie nicht anders zu erwarten, setzte schon bald die Reaktion darauf ein, daß die Priester, um ihre generösen Geschenke an die weißen Götter zu machen, die Inselbewohner auszuplündern begannen. Die Diebstähle häuften sich; die Beerdigung eines Seemannes, wenn sie auch, einem besonderen Wunsch des Königs folgend, an Land stattfand, schien ihre Auswirkungen auf die Vorstellung von der Unsterblichkeit der weißen Götter nicht zu verfehlen, und so wurden Terreeo-boo und seine Häuptlinge »gar sehr von Fragen geplagt«, wann denn nun diese hungrigen Götter sowohl die Insel als auch die hawaiianischen Frauen zu verlassen gedachten.

Terreeo-boo und seine Häuptlinge waren vor einigen Tagen gar sehr geplagt worden wegen der Zeit unserer Abreise. Dieser Umstand hatte in mir eine große Neugierde geweckt zu wissen, welche Meinung diese Leute wohl von uns gewonnen haben mochten und welches ihre Vorstellungen über Grund und Ziel unserer Reise seien. Es war mir einigermaßen schwer, meine Neugier zu befriedigen; konnte ich doch nie mehr in Erfahrung bringen, denn daß sie glaubten, wir kämen aus einem Lande, da Nahrungsmittel fehlten; und daß unser Besuch bei ihnen einzig und allein dem Ziele diente, unsere Speicher aufzufüllen. In der Tat: die magere Erscheinung einiger aus unserer Mannschaft, der herzhafte Appetit, mit welchem wir uns über ihre frischen Lebensmittel hermachten, und unser großes Bemühen, zu erhalten und fortzutreiben, soviel wir irgend konnten, brachte sie – natürlich genug – zu solcher Schlußfolgerung. Diesem mag hinzugefügt werden ein Umstand, welcher sie in höchstem Maße verwunderte, der Umstand nämlich, daß wir keinerlei Frauen mit uns führten; dazu kam noch unser ruhiges Verhalten und unsere wahrlich unkriegerische Erscheinung. Nun wir uns 16 Tage in jener Bai aufhielten und so man den enormen Verbrauch von Schweinen und Früchten bedachte, so konnte es nicht Wunder nehmen, daß sie uns gerne hätten abreisen sehen. Es ist sehr wohl möglich, daß Terreeo-boo nichts anderes mit seinen Fragen im Sinne führte – zumindest im Augenblicke –, hinreichende Vorbereitungen zu treffen, uns mit möglichst vielen Geschenken auf die bestmögliche Art zu verabschieden, um dem Respekt und der Freundlichkeit, mit welchen sie uns empfangen, treu zu bleiben. Als wir ihm nämlich erzählten, wir würden das Eiland des nächsten Tages oder des übernächsten verlassen, beobachteten wir, daß dieses Umstandes auf dem Wege einer Art Proklamation Kunde getan ward im ganzen Lande und durch alle Dörfer, um die Leute anzuhalten, ihre Schweine, Gemüse etc. herzubringen, sintemalen der König sie dem Oromo zu seiner Abreise zu schenken gedächte.

Am 4. Februar, als die Zimmerleute ihre Reparaturarbeiten beendet hatten, segelten die Schiffe ab. Zuvor jedoch hatte der König Cook noch einmal seine formelle Bitte vorgetragen, den höchst populär gewordenen James King zurückzulassen. Unglücklicherweise geriet die Expedition in der Nacht des 7. Februar in einen Sturm, der den ohnehin schon defekten Vormast der *Resolution* brach – ausgerechnet den Mast, der mit so vielen Schwierigkeiten im Noodka-Sund repariert worden war. Wenn Cook sich auch bewußt war, daß er schon länger geblieben war, als er willkommen war, so kehrte er doch zur Karakaoa-Bai als dem einzig sicheren Ankerplatz zurück. Zur Überraschung der Engländer zeigten die bisher so freundlichen Hawaiianer sofort große Feindseligkeit, und eine Folge unglücklicher Ereignisse führte Cook schließlich zu mehreren Fehleinschätzungen, welche schließlich zu seinem Tode führten. Das letzte Mißverständnis scheint jedoch zu Lasten der Eingeborenen zu gehen, und der Diebstahl des Beibootes war in keiner Weise provoziert worden. Trotzdem blieb Cook seiner viel geübten Taktik treu, Feindseligkeiten zu begegnen; hierbei unterschätzte er die Loyalität der Hawaiianer gegenüber ihrem bejahrten König Terreeo-boo und ihren Mut völlig, als sie mit einer von den Seeleuten abgefeuerten Salve aus den Musketen konfrontiert wurden. Die Frage nun, ob der kränkliche Clerke oder der furchtsame Williamson ihren Kommandeur hätten retten können, soll an dieser Stelle nicht untersucht werden. Samwell und andere gaben wichtige Hinweise zu dieser tragischen Affäre; aber der nun folgende Text ist der offizielle Bericht, den King abgab, der auf jeden Fall über den einzigen Augenzeugenbericht eines Offiziers, des Befehlshabers der Seeleute, Leutnant Molesworth Philips, verfügte.

Den 11. und teilweise auch den 12. waren wir gänzlich damit beschäftigt, den Vormast auszubauen und ihn sodann mit den Zimmerleuten an den Strand zu schicken. Sintemalen zu vermuten war, daß die notwendigen Reparaturarbeiten mehrere Tage erfordern würden, so brachten Mr. Bayly und ich selbst das astronomische Gerät an den Strand, wo wir nahe dem *Morai* unsere Zelte aufschlugen; es begleitete uns eine Wache, bestehend aus einem Korporal und sechsen der Seeleute. Wir erneuerten unsere freundschaftlichen Beziehungen zu den Priestern, welche zur größeren Sicherheit der Arbeiter und deren Werkzeuge den Platz tabuisierten, da der Mast lag. Auch waren die Segelmacher an den Strand geschickt worden, da jene Beschädigungen zu reparieren, für welche sie zuständig und welche entstanden waren bei den letzten Stürmen. Sie waren untergebracht in einem Hause neben dem *Morai*, welches uns von den Priestern überlassen ward. Dies also waren unsere Arrangements am Strande. Ich werde jedoch nunmehr fortfahren im Berichte über jene anderen Umstände des Verkehrs mit den Eingeborenen, welche teilweise zu der fatalen Katastrophe des 14. führten.

Da wir vor Anker kamen, so waren wir nicht wenig überrascht, einen ganz anderen Empfang zu haben denn jenen bei unserer ersten Ankunft; keine »Hoch«-Rufe, keine Begeisterung, kein Durcheinander, dafür jedoch eine verlassene Bai mit nur hier und da einem Kanu, welches die Küste entlangfuhr. Der Anstoß durch die Neugierde, welche zuvor von so großer Bedeutung gewesen sein mag, mag nunmehr in der Tat nachgelassen haben; jedoch ließen uns die gastfreundliche Behandlung, welche wir allzeit und unwandelbar genossen, sowie das freundschaftliche Einvernehmen, in welchem wir uns mit jenen befunden hatten, hoffen, daß sie uns aufs neue mit größter Freude bei unserer Rückkehr begrüßten. Gar manche Vermutungen bewegten uns wegen dieser außergewöhnlichen Erscheinung, als unsere Besorgnis schließlich anläßlich der Rückkehr des Bootes, welches wir an den Strand geschickt hatten, zerstreut wurde, sintemalen man uns berichtete, Terreeo-boo sei abwesend und habe die ganze Bai zum Tabu erklärt. Dieser Bericht nun schien die meisten der Unsrigen zufriedenzustellen; indes waren andere der Meinung, oder vielleicht auch wurden sie durch die nachfolgenden Ereignisse zu dieser Überzeugung verleitet, daß es da zu jener Zeit etwas höchst Verdächtiges im Gehabe der Eingeborenen gab; und daß die Unterlassung jedweden Verkehrs mit uns unter Hinweis auf des Königs Abwesenheit geschah, welche ihm indes zu keinem anderen Behufe diente, denn Zeit zu finden, sich mit seinen Häuptlingen zu beraten, in welcher Art und Weise man denn uns behandeln solle. Wie sich dies nun alles in Wirklichkeit verhielt, waren wir nie in der Lage, sicher herauszufinden. Es ist nicht unmöglich, sich vorzustellen, daß unsere plötzliche Rückkehr, deren Grund sie nicht zu sehen vermochten und welchen hernach zu erklären uns überaus schwierig fiel, bei ihnen eine Art von Alarm ausgelöst haben mag; indes waren das unverfängliche Verhalten von Terreeo-boo, welcher des nächsten Morgens gleich nach seiner Ankunft Captain Cook besuchen ging, sowie die alsbaldige Rückkehr der Eingeborenen zu ihrem früheren freundlichen Verkehre mit uns gar deutliche Beweise dafür, daß sie keinerlei Änderung in ihrem Verhalten beabsichtigten oder versuchten.

Diese Überzeugung zu stützen, könnte ich berichten von einem anderen Zwischenfalle exakt der gleichen Art, welcher uns widerfuhr bei unserem ersten Besuche am Tage vor der Ankunft des Königs. Ein Eingeborener hatte ein Schwein an Bord der *Resolution* verkauft und auch den erbetenen Preis erhalten, als Pareea, welcher gerade diesen Augenblickes vorbeikam, dem Manne befahl, mit dem Schweine nicht zu handeln, ohne dafür einen höheren Preis zu erzielen. Dieserhalb ward ihm gar scharf widersprochen, und er ward weggedrängt, und das *Tabu*, welches gleich danach über die ganze Bai gelegt ward, war die Konsequenz der Beleidigung gegen diesen Häuptling, wie wir alsogleich vermuteten. Diese beiden Vorfälle mögen helfen zu zeigen, wie überaus schwierig es ist, aus dem Handeln der Leute irgendwelche Schlüsse abzuleiten, sintemalen wir mit den Bräuchen so gut wie mit der Sprache jener Leute nur so unvollkommen vertraut waren; ob und wie weit wir mit unseren Vermutungen recht hatten oder nicht, die

Dinge nahmen ihren gewöhnlichen ruhigen Verlauf bis zum Nachmittag des 13.

Gen Abend dieses nämlichen Tages kam der Offizier, welcher die zur Wasserbeschaffung bestimmte Gruppe der *Discovery* kommandierte, zu uns, uns darüber zu informieren, daß einige der Häuptlinge sich nahe der Küste versammelt hatten, wobei sie die Eingeborenen, welche er angeworben, die Seeleute zu unterstützen, die Fässer zum Strande zu rollen, hinweggejagt hatten. Gleichzeitig erzählte er mir, er halte ihr Verhalten für in höchstem Maße verdächtig und daß sie vorhätten, ihm noch mehr Ärger zu bereiten. Ergo gab ich ihm auf seine Bitte hin einen Seesoldaten mit, erlaubte diesem jedoch nur, seine leichteren Waffen mitzunehmen. Binnen kürzester Frist kam der Offizier zurück, mir zu berichten, daß die Insulaner sich mit Steinen bewaffnet hatten und daß eine große Unruhe unter ihnen ausgebrochen; ergo begab ich mich selbst zu jenem Platze, wobei ich von einem Seesoldaten begleitet wurde, welcher seine Muskete mit sich führte. Da sie uns herannahen sahen, warfen sie ihre Steine weg, und sobald ich zu einigen der Häuptlinge gesprochen, ward der Mob davongejagt, und jene, welche dazu bereit, durften beim Füllen der Fässer helfen. Sintemalen ich also diese Dinge ruhig geregelt, so ging ich, Captain Cook zu sprechen, welchen ich in dem Beiboote sich der Küste nahen sah. Ich berichtete ihm, was sich justament zugetragen; und er nun wies mich an, im Falle sie Steine zu werfen begännen oder sich anders unfreundlich verhielten, so sollte ich unverzüglich eine Salve auf sie abfeuern. Ergo gab ich nun wiederum dem Korporale Befehl, die Musketen mit Kugeln statt des Schrotes zu laden.

Kaum waren wir in unsere Zelte zurückgekehrt, da waren wir auch schon alarmiert von einem anhaltenden Schießen aus Musketen von der *Discovery*, welches wir gerichtet sahen auf ein Kanu, welches in größter Eile auf den Strand zupaddelte, wobei es verfolgt ward von einem unserer kleinen Boote. Sofort vermuteten wir, daß dieses Schließen die Folge irgendeines Diebstahls war, und Captain Cook befahl mir, ihm mit einem bewaffneten Seemanne zu folgen und zu versuchen, die Leute, sobald sie an den Strand kämen, aufzuhalten. Ergo rannten wir jenem Platze zu, da wir glaubten, das Kanu werde landen, kamen jedoch zu spät; die Leute waren bereits herausgesprungen und konnten auf das Land entkommen, noch bevor wir anlangten. In jenem Augenblicke wußten wir nicht, daß jene Dinge, welche sie gestohlen, bereits sichergestellt waren; und so wir es für möglich hielten wegen der zuerst beobachteten Umstände, daß eben diese von Bedeutung seien, so waren wir nicht willens, unsere Hoffnung aufzugeben, sie wieder zu erlangen. Ergo befragten wir einige der Eingeborenen, welchen Weges die Leute geflohen seien, und folgten ihnen sodann, bis es nahezu dunkel war, da wir feststellten, daß wir uns schon mehr denn drei Meilen von unseren Zelten entfernt, und da wir vermuteten, daß die Eingeborenen, welche uns häufig zur Fortsetzung der Verfolgung ermunterten, uns unausgesetzt falsche Informationen gaben: dieserhalb nun hielten wir es für wenig sinnvoll, unsere Suche irgend länger fortzusetzen, und kehrten zum Strande zurück. Während unserer Abwesenheit war ein sehr viel ernsteres und unvergnüglicheres Mißgeschick geschehen. Der nämliche Offizier, welcher in dem kleinen Boote ausgeschickt ward, die Diebe zu verfolgen, hatte Captain Cook und mich selbst bei der Verfolgung der Diebe beobachtet und hielt es also für seine Pflicht, sich des Kanus zu bemächtigen, welches am Strande zurückgelassen ward. Ungücklicherweise gehörte dieses Kanu Pareea, welcher gleichen Augenblickes von Bord der *Discovery* zurückkam und sein Eigentum zurückforderte, wobei er unter vielen Protesten seine Unschuld beteuerte. Der Offizier indes weigerte sich, es herauszugeben, und ward hierbei unterstützt von der Mannschaft des Beibootes, welche Captain Cook erwartete: ein Streit kam auf, bei welchem Pareea niedergeschlagen ward durch einen schweren Schlag auf sein Haupt mit einem Ruder. Die Eingeborenen, welche bis dato an diesem Platze schweigend verharrten als friedfertige Zuschauer, attackierten unsere Leute nunmehr so plötzlich mit einem wahren Schauer von Steinen, daß diese sich zum Rückzuge genötigt sahen und sich schwimmend zu einem Felsen zurückzogen, welcher in einiger Entfernung von der Küste lag. Desselben Augenblickes ward das Beiboot von den Insulanern besetzt; alsdann wurde es total demoliert von den Eingeborenen trotz des zeitweiligen Einschreitens von Pareea, welcher sich von dem Schlage erholt und ihn auch des gleichen Augenblickes vergessen zu haben schien. Sobald er die Menge davongetrieben, gab er unseren Leuten Zeichen, sie möchten kommen und das Beiboot erneut in Besitz nehmen und daß er sich bemühen werde, all jene Dinge zurückzuerlangen, welche gestohlen worden waren. Sobald sie davongefahren, so folgte er den Unseren in seinem Kanu mit eines Mittschiffsmannes Koppel und einigen anderen Kleinigkeiten und fragte voll Sorge über das, was geschehen, ob der Oromo ihn nun töten werde und ob er ihm wohl erlauben werde, des nächsten Tages an Bord zu kommen. Da man ihm versicherte, er werde wohl empfangen, so rieb er seine Nase mit denen der Offiziere (wie es Brauch bei ihnen ist) als Zeichen der Freundschaft und paddelte hinüber zum Dorfe.

Sobald Captain Cook unterrichtet ward, was sich zugetragen, da drückte er auch großen Unwillen über diesen Vorfall aus, und als wir an Bord zurückkehrten, sagte er:

»Ich fürchte, diese Leute werden mich zu irgendwelchen gewaltsamen Maßnahmen nötigen; denn«, so fügte er hinzu, »es darf in ihnen nicht der Eindruck entstehen, als hätten sie uns gegenüber irgendeinen Vorteil errungen.« Sintemalen es jedoch schon zu spät war, noch des selben Abends irgendwelche Schritte zu unternehmen, so begnügte er sich zunächst damit, Befehl zu geben, ein jeder Mann und ein jedes Weib an Bord habe das Schiff auf der Stelle zu verlassen. Sobald dieser Befehl ausgeführt war, kehrte ich zum Strande zurück; und sintemalen unser Vertrauen in die Eingeborenen nunmehr in höchstem Maße gelitten durch die Ereignisse des Tages, so stellte ich eine doppelte Wache am *Morai* auf mit dem strengen Befehl, mich zu rufen, so sie auch nur eines Mannes am Strande ansichtig würden. Etwa gegen 11 Uhr wurden einige der Eingeborenen – es waren fünf an der Zahl – gesehen, wie sie um das *Morai* herumkrochen; sie schienen sich größter Vorsicht zu befleißigen, da sie sich uns näherten, und sobald sie sich entdeckt wähnten, so verschwanden sie außer Sicht. Um Mitternacht etwa wagte sich einer der Ihren sehr nahe an unsere Beobachtungsposten, welche über ihn hinwegfeuerten; hierauf entfloh der Mann, und den Rest der Nacht verbrachten wir ohne irgendwelche weitere Belästigung. Bei Anbruch des nächsten Morgens begab ich mich an Bord der *Resolution*, auf welchem Wege dorthin ich von der *Discovery* angerufen und informiert ward, daß deren Beiboot gestohlen worden war im Verlaufe der Nacht.

Da ich an Bord kam, sah ich, wie die Seeleute sich bewaffneten, und Captain Cook war damit beschäftigt, seine doppelläufige Flinte zu laden. Nun ich ihm erzählte, was uns in der Nacht zugestoßen, da unterbrach er mich mit einigem Ärger und berichtete mir über den Verlust von der *Discovery* Beiboot und über die Vorbereitungen, welche er für dessen Wiedergewinnung traf.

Es war stets seine persönliche Praxis gewesen, so irgendein Ding von Bedeutung auf irgendeinem Eilande dieses Ozeans verlorenging, den König oder einen der wichtigsten *Erees* an Bord gefangenzusetzen und sie als Geiseln zu behalten, bis zurückgebracht ward, was verloren. Die nämliche Methode, welche alle Zeit von Erfolg gekrönt ward, beabsichtigte er auch bei dieser Gelegenheit zu verfolgen; und gleicher Zeit hatte er Befehl gegeben, ein jedes Kanu zu stoppen, so es die Bai zu verlassen suche, mit der Absicht, dieses aufzubringen und es zu zerstören, so das Beiboot nicht auf friedliche Weise zurückerobert werden könne. Dieserhalb waren alle Boote beider Schiffe – gar wohl bemannt und bewaffnet – überall in der Bai stationiert; und bevor ich das Schiff verließ, wurden einige Kanonenschüsse abgegeben auf zwei große Kanus, welche zu entkommen suchten.

Es war zwischen sieben und acht Uhr, da wir das Schiff gemeinsam verließen; Captain Cook nahm das größere Boot, eine Pinasse, in welcher er Mr. Philips und der Seesoldaten neune bei sich hatte; ich selbst begab mich in ein kleines Boot; die letzten Befehle, die ich von ihm empfing, waren, die Eingeborenen auf unserer Seite der Bai zu beruhigen, indem ich ihnen versichern solle, es werde ihnen nichts geschehen; meine eigene Mannschaft zusammenzuhalten; auf mich selber Acht zu haben. Alsdann trennten wir uns; der Kapitän wandte sich gen Kowrowa, wo der König residierte; ich selber begab mich zum Strande, wo ich meinen Leuten Verhaltensmaßregeln gab.

Nunmehr begab sich Captain Cook, sobald er das zweite Beiboot, welches am nördlichsten Punkte der Bai stationiert war, abgerufen und mit sich genommen hatte nach Kowrowa, wo er mit dem Leutnant und neunen der Seeleute landete. Er marschierte ohne jedweden Aufenthalt in das Dorf hinein, wo er mit der üblichen Gebärde des Respektes empfangen ward; die Leute warfen sich vor ihm auf ihr Angesicht nieder und machten ihre üblichen Geschenkangebote von kleinen Schweinen. Da er entdeckte, daß keinerlei Argwohn über sein Begehr bestand, so war sein nächster Schritt, nach Terreeo-boo und seinen zwei Söhnen, welche beständige Gäste an Bord der *Resolution* gewesen, zu fragen. Nur weniges später kehrten die beiden Jungen zurück mit den Eingeborenen, welche man auf die Suche nach ihnen ausgeschickt, und führten Captain Cook ohne jedes weitere Verweilen zu dem Hause, da der König geschlafen. Sie fanden den König gerade erwacht vom Schlafe; und nach einer kurzen Unterhaltung über den Verlust des Kutters, von dem Captain Cook überzeugt war, daß dieser hierfür nicht verantwortlich, so lud er ihn ein, mit ihm in das Boot zurückzukehren und den Tag an Bord der *Resolution* zu verbringen. Diesem Vorschlage stimmte der König eilfertig zu, und er ging unverzüglich mit Captain Cook.

Die Dinge nahmen bereits einen vorteilhaften Verlauf, die beiden Jungen waren schon im Boote, und der Rest der Gruppe hatte sich schon dem Wasser genähert, da ein älteres Weib – genannt Kanee-kabareba, der Jungen Mutter und eine der Lieblingsfrauen des Königs – ihm nachkam und unter gar vielen Tränen und Beschwörungen ihn zu überzeugen suchte, nicht an Bord zu gehen. Des gleichen Augenblickes kamen zwei Häuptlinge des Wegs mit dieser, welche desgleichen darauf bestanden, er möge keinen Schritt weitergehen, und ihn zwangen, sich niederzusetzen. Die Eingeborenen, welche in großer Anzahl sich entlang der Küste versammelten und welche vielleicht durch das Abfeuern der großen Kanonen alarmiert worden waren, sowie durch das Aufkommen von Feindseligkeit in der Bai, begannen, sich um Cook und ihren König zu versammeln. In jener Situa-

Der Tod des James Cook

tion, da der Marine-Leutnant bemerkte, wie seine Männer von der Menge eingeschlossen wurden und solchermaßen gehindert wurden, ihre Waffen zu gebrauchen, so irgendeine Gelegenheit dieses erfordern würde, schlug er dem Captain vor, diese an den Felsen in einer Reihe nahe dem Wasser aufzustellen; die Menge machte den Leuten bereitwilligst Platz, und sie waren aufgestellt in einer Linie in einer Entfernung von vielleicht 30 Yards von jenem Platze, da der König saß.

All diese Zeit verblieb der alte König am selben Orte mit den größten Anzeichen des Schreckens; Captain Cook, welcher keineswegs gewillt, den Grund seines Kommens aufzugeben, fuhr fort, ihn zu bedrängen, mit ihm voranzugehen; gleichzeitig jedoch bemühten sich die Häuptlinge, welche um ihren König herumstanden, diesen hiervon abzuhalten, sobald er bereit schien, Cook zu folgen. Sobald zu diesem Behufe Gebete und Vorstellungen nichts mehr nützten, wandten sie Gewalt an und bestanden darauf, jener möge bleiben, wo er sei. Dieserhalb gab Captain Cook gar bald seine Absicht auf, sah er doch, daß der Alarm bereits zu weit verbreitet war und daß es sinnlos schien, weiterhin daran zu denken, jenen ohne Blutvergießen abzuführen.

Sintemalen das Unterfangen, dessentwegen Captain Cook an Land gekommen, fehlgeschlagen, so schien doch seine Person bis dato sich nicht in der geringsten Gefahr befunden, bis da ein Zwischenfall passierte, welcher der ganzen Angelegenheit eine fatale Wendung gab. Die Boote, welche überall in der Bai stationiert waren und welche gefeuert hatten auf ein jedes Kanu, so versuchen würde, hinauszufahren, hatten unglücklicherweise einen Häuptling des höchsten Ranges getötet. Die Nachricht seines Todes langte in dem Dorfe an, da Captain Cook sich befand, just in dem Augenblicke, da er den König verlassen hatte und langsam dem Strande zuwanderte. Die Folgen, die dieses auslöste, waren in höchstem Maße verdächtig; Weiber und Kinder wurden unverzüglich fortgeschickt; und die Männer legten ihre Kriegskleidung an und bewaffneten sich mit Speeren und Steinen. Einer der Eingeborenen, welcher in seinen Händen einen Stein trug und einen langen eisernen Spitzenstab (welcher *Pahooa* genannt ist) näherte sich dem Kapitän, wobei er seine Waffe wie zum Angriffe schwang und drohte, einen Stein zu schleudern. Der Kapitän forderte ihn auf, an die Seite zu gehen; der Mann indes zeigte sich störrisch, und solchermaßen ward Captain Cook herausgefordert, eine Ladung Schrotes auf ihn abzufeuern. Der Mann indes trug eine Bastmatte, welche zu durchdringen der Schuß nicht in der Lage war, und solchermaßen hatte dieses nur den Effekt, ihn zu irritieren und zu ermuntern. Mehrere Steine wurden nun auf die Seeleute geschleudert; und einer der *Erees* versuchte gar, Mr. Philips mit seinem *Pahooa* anzugreifen; indes hatte er hiermit keinen Erfolg, sondern er empfing vielmehr einen Schlag mit dem Kolben der Muskete. Nunmehr feuerte auch Captain Cook seinen zweiten Lauf ab, welcher mit einer Kugel geladen, und tötete solchermaßen der Eingeborenen einen in der vordersten Reihe. Sogleich erfolgte ein allgemeiner Angriff mit Steinen, welcher von den Seeleuten mit einer Salve aus den Musketen beantwortet ward. Die Insulaner indes hielten jenem Feuerangriffe – entgegen den Erwartungen eines jeden von uns – mit großer Festigkeit stand; und bevor noch die Seeleute Zeit hatten, erneut zu laden, fielen jene über diese mit furchtbarem Gebrüll her. Was nun folgte, war eine Szene des höchsten Schreckens und der Konfusion.

Der Seeleute vier an der Zahl waren bei ihrem Rückzug in den Felsen abgeschnitten worden und fielen der Wut des Feindes zum Opfer; drei weitere waren gefährlich verwundet worden; und der Leutnant, welcher einen Stoß mit einem *Pahooa* zwischen seine Schultern empfangen und welcher glücklicherweise seine Schüsse aufbewahrt, schoß auf jenen Mann justament in dem Augenblick, da dieser versuchte, seinen Stoß zu wiederholen. Unser unglücklicher Kommandeur – zuletzt ward er deutlich gesehen – stand am Wasser, wo er den Booten zurief, das Feuer einzustellen und zum Strande zu kommen. So es wahr ist, wie einige jener, welche anwesend waren, bemerkt zu haben glauben, daß die Seeleute ohne seine Anweisungen feuerten und daß er willens gewesen, jedwedes weitere Blutvergießen zu verhindern, so ist es nicht unwahrscheinlich, daß seine Menschlichkeit zu jener Gelegenheit für ihn fatal wurde. Es war nämlich bemerkt worden, daß keiner der Eingeborenen ihm so lange ein Leides getan, wie er ihnen sein Gesicht zugewandt hatte, daß jedoch, sobald er den Rücken gewandt hatte, den Booten die Feuereinstellung zu befehlen, er in den Rücken gestoßen ward und mit seinem Gesichte in das Wasser fiel. Sobald sie ihn fallen sahen, stimmten die Insulaner ein großes Geschrei an, und sein Körper ward sogleich an den Strand gezogen und von den Feinden umringt, welche sich einer dem anderen den Dolch aus der Hand rissen. Sie alle schienen eine große Angst zu haben, an diesem Mord einen Anteil zu haben.

So also fiel unser großer und excellenter Kommandeur! Nach einem so hoch geehrten und erfolgreichen Leben kann sein Tod nicht vorher ermessen werden; weil er lebte, das große Werk zu vollenden, für das er ausersehen schien; und ward doch der Möglichkeit beraubt, den Ruhm seines Erfolges zu genießen. Nicht ist es möglich noch nötig darzulegen, wie tief sein Tod von all jenen empfunden und beklagt wurde, von all jenen, welche so lange ihre generelle Sicherheit in seinem Verhalten gefunden wie auch jeden Trost bei allen Beschwernissen in seiner Menschlichkeit und seinem Mitgefühle; wieviel weniger könnte ich versuchen, den Schrecken auszumalen, welcher uns überfiel.

So also fiel James Cook im Alter von 50 Jahren ähnlich Magellan. Es wäre zu pathetisch, zu denken, daß er gleich einem Felsen im stürmischen Wasser sein Haupt erhob und Rettung für seine Boote suchte. Und doch hatten vielleicht seine hawaiianischen Mörder in Wirklichkeit ein nicht geringes Verdienst um eine so große Seele, für die England und das Greenwich-Hospital unerträgliche Enge nach den unermeßlichen Weiten des Pacifics bedeutet hätten. Es ist müßig, hierüber zu spekulieren, aber trotzdem mag Cooks Tod in gewisser Weise den Lauf der Geschichte beeinflußt haben. Daß die Krone ihn wahrscheinlich geadelt hätte, ist ohne Bedeutung; was zählt, ist, daß er vielleicht einen großen und geeigneten Mann, Captain Arthur Phillip, als Gründer des britischen Australien im Jahre 1788 verdrängt haben könnte.

Wenn auch die Insulaner Cooks Göttlichkeit verwarfen, so erwiesen sie seinem Körper doch die höchsten Begräbnisehren, die sonst nur ihren obersten Häuptlingen zustanden.

Die Nachricht erreicht England

Im November 1779 verbreitete sich in der Presse eine gewisse Besorgnis, weil Cook sich nicht von Canton her gemeldet hatte, wo er, wie man annahm, überwintern wollte. Im Januar 1780 endete die Ungewißheit, als die London Gazette berichtete, Captain Clerke habe den

Hafen von St. Peter und St. Paul auf Kamtschatka erreicht und der Admiralität die traurige Neuigkeit über Cooks Tod mitgeteilt. Neben den vielen Beiträgen und Kommentaren zu diesem Ereignis berichtete die Gazette: »Ihro Majestät, welche allzeit die höchste Achtung für Captain Cook hatte, verlor Tränen, da Lord Sandwich Ihn informierte von seinem Tode, und befahl, seiner Wittib eine Pension von 300 Pfund zu zahlen.« Da nun auch die Admiralität Mrs. Cook die Hälfte der Einkünfte aus den »Journalen der 3. Reise« zugestand, war sie, legt man den damaligen Geldwert zugrunde, fürstlich behandelt. Die posthumen Ehrungen für Cook schlossen auch die Verleihung eines Wappens an Cooks Familie ein (vielleicht das letzte Mal, daß dieses »in Anerkennung hervorragender Dienste« geschah); die Royal Society ließ außerdem eine spezielle Goldmedaille zu Ehren Cooks und seiner vielen Verdienste um die Wissenschaften prägen – eine Medaille, die Banks Mrs. Cook im Jahre 1784 überreichte. Es ist interessant festzustellen, daß Cook der Royal Society auch zwei Berichte über die Gezeiten im Pacific geschickt hat und daß die Society diese in ihren Journalen veröffentlichte.

Die Ergebnisse der dritten Reise

Cook und Clerke erhärteten auf der dritten Reise die – negative – Tatsache, daß es vom Nord-Pazifik in den Atlantik keine für Schiffe passierbare Durchfahrt gab, weder im Osten noch im Westen. Trotzdem erzielte Cook höchst wichtige positive Resultate, weil er nachweisen konnte, daß Bering sehr genau berichtet hatte und seine nach ihm benannte Straße und andere Entdeckungen exakt vermessen hatte; dazu kommt noch die Erforschung großer Abschnitte der nordwestamerikanischen und der arktischen Küstenlinie und die Entdeckung der Hawaii-Inseln, die er selber die Sandwich-Inseln nannte. Wenn Cook sich auch irrte, als er diese Inseln für seine bedeutendste Entdeckung hielt, so erwiesen sie sich doch als von erheblicher wirtschaftlicher Bedeutung und außerordentlichem strategischem Wert.

Während die Rückkehr der Expedition großes Interesse erregte, wurde dieses Interesse doch überschattet durch den Krieg und den Tod ihres berühmten Leiters. Aus den verschiedensten Gründen gab es dann auch noch erhebliche Schwierigkeiten bei der Veröffentlichung der Ergebnisse der Reise. Obwohl Gore nach Macao alle privaten Aufzeichnungen des Personals eingesammelt hatte, erschienen doch einige nicht offizielle Berichte, die Logbücher von Cook und King aber wurden vor 1784 nicht veröffentlicht.

Eines der bemerkenswertesten Ergebnisse der Reise war die Tatsache, daß sich die Antiscorbutica, ob sie nun von Cook oder seinen ihm unterstellten Offizieren oder seinem Nachfolger angewandt wurden, wieder als ein vorzügliches Mittel gegen diese Seekrankheit erwiesen. Trotzdem: eine vier Jahre dauernde Reise in tropischen und arktischen Klimaverhältnissen und die Gefahren durch häufige Landungen bei den Primitiven hatten bei den führenden Offizieren ihre Folgen gezeigt.

Cook war ermordet worden; Clerke und der Arzt Anderson starben an Tuberkulose während der Reise; Gore allein überlebte, um die Schiffe heimzubringen, und der sehr tüchtige King, der Cooks Logbücher vollendete, starb 1784, hauptsächlich wohl als Folge der erlittenen Unbilden.

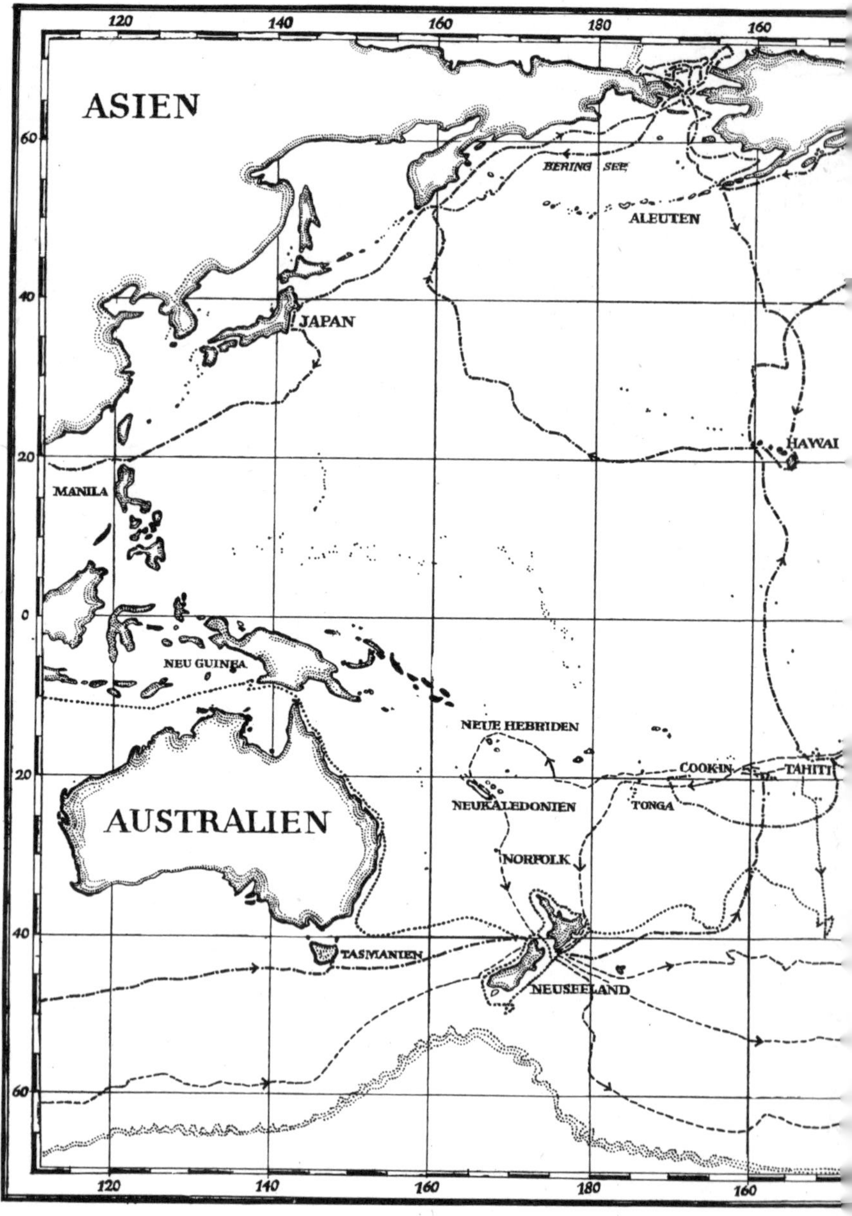
ASIEN
BERING SEE
ALEUTEN
JAPAN
HAWAI
MANILA
NEU GUINEA
NEUE HEBRIDEN
COOK-IN
TAHITI
NEUKALEDONIEN
TONGA
AUSTRALIEN
NORFOLK
TASMANIEN
NEUSEELAND
120
140
160
180
160
60
40
20
0
20
40
60